离婚区手记

——80对夫妻的婚姻启示

峻 瑛 孟祥华 著

山东大学出版社
·济南·

图书在版编目（CIP）数据

离婚区手记：80对夫妻的婚姻启示/峻瑛，孟祥华著.
—济南：山东大学出版社，2021.6
ISBN 978-7-5607-7070-3

Ⅰ.①离…　Ⅱ.①峻…②孟…　Ⅲ.①婚姻问题－研
究　Ⅳ.①C913.13

中国版本图书馆CIP数据核字（2021）第118198号

策划编辑　秦大忠
责任编辑　李艳玲　秦大忠
封面设计　滕正辉

出版发行　山东大学出版社
社　　址　山东省济南市山大南路20号
邮政编码　250100
发行热线　(0531)88363008
经　　销　新华书店
印　　刷　山东和平商务有限公司
规　　格　720毫米×1000毫米　1/16
　　　　　27印张　542千字
版　　次　2021年6月第1版
印　　次　2021年6月第1次印刷
定　　价　88.00元

目 录

第01篇

会错意的青梅竹马

——妄想不真，故有轮转

“落花人独立，微雨燕双飞。”猛回头，找回各自尊严。人生路上，且行且珍惜。

很多人羡慕青梅竹马，认为这样的两个人可以拥有最纯粹的情感，可以有最贴己的契合。但是，没有人能一眼看清未来，孙莉也没能看清和睦的未来，因此，他们来到了离婚区……

❶

孙莉和于和睦称得上是青梅竹马，他俩不仅住同城，上初中的时候，还是同桌。

当时，于和睦是班上最有钱的小哥。

有钱到什么样儿呢？

一个初中生，手机永远是最新款。淘汰下来的手机，其实也有个七八成新，都便宜了他身边的哥们。

也是这个缘故，他俩所在的三班，是学校里最“豪”的风景，也是班主任骂声最多的班级，因为大家都去玩手机了，学习成绩下滑到了惨不忍睹的地步

仅仅有钱就算了，于和睦成熟得也早，他追求孙莉，张口闭口管孙莉叫“老婆”，送手机送蛋糕，总之，大人谈恋爱送什么，他就送什么，让家教良好的孙莉，既有“霸道总裁爱上我”的优越感，又有被同学们瞩目的羞涩感，成绩自然也逐步下滑。

为了拯救学生，老师去双方家里做家访。

于家是生意人，拥有当地最大的广告公司，虽说在个县级市，但每年也能有数百万的纯利，所以，于和睦父母并不看重儿子的学习。同时，他们认为现在孩子成熟得早，幼儿园孩子都知道过家家，何况上了初中？所以，只是拿点购物卡哄哄老师，再走过场似的训训儿子，就算作罢。

孙家是公务员之家，孙莉的父亲是某局局长，母亲是某局科长，二人都是从考场上拼出来的，所以，当他们听到老师的话，明白了女儿学习成绩下滑的原因后，气得一口老血吐出来，立马去找于家理论。

理论的结果，自然是拳头打在棉花上，于家咬定了儿子不懂事，当着孙局的面儿，把儿子好打一顿。

还能说什么？孙局只好给女儿转学。

家长的强势干预，激起了于和睦的好胜心，发誓此生非孙莉不娶了。他三天两头跑城里，送吃送穿送钱送温暖，让孙莉活成了豪门小姐。

在于和睦的干扰下，俩人一起考进了职业学院，孙莉学服装设计，于和睦学广告设计。

学校上得差，毕业自然飞不高，俩人都回到烟台，孙莉进了一家品牌服装公司做设计，于和睦在父母的支持下开办了广告公司，并决定结婚。

尽管女儿混得不理想，孙家依然不同意这门婚事，他们认为这俩孩子不是一路人。

父母千虑，无奈女儿不争气，死活要嫁，还怀了孕，放出大话，说："我不需要他成大器，一辈子宠我就行。"

❷

在和睦眼里，父母做生意很容易，喝喝酒品品茶，打几通电话，活儿都由员工干，所以，当父母要求他先在自己公司历练时，他坚决不从："我学的就是广告，你们那一套过时了。"父母也没办法，只好由他去社会上历练。

钱投上了，装修宣传十分到位，员工也很齐整，但是，几个月下来，没有生意上门。

小活儿不来，是因为一看他这门面，觉得贵。

大活儿都是走关系的，不是谁门脸大就认谁。

生意不顺，和睦心里憋火，回家就玩游戏。

孙莉的肚子已经显怀，又在考证，实在太忙，想让他分担家务。

和睦不愿意，说“你不爱干就放着呗”。

孙莉不满，唠叨他。

听烦了，他去洗手间拿来一个没沥干水的拖把，满屋乱拖。

不料一旁的孙莉猛然滑倒，重摔在地，当场见红。

双方父母赶到医院，孙家父母火冲头顶，斥责于家父母：“他刚毕业就开公司，能开好吗?”

事儿比较大，和睦也吓着了，各种道歉示好，保证今后如何如何。

孩子没了，又能怎样？孙家只能心里难过。

事后，于家父母去儿子公司实地考察，才发现儿子真的不行，就强行把公司撤了，说“你不是做生意的料，找个单位上班吧”。

于家关系广，给和睦找了个事业单位，说“你老老实实上班吧，别再想做生意的事。你当生意那么好做？光看贼吃食，没见贼挨打。就这样吧，不图你挣那仨瓜俩枣”。

和睦上了几天班，开始时，觉得清闲新奇，有点意思，下班打打游戏，日子也还快活。

孙莉的事业发展得不错，一路直升，做了事业部部长，开始三天两头出差，把和睦一人撇在家里。

和睦心里不舒服，觉得自己这个工作没有发展空间，没经父母同意，便把工作辞了。

待父母知道时，黄花菜也凉了，只能经济上继续贴补，再去托人找工作。

一日，和睦一个搞美容的同学找他，说现在女生都爱美，搞美容整形，肯定能赚大钱，想与和睦合伙开个美容公司。

和睦回家要钱，父母觉得不靠谱，因为这对他们而言是个陌生的行业，而且，合伙生意不好做。无奈和睦认准这条路，只好掏钱支持。

想美容的人，确实多，但是，做得有点晚，大大小小美容院林立，一块大蛋糕，早就切得七七八八，和睦不容易占上份额。

同学的确是有点技术，可是，出来干私活的外地专家，把他这种水平的本地小医生顶得死死的，俩人又没有营销的本事，只好关门大吉。

失败的和睦自觉没脸，所以，顺利地接受了父母找来的工作，天天意志消沉地混日子，上班打卡，下班打游戏玩麻将，甚至彻夜不归。

孙莉说了许多次，说到和睦心烦，动了手，几巴掌打过来，把孙莉耳膜打裂了。

因为犹记当初的执拗，孙莉没敢告诉父母，自己一心投到工作中，成绩斐然。

夫妻好不好，不是说不说的事儿，双方父母都知道了他们有问题，和睦父母恨铁不成钢，孙莉父母却是喜忧参半。

喜的是女儿终于走上了正途，忧的是女儿的婚姻亮红灯。夫妻俩日夜不安，倒是女儿劝慰他们："我先忙我的，其他事，走着看。"

❸

秋日的晚上，于家来到了孙家，要借五十万元，让孙家很意外。

于家说生意周转着急，急需五十万元。

孙家说："你们做生意的，可以去银行贷款啊。"

于家说："贷不出来，这些年资金回收很困难，眼下真是急着了。"

孙莉妈悄悄去了卧室，给女儿打电话。女儿说："他家的事儿，我不是太清楚，不过，五十万元都要借的话，还是不借吧。"

孙莉爸说："我们总是亲家，不能不帮忙。不过，我们都是拿工资的，这些年也没攒下多少钱，十万元吧，你们有钱再还。"

想借五十万元，却只拿到十万元，于家心里不如意，打电话给儿子诉说。

于和睦一来觉得意外，五十万元还要出去借；二来把长久以来对孙莉的不满勾起来了，对孙莉说："你们这些年花了我家多少钱？现在只是倒借一下，还拿起架子来了！"

孙莉说："我们不做生意，哪来的钱？你们家那些有钱的朋友呢？倒来找我们。"

向来骄傲的和睦，哪能听这么损的话？说："你们家厉害，别占我们便宜。这房子是我家买的，你滚！"

当夜，孙莉收拾衣服，回了娘家。

孙家一夜未眠，第二天，一家人前往烟台，孙莉去上班，父母看房子。

看好房子后，孙家向于家要钱，说要买房子。

于家说没有，至今没周转过来，最好孙家能再借点。

孙莉得知，打电话骂和睦，和睦自然骂回去。

骂归骂，和睦意识到父母真的是江河日下，赶紧回家了解详情，这才知道某局长被"双规"，他们失去了最大的靠山，生意做不动了。父母要他维护好与孙莉的关系，说"你这个媳妇有本事，能挑得起你家大梁"。

等和睦看清现实，想回来和孙莉道歉，孙家已在烟台买了套精装修现房，孙莉搬了进去，并提出离婚。

和睦不同意离婚，说“我们多少年的感情了”。

孙莉说：“我们俩本来就不是一类人，当初是我太幼稚了，不听父母的话。现在看清了，就不要再拖了，趁着我们还没有孩子。”

和睦生气了，说“离就离，反正这儿的东西全是我们家的，你走就是了”。

孙莉说：“赶紧把我父母的钱还回来。”

和睦冷笑，说：“又不是我借的，你们去要呗。”

PS（附言）：

像孙莉这样的姑娘，不少。

她们醉心于男生出手豪阔或掏心掏肺的好，不去考虑这个好是怎么回事，更不明白婚姻是怎么回事，懵懵懂懂踏进去，制造出一个又一个悲剧。

父母的话，不可不听，至少可作为建议。

你看，孙莉父母早就预料到了这桩婚姻的走向。

年轻人喜欢叛逆，认为爱情的事，只有年轻人才懂，好像父母是完全没有阅历地活了几十岁。

孙莉嫁给和睦后，激情被时光带走。双方都冷静地面对生活时，孙莉发现和睦其实是个没长大的孩子，根本没有独立生存的能力，自然也没有宠她的能力，从而产生厌恶；和睦发现孙莉真不愧是父母亲生，虽然荒废了学业，一经明白过来，迅速励精图治，把自己甩在了身后，顿生自卑与不服。

水褪石现的最初，孙莉想改变一切，因为她是个有主意的姑娘，当初能坚决嫁他，现在当然不愿意承认自己找错了男人，所以，挨了打也不和父母说，自己硬撑，全身心投入事业中，直到对方让她滚，才下了离婚的决心。

此时，孙莉已错过很多选伴的良机，更蹉跎了大好年华，幸好她投身事业，成功移情，最后，才不至于无力分离。

可能是影视剧的原因吧，有好多姑娘夸大婚姻的作用，好像再懒惰的人，只要结婚，就能够变得有责任、有能力、有担当，这就太高估了婚姻。

婚姻只是两个人可以合法生活在一起而已，除了可以生个孩子，分别变成父亲母亲，既不能把从小娇生惯养、习惯啃老的和睦这样的男人变成商界强人，也不能把从干部家庭熏陶出来的孙莉这样的女人变成软弱无能、平和无争的小媳妇。

婚前是什么人，婚后依旧是什么人。

这桩婚姻从恋爱到结束，孙莉都很在乎和睦曾经对她的宠。

这份宠来自何方？

不是来自和睦，是来自和睦父母的钱。

和睦拿着这些钱，买鲜花，买包包，买所有姑娘喜欢的东西，孙莉于是沉溺于这份宠中。

当和睦本身赚不到多少钱，当和睦父母都开始借钱了，当孙莉尝到了自强自立的好处，也就懂得了当年那份宠的实质是什么。

我不反对女强男弱的选择，但是，婚前就要看清自我，更看清对方。

这一桩青梅竹马的婚恋，以离婚收场，算个悲剧，但值得庆幸的是——他们虽然选择错误，好在还没有孩子，否则，很可能为了孩子，在错误的婚姻里挣扎，甚至成为婚姻内的“偷食者”，那才是最大的悲剧。

第 02 篇

他用“牺牲”的方式爱家

——爱若过头，反成缠缚

“为伊消得人憔悴，衣带渐宽终不悔。”世上哪有救世主，幸福是自己用双手奋斗出来的。

老婆张蓝提出离婚，老公费京痛快响应，俩人来到离婚区。

一桩孩子才只有四岁的婚姻，眼看走到尽头。

随着二人不断的倾诉，五年婚姻，逐渐还原，我看到了一种新的“爱家”方式……

❶

张蓝出身于书香门第，父母都是大学教授。按照父母的意愿，当然是读书越多越好，然后考进体制内或做做学问，但是，张蓝不喜欢枯燥无味的学习，从小喜欢美妆打扮，所以，从三本院校毕业后，直接进了美容院。在这里，她认识了老公费京。

费京是某“985”高校的本科生，专业是计算机，毕业后，也没有选择考个公务员啥的。选什么样的工作呢？他看不上体制内的工作——看上去体面，赚钱少啊，他需要有很多的钱。

之所以这么爱钱，是因为费京的父母是农民。老两口没什么赚钱的头脑，负债累累地供完儿子的大学，再也没有力量让他继续进修，比如考个硕士、博士啥的，所以，他选择了某电脑公司，期待有一天羽翼丰满，独立创业。

夏季的一天，张蓝所在的美容院电脑崩溃，打电话给当初卖电脑并负责维护的商家，公司派来了费京。

费京忙活的时候，张蓝前后张罗，倒不是对费京一见钟情，而是美容院的职业性讨好。

可费京不这么想，他觉得张蓝有情，所以，修完离开的时候，他要了张蓝的电话和QQ号。

两个年轻人的恋爱，就这样开始了。

费京虽然一无所有，但对于张蓝来说，他是“985”高才生啊。他可以给张蓝讲好多知识，让满脑子充斥着护肤美容的张蓝耳目清新。特别是费京会编程序，会做小动画，时不时给张蓝做个表情包，教着张蓝打游戏……张蓝如何不迷恋？

俩人交往一段时间后，见了家长。

费京的家长，当然愿意啦，这样如花似玉、富有教养、父母又都是高薪一族的好女生，绝对配得上才貌双全的儿子啊！所以，面对张蓝，他们什么好听的都说，配上神情，让张蓝感受到新鲜朴实的温暖。

张蓝的家长，喜欢“985”。能考上“985”，说明智商在线啊，这恰好弥补了女儿的不足。没钱就没钱，工作差就差，“不欺少年穷”嘛。

在双方家长的一致支持下，在张蓝父母的大力赞助下，二人举办了花团锦簇的婚礼。

婚礼上，费京情深意重地表了个态：我将用我毕生的努力，给你一个美好富有的未来！

这席话，让现场不少家底菲薄的年轻人激动不已，他们看到了真实的爱情！

婚后，张蓝在父母的帮助下，自立门户，开起了美容院。烟台做这个行业的有很多，且大多实行公司化运营，像她这样独挑门户的，赚不着大钱，只能算略有盈余，这就让她特别关注费京——说好的“美好富有”呢？

现实，给了张蓝迎面一个大嘴巴。

❷

费京不仅赚钱不多，还很快实现了“经济独立”，孩子还没生呢，俩人AA（平摊费用）了——事情起源于买电脑。

婚后，小家庭要添台电脑——俩人手牵手跑到三站（费京说这儿便宜，他又懂电脑，可以买到性价比最高的）。

一番挑选后，交了定金，因商家组装需要点时间，俩人又到别的地方闲逛。

逛来逛去，张蓝看上了一个名牌笔记本，水粉色，超可爱。她要买，费京不同意，吧啦吧啦说了好多专业术语，大意有二：一是性价比太低；二是笔记本买着不如台式机轻松。

张蓝说：“笔记本能带着四处走，旅个游啊啥的，随身携带，拍的好照片直接存进去，关键是我喜欢。”

费京说：“咱们有空旅游吗？就算拍点照片，手机足够，再不行，带个相机。你不是什么专业人士，随时用电脑办公，又不是作家，还得随时记个灵感啥的。”

张蓝感觉智商和职业双双受到蔑视，说：“你厉害，你‘985’，有什么用？赚的钱还没我多，说些有的没的！”

俩人争来吵去，从性价比很快上升到人格的相互蔑视。

最终，还是“丛林法则”起作用，谁有钱谁说了算——费京的钱都在张蓝手里，张蓝就买了笔记本。

这个事儿，让费京体会到了不当家的难处，因此，他提议AA。

张蓝从小不缺钱，没太当回事，AA就AA。

让张蓝没想到的是，自从费京“经济独立”，精神好像也“独立”了，开始发表各种不满。最大的不满，来自张蓝的玩手机、看电视。

费京说：“每天回来特别晚，饿得肚子咕咕叫，你往沙发上一躺，打开电视玩手机吃零食，最多叫个外卖。”

张蓝很委屈，说：“我每天七点准时到公司，迎来送往维护客户，晚上八九点才能回家，累死了，就想放松一下。你到家早，给我做饭了吗？就是玩游戏！”

争吵纷起，费京不爱回家了，开始跑滴滴，说是多赚钱。

家，真成了旅馆，就睡个觉。

❸

张蓝怀孕了，水米难进，吃啥吐啥，病恹恹的样子，费京陪着去医院。

要化验大小便，费京双手拿了去送，又顺便去了趟洗手间。在这个空闲，张蓝随意看了费京的手机（密码没改，依然是张蓝生日），上面有一段暧昧对话：

小鸽子：中午想吃啥？

高山大海：还用问？吃你！

张蓝的不舒服全没了，指着回来的费京，厉声质问。费京拒不承认，说“我就是开个玩笑，你瞎联系什么！”

这个时代，还真不能说不是开玩笑。张蓝翻遍手机，也就这么句对话暧昧，其他没看出什么。精神一放松，恶心感又席卷而来，费京伺候周到，张蓝也就作罢。

孩子生下来，全家宝贝。张蓝的父母上班，负责出钱，费京的母亲理所当然来伺候月子。后来，父亲一人在家难熬，费京索性给父母租了房子，负责他们的费用，让他们一起专职伺候孙子。

花费增加，费京开始想法赚钱，下班和节假日都去开滴滴，不再做家务，张蓝不乐意了。

张蓝说：“你父母就能帮我看个孩子，别的干不了，我成天又做饭又拖地，累死了，你也不伸个手。”

费京说：“我父母可以干，你看不上啊，嫌我父母层次低，啥都干不好。”

为了解决这个问题，费京把跑滴滴赚的钱给她，她不吱声了。

费京的开销咋办呢？

他想出了一条生财之道——和“小鸽子”要。

小鸽子，是公司的柳姐，长相一般，有钱，老公外面养着小三，气得她要一报还一报，早就盯上了费京——会说话，有家庭，长得好，有技术。

费京向柳姐倾诉了自己的苦衷。柳姐说：“跑什么滴滴啊，你白天上班，晚上再跑车，太危险，我帮你。”

柳姐很慷慨，三天两头发红包，相当于包养了费京。

费京经济宽裕了，张蓝以为他在赚外快，没有经济负累的日子，二人相处得融洽了。

转眼到了七夕——中国的情人节，也是小两口结婚的日子。张蓝上班就订了蛋糕，下午早早安排好工作，四点的时候，她已经在厨房忙活了。

饭菜备齐，鲜花放进水晶瓶，摆在餐桌的中央位置，万事俱备，只差费京。打电话没接，想必是已到楼下——他总是这样，快到家时，从来不接电话——省钱。

一直到凌晨一点，饭菜失去颜色，唯有那一大捧花默默鲜艳，让这个夜有些莫名的诡异。

费京终于回来了，神态慵懒，分明是兴奋过度后的无力。

张蓝靠近他，像狗一样闻着，那是香水和酒水混杂的味道，那是封闭空间里熏出的复杂气息。

费京说：“唱歌了，好多朋友在一起。”

张蓝说："女朋友吧，是女朋友吧?"

费京一边脱衣服，一边说："女朋友怎么了？女性朋友。"

张蓝呆在原地半天，抓起电话，打给公婆，喊："你们的儿子有外遇了！这个点才回家，你们管不管!"

费京冲过来夺手机，张蓝与他撕扯，费京一只手臂弯起来，勒住张蓝的头向外拖，一手去推门，最终成功地把张蓝拖到门外，猛地拽上了门，把张蓝反锁到门外。

无论张蓝怎么拍门，费京都不理。

穿着睡衣光着脚的张蓝，待在门外三个小时，骨头都冻冰了，才看到老人带着孩子赶来。

老人来了又如何？他们还要靠儿子供养，乱骂一通后，再给张蓝说好话。

第二天，张蓝认真地对这个夜晚做了求证，当晚有五个女人在。狂欢的理由是其中一个接了大单，公司重奖，被起哄请客。

尽管如此，费京的举动，搅碎了张蓝的心，她气恼地嚷道："你对我太狠!"

❹

柳姐和费京的感情逐步升温，进入了看不够睡不够的"蜜月期"，那种简单成事的旅馆觉，显然不足以慰藉身心。柳姐想去泰国看那个网红导游，约费京去。

费京不敢，在本地能撒谎圆谎，到国外？什么理由呢?

柳姐说："你不是想创业吗？回来我给你投个公司。赚了是你的，赔了是我的。"

费京说："好!"马上向张蓝编造个理由——公司安排中层以上去泰国旅游，可带家属。

张蓝当然不能去，要看店呢。

费京为自己的智慧得意，与柳姐双双出国。

两天后，张蓝突然心生疑窦，给费京发起视频，申请五遍对方没接，她开始打电话，也被挂了。

就在张蓝跳脚之际，视频来了——画面中，费京与一个陌生男人并排坐在一张大床上，说："我们正要睡觉呢。"

张蓝要求看房间。当镜头转到旅行箱时，费京突然关闭了，随即发来一条消息：导游安排失误，只有这一个大床房了，安排我和他同住，我还能说啥？太晚了，人家要睡觉，不方便视频了。你也快睡，爱你么么哒!

张蓝不相信老公跑到国外和男人睡在一起，她一夜未眠。

天亮后，张蓝跑到费京公司，得知他和柳姐双双请假，气得马上把费京父母召来，任他们手足无措，自己盘腿坐在床上大骂。

费京回来后，得知父母受此虐待，又要收拾张蓝。

谁知张蓝早有教训，随手从身边掣出一根棍子，劈头打来。

费京伸胳膊去挡，棍子断了，胳膊也断了。

张蓝不罢休，继续调查对证，无奈对方死不承认，理由是——谁说走一条旅游线的就是搞外遇？你有什么证据？

旅游公司也不解释，说“我们见没见过、知不知道是我们的事，我们要对所有的客户负责”。

就在张蓝闹腾不休时，费京宣布当老板了！200 平方米的办公室，明亮现代，而且，开业不久，以前在公司积攒的人脉，纷纷涌来，很快实现了收支平衡。

张蓝问：“钱从哪儿来的？”

费京说：“攒的呗，赚的呗。”

自小不缺钱的人，对钱其实没多少概念，何况俩人早就 AA 了，张蓝就没有多想。倒是费京认真勤奋的样子，让张蓝看到最初那个愿望正在实现，心情好，不想闹了。

树欲静而风不止，张蓝的 QQ 和微信上出现了一个神秘的陌生人，不断发来这样的话：

> 你老公出轨了，经常去×××酒店开房，不信你查查他的身份证。
>
> 你老公为什么能开公司？被包养了呗。
>
> 你老公出轨了，你怎么想的呢？你有啥打算呢？

张蓝质问费京，费京说：“这是仇富！肯定是我得罪过的人害我！”

好吧，张蓝删掉对方。

隔不了几天，会有一个新号码加她，话题一直重复，快把她逼疯了。

时光如水，费京的生意走上正轨，赚到了一套精装房的首付款。费京率全家搬入，让父母搬进旧房，一家老小都安排妥帖了。有钱真好！

日子好，时光快，转眼新年到。

进了腊月，客户特别多，一直忙到腊月二十八，张蓝果断歇业：家里还有一堆事要打理呢。

到了年三十，说好去奶奶家吃饭。走之前，张蓝搬出三大包旧衣物，说一起带去，过年时，奶奶家来乡下亲戚，可以分发。

费京不耐烦，一手领儿子，一手提起一包，扬长而去。

张蓝喊：“还有呢!”

待她自己搬下去，发现费京已经开车走了。

最终，张蓝拨打电话，约了那个陌生人，她终于知道了真相，也提出了离婚。

PS：

在离婚现场，费京毫无愧色。他说：“我花她的钱怎么了？还不是为了咱们家？赔了我不管，赚了我没给别人。你那个破美容院，一年到头忙得不顾家，赚多少？我天天晚上吃不上饭，我说啥了？你打断我胳膊我也没报警，因为啥？你是我儿子的亲妈!”

调解员们说了好多，没用；费京这么一番话，把张蓝说服了，不离了。

想必有很多人会说：费京是个大渣男，赶快离开他！你父母是教授，你自己是老板，你还那么好看!

你不是张蓝，张蓝有自己的理由。比如“孩子小”；比如“孩子需要个原生家庭”；比如“我不想成为离异妇女”；比如“我害怕找不到更好的”；比如“他也有他的不得已，赚钱多难啊”。

几乎所有公众号都在说：只要你经济独立又好看，你一定会遇到一个真正值得爱也非常爱你的人。但是，就有那么一部分女人不这样想。

以前，我也自作聪明，看多了才明白——永远不要企图策划别人的生活，别人的生活再糟乱，也有别人自己的离不开。

这个案例说下来，或许张蓝是最不需要同情的，她知道自己要什么，尽管我们会觉得她想错了。

需要说一下的，是柳姐和费京。

我能理解柳姐，老公包养小三，自己要报复。但如此，自己就得到了想要的幸福了吗？

如果不能容忍老公，不如选择离开，重新开始自己的人生。

费京虽说出身寒门，但资质不错，“985”高校毕业，又从事IT行业，无论自营还是打工，都没什么大问题，何必以傍女人的方式筹创业资金？真出了事，一个无背景无财力的寒门学子，基本没有抗事的能力。

第 03 篇

喜欢“大格局”的主妇

——迷失本心，为欲驰走

“起舞弄清影，何似在人间。”有人虽心比天高，却未必有厚德把自己托起。坚持飞蛾扑火，终将自取灭亡！

在离婚率节节攀高的今天，妻子出轨并不稀奇。

然而，一个家庭主妇，多次出轨，甚至同时出轨俩人，被丈夫发现后，还能够理直气壮的真不多。

在离婚区，斯文儒雅的丈夫，一边躲闪着妻子的耳光，一边道歉加保证，试图挽回妻子的心……

❶

小莉和大伟住在一个村子里，高中是同学，又一起考入了上海某所大学。虽说专业不同，但由于同乡的缘故，二人经常一起返乡又一起上学，有很多说话的机会。

在大学里，小莉谈过多次恋爱，她看上的男生基本具备下列三个条件之一：

1. 家在上海，有婚房，父母有工作；
2. 家在外地二线城市，有婚房，父母在事业单位或规模较大的企业工作；
3. 家在县城，父母是土豪或政府高官。

大伟喜欢小莉，小莉没当回事，在她心里，如果和大伟好，一旦毕业，俩人得老老实实“滚”回家乡，最多凭学历到市里上个班，天天还房贷还车贷。等经济好转的时候，早已是满头白发。

理想很丰满，现实很骨感。大学里确实有符合小莉要求的男生，也确实先后与小莉谈起了恋爱，但是均始乱终弃，小莉为此付出了巨大的代价——大学四年，她做了四次人流，一次引产。

引产，是因为她发疯般地爱上了一个富二代，死活不流产，非要生下来。

对方父母听说后，单独约见了她，说："生吧，生下来，我们养着。你如果带走，我们不付一分钱。不管你生儿生女，都别想踏进我家一步，我们家不要心机女。"

没办法，小莉只好把已经六个月大的胎儿引掉。

引产是大事，但小莉不敢让家人知道。

了解此事的大伟，主动陪她去医院，悉心陪护。在那段痛苦挣扎的时间，大伟一直握着小莉的手。

患难见真情，小莉对大伟的感觉改变了，她发现这个天天像狗一样追随她的男人，眉眼之间，居然有动人的光芒。

毕业后，小莉跟在大伟身后，黯然离校。

❷

回乡后，两人在城里找了工作，大伟去汽车4S店当了销售，小莉去了一家酒店用品公司，二人结婚。

小莉的工作比较累，平时一站就是八小时，公司一旦来了大活儿，比如客户急于开业，就得通宵达旦地忙活。

有一次，下面县市的一家火锅店要第二天凌晨六点开业，却在头一天下午四点多才把单子送来。店里东西不够，经理一边联系供货商，一边命令大家在店里待命。货品到达的时候，已是第二天凌晨一点。一直等待的小莉，和同事一起，跑到一百多里外的火锅店，连夜布置，凌晨五点才忙活完，回来接着上班，完全没有休息的时间。

小莉讨厌这份工作，又知道大伟没本事让她换工作，就天天摔盆打碗，大伟只好忍着。

没多久，小莉怀孕了，大伟很心疼，要小莉辞职。

小莉说："你能养得起这个家?"

大伟说："我有办法了。"

大伟所在的4S店隶属于汽车商会，商会年年搞车展，大伟和好多4S店熟悉，就开起了会展公司，年底收入达到20多万元。

一看生活有望，小莉放心地在家照看起孩子。

没想到，第二年风云突变，商会决定自己开一个会展公司。

断了财路的大伟，开始到社会上接些小活儿，收入直线下降。心情狂差的他，看啥都不顺眼，菜咸了，菜淡了，不再是从前那个温顺迁就的多情郎。

小莉无法接受这样的现实，天天指责大伟无能，到孩子四岁的时候，因为教育孩子的问题，夫妻关系加速恶化。

在培养孩子这个问题上，小莉的观点比较开放，她认为只要是孩子喜欢的，就该让孩子去尝试，因为世界是充满危险的，早点让孩子意识到这一点，反而是一种最可靠的保护。

大伟的态度截然不同，他认为让孩子承受风险的结果只有风险，痛过了，也会忘记。

一天，小莉带孩子去游乐场玩，孩子看到有小朋友在平衡木上走直线，也要走。大伟不同意，理由是走不好会摔下来，可以尝试走路边台阶，因为矮，安全有保障，但小莉坚决支持孩子去，结果是孩子摔断了腿。

孩子在家养伤期间，发现小莉削土豆很有趣，又吵着要做。大伟不允许，小莉说这种小刨子，根本不可能割伤手，结果是小刨子刨到了孩子的手指上，由于用劲过大，刨去了一块皮。

孩子号啕大哭，大伟埋怨不已，小莉则认为没什么，告诉孩子："英雄的身上，都是有伤的。没有伤疤的男人，当不上将军。像你爸这种窝囊废，永远是吃啥啥没够，干啥啥不行。"

❸

夏天来了，经常下雨，闷热潮湿，这样的天气，小莉居然爱上了外出跑步。

开始的时候，大伟以为小莉是在家闷的。有一天，他看到了一篇文章，说女性出轨有三个特征：(1) 突然特别爱打扮；(2) 突然变得性欲低下；(3) 突然增添了新运动。他觉得小莉都符合。

一天，微雨，小莉又要出去跑步，大伟随手抄起一把伞尾随而去。他想好了，如果被小莉发现了，就说自己去送伞。

刚出小区，大伟发现小莉上了一辆奔驰，开车的是个男人。

大伟马上上了一辆出租车，尾随到一处正在开发的工地。

因为天气不好，四野寂寥，妻子和那个男人分别从车里出来，坐进后排，车子开始了颤抖。

大伟紧张到手心冒汗，他摸出手机，打通妻子电话，说孩子突然呕吐不止，让她快回家。然后，他抢先离去。

小莉回家后，看大伟埋坐在沙发，孩子在聚精会神地看小猪佩奇，张口就骂大伟是丧门星、大骗子。

大伟猛地蹿起来，上前夺过小莉的手机要看。小莉急忙去夺，二人打成一团，直到小莉的鼻子和口里流出鲜血，大伟这才抢过手机，并把企图抢回手机的小莉踹趴在地上。

小莉没想到有今天，所以，密码没换过。大伟打开手机后，看到小莉交往了三个有妇之夫，一个比小莉大12岁，一个大15岁，一个大19岁，而且，妻子的目的居然是和人家结婚！男人也曾多次给钱给物，都被小莉拒绝了，她要的是爱情！她希望有一天对方娶她。

大伟越看越生气，用小莉的口吻给他们发微信，说：“亲爱的，我老公知道了，怎么办？你说过永远爱我，娶我吧！咱们都离婚吧？”

他们几乎是秒回：

1. 千万不要激怒他，他脾气那么好，肯定会没事的。

2. 千万别把我说出来，你知道我离婚很难的，我老婆死也不会同意。

3. 爱就意味着真心成全，对吗？我知道你很爱我的。

4. 我比你大这么多，本来就配不上你，以后别联系了。

大伟把手机戳到小莉的眼前，说：“你看看，你看看！”

❹

小莉提出离婚，要求三套房子归她，存款归她，车子归大伟。

三套房子中，有大伟父母给的婚房一套，婚前交过首付的一套，婚后交首付的一套，贷款均已还完。小莉说：“如果你不给我，我就去外地工作，从此不管孩子。”

大伟愿意把所有的财产都划归小莉名下，但条件是永远不离婚。就算离了，如果能复婚的话，他也愿意答应小莉的条件。尽管小莉有了诸多外遇，但他爱孩子，也爱小莉。

为了求和，大伟选择向亲朋好友求助。求助就要说是非，于是，小莉外遇的事传扬开来，这可把小莉气坏了，认定大伟是故意败坏她的名声，坚决要离，一刻也不想等。

离婚现场，小莉不停地用双手比画着："我要的格局是这么大，你只有这么大，也就是说，我要的你根本给不了，还瞎叨叨什么？赶紧签字！别耽误我的发展！找谁说都没用，你听到了没有?！赶紧的，签！"

后来，大伟的嫂子实在看不下去了，说："人家要的格局是盆那么大，你却只能给个碗，都说道不同不相为谋，你坚持也没用。"

大伟不这么看，他认为小莉之所以走了歪路，是自己的问题。他说："都怪我，生意做不好，把情绪带回了家，让小莉失望了。只要她别离婚，我一定回到婚前的我，不让她生气。"

小莉说："我当初之所以嫁给你，就是因为你对我好，好得细致入微，好到让我感动。婚后你变了，天天找事，好像你养着我是天大的恩赐。我们结婚的理由是因为你对我好，现在你对我不好了，肯定不能过了。我相信你可以回到婚前，但我已经回不去了。还是那句话，你的格局始终没变，你就是个格局很小的人。我不是，我的格局很大，你满足不了我。还是离吧，放我一条生路！"

PS：

小莉一心想离婚，那么，就算大伟同意放了她，小莉会走上她理想中的"生路"吗？

看得出，小莉是个出身贫穷但富有理想的姑娘，大学时，她看好的那些"公子"，不是一线城市的有房族，就是二三线城里的土豪、高官，改变命运的意愿，早已卓然出尘，只是大伟眼拙罢了。然而，要嫁入"理想"的家庭，仅靠一纸本科文凭根本无法实现。

不要说你的品相平庸，就算你如花似玉，有几个中产以上家庭愿意儿媳妇是个出身农村的"心机女"呢？

无可奈何花落去，逐优秀不着，转而求关注。大伟二十四孝子般的爱，抚慰了小莉那颗创伤累累的心。

大伟是一个普通的农家子弟，他无论读书或工作，都是为了生存。他的"双商"，一直奔波在赚钱养家的路上。他把怨气撒到家里，说明胸怀不宽广，不过，一个无背景、无人脉、学历只有本科的男人，能折腾出个会展公司就不错了，还能折腾出房子和车，绝对值得点赞。可是，这样的男人，在社会上必然是谦卑努力的。当大爷？谁给你这脸呢？所以，回家撒个娇，也算情理之中。

小莉本是无奈下嫁，已经百般委屈，既然大伟不争气，小莉决定“革命”。她想：如果依然奉行大学时的那些条件，肯定不现实。那就在年龄上作出让步吧，重新选择，找个有钱有势的老男人。所以，她通过各种机会搭上了那三个男人。

他们会喜欢她甚至离婚娶她吗？

婚外的所谓“真爱”，往往意味着侵犯对方的边界。老男人好不容易经营了几十年的婚姻和声誉，哪能轻易被别的女人破坏？他们通常会这样看小莉：

1. 论才能：大学生遍地都是，小莉只是个受过普通教育的居家妇女，没多大实用价值。

2. 论相貌：就算小莉也曾花容月貌，毕竟岁月催人老，如今已是个40岁的老女人。

3. 不可信：对自己婚姻缺乏忠诚的人，也很难让其他人信任。

这个婚姻，男方不愿离。那么，小莉不要仅因为教子观念的不同，就把矛盾上升到“三观”不一致的层面。我一直强调夫妻“三观”要一致，但不等于一方喜欢冲浪，另一方也比翼双飞。其实，一方摆“pose”（姿势），一方愿意举个相机拍照，也在“三观”一致的范围之内，所以，我给小莉和与小莉类似的朋友一点建议：

1. 不要随便去“撩”优秀的老男人。怕的是，阅过繁华，你提高了对男人的品位，居高难下。

2. 固守本分，知足是福。所谓“由俭入奢易，由奢入俭难”，一个与优秀男人交过手的女人，往往不易再接受平庸的丈夫。

3. 认为自己格局大，就不要做全职太太。学成文武艺，卖与帝王家，既然受过高等教育，渴望创造社会价值，渴望得到社会的认可与同行者的赏识，就不要把理想寄托在爱人身上。自己的人生，只能由自己来创造。

4. 老男人再爱你，也不会轻易打碎生活格局。年龄越大，创新的可能越小，资源也处于渐渐流失状态，他也因此更在乎得失。所以，他能给予你的，自然会给你；他不会给你的，求也难得。男人为自保而杀死情人的案子，屡见不鲜。

肯让孩子去历险尝新的小莉，还是先让自己脱离“宝宝”状态吧。如果坚持以现在的“三观”去生活，下场不容乐观不说，还可能给孩子带来不可估量的打击。

第 04 篇

赔了五十万的夕阳红

——人虽老矣，狂性未歇

“老夫聊发少年狂”，老妇东施也效颦。贪人钱财，丧心病狂食苦果；咎由自取，迷途知返犹不晚。

爱情像鬼，说的多，真正看到的少，老年人就更不易遇到了，所以，当收到赵伯的结婚喜帖时，老伙伴们都警告他看好手里的钱。

赵伯不屑，他认为钱就是要给老婆花，所以，他倾囊相赠，充满爱意地对刘婶说：“我的，就是你的……”

❶

刘婶是一名退休工人，55 岁的时候，丈夫患肝癌去世，随即儿子结婚，搬出去单过，家里就剩下了她一个人，又退了休，出来进去，好不孤单。

这个年龄的女人，只要不懒，社交场合还挺多的。可以走文艺线，像旗袍走秀和广场舞；可以走文化线，上老年大学，写字画画。所以，刘婶的日子挺充实，还因此认识了男朋友林伯。由于两家的小区邻着，林伯经常邀请刘婶搭他的顺风车。

林伯是文化系统的退休干部，妻子病逝，儿子与儿媳妇定居国外。林伯人长得干净利落，性格随和，爱好广泛，琴棋书画吹拉弹唱都有涉猎，虽说技艺平平，却难得全面。

人群中出现这样一位钻石王老五，单身女人们当然是趋之若鹜，各显神通，可林伯只喜欢和刘婶聊天，理由是刘婶让他有亲人的感觉。

一次聊天中，林伯说当年到基层抓文化会演，被安排在老乡家吃饭，女主人擀一手好面条，筋道细滑，配上韭菜八蛸卤，真能鲜掉舌头。这些年，中西大餐吃遍了，也有所谓的手擀面，可当年的那个味儿，再没遇上。刘婶说："能有多好？哪天上我家，我擀个你尝尝。"林伯说："择日不如撞日，反正咱们回家都是一个人。"

刘婶家房子不大，四十几个平方，但收拾得清新可喜。问起林伯房子，林伯说："我那个是比你的大，空落落，没什么意思，还不如小的，收拾起来方便。"

俩人说笑间，刘婶把面和好，摆上长面板擀面。

林伯一边看一边评论，说："你看没看过废都？上面说擀面的女人特性感。"刘婶当然没看过，却不算笨，忍不住抡了擀杖去打。林伯忙抓住，说："这可不行，擀杖打人会孤老。"

二人推来搡去，屋子里的温度升起来了……

几来几往之后，刘婶的儿子知道了，感觉母亲还挺有福的，主动喊了林伯一声"爸"。从此，林伯索性住了过来，两人天天同进同出，俨然一对恩爱夫妻。到了外面，一个为师，全面施教；一个为徒，认认真真。总之是共喜共乐，岁月静好。

一年后，闺蜜杨妈问刘婶啥时办酒席，刘婶说："办啥酒席啊，我们也没登记。"杨妈问："咋不登个记呢？有个保障。"刘婶说："我和老林提过，他说都这个岁数了，没必要，又不生儿育女的。不过，我信他，他工资卡给我了。"杨妈说："给钱就行，不是有专家说了吗？男人这东西，钱在哪儿，心在哪儿。"刘婶说："是啊，现在的男人可鬼了，咋的都行，就是不拿钱，多少为钱闹成仇的！老林很好，一月工资上万，随我花。"杨妈说："你命真好，上辈子积了多少德！"

到了第四年，林伯的儿子要回国，说"肚子里打小养的细菌们想家乡的海鲜了"。

儿子回来后，第一件事就是查父亲的工资卡，发现月月光，再查流水，发现每月都会有三五千元进了刘婶儿子的卡，气到不行。

林伯这辈子，对钱没什么概念。妻子在世的时候，妻子管。妻子去世不久，就遇到刘婶，自然又是卡上交。特别是刘婶照顾得好，饭食上顺口，里外把他收拾得整洁，所以，他既没想过钱的事，也没怀疑过刘婶的人品，现在一看流水单，不开心了。

刘婶的儿子在企业打工，结婚后儿媳就待在家里怀孕生子，经济上自然不富裕，所以，当林伯交过卡来，刘婶就像女主人一样支配了，毕竟儿子喊老林一声"爸"嘛。

林伯儿子要刘婶还钱，刘婶说："我是你爸的老伴儿，花他的钱有什么不对？"

没想到林伯直摆手，说："老刘，可不能这么说，咱俩没登记。"刘婶当时就怔住了，心口一阵疼，当晚住进了医院，由儿子照顾，林伯和儿子回了家。

刘婶是个急症，无大碍。七天后出院，儿子陪她找林伯讨公道。

这七天里，林家父子早把话谈透了。林伯说自己与刘婶三观不合，两人在一起是因为自己太孤独了。儿子说："现在好了，我回来了，咱们家房子大，找个住家保姆也行。您这个岁数，正该享福，干吗拿钱养他们全家呢？再说了，她要是真的对您有感情，怎么会偷着骗您的钱呢？"林伯思量再三，终于点了头，并接受了儿子外出旅游的建议。

刘婶一家找上门来，林伯已在三亚。林伯儿子说：."钱不要了，刘姨照顾了我爸四年，很不容易，权当保姆费吧。"

❷

四年"夫妻"生活，刘婶付出了真感情，她真心热爱和崇拜着林伯——这是一个自己五十多年都没有遇过的男人，也是一个自己想都没想过的男人。所以，她下定决心要好好伺候照顾他的余生，谁知，自己不过是做了四年保姆！

巨大的打击之后，刘婶好像更有战斗力了，天天跑相亲角——上午去塔山小公园的相亲角，下午去南山公园的相亲角。

单身老男人还真不少，有丧偶离异多年的，也有头天刚离异、渴望马上有人补上空缺的，所以，当身体健康、相貌朴实的刘婶出现时，相亲角甚至起了一阵骚乱。

相亲一月，初有成效，有位大学老师看上了刘婶，理由也是刘婶健康朴实像亲人。刘婶对他的条件颇为满意——女儿已婚，定居北京，在世界五百强企业工作，绝没有回烟台的可能，等于没有后患。

鉴于上次的教训，刘婶先问能不能登记。这位王老师说："可以啊，我们先处个一年半载，你了解了解我。咱们相处期间，先每月给你两千元生活费，其他的，婚后再说。"

两千块钱，就是个普通生活水准，但是，为了不让对方再指责自己赚钱，刘婶答应了。

这次同居，儿媳妇力劝婆婆住进王老师家。她说："如果上次就住到老林家，说不定不会散。你啥毛病没有，他们敢把你撵出来？那可是单位的宿舍区！会遭舆论谴责的。王老师丢不起这人。"

同居半年后，王老师的女儿携夫带子回来一趟，看刘婶家里家外一把手，把父亲伺候得熨熨帖帖，倒也客客气气，什么也没说，玩了几天，给刘婶买了条项链，表示感谢，又拖家带口回去了。

戴上项链的刘婶，认为试婚可以结束了，提出登记。谁知，王老师说："这个岁数了，不就是张纸吗？"

这不是骗人吗？刘婶叫来儿子，一家人不肯放过王老师。

事情闹到学校，学校感觉这不属于可管的范畴，也没什么招摇撞骗的事，而且俩人都是单身，恋爱自由结婚自由嘛，要他们自己解决。

王老师搬来了妹妹，妹妹是做行政的，擅长做思想工作。她对刘婶说："我哥确实是诚心找老伴的，俩人先交往交往，也是对彼此负责嘛。你看，你也嫌我哥太爱换衣服，一天换一套，还必须手洗，要是不住在一起，能知道吗？可见试婚有好处。大家都不是年轻人，不能今儿结婚明儿离婚，是不是？再试试？"

这一番话下来，让刘婶一家哑口无言。继续试，一月就给两千块，自己等于给人家做免费的上床保姆；不试了，这不相当于让人家占了便宜吗？看来，学历高，真不等于人品好啊。

一家人思量再三，趁着夜黑，搬出了王老师家。

这个事也有好多人知道，至少林伯知道。因为心中有气的刘婶，向林伯嘚瑟过，宣示自己还能找到层次高的人。谁想到，此战又败北！

愈挫愈勇的刘婶，依然走在相亲路上，她不喜欢孤独，也不想跟儿子过。不久，还真遇上个肯登记的赵伯，条件也不差——儿子早年车祸去世，自己比刘婶大九岁，做过某事业单位的后勤干部，有百万存款。俩人相好不久，赵伯不仅交出了工资卡，还给了刘婶五十万元！

赵伯说还有六十万元，在自己侄子手里。"当初我生病，他（侄子）跑前跑后照顾，病好后，我就把六十万元的存单给了他，说等我百年之后，他发送了我，所有的钱归他。早知能够遇到你，我才不会给他。"赵伯说。

听了这话，儿媳喜上眉梢，一天七八遍地撺掇婆婆，说："妈，赶紧去登记！可别犯以前的错误了。登了记，有保障，侄子算干啥的？你可以直接要钱，他敢不给？"

春光正好，喜事临门，俩老人拿上证件，直奔婚姻登记处，结为合法夫妻。

❸

婚后，赵伯住刘婶家，因为他的房子要拆迁。

一周后，刘婶在儿媳妇的策划下，举办家宴，邀请了干儿子一家前来。酒过三巡，菜过五味，赵伯向干儿子要存单，说："我现在也有家了，以后就由你阿姨来照顾我，她年轻身体好，你们就不用受累了。"

无论怎么说，干儿子拒不交出存单，说："爸，我们多少年了，你知道我的为人不是？咱不能把钱随便乱给。别回头您没钱了，再有个病有个灾，别人能有我靠得住？"

言来语往，大家翻脸，好好的家宴吃砸了。赵伯安慰刘婶，说："咱们是两口子，早晚他得给我。实在不行，我去告他，一告一个准。"儿媳觉得赵伯说得对，让刘婶别急。

赵伯的新房子下来了，有个大阳台，刘婶很开心：谁能想到老了老了，居然有了美好新生活，虽说男比女大得多点，可这算啥？人家还有大五十多岁的呢。

树怕挪，人怕处，三个月后，赵伯的毛病出来了——一是没有前面二位的多才多艺，言行举止偏于粗俗，令刘婶不悦；二是无肉不欢，时常因为饭桌没肉或肉太少骂人。

刘婶从小不爱吃肉，就吃点海鲜。前面二位都懂养生，从没挑过这个理儿，所以，她想说服赵伯，诸如油腻太多会导致脂肪肝之类。赵伯不听。

一天，赵伯特别想吃肉，俩人逛早市的时候，要买点猪头肉，刘婶不同意，说看着就恶心，只买了青菜和蛤蜊，说中午给赵伯擀面条。

面条擀得再好，无奈赵伯更爱肉，所以，赵伯气得拍饭桌，非要吃肉，还让刘婶还钱，说："不让你拿钱了，我自己拿着，想吃啥吃啥。"

刘婶说："男主外，女主内，钱就是我管，你凭啥要钱？"

赵伯一听，跑到厨房，直接把锅盖摔到地上，玻璃碎成一地。

刘婶一生气，老病又犯了，住进医院。

出院后，赵伯要做爱，刘婶不同意，赵伯说憋了好几天了，刘婶说我还病着呢。俩人较了一会儿劲，赵伯突然穿上衣服，说明天我就去找小姐！刘婶说随便，你不怕人家抓你个老流氓，情管去！

几天后，赵伯补办了自己的工资卡，大摇大摆去找小姐了。

没过多久，赵伯被抓了，派出所通知刘婶去交罚款。刘婶气坏了，领回人后，俩人吵得不可开交。她一吵，赵伯就要她还钱，刘婶坚决不给，还搬回了儿子家。

七十多岁的赵伯，性生活落了空，家务没人做，去向干儿子诉苦，又被撺掇着要钱，赵伯再次向刘婶要钱时，刘婶说都花光了。

刘婶给赵伯算账，说："你成天又吃又喝的，花不花钱？请个保姆多少钱？水电费多少钱？住我房子多少钱？装你那房子花不花钱？你好好算！"

同居不到一年，五十万没了，赵伯气得这一口老血啊！可是，人家说的这些话，他能怎么怼回去？说花不了这么多？他又没有明细账；说骗钱？这可是合法的夫妻。

赵伯说："离婚离婚，还我钱！"

刘婶说："好啊，离吧，你个老流氓！"

本来，干儿子还想帮赵伯争一争，因为牵涉到嫖娼，赵伯害怕丢人，选择了放弃财产，净身出户。好在新房已装好，还有工资，日子并不难过。

在离婚现场，赵伯后悔了，抓着刘婶的手说，"不离吧不离吧，我不要钱了，也不吃肉了。"

刘婶一脸冷漠，说："这么大岁数了，还成天上床上床，恶心死了！"

PS：

老人需要黄昏恋。因为不管子女多孝顺，都不可能一直陪在老人身边，甚至很多子女根本就不会关心老人的冷暖，所以，老人追求伴侣的心，可能比年轻人都迫切。

尽管如此，这个年龄段的恋爱比较特殊，往往是收入高的不愿领证，收入低的总想向对方索取，加上再婚配偶享有一定的继承权，这让高收入老人们的子女不舒服，因此反对老人领证再婚，对同居抱支持的态度。

我个人建议领证，婚姻是维系夫妻关系的纽带，想单纯靠感情和道德，显然过于理想，忽略了趋利避害的人性。从本案例中可以看出，不领证的刘婶，两次沦为保姆，而领证之后，她明显得到了法律上的保障。遗憾的是，刘婶不懂变通，过于自我，甚至还要使用"性惩罚"；赵伯不懂女性需要被照顾呵护的心理，一味地等待被伺候、被满足。

朋友们，在接受刘婶前车之鉴的同时，要知道黄昏恋不易，选择很重要：

1. 综合条件较好的男性，通常不会选择层次低、年龄相近的女性再婚。但是，为了生活上的便利，可能选择刘婶这样的人——既可享受对方的陪伴照顾，又可随时一拍两散。所以，条件一般的老年女性，择偶要心中有数。

2. 与刘婶情况相似的朋友们，不可频繁相亲，盲目选择新伴侣。被情感伤害之后，应该给自己一个修复期、反思期，可有效避免重蹈覆辙。

第 05 篇

她想靠嫁人改变命运
——颠倒行事，自取其辱

“笑渐不闻声渐悄，多情却被无情恼。”爱情要建立在尊严的基础上，失去了独立人格，最后必然是自取其辱。

李佳上身短款小西服，胸前飘个爱马仕丝巾，下身是时下最流行的荡裤，走起路来干练洒脱，一副女强人的样子。她离婚的理由是：“他骗我，不给我还 3 万块钱。”

❶

2003 年，到城里打工卖手机的李佳，嫁给了住在城郊的辅警于本立。

在李佳眼中，于本立长相一般，为人老实，房子紧靠开发区，分分秒秒都会变成拆迁暴发户，所以，她十分满意地结了婚，又生了个让她十分满意的大儿子。

男女之间，不管有没有爱情，在新鲜期没过的时候，双方都是隔着光环看彼此，待孩子出生，日子的味道，因为锅碗瓢盆复杂起来，双方面目回到了婚前的真实。李佳不乐意了，她不想要如此平庸的男人，而且，拆迁至今是个梦，一家人依旧住在没有马桶、没有暖气的旧房子里。当她看到同事们在大冬天也能从容地宽衣解带洗浴如厕，特别是听到诸如“暖气太热，屋里夏天，屋外冬天”这样的话时，她对于本立的忍耐达到了极限。

极限又怎么样？孩子都有了，李佳下不了决心。

李佳决定改造于本立，让他经商去。她相信人是可以改变的，比如她本来一身土腥味儿，现在呢，跟城里人已相差无几。

所有干销售的，都或多或少接受过一些培训，李佳把自己学到的讲给于本立听，每次都把于本立给说睡着了，气得她抬手去打。

被打醒的于本立特别生气，因为他非常喜欢辅警这个工作，虽说钱少事多有危险，可他是个有英雄情结的人，也认为自己不适合经商。

二人价值取向不同，纷争越来越多，李佳累了，决定自己去赚钱，她看上了楼盘销售。

卖楼有个赚钱的诀窍，可以在第一期最便宜的时候买套房，等二期三期开盘时，再把楼房卖掉，赚取差价，比卖手机赚得多。

不久，公司开了个大盘，三面环山，风水绝佳，李佳相中了一套带院的小房回家说服于本立掏钱。于本立不干，说一楼房子不好卖，李佳说小院很抢手，现在很多讲究人喜欢一楼，种花种菜，超级实惠。

得不到老公的支持，小院被另一个销售员买了。二期一开盘，每平方米涨了一千块，小院特别抢手，又额外加价，结果，那个销售员一套房就赚了30万，气到李佳吐血，十分坚决地离了婚。

因为儿子非要跟妈妈，于本立把房子让给了李佳，李佳写了个20万的欠条给他。

❷

离婚后，日子并没有好起来。

朋友给她介绍来的对象，不是肚大发稀，就是和于本立一样平庸，年龄还要大上十多岁，真让李佳发飙，就直言必须“小鲜肉”才肯看，结果就先后来了两个年纪小的，一个小她11岁，一个小她14岁。

“小鲜肉”，听着爽口，用起来麻烦，因为男人和女人一样，与比自己老的人在一起，总觉得自己卖成了白菜价，需要找补回来，所以，吃穿用都让李佳管，李佳受不了，全部放手，说：“我必须嫁给有钱人。”

在李佳看来，想嫁有钱人，自己这个层次得上去，在遇到有钱人之前，她决心把精力用在工作上。

卖楼也要有资源，李佳成长和读书都在乡下，人脉少，她就经常上街发名片。有一次，发到老板车上了，老板隔三岔五在公司表扬她不说，在老同学武龙来访时，还当成谈资说了一下。

武龙是老板发小，上高中时，随父母搬到了大连，但俩人一直要好，时不时来个互访。武龙这次到烟台有两个目的：一是悼念一下李佳老板的父亲，感念小时候老人对自己的偏爱；二是看看老同学新开的楼盘。席间反复听到李佳的名字，就说想认识一下。

与李佳聊天中，武龙对李佳印象不错。一个离婚女人，没有傍男人，拼了命地打拼，说明一不爱财二不轻浮。

李佳对武龙印象更好，她知道了武龙与自己差5岁，算同龄人，还是个有钱人，在大连市中心有两套200平方米的大宅，还在郊区开着农庄。最关键的是没老婆，老婆已去世五年。

俩人加了微信，每天互通有无，关系愈发紧密起来，男要娶，女想嫁。

李佳说："我有个事要说明一下，离婚时我欠了20万元，现在还得就剩3万元了。"

武龙哈哈一笑，说："3万元算啥？我给你还。"

武龙的话，让她心里一暖，感觉这不是3万块钱的事，是找到了依靠。

有一点不如意，武龙不太喜欢李佳的儿子。他用开玩笑的语气说："儿子这么高了，再高一高，打我都够使的了。"

也是天公作美，于本立听说李佳傍大款了，爱子之心加自尊心驱使，说："我儿子不能认他人作父，需要更改抚养关系。"李佳虽心有不舍，但毕竟儿子归亲爹不是坏事，也就顺水推舟。

❸

武龙对她真好，买吃的，买穿的，一掷千金。特别让李佳感动的是，如果李佳想吃点啥，隔着再远，时间再晚，武龙都会让她吃上。

如此宠爱，李佳原本纤细笔挺的后背，生生糊上了一层脂肪，原本骨架就大的她，有了虎背熊腰的架势儿。

李佳开始发愁，说："你看看我胖的，该带不出去了。"

武龙说："我媳妇，我看着顺眼就行。再说了，你胖，才能体现出我社会主义的优越性嘛。"

有钱的日子就是好，每天都像走在开满鲜花的大道上，心气顺，空气甜香。但是，李佳越来越不安，因为武龙始终没有提还款的事儿，她手里也没有零花钱，一切花销都是武龙承担，她连单独逛个街的机会都没有，更别提工作赚钱了。

李佳提出找工作，武龙给否了，说："我的钱还不够你花的？"李佳说："我要还信用卡了，再不还，征信会出问题。”

武龙说：“征信有什么用呢？你又不买房子。”

李佳说：“征信有问题是污点，我不喜欢有污点，我喜欢言而有信。”

在李佳看来，武龙可以不替她还那 3 万元，她如果在大连找工作，还 3 万元不是问题，所以，武龙先是言而无信，如今又要让她有污点，她心里很不高兴。

武龙新婚欢喜，忘记了婚前说的话，如今被李佳提起，内心有些不爽，说：“你长相也就是一般性的漂亮，又结过婚有孩子，你猜我为什么娶你？因为我同学夸你肯伏下身子努力，不占男人便宜。我是不是看错你了？其实你和那些图男人财的女人一样。”

李佳说：“你要是不说替我还钱的话，我根本不会嫁给你。”

武龙说：“我要是知道你只图钱，我根本不会要你。”

话越说越僵，二人没法聊了，李佳要身份证，说要回烟台。

前些天办护照时，武龙拿了她的身份证，现在听说李佳要走，坚决不给，他还是舍不得这个女人的。

李佳生气，高声讨要，武龙说：“你想清楚了，如果和我离婚，一毛钱也没你的份儿。”

武龙的话，激怒李佳，她脱去所有新衣服，换上了当年自己的服装，让朋友代买了回烟台的票。

一看留不住，武龙把李佳向屋里一推，把门锁了。

李佳害怕了，各种家暴狂的影像涌入脑海，她报了警。

“110”赶到后，问明缘由，说服武龙放了李佳，李佳趁警察在，收拾行李，跑出了武龙的家，坐船回到烟台。

到家第二天，李佳就重新上班。一周后，与武龙办理了离婚手续。

PS：

离婚是件坏事，但是，往往会让本想依靠男人的女人励心明志，成就一番事业，从事业中获取安全感，而李佳不是这样的人。她只是对于某个男人失去希望，而不是对男人失去希望。她把改变命运的理想，寄托在男人身上。

李佳只是个打工妹时，她看中于本立的城市户口和有可能拆迁的房子，当她与于本立结婚后，又希望于本立这个城市贫民弃警从商，等到武龙出现，她以为理想终于实现，但武龙面对李佳要他代为还债的应对，又令她很是失望。

在武龙看来，征信有什么用呢？嫁给了他这样的男人，吃穿用，应有尽有。房子足够住，想住城里住城里，套套都是200平方米的大宅；想住农庄住农庄，民宿就有20间。所以，他认为李佳不是为了征信，只是为了钱。

生活中，不少女生愿嫁有钱人，可以理解：一来是生物进化的本性，认为嫁给有钱人会更利于孩子成长；二来是一步登天，避开了勤苦节俭的人生。但是，有钱的人，一定舍得给你花钱吗？

我认识一个女土豪，离婚独居，手里有七八套房子，存款很多，衣帽间放着一长溜貂皮大衣。即便这样她也总想占别人的便宜，比如一起去看演出，她会考虑坐朋友的车省油费；买东西总是拦腰砍价，省去零头，还得要赠品；至于那些社会捐款之类的事情，则坚决不掺和。

这些做法，不能用“对”或“不对”来形容，或许只能说，越是有钱人越是懂得钱的价值。所以，像李佳这样的朋友，还是努力工作吧，不要指望遇上盖世英雄来拯救你。

第 06 篇

妻子是个“扶弟魔”
——各认己错，了却恶缘

“此水几时休，此恨何时已。”相互纠缠必定是有因缘，依因缘而生的，也一定会依因缘而灭。两人各自检讨自己，尽快了却恶因缘。

都说“嫁人不嫁凤凰男，娶妻莫娶扶弟魔”，如果真的娶了一个“扶弟魔”，能离婚吗？毕竟她除了爱娘家，还有很多优点，孩子又这么小……

❶

我们的恋爱很平淡，就是经人介绍，然后时不时约个会。

相处一段时间后，发现我们俩的脾气都不好，经常为一点小事动手，我就不想处了。还没结婚呢，就闹到这个程度，如果结了婚，那不是全武行了？可是，她不愿分手，找介绍人出来打圆场。

介绍人是我公司一把手的老婆，驳了她，怕她觉得没面子，跟老板说我坏话，所以，这所谓的恋爱，不苦不甜地向前走着。走到 2017 年，彼此都没遇到更好的，她家里要我们登记结婚，我就同意了。

去婚姻登记处的路上，我们俩谈论婚礼的事儿。她说她们家的风俗是给十万零一，意思是姑娘好，十万人里挑一。我说：“不是万里挑一吗？你们家这是巧立名目敛财啊。”

她恼了，伸手打我脸，我迅速抓住她的手一甩，结果抓破了她的手，有血渗出来，她哭了，打电话给老板娘，老板娘说：“待在原地等我。”

半个小时后，老板娘来了，押着我们去登记。

一不顺，百不顺吧，接下来拍婚纱照也是矛盾重重。深秋的天气，她非要拍那种躺在海里的，我说特别像自杀，招致影楼工作人员的集体围攻，吧啦吧啦，什么“结婚就这一次”“要留下最美的瞬间”。

我知道他们是为了赚她这种傻瓜的钱，又不好明说，只是难以作出笑的表情，更加招致她的不爽。领取婚纱照相册时，她看着我一脸的不情愿，气得把相册摔过来摔过去，我转身就走。

好容易撑到婚礼，我发现她母亲居然站在大厅收红包。像她这个年纪的人，不知道婚礼红包是男方家收取用来付酒席钱吗？

母亲和小姨本来站在那里，看亲家一脸的不识趣，怕人笑话，只好主动退回到大厅。

小姨悄悄说：“你这个媳妇家真可以，一分钱陪嫁没有，只带了些被子褥子来。不给也罢了，我们给的钱，总该带回来过日子吧？”

宾客散尽后，她妈把红包全带走，我只好刷信用卡结账。

晚上，我问及此事，她一脸理所应当，说：“那个钱当然是我家留着，我妈养我这么大，白给你啊？”

我反讽：“我以为是娶媳妇，原来是卖闺女！”

没多久，我知道了那笔钱的去处，原来是做了小舅子的聘礼。

❷

同学回国探亲，得知我新婚，送我一个古驰的包包，送她一条同牌子丝巾。

第二天，我想手里的包已然破损，要用同学给的，却发现不见了，我本能地找丝巾，丝巾也不见了，我猜肯定是她拿给弟弟了。一问，果然是。她说弟弟恋爱期就是要用点好的、上档次的，丝巾给了他女朋友。

我能说什么？只有暗中观察，发现她搞得像个小偷。家里只要有了新东西，就要偷拿给弟弟。旧一点的，但凡她家里用得上的，也要偷偷运回去。

因为她怀孕了，我一直忍着，等她生下儿子出了月子，才把话挑明。谁知她根本不羞愧，说：“你还好意思说，这么长时间，你根本不管我们家。他们没什么收入，我当女儿的，怎能不管？”

我说：“你是女儿，有了自己的家，怎么能回娘家挑大梁？你看看谁家日子是这样过的？你家当你是樊胜美！”

说什么也没用，有了儿子的她，腰杆很硬，开始明着给娘家拿东西，完全不考虑我们的实际情况。我俩工资加起来也就七八千，还完房贷，安排好生活所需，所剩无几，如果遇上好友扎堆结婚的日子，我们要刷信用卡。

日子过得这么拮据，她居然要给弟弟还债（她弟被人骗去做传销，欠下网贷40多万元，天天被人家追着还债），我们上哪儿弄这笔钱？她居然考虑到了卖房子。

房子是我的婚前财产，我当然不肯。她说我婚前只是付了首付，所以，她有卖的权利。

为此，她专门咨询了律师，律师说房产证是我的名字，又在婚前，如果离婚，会从还贷部分分她一点钱，其余无权动用。

过了几天，她要在我的房产证上加名字，说如果不同意加，就把房子过户给孩子。

我当然不同意。儿子未来的婚房我会考虑，但是，孩子还这么小，分明是她有私心，以为过户到孩子身上，她就拥有了主宰这套房子的权利。

❸

一波未平，一波又起。

我“亲戚”在QQ上向她借钱两万元，利息是40%，一个月还款，她借了。

这当然是个骗局，是别人破解了我亲戚的QQ密码。

这么高的利息，这么短的回转周期，这是个多么低级的骗局啊，就算她看不穿，问我啊。再说了，很多骗局早有公布，电视网络到处宣传，为什么还会上当？

她有理由，说：“你总是嫌我只顾我们家，所以，我才借给你亲戚。”

这是什么理由？难道不是看中了高利息？而且，我相信她要赚的利息钱，是为了她们家，根本不是为了我们过日子！再想想她之前做的那些事，一股儿火气蹿上来，我跟她分居了。

如今，我们已分居两年多。今年的中秋节，又打起来了。她的理由是：我明知她妈爱吃蛋黄月饼，非要给五仁的，把蛋黄的给公婆。

啊呀，我太冤了，这两盒月饼是公司发的，我只是随手拿的，怎么不说蛋黄的胆固醇高，不适合老人吃呢？我想到了离婚，又放不下孩子，他还这么小，我有什么权利让他失去原生家庭？

她倒是态度决绝起来，直接断了我的口粮。我看着她不讲理的样儿，推了她一把，她把我抓成满脸花。

我找到岳父，以为男人会理解男人，没想到，她爸觉得自己的女儿有理，说："你打我女儿，还好意思来？滚！"

丈母娘更狠，直接住到了我家，不让我进门。

我敲门不行，打电话。丈母娘一听是我，就让她女儿挂电话，还支持女儿离婚。

PS：

虽然说介绍人是老板娘，起了一定的作用，但是，两人能结为夫妻，说明彼此还是有心仪的地方。

结了婚，有了儿子，为什么会走向破裂呢？当然是因为姐姐这个"扶弟魔"。

为什么姐姐会做"扶弟魔"呢？除了男尊女卑的思想在作怪，姐姐和好多女性朋友一样，把娘家当成了自己的心理依靠，设想自己万一被丈夫欺负，娘家可以出来撑腰，所以，姐姐无私援助着娘家，当弟弟需要钱的时候，她甚至要卖丈夫的房子，甚至要离婚。

这个姐姐要自问啊，倘若真的离婚，自己手里有什么呢？房子是丈夫婚前财产，最多把婚后还贷部分分一半，结婚不久，能得多少？再带上个孩子，住到哪里？如何生存？娘家会帮自己吗？有能力帮吗？如果再婚，带着孩子的离异妇女，嫁个什么样的人？对方如果也有孩子，一碗水端得平吗？彼此的关系不好处。

更需要明白的是，真离了婚，这个不把女儿幸福当回事的娘家，恐怕会嫌她丢了家族的脸。

我推荐做"扶弟魔"的姐姐们看看《欢乐颂》这部电视剧，看看里面的樊胜美。亲情也要有界限，别纵容父母、弟弟的无底线，别因此毁了自己的幸福。

这位已经做了"扶弟魔"的姐姐，是时候回头了，你最该为之付出的，是年幼的孩子，是自己的小家，是这个处事不圆滑、但宽容度已经相当高的丈夫，他能够忍耐这么多，不是因为爱这个家，又是什么呢？

当然了，做丈夫的，如果不想离婚，不要总是生气和指责，要想出帮助妻子的办法，给出维护家庭的诚意，而不是双方对骂对打，做一个只知道发泄情绪的"孩子"。你毕竟是做父亲的人了，夫妻还是要讲情别讲理啊。

第07篇

大叔萝莉的风花雪月
——内心扰动，外求难止

“剪不断，理还乱，别是一般滋味在心头。”方印和焦甜的家庭像其他很多人的家庭一样平凡，但平凡之中自有美丽和不凡。人类的弱点往往就是身在福中不知福总是向外求，把自己搞得很累还不自知。

一脸烦躁的方印，喋喋不休。

他说：“我是真不想离婚，儿子很优秀，老婆也确实很贤惠，对我好，对儿子好，可是，小溪对我也太好了，我和她沟通顺畅，相处和谐，她还不逼婚。你说说，离婚吧，舍不得儿子，对不起老婆；不离吧，家里的老婆是这个奶奶样儿！一看就头疼。唉，我不知该怎么办！”

❶

方印家境贫穷，学习也一般，从护校毕业后，分配到一家社区医院做护士。

按说男护士很吃香，但方印觉得赚钱少，买不起房，开不起车，瞧不起自己的职业，后来发现医药代表这个行当很赚钱，就辞了职，做了医药代表。

医药的利润虽然可观，但是，同性价比的药有很多，一个科主任，不知有多少人巴结。像方印这样情商不够、智商不行、才貌皆无的人，想巴结到主任点头，难如上青天。

尽管销售如此艰难，他还是不愿意回到原来的状态，因为想在城里扎下根，要有房子要有车，要有自己的一亩三分地儿，于是，方印坚持了下去，收入亦日渐增多。当他遇到焦甜的时候，已经开上了长安面包车。

焦甜来自农村，也是护士，崇拜与追随着方印，方印十分满意。他说："城里的单身女比单身男多，但是，没钱的男人，她们看不上。现在我有钱了，看上我的很多，但是，我看好焦甜，贤惠善良，和我是一路人。"

焦甜也有缺点，不聪明，不爱干家务，宿舍里乱七八糟，也不怕方印瞧见，不爱面子。方印让她收拾一下，她说："没什么啊，反正晚上还要睡。"

方印听了很恼火，他是处女座，非常讲究细节，根本容不下这样的生活态度，但是，恋爱嘛，不能发火。何况，这也是一个表现自己的机会嘛，就自己收拾。

会赚钱，又会做家务，也太优秀了，焦甜就一切听他的，他说啥是啥，俩人慢慢形成了偶像与粉丝的关系——一个总是说说说，一个总是听听听。开始的时候，方印很受用，时间长了，方印有了种一拳下去力道全消的感觉，内心不舒服。每逢此时，他会自问自答：难道俩人杠起来是好的？还是这样好。

一年后，双方家长说该结婚了，他们自己也感觉老大不小了，就快快乐乐地结婚了。

❷

婚后，二人过得也算快活，不爱干家务的焦甜，索性全依赖方印了。方印也不推辞，每天早早起来，清扫擦洗，房子虽说是租来的，但不管谁进到这个家，都感觉清新宜人。

焦甜生完孩子后，方印的业务多起来，管不了家，家里就变成了垃圾堆。保姆也请过，工资高，还不称心，方印就劝焦甜辞职，说："我养得起你。"

辞职后，焦甜做起全职太太。

既然不上班了，家里工作应该干好吧？但焦甜达不到方印的水准，于是，方印训斥她的次数越来越多。他说："从你怀孕起，我没完没了地做家务，你什么也不做，跟个皇后似的。生了孩子，我更忙了，看病喂奶。现在你专职了，我还是没觉得轻松，你到底是干什么吃的?!"

焦甜觉得自己很累了，当年生产时大出血，产后一直气血不足，人懒懒的，什么也不爱干，而且，孩子太闹了，自己从没睡个囫囵觉，方印还要自己给他做按摩。

丈夫说了算，焦甜是接受的，因为父母也是这样相处的。但父亲脾气好啊，总是宽容脾气大的母亲，凭她说什么，父亲总是不顶嘴，很有男人样儿，还喜欢干活儿。方印不是说了算那么简单，还拿自己当奴隶！她终于忍不下了，提出离婚。

方印说："她竟提离婚，吓我一跳。为什么要离婚呢？我们结婚时一无所有，生宝宝前，我就交首付买了房，生宝宝后，我又换了车，她想吃啥有啥，夏穿纱冬穿貂的日子，她也过上了啊，怎么能离婚呢？我肯定不离，有儿子呢。"

提到儿子，焦甜也泄气了。他们的儿子真是好，虎头虎脑又聪明，谁见了都夸，怎么舍得他缺爹少妈？

为了劝慰妻子，方印跪下了，说："你看，我一点架子也没了，我都给你下跪了，你相信我吧，我再也不骂你不使唤你了。"

保证归保证，没出三天，方印又打回原形，眼里全是焦甜的毛病。

尽管如此，焦甜不再提离婚，一来自己毕竟是村子里出来的，离婚被人瞧不起；二来是自己没收入，养不了孩子。还能不要孩子吗？肯定不行，这是心尖上的宝贝。

❸

为了在家里获得话语权，焦甜重返职场，到一家私人医院做了护士，天天忙忙碌碌，一月四五千块，还有各种福利。

有了底气的她，脸色好看起来，只是依旧不喜欢做家务。她说："我就喜欢这样，有家的感觉。你说那被子，叠那么好干吗？又不参加卫生比赛，是用来睡觉的吧？不用叠，想睡，钻进去就睡，多舒坦。"

按说两口子都有了收入不菲的工作，孩子又争气，小日子蜜里调油，但是，方印有了外遇，爱上一位1994年出生的姑娘。他说："我可不是老牛吃嫩草哦，她就喜欢大叔！"

这位1994年出生的姑娘叫小溪，漂亮能干，房是租来的，但收拾得利利落落，很有方印的风范，还处处透着小女人的巧心思，更重要的是——她特别爱方印，听话不说，还不爱钱，也不逼婚，就知道每天把方印也收拾得干干净净，伺候得熨熨帖帖，让方印乐不思蜀。

方印是真爱这位姑娘，但他没动离婚的心思，当然，还有着对姑娘的隐隐担心：太年轻啊。他说："真想不透，她为啥要爱大叔呢？大叔不负责任又会老。"

因为担心，就有了疑心，方印利用一些渠道，了解到了姑娘的从前……

小溪父母离异，很小就出来混社会。在方印之前，先后与三位大叔"相爱"过，引产一次，流产四次，相处的模式也与方印一样，只相爱，不逼婚，但是，不知为什么，她总是被大叔所抛弃。问小溪，小溪眼泪汪汪，说："我也不知为什么，他们都说爱我，后来又都说不能害我，就分手了。"

知道了这些过往，方印的心里有点膈应，心想：这也有点太随便了。如果是和同龄人恋爱失败，我可以理解。这些老男人，哪里是恋爱？分明是胡搞。

想到“胡搞”这俩字，自然就想到了“破鞋”“公交车”这些不堪的词语，方印的积极性不高了，他觉得不必考虑离婚再婚的事了，走一天算一天吧。

纸包不住火，方印的秘密，被儿子捅破了。儿子对妈妈说：“爸爸带我和姐姐去玩，对姐姐可好了，买好多好吃的，说话可温柔了。妈妈，妈妈，爸爸为什么对你那么厉害啊？”

从这天开始，焦甜拒绝和方印说话。

方印恼了，说离婚，焦甜带上儿子就走，直接来到离婚区，打电话把方印叫来。

方印在现场又道歉又写保证书，焦甜抱住儿子，号啕大哭。

PS：

既然都不想离婚，焦甜就要说话，要让彼此的情感流动起来。

说什么呢？

比如不断设计出共同的愿景；比如谈如何规划儿子的前途；比如说如何让财产更好地增值……

人与人之间，是需要相互感恩、相互珍惜的。

当然，方印必须首先放弃小溪。和谐的关系，要建立在相互信任与依赖的基础上，更要考虑儿子的心理健康。充满危机的家庭，会破坏孩子的安全感，甚至影响孩子一生。

方印之所以无法放弃小溪，是因为小溪无害。其实，像小溪这样的姑娘，之所以活成这个样子，往往是因为以下两个原因：

1. 得到的父爱不够，这是原生家庭的错，因此，做父母的，即使离了婚，依然要把爱给孩子，否则的话，孩子就有可能变成小溪。

2. 现实生活比较残酷，要想混得轻松，不仅需要有学历有资历，还需要有吃苦耐劳的精神。大叔有钱、有闲、有人脉、有经验，不仅会让小溪这样的姑娘有物质的保障（她不主动要，但大叔们不会不给），还会得到特别到位的职场提点，算是个人生捷径吧。

第08篇

自愿住车库的母亲

——欠债自还，毫厘不爽

“而今识尽愁滋味，欲说还休，却道天凉好个秋。”因缘果报，丝毫不爽。儿子的遭遇，竟如同其父亲。这对母子若坦然接受这一切，就如同还债了，结清账目，一身轻松。

单身多年的母亲，为儿子付出了所有，她甚至把房子让给儿子一家，自己去住车库，却依然没保住儿子的婚姻……

❶

四十年前，秦明在烟台的部队医院工作，在老家医院上班的妻子李舒华不想忍受两地分居之苦，带儿子来到烟台随军，在部队领导的帮助下，到了地方医院工作。

秦明技术高超，医院领导也很重视，送他到军医大学进修两年，指望他回来挑大梁。然而，早就厌倦了天天面对病人的秦明，交了一个做金融投资的朋友，对方的鲜车怒马，让他内心涌起创业的冲动。他坚决要求转业，用自主择业的钱做了投资。

隔行如隔山，一个毫无投资经验的军人，败光财产是正常的。

为了扳回这一局，秦明向所有认识的人借款，筹到五十万，再次投资，却再次失败。

当李舒华得知消息后，愤怒极了，她指责秦明背叛婚姻。

秦明说：“我只是投资失败，你帽子扣得太大了吧！”

李舒华说："我们是夫妻，什么事都应该通气儿，你悄没声儿地干了这么大一件事，我以后怎么信任你啊？"

秦明说："你不就是嫌我欠债了吗？我又不用你还！"

十五年前的五十万，对于普通人家来说，是一笔巨款，偿还？谈何容易。

要债的上门，各种难听的话难看的事都说都做，秦明无计可施，李舒华只好求自己的娘家。最后，李舒华的哥哥和弟弟帮着清了账。

此事既然了结，李舒华劝他找家医院上班，凭专业吃饭；秦明却认定自古华山一条路，在哪儿跌倒，必须在哪儿爬起来，否则，男子汉的颜面何存？他相信，凭自己的智商，绝对会成功，所以，妻子的规劝让他厌烦，感觉不如一拍两散，各寻前程。

李舒华是个非常传统的人，又是冲着丈夫来烟台的，也就是说，如果离了婚，她相当于举目无亲了，也不可能回老家找工作吧？这个年龄了，不好找。儿子14岁，处在青春叛逆期，自己离婚，儿子转学，都要冒很大的风险。种种不利因素摆在这儿，只能拉上家人一起，劝说和指责秦明，拒绝离婚。

秦明不考虑这么多，他只想快点离婚，因为在这场婚姻中，自己的颜面尽失。他期待尽快结束这难熬的一切，清清净净去赚钱。所以，他本来还想争一下房子和儿子，毕竟房子是根本，儿子是香火，但由于妻子一家人都朝他发难，一激动，他全部放弃。

婚离了，房子、儿子全归李舒华所有，秦明净身出户。

可能是应了"离婚衰三年"的古话，离婚一年后，秦明连抚养费都给不起了，就和这母子彻底断绝了联系。

幸亏李舒华性子刚，她不再婚不喊苦，辞去工作，开了诊所。

❷

岁月荏苒，儿子秦朗长大，毕业、工作，一切顺利，到了谈恋爱的时候，却一再受挫。

在十多年的独身生活中，李舒华反复强调独立和尊严，她自己是这样做的，也如此要求儿子，于是，儿子很自我——姑娘生气了，从来不哄，过三天姑娘不给电话，他就会提出"拉倒"。

谈了四段恋爱后，秦朗有些受伤，恰值单位要上市，有好多工作要做，他索性放弃恋爱，全身心投入工作。让他没想到的是——公司虽如期上市，但没赶上好时候，不仅没圈到钱，还濒临倒闭。无奈，秦朗只好另寻工作。这一蹉跎，秦朗四十了。

幸好秦朗有房有车，三十七岁的吴胭跟他恋爱了。

吴胭，是一家装修公司的家装设计师，可能是很小失去父亲的缘故，她与秦朗之前所有的女友都不一样，不仅从来不“作”，还会哄着秦朗，让秦朗感受到了温暖。他说：“我妈如果像你，我爸就不会不要我们了吧？”

果然是各花入各眼，在秦朗眼中的绝美爱情，在李舒华眼中，却是另一般光景。她说：“从认识开始，儿子的花费就越来越高，结婚还没影呢，金银首饰就置办了两三套，如果不是我拦着，钻戒也送了。”

吴胭生日将到，提前几天，她就拉着秦朗去挑礼物，选了一款金手镯，又选了一款满钻手表，花了两万多元。秦朗手里的钱不够，找母亲要。母亲不给，儿子嬉皮笑脸，说：“老娘，赞助下呗，这可是你未来孙子的妈。”做娘的还能说什么？自然是掏腰包了事。

一个月后，秦朗的生日到了，李舒华早早吃过晚饭，去广场跳舞。到八点回来，看儿子在家吃方便面，很惊讶，又得知儿子没有收到礼物，逼着儿子打电话给吴胭，问：“你知道我今天生日吗？”

吴胭在电话里明显停了会儿，说：“等结了婚，我一定给你过。”

李舒华认为这个姑娘不简单，以前一定是情史丰富吃过亏，现在摆明了不想付出，把谈恋爱看得很世故——你和我谈，我要赚钱；你和我结束，我不吃亏。像这样的姑娘，很难探得到真心，娶了也不保险。

陷入热恋的人，哪听得了理性的分析？秦朗说：“我都这把年纪了，早就耽误了，再拖下去，人生废了。”

交往半年，俩人决定结婚，李舒华把新房装修齐备，钻戒首饰到位，聘礼给了十万零一，还托人买来进口全烘干洗衣机，空调电视一应俱全。

登记后，吴胭想去法国看时装秀，权当蜜月旅行，让秦朗向婆婆要钱。秦朗也就习惯性地向妈耍赖皮。尽管李舒华觉得大家没混到看时装秀这个档次，为了不让儿子难做，还是拿出五万元。

终于等到婚礼，场面繁华深情，两家各有人收红包，最后查点，男方家比女方家多收了两万多元……李舒华的心落地了，感觉没在亲家那儿丢人，自己这个做母亲的，功德圆满。

❸

婚后，儿媳开始了要钱模式。

嫌电视太小，秦朗找母亲要钱，换了个60寸的。

想要空调柜机，秦朗找母亲要钱，搬来个最新款。

说洗衣机坏了，又买来一台洗衣机。李舒华说："把坏的给我吧，我还没用过全烘干的呢。"吴胭说："晚了，让我妈拉走了，修修用。"

李舒华找儿子，说："这是向娘家倒腾钱呢。"

秦朗不让说，怕媳妇听到生气，说都是一家人，管它谁用呢？

一晃半年过去了，儿媳的肚子没有动静，李舒华着急，当面催问。吴胭说："妈，我吃叶酸呢，备孕。"

李舒华不放心，心想年纪都这么大了，不赶紧生，还备啥孕呢？儿媳是不是有啥顾虑呢？就说："你别怕啊，生了就行，不用你带，累不着。等你生了，咱也上月子中心。我打听了，两万足够。到时，我给你三万。"

没想到，第二天儿子找李舒华要钱，说："妈，要不，你把那三万先给我们吧。"

李舒华说："这孕还没怀呢，怀上还得十个月，你现在要啥钱？"

又过了几天，亲家过生日，李舒华也去了。吃完饭闲聊，亲家说："我女儿就是知道过日子，天天晚上加班干私活，太累了。"

李舒华说："他俩的工资加起来一万多，够花，不用这么累。"

吴胭说："我给孩子攒着呢。"

李舒华说："不用啊，我早就给孙子准备了三十万的教育基金。"

当天晚上，儿子来要这三十万元。

李舒华恼了，说："这孩子还能不能生？怎么天天就想着要钱？我这个钱，说是给孩子备的，可不会一下子全给。月子有月子的钱，小学有小学的钱，大学有大学的钱，学到哪一步，我给到哪一步。"

为了这个事，吴胭生气了，跑回娘家，说婆婆不信任她。还是秦朗三顾茅庐，才算请回。

让李舒华大为恼火的是——从此之后，儿子对她理财产品的回款日期记得特别准，每次都会踩着时间点儿来要钱，理由花样百出。她一看来头不善，坚决不给。

一年过去，吴胭没有怀孕，却打算买孩子的学区房了，撺掇了秦朗卖房。

房子是当初离婚的那套，写着李舒华的名字，120平方米，原来是母子同住，到秦朗结婚，就给儿子做了婚房，李舒华在同个小区内租了个车库住着，一者省钱，二者离儿子近。关于这事，儿子也有过愧疚。李舒华都说："我老了，不爱拾掇，也不爱住高层，这个说是车库，但是在地上，一切家具齐全，还有个南窗，很适合我的。”现在儿子要卖房，李舒华坚决不卖。

李舒华说：“儿子，你傻不傻啊，人家是一毛不拔，打发你天天抠我的钱。我问问你，这房子一旦卖了，可就成了你们的共同财产了。万一有点啥事，哭都找不到庙门！”

吴胭坚决要买学区房，说：“你看看，房价越来越高，前几年五六千的房子，现在都翻番了。再不买，买不起了！”

李舒华冷眼相看，神色里透着质疑。

看李舒华这个态度，钱和房子都没戏，吴胭提出了离婚，态度十分坚决。

秦朗又找李舒华，说：“还是听她的吧。”

李舒华说：“就是离了，也不卖！”

离婚的事，正式进入了谈判期。吴胭明确告诉他们母子：“那十万零一，那些首饰，法律不支持你们的……”原来，吴胭私下都咨询过律师了。

本来还在想办法挽回婚姻的秦朗，顿感心寒，本来有些犹豫不决的他，同意离婚了。

PS：

李舒华和我说了很多，诸如单身母亲的不易，孩子的青春期多么难熬，还有那些水一样花出去的钱，是如何如何攒出来的……

我和一位记者朋友聊起这个案例，他给我说了烟台本地一位体育冠军的事。当时，他夺冠的消息一发布，大家都挺兴奋的，又送花又送钱，还送了五套房子。婚后，他妻子以学区房更值钱为名，不断卖房买房，很快就把冠军那五套婚前房变成了婚后共有资产。后来，据说是因为冠军不善交流，夫妻感情出现问题，两人离婚时，冠军已经没有婚前财产。你说这女人的算计狠不狠？

随着社会文明程度的逐步提高，婚前同居抑或感情不和以离婚收场，都已不像从前那样受人诟病了，但是，因此而产生的骗婚案、骗财案开始涌现。

本案例中的吴胭，恋爱时的做法单纯吗？结婚后的做法单纯吗？或许是婚前就打算好了未来的离婚；或许是走一步算一步，分分钟都在想自保；或许是遇到了另外的心上人……

我们推测不出吴胭的想法，但需要记住一点：如果对方讲感情，我们可以讲付出；如果对方讲索取，我们必须严防死守。

值得朋友们注意的是——李舒华省吃俭用，远离男人，把孩子拉扯大，予取予求，甚至让出房子，自己去住车库，可她那已入中年的儿子，为什么心无愧疚呢？

有一出老戏，叫《法门寺》，这出戏说的就是寡母溺爱儿子，最终把儿子送上了法场。行刑前，儿子悔悟，明白是母亲惯子杀子，假意引母亲上前，咬掉了母亲的乳头。

前车之覆，当作后车之鉴。为什么古代就演出来的案例，李舒华不引以为戒？

其实，像她一样的母亲，还有太多啊。

第 09 篇

爱我就别打“110”

——违逆己愿，心热发火

“断送一生憔悴，只消几个黄昏。”秦天明，刚硬的外表下包藏着的是脆弱的心，而唯其内在虚弱，才导致其时时用外在的力量去压制别人。他的主动退出实则是对芳芳的一种救赎。

眼前的秦天明，长相尚可，但没钱没车没学历，与母亲一起摆摊卖菜，月收入不过五六千，却娶了个高学历、高颜值还不嫌贫爱富的老婆，而且，老婆自愿待在家里当贤妻，为他生了一儿一女。

这要换了其他人，肯定得嘚瑟，然而，他不但打了她，还狂吼：“打你怎么了？报什么警？我告诉你，再敢报警，离婚！”

❶

秦天明时常感觉自己的出生是个错误，因为他看到的全是父母动手的画面。

在母亲眼里，父亲一无是处，死了都不该占地方，所以，母亲动辄摔盆摔碗，急了直接操家伙，经常把老秦打得鼻青脸肿。

老秦一直忍着，他很心疼儿子。

母亲忍不了，说是看着窝囊废血压高。为了保住命，在秦天明只有六岁的时候，母亲坚决地提出离婚。

俩人过得穷，没什么财产可争，唯一要分的，是儿子秦天明。

父亲虽然懦弱，却壮起胆子争儿子，说：“儿子姓秦，你带着也不好嫁，给我吧。”

母亲不同意，又骂半天，直到老秦喊出一声“房子给你”，母亲这才闭嘴点头，因为这是老秦唯一的祖产。

老秦领了儿子，租个地下室，把爷儿俩的一堆物件搬进去，再带儿子熟悉一下四周环境，说：“你懂事了，爸爸得赚钱去，没钱不行啊。”

不管儿子答不答应，第二天，老秦背上装满被子衣服的蛇皮袋，像个骆驼一样，向着小天明不知道的远方去了。

孤儿一样的秦天明，饥一口饱一口，像小狗一样活着。幸好房东是个善心人，时不时看顾他一下。

有一次，天明发起烧来，全身像火球一样，昏在地下室。奄奄一息的时候，房东恰好来了，看此情景，将他送到医院，又想法联系到他母亲。母亲来了，带着一个陌生男人。

房东说：“孩子你无论如何要带走，你这做妈的，心真大！爹不管娘不管的，不想要，掐死他！别甩在我家。”

母亲良心发现，男人也同意，俩人把天明背回家，给他看病。天明神志清楚后，不顾母亲和继父的阻拦，摇摇晃晃向外走，回到地下室。

尽管天明不肯到母亲家，母亲还是时常来看他，也是觉得孩子可怜。到了上学的年纪，母亲主动出学费。父亲虽说一直在外打工，只有过年回来，倒也时常寄点钱回来，天明的日子还算过得下去，有书读，有饭吃，也能一直住在地下室，直到大专毕业。

在这种环境中长大的天明，看上去沉默寡言，冲动起来很吓人，时常被学校给个警告处分。

❷

三年后，大学毕业的他，去内蒙古当了又苦又累的工程兵，他认为只有对自己狠起来，才能磨炼出坚强的意志，成为一个强大无敌的人。

事与愿违，天明没当上军官，生活又十分艰苦，让他感觉天空总是灰色的，多次陷入绝望，所以，服役期一到，他就回了家。

以天明的学历，只有干销售赚钱多，但天明不擅交际，只好到开发区的电子公司上班。路远薪水低，还总加班，让天明产生了强烈的孤独感，驱使他经常和吉林的战友倾诉。在部队时，他俩关系就不错，战友认为他需要恋爱了，说：“我有个同学叫于芳芳，在烟台上学，刚毕业，想留在烟台，你们谈谈呗。”

按照世俗的标准，秦天明配不上于芳芳，但战友不这么想。他说：“芳芳上小学的时候，父亲跟着小三跑了，撇下她娘俩。为了芳芳，她妈一直没结婚，俩人过得很难。她早就和我说了，只求找个能懂她的人，你说谁能懂她？肯定是同病相怜的你啊。还有，你长得帅。”

在战友的撮合下，俩人开始认识交往。芳芳的胆小怯懦，让天明怜惜不已，天明拼命对她好，让芳芳感受到了前所未有的幸福感。不到一个月，芳芳怀孕了，问天明怎么办？天明说：“还能怎么办？孩子是无辜的，结婚。”

芳芳妈知道后，气疯了，骂秦天明是头癞猪，居然拱了自家的好白菜！自然是坚决不同意婚事，冲着女儿说：“迷心了吗？他要啥没啥，和要饭的有啥区别？这大学白上了吗？”

芳芳要死要活，非要嫁给天明。母亲无奈，说要嫁可以，拿三十万元来。

天明哪有三十万？但是，他名下有套房子——当年那套被母亲分走的房子。

母亲十分鄙视老秦，离婚的时候，只想和老秦断绝所有关系，包括为他生的儿子。但是，一年年走下来，自己虽说再嫁，也没有再生个一男半女，和现任老公的儿女处得也不好，所以，近年来，母亲和天明走动得十分频繁，还把当年那套房子过给了儿子。

谁知，现任老公不干了，说过户应该经过他同意。天明妈说：“这是我婚前财产，也一直闲着，儿子结婚有需要，为啥要经过你同意啊？”也是彼此没啥感情，就为了这个事，俩人离婚了，天明妈和儿子住到了一起。

为了娶芳芳，天明抵押房子换来礼金，和芳芳登记结婚。

到了婚礼这天，芳芳妈带着现男友来了，吃完中午的酒席，说一句“我们订了返程票”，出门打车走了。

芳芳妈的表现，惹恼了天明和母亲。天明跌坐在婚床上，双手轮着捶脑袋。天明妈斜眼看着芳芳，高声说：“哪有这么缺礼数的人！”

❸

芳芳即将临盆，天明妈起早贪黑地摆摊卖水果。天明考虑到芳芳需要照顾，做水果生意又比自己赚钱多，辞职加入。有了天明的加盟，摊子扩大了，生意好很多，日子比从前宽裕起来，一家人相处融洽。

孩子断奶后，芳芳想出去上班，天明和妈妈都不同意，嫌不划算。

天明妈说："上班就得朝九晚五，你行，孩子行吗？上班，最多拿五六千，一个保姆多少钱？找个好点的，至少也得给这个钱，还不算吃住。再说了，黑心保姆太多，谁管也不如亲妈。"

账算得对。芳芳在家看孩子，以为哺乳期怀不了孕，结果意外怀上了。一家人很高兴，本来就觉得一个孩子孤独，有俩最好。

第二个降生后，芳芳真招架不了，只好向母亲求助。

母亲来了，带着新处的男友，一起住进了这间八十平方米的房子。

一周不到，两家因为抚育观念不同发生了好多冲突。

一天，芳芳让天明去买纸尿布，天明妈不让，说旧衣服撕成的破布，软和又省钱。芳芳嫌尿布淹孩子屁股，与婆婆争执起来。

芳芳妈闻声凑过来，嫌天明破家穷业骗了女儿。

天明看着一脸不屑的岳母，怒不可遏，伸手向外推岳母。岳母抓他的手，他随手扇了岳母一耳光，俩人撕扯在一起。

芳芳扑上来，折腾一番，无力劝开，赶紧拨打了"110"。

警察来了，天明问她为什么要打"110"。芳芳说"我害怕"，天明不听，反复质问，情绪激动。

警察劝导一番离去，天明随即出走，连续一周，彻底失联。芳芳只好和婆婆再次报警，把天明找了回来。天明对着芳芳发誓："如果你再报警，马上离婚。"

岳母害怕了，收拾东西走人。临走时，与女儿一席长谈："我是你亲妈，不会害你，赶紧离婚吧，他这个性格改不了。记着，别要孩子！对你今后不利。那三十万元，妈给你存着呢，回来找个班上，白读那些书了？我为你吃了多少苦，就为了让你嫁这么个人家？"

是啊，母亲为自己付出太多了。自从与父亲离婚，没有学历、没有技能、没有工作的妈妈，四处做保姆当保洁，供完了自己的大学，现在，自己有家，却留不下母亲，芳芳的心里很难过，一连几天，面容悲戚，沉默无语。

❹

一天晚上，婆婆和丈夫收摊回家，芳芳招呼大家坐下吃饭。母亲坐下了，天明却躺在沙发上玩游戏。待芳芳来喊，天明说起手机欠费的事，芳芳立马用手机给他交上，说："交了，吃饭吧。"天明又说："我天天累死累活，钱都交给你了，连个话费也交不起！"芳芳说："这不是交了吗？"天明说："就是交不起！"

天明的情绪越来越激动，孩子吓得哭闹，芳芳想中止谈话，自觉降低声调，说“吃饭吧”，并伸手去拉天明。

天明反手抓住芳芳的胳膊，用力拗了下去，芳芳痛得大叫，婆婆赶过来撕扯，芳芳才挣脱出来，她马上拨打了“110”，说：“你们快来啊，打人啦！”婆婆抢上前阻止，晚了，电话已经打完。

警察还没到呢，天明提出离婚，芳芳不同意。天明说：“不离婚我就离家出走，让你一辈子找不到我！”芳芳不说话了，跟着天明来到离婚区。

芳芳不想离婚，请求离婚区现场的调解员们帮忙。调解员多方劝解，希望天明能珍惜家庭。

天明拒绝调解，振振有词：“人家不珍惜，我为啥要珍惜？上次我就告诉过她，只要再报警，我就一定离婚，她听了吗？结婚前我就告诉她，我发脾气的时候，你如果停止说话，不用五分钟我就能调整好，她心里有我吗？有我能不记着？你们说，孩子都俩了，我从来没去过她家，也不知她家在哪里，她妈只会使坏，教着闺女跟我离婚，俩孩子一个也不要，这都是些什么人啊？对，我就是不好，我不会爱，我不想作调整，我改不了。”

听了天明的话，妻子哭了，说：“我昨天什么都没说，他要钱我也都给他了，我不知道哪里让他突然来脾气了。他就这样，情绪一来，谁都控制不了他，我报警是为了自保。我也舍不得孩子，可是我没有能力抚养怎么办？我不是对他没感情，可是，他说不离婚就离家出走，我能怎么办？”

天明和芳芳离婚的事，被婆婆阻止了，她不敢让儿子离婚：本来条件就不好，再带上俩娃，谁愿嫁呢？何况媳妇不愿离。于是，她藏起了户口本和结婚证，誓死不给。儿子虽坚决离婚，也奈何不了母亲，离家出走了，拒接所有人电话，包括母亲。

PS：

芳芳的童年里，没有父亲。

母亲四处打工，不断更换男朋友。这一切，让她缺少安全感。

在芳芳心里，学历不重要，工作不重要，一个爱她的老公（天明一直是爱她的）及稳定完整的家才最重要。

天明的童年里，缺乏父母的认可。

在成长过程中，天明父亲长年在外，母亲离婚再嫁，让小小的他无人可依。

他以为这一切都怪自己胆小懦弱，所以，他选择到内蒙古当工程兵，期望艰苦的环境会磨炼意志，让自己变强大。

一切在好转，天明接受了高等教育，当了兵，有了赚钱能力，母亲的心也回归了，自己又被高学历妻子爱上……

然而，区区三十万元，就否定了他的能力。妻子居然打“110”来否定他的品质！

天明只顾顺着自己的情绪向前走，没有为芳芳妈想过，他不知道芳芳妈之所以要三十万元，一来是女儿远嫁，自己老来无靠；二来感觉女儿明显是下嫁，前途莫测，她想给女儿留个后路。

天明也没有为妻子想过，自然感受不到芳芳面对他和婆婆时的无奈与恐惧。

既然都不想离婚，建议天明首先要放下过去。既然自己是原生家庭的受害者，就不要让悲剧在孩子身上上演。

天明要看到母亲对自己的依赖，看到岳母内心的孤独无助，看到妻子生儿育女追随自己的心，看到自己已经是一个拖家带口能赚钱的男子汉，从而妥善处置自己的婚姻。

如今，离婚的人越来越多，很多人会归因于运气差及年轻时不懂爱情，这显然是逃避现实。正确的做法是拿出理性来，彼此坦诚相对，看到对方，更看到自己，即使离了，未来也不至于重蹈覆辙。

第 10 篇

想要前妻待遇的保姆

——贪得无厌，适得其反

“醉里吴音相媚好，白发谁家翁媪？”适度的欲望是合理的，膨胀的欲望就变成火焰，这火独大，必将粉身碎骨。

城里的空巢老人越来越多，各种孤独寂寞冷，他们需要子女关爱，但子女忙于工作，无暇陪伴，考虑到财产继承，又反对老人再婚，于是，有特殊意义的“住家保姆”出现了。有一部分努力敛财，遇到个别好说话的老人，还可以“上位”。

“住家保姆”李菊花“上位”了，然而，结婚仅一年，俩人却办了离婚。让人无语的是，拿到离婚证的李菊花惶恐不安地问我：“我在他家还有三个塑料盆、一个拖把，那可是我个人财产，我能去拿吗？他会不会打我？”

❶

年过八旬的郭先生，是一家国营单位的退休职工，由于老伴去世，儿子给他找了一个住家保姆，叫李菊花。

李菊花来自偏远农村，中年丧偶后，生活艰难，恰有老乡在烟台做保姆，就带着女儿投奔老乡来了。

开始的时候，没见过世面的李菊花，胆小怕事，只知规规矩矩干活赚钱，后来，看老乡和雇主关系“特殊”，还因此得到了更多的钱，索性也步了老乡的后尘。

闲下来，心里也时觉不公，自己好端端一个女人家，凭什么活成这个样子？就祈盼女儿好命，将来养自己老。

数年后，女儿嫁了个民工，日子艰难，李菊花想靠女儿舒服养老的理想落空，只有继续走保姆这条路。

此时，李菊花年纪渐长，有点做不动了，打算嫁给男主人。一来，能继续赚钱；二来，倘若男人先去世，自己还能以遗孀的身份，拿到每月六百多元的抚恤金。

李菊花想得美，但不现实。

在城里的中老年单身人群中，女多男少，但凡有个像样的，很快就被综合条件远胜于李菊花的抢走了。各方面条件一般的，又不会娶她这样没文化、没工作、没保险的“三无”人员。因为李菊花岁数不小了，万一得个大病，花费巨资不说，还得找人伺候，划不来。

都是千年的狐狸，自然谁也不用听谁的聊斋，所以，尽管李菊花费心费力服侍了十多位男主人，但直到年过花甲，依然没有一个人娶她。

岁数不饶人，一向能干的李菊花，渐觉岁月如刀，杀掉了身上的力气，她不想再拖延了。

之前，她还想找个同龄，至少年纪相差小些的，可以互相陪伴，至少是可以住人家的房子。现在，她顾不上这些了，只要有人肯娶。

❷

李菊花开始服侍郭先生，郭先生对她比较满意。因为郭先生是姥姥带大的，姥姥和李菊花同乡，因此，李菊花做的饭菜，很对郭先生的胃口。他每次吃饭的时候，都会与李菊花同桌，两人有很多共同话题。

郭先生的房子很大，还有一百多平方米的前后院，后院种着年年丰收的果树，前院长着各种花草与蔬菜。李菊花特别喜欢这种半城半乡的感觉，自然特别想做这家的女主人。

都说念念不忘必有回响，本来，郭先生不想再婚，毕竟八十多岁了，在世上的时光尚能有多少？儿子一家也不同意：这岁数了结婚，难道会是爱情？特别是他们知道李菊花有想法后，更加认定是奸谋。

儿子说：“一月给她2500元的工资，是揣进她自己兜里的。衣食住行，全是我们管着，还要怎样？”

郭先生拒绝了李菊花，且建议她不如叶落归根。乡下花费少，光棍也多，如果她想再婚，很容易。就算不再婚，村里也会照顾。

李菊花不同意，由奢入俭难，自己也是过惯城里生活的人，哪能再去和不讲卫生的老光棍断混？她横下一条心，非嫁郭先生不可。

她依据自己的生活经验判断，郭先生是个重情义的好人。看他那么怀念过去，每当吃到市面上买不到的地瓜煎饼和小豆腐，会笑成个孩子，因此，她想方设法勾起郭先生对童年的记忆，甚至把回忆具体成每一道地瓜垄、每一个村民。

马上就要九十岁的郭先生，身体有些衰败，脑子是清楚的，看着她垂死挣扎般的努力，开始可怜她：不就是想讨个生活保障吗？一个女人，没文化，没技能，独自带大了孩子，到这年纪了，生活无靠，又是自己的乡亲，为什么不能满足她呢？自己已经是闻到死亡气息的人，想和儿子聊个天，人家还嫌费时间，总是哼哼哈哈挡过去。虽说钱啊、东西的会时常送来，老人家缺的是钱吗？这世上，除了李菊花，还有谁想来依靠自己？

想到这里，郭先生那颗男人的心，再次雄壮起来，他决定娶下这个四处求生活的可怜女人。

❸

当老人横下心，儿女很难阻拦，郭先生娶下了李菊花。考虑到李菊花有顾虑，领证之前，郭先生按照李菊花的意思写了份协议：

结伴协议

1. 郭先生每月支付给李菊花2000元整，生活中所有花费，均由郭先生负担；
2. 李菊花有了小病，医药费由郭先生支付；
3. 如果李菊花病了，郭先生年事已高，不能照顾李菊花，由李菊花女儿接回照顾；
4. 如果郭先生病了，李菊花需协助郭先生儿子一家照顾，不得推诿；
5. 郭先生去世后，郭家儿子需尽快协助李菊花办好抚恤金事务；
6. 郭先生去世后，郭家人需帮助李菊花把自己的东西搬回女儿家。

协议人：郭大奇

李菊花

2018.3.21

协议签好后，郭先生读给李菊花听，李菊花签字画押后，二人前去婚姻登记处领证。

拿到结婚证后，李菊花突然感觉委屈，说："你也应该给我个万里挑一。"郭先生说给。李菊花又说："我是新娘子，得给我 1 万块钱买衣服，三金也要。"

有几个男人活到九十岁年纪，还能当一把新郎？估计连九十岁这个年纪都无福拥有呢，所以，面对李菊花这样一个一心嫁自己的女人，郭先生能给的，自然全给。

虽说是白首翁娶白首妪，也是新婚燕尔，有欢有乐，孰知蜜月未出，李菊花有了新的要求——她要求郭先生做饭给自己吃。

郭先生严词拒绝，说："我都这个年纪了，哪能给你做饭？如果我可以做饭，你有什么机会来当保姆？"

李菊花理由很充分："你说了，以前你给你前妻做饭吃，你儿子也证明你确实经常做饭给他们吃。我当保姆，给你做饭吃，现在我是你老婆了，你当然也要做饭给我吃。"

郭先生说："那是什么时候？多年轻啊，年轻人谁不给老婆孩子做顿饭？"

李菊花不听，非要郭先生给自己做饭，声音也高了两个八度，露出了郭先生未曾见过的狰狞。

郭先生说："你就是个保姆！是你求着我结婚的，现在又这样！"

李菊花感到了前所未有的羞耻，几番思量之后，她提出新的证据，来佐证自己的观点："我这几天检查过厨房，筷子和碗的位置都换了，你天天半夜给小三做饭吃。你能给小三做饭吃，都不做给我吃，我要去让外人评评理！"

事件上升到这个高度，郭先生提出离婚。

他说："我就算有小三，还能半夜领回家做饭吃？"

李菊花不肯离，又不肯占着妻子的位置却干着保姆的活儿，于是，二人无休无止地吵。

郭先生儿子出面替老爹撑场子，李菊花才同意离婚。

到了离婚现场，李菊花又要求郭先生付她 5 万元医药费。

哪来的医药费？平时买药，郭先生已然付过。

李菊花不知从哪儿弄来了一堆药费单子，要郭家理清，还在离婚区大声喧哗，说郭先生半夜给小三做饭吃的事。

郭家儿子要打官司，郭先生神态疲惫，说："罢了罢了，给钱了事吧。"

PS：

本来好好一桩婚事——既能住上好房子，每月还有 2000 元的纯收入，不用再看各类老男人的脸色，就因为李菊花的“作”，彻底瓦解……

这一切，与她的尊严有关，与她生命的欠缺有关。

李菊花是一个没有文化也没什么道德底线的农村妇女，为了更好的生活，不惜出卖人格与尊严，但是，她内心需要爱，也需要尊严，她渴望和其他女人一样，拥有正常的婚姻，拥有来自丈夫的尊重、关爱与呵护。所以，当她可以做别人的妻子时，那些欠缺的渴望的，一股脑涌了出来——婚前索要聘金，婚后要求得到与前妻一样的待遇，当目的达不到的时候，她甚至编造出一个“小三”。

活在这个世界上，我们每个人的内心都有着这样那样的缺失，这些缺失，不是一个男人能解决的，不是一桩婚姻能解决的。我们只能带着这些缺失，有自知之明地活着，适可而止地索取。

希望李菊花能明白。

拿到离婚证的李菊花，依然愤愤不平，说自己命不好，遇上个不爱自己的男人。她不肯承认郭先生只是在发“善心”，她不理解明明结婚了，为什么人家还当她是保姆。

李菊花和郭先生办完离婚手续走了，我们议论起“住家保姆”的事。婚姻登记处的值班律师说：“如果是以性为目的的收费行为，属于违法行为，因其触犯了治安处罚条例。如果家政中介协助保姆提供性服务，同时向顾客收取手续费，也是违法的。如果是双方自愿，行为隐蔽，法律就不易约束与制裁，最终，只能算是道德层面上的问题。”

第11篇

代价高昂的私奔
——放下自我，便是觉悟

“情怀渐变成衰晚，鸾镜朱颜惊暗换。”世事如烟，变化无穷，人是如此，婚姻也是如此，尊重这种变化，放下自我，也许是两人最好的归宿。

王玫瑰和古华，是一对外地私奔到烟台的夫妻，有一定的感情基础。后来，玫瑰有了外遇，古华也选择了原谅。但是，玫瑰找律师起草了一份离婚协议，古华看后，怒发冲冠，说：“不能过了，坚决离！”

❶

认识古华的时候，王玫瑰只有十九岁，古华已经三十岁，他们在同一间工厂工作，很快相爱了，并谈婚论嫁。

家长闻讯，自然是火冒三丈，王玫瑰的父亲认定古华勾引女儿，将其告到派出所。

派出所问清缘由后，说这是两个成人的恋爱，家长可以建议，但不能采用这种极端的方式。

既然派出所都没有办法，做父亲的只能对女儿又打又骂，结果，激发了女儿的叛逆心，索性跑到古华家，睡下不走了，生米做成熟饭。

古华一家喜不自胜——黄花大姑娘送上门来，聘礼省了！

玫瑰一家不依不饶，天天上门骚扰，搅得古华家鸡犬不宁。

古家日子没法过了。古华父亲说：“算了，别在家待了，你们去烟台吧，找我战友。”

二人来到烟台，在父亲战友的帮助下，到家居市场做了家具销售员。

没多久，玫瑰怀孕了，吐得翻江倒海，班也上不了，天天待在家里。

一天，又饿又累的古华回到家里，看到什么吃的也没有，而玫瑰在玩游戏，根本没注意到他已经回家，不由一阵火起，说：“你一天到晚在家里，连顿饭也不做！”

吐得有气无力的玫瑰，好容易有片刻舒服，正玩着游戏散散心，听到老公这句话，气得把鼠标一摔，上床躺着了。

古华倒也没再说下去，自己去厨房做了饭。饭好后，本想叫她，又不想再生闲气，就自己吃好，把给她分出的重新放锅里，寻思她饿了自然来厨房，也没多言。

玫瑰听他做饭吃饭，等着他叫自己，谁知人家吃完了，一声动静也没有，气得火大，爬起来就走，自己去外面吃麻辣烫，又逛了商场，近半夜时才回来。这期间，古华连个电话也没有。

回到家，灯黑人静，古华早睡成一摊泥了。玫瑰本不想理他，谁知肚子难受起来，顿时上吐下泻，只好去把古华叫起来。

送到医院后，医生把古华好一通训斥，说：“你不知道她怀孕了吗？怎么能乱吃？这个吃法，会流产的！”

古华说：“怪她自己，我可没让她出去吃。”

玫瑰哭得上气不接下气，说：“我不是不知道你累，可我反应太大了，一闻油烟味儿，就想吐！你吃饭也不叫我。”

古华这才意识到自己错误，赶紧表决心，说：“今后你永远不下厨房，家里的事，全归我。做不到，我是狗！”

玫瑰笑了。

从此以后，古华也说到做到。

❷

玫瑰父亲是疼女儿的，既然挡不住女儿的步伐，又马上要添小外甥，自然操心，亲自送来一笔钱，为他们的今后做了打算，说：“我转了几天，看烟台还真不错，比咱东北好，你们就住这儿吧。不过，你们也不能老打工，还是想办法自己干吧。”

父亲走后，玫瑰积极学习销售技巧，并注意记录客户信息，一年后，二人代理了一个家具品牌，认真做起了生意——古华负责送货与安装，玫瑰负责看店与销售，看起来真是珠联璧合，谁知状况频出。

玫瑰能言善道，兼有东北女人的泼辣豪爽，让客户心里十分舒适，货就卖得好。但是，负责送货安装的古华，却暴露出性格方面的缺陷——不耐烦，不让人挑刺儿。

运送和安装家具，出现漆面破损不稀奇，或者上楼入户时碰了蹭了，更是家常便饭。像这样的事，本该赔个笑脸，及时修补好，最多再送点服务啥的，也就过去了，但是，古华却往往十分较真，甚至与客户争论起来。

客户火大，自然找到玫瑰，又是要退货，又是要讲理。玫瑰烦不胜烦，对古华说："现在生意好做吗？关门的有多少？我好不容易谈成，你倒好，事儿咋那么多呢？"

古华说："这样挑刺儿的客户，不如没有！不做他的生意，还饿死谁了？给他退货！"

货当然不能退，玫瑰只能是多说好话，哄客户，对古华则软硬兼施。

虽说不愉快，钱还是赚到了，俩人买了自己的房子和车。办房产证和买车，古华都是自己去办的，他认为房子和车是两人共同的，写不写两人的名，都是一家一半。何况，玫瑰要看店，房子和车都是贷款买的，如果写俩人名，就得俩人都去办事，店面谁管？

时间一长，古华又暴露出新毛病——懒。已经与客户定好的时间，他不能按时按点。客户当然不愿意了，谁还没点事啊？有的还要上班呢，特意安排好的时间，却要临时变卦，谁不生气？又找玫瑰。

玫瑰说他。他说："这是看病呢？晚个一天半天的，耽误啥了？家具不用散味啊？送去他就能用咋的？"

古华不怕玫瑰生气：生气又如何？不顾一切结了这个婚，难道会打道回府？何况孩子都有了。

生意差，但日子不紧不慢地走着，转眼到了玫瑰生日。古华发现了妻子手上多了块新表，随后，又发现了莱阳银座的发票，心想，坏了，老婆出轨了，因为那天妻子在店里，哪儿也没去。

证据确凿，玫瑰承认，说对方是"陌陌"上认识的，没见过面，啥事也没有，听说她生日，寄来块表。

表不贵，也就是千把块钱，但意义非凡。礼物到了，就算没上床，离上床还远吗？

一时间，古华的心里，念头乱飞。

离婚？不行，孩子咋办？何况她比自己小十一岁，黄花大姑娘跟了自己，抛父别母来烟台，苦吃苦做，这是患难夫妻啊。

古华原谅了玫瑰，但玫瑰木着脸，既没有大罪得赦的惊喜，也没有冒犯婚姻的愧疚，从始至终，一言不发。

❸

从2017年到2019年，烟台房价暴涨，从前每平方米四五千元的寻常地段，居然也过了万，不管是炒房者还是刚需者，多数人持币观望，房子的销售停滞，这就直接影响到了家具生意，玫瑰夫妻的日子不好过了。

为了过“寒冬”，玫瑰家花光了积蓄，靠信用卡支撑。古华心慌，天天抱怨没钱和生意不好。

玫瑰说：“生意不好有生意不好的活法，你看谁像你似的？人家都忙着想招，积极寻找客户。”

古华就像一堵年久失修的墙，风雨一飘摇，顺势坍塌下来，无心生计，伙同一帮钓友，经常在鱼塘边上露营，夜不归宿。

玫瑰忍无可忍，提出离婚，古华不同意。玫瑰说：“你心里根本没有我，房子不是我的名，车也不是我的名，我跟你这么多年，算个啥？”

古华听她这样说，赶忙解释，玫瑰虽然嘴里说“不听不听”，也没有强行要离。

没多久，古华需要续租店面，但因信用卡刷爆，就网贷10万元。由于还款不及时，新的平台不断出现，他很快负贷100多万元。

当催款电话打来，玫瑰听着各种污言秽语、各种威胁辱骂，再也无法坚守，她决绝地提出离婚，说：“你不顾我可以，总得顾孩子吧？这样的环境，孩子咋活？”

是啊，大人尚且难受，何况面临中考的孩子？古华同意离婚。

家中没钱了，只有一套房子还可以分。玫瑰提出卖房分钱，古华不同意，说：“咱这是学区房，卖了，孩子咋上学？”

玫瑰也觉得房子不能卖，说：“你啥钱也给不了我，孩子归你，我不交抚养费。”

离婚要写协议，玫瑰有个客户是做律师的，就请律师写了个协议，打印了给古华，让他签字。

古华一看，所有条款都有保护玫瑰的，而且，还写上了抚养费、医疗费、学费统统由古华负担，他终于死心了，说：“我的确说过不用你负担的话，但是，你写到协议里，还找的律师，这就太伤感情了吧？”

婚离了，财产和债务及孩子都归了古华。他说：“离了也好，太累了。可能是年龄的缘故吧，我觉得很无力，她还那么年轻，有那么多要求，我都做不到。”

玫瑰净身出户，眼泪长流，说：“我曾经真心爱过，他太让我失望了，我当初为什么要私奔呢？为这么个人。”

PS：

从本案例中可以看出，古华和玫瑰根本不是一种人。

古华虽然年长十几岁，但他的种种表现像个不懂事的孩子——需要被照顾、抚慰和夸奖，容不下客户的意见，不想太劳累。当生意停滞、资金链断裂，他要么去钓鱼，要么刷爆信用卡或依赖网贷。

其实，古华一直是无能的。

想当年，玫瑰是个小姑娘，古华已经三十。一个三十岁的男人，让玫瑰小小年纪怀孕，让她抱着孩子成婚，让她远离父母……这不是无能是什么？

不应该努力给玫瑰的父母看吗？

不应该积极寻找让他们信任的办法吗？

每个人都可以无为，比如：我不想努力变成有钱人，然后跑到沙滩上晒太阳，我可以一直躺在沙滩上晒太阳，不去受那份赚钱的苦，谁说做人就必须努力的？

问题是，玫瑰不喜欢这样的人，她喜欢能够给她提供物质满足的男人。至少，也要两个人势均力敌，一起打天下。

爱情很美好，对爱情的最大尊重，是结婚，而婚姻的诡异之处恰在于，你可以为爱结婚，却不见得能让婚姻一直走在爱情的路上，因为你可能选错了。

第 12 篇

自愿忍受家暴的妻子

——冷暖自知，命运自主

“我见青山多妩媚，料青山见我应如是。”一厢情愿的想法有时仅仅是一厢情愿，命运可能掌握在别人手中，也可以掌握在自己的手上，能被我们用心改变。

如花来到离婚区，说自己经常被丈夫打得满地爬，孩子就在边上看……

她愤怒地说：“离婚！我就不信离开他活不下去。他说了，房子、车子、孩子，都给我，他说他一个人好办，他能挣钱。”

不得不说，这是多少被家暴者不敢奢望的条件，能全身而退就不错了。

她又说：“可我就不明白了，他为啥到现在还不知错？他老是问：‘你明不明白我到底为什么打你？打得对不对？是不是为你好？’可你即便是为我好，也不该一次一次地当着孩子的面打我呀！”

❶

25 年前，包民看中了如花的美貌温顺，如花看中了包民的聪慧果断，或者说，他们并没有看清彼此，只不过在合适的时间遇到了认为可以婚嫁的人。

婚后几年，日子过得还算顺利，包民在一个待遇丰厚的单位，工资奖金及各项福利令人眼馋，而如花的单位清汤寡水不说，还要“三班倒”。

孩子刚满一岁，公婆同时病了，一个中风，一个痛风，包民让如花把工作辞掉，他像《喜剧之王》中周星驰一样说：“我养你啊。”

如花早就上够了“三班倒”的工作，高高兴兴地辞职回家，变成了全职家庭主妇。让她没想到的是——此后，哪怕是买件内衣，也得包民发话，尽管包民的工资也在她手里。

朋友鼓励她，说男人喜欢美，你穿漂亮点给他看，他就不疼钱了，你们俩的状态也会改变。如花试着买了条真丝连衣裙，化了淡妆，以为包民会夸赞。包民看到后，冷下脸，问："多少钱？这么好的衣服，你是想穿给谁看？能穿着干活？"

如花不高兴，冷着脸，包民去碰她，她一次次闪开。包民恼了，伸手一个耳光，强行成事。

女人哪能抵住美衣华服的诱惑，自然是又抗争了几回，还多次以拒绝性生活要挟对方。直到统统被打了耳光之后，如花这才老实下来，只穿包民让买的衣裳。

辞职前，包民向别人炫耀自己的老婆，漂亮又听话啊。

辞职后，不事修饰或者说无能修饰的如花，很快变成穿着睡衣上早市的黄脸婆，而且，由于和社会严重脱轨，她变得无知啰唆，不管说什么话，都会让包民怼回去。

❷

日子一久，如花有了很多哀怨，说给当年的小姐妹听。她们说："你可以理财啊，人家有钱人的老婆都不上班，就待在家里理财，比上班赚得都多，老公特听话。"

一个做过如花师傅的说："我们都投了某某宝，有 25% 的存款回报呢，时间也机动，存一个月或存一年，由自己定。你看我这对翠玉耳坠，半年利息换的。"

翠玉耀眼明，如花心动了，她手里有 30 万元，放在银行赚不了多少利息，如果投资理财，一年能多赚几副翠玉！

待包民回家，她说了，以为丈夫会夸自己有心顾家，也会同意，可包民说："她们投她们的，你不准投。"

如花太想让自己变得有价值了，太想在丈夫面前挣回面子了，她悄悄投了一个月的，想先弄点小利，让老公动动心，如此这般之后，自己就变成一个擅长理财的老婆了。

活该如花倒霉，人家早投的，弄了些好处，如花投了半个月，理财负责人卷款逃跑，如花夹在一大批上当受骗者的队伍中，哭天抢地。

包民知道后，一脚把如花踹倒在地，把如花打得鼻口蹿血，瘫软过去。包民发现不好，才停下来，送到医院，才知道如花肋骨断了两根。

如花有父母兄弟，想争取娘家的支援，可他们都站在包民一边。父母说女婿每月都给他们1000块零花钱，兄弟说姐夫刚帮自己加盟了猪肉连锁，大家认为如花不对。

此事之后，包民收回了如花的财权，完全当家做主了。

❸

在离婚现场，我说包民做得不对。包民说："你不能光听她的，我好生生就打她了？成天胡作狗干的，没个当老婆的样儿。她怎么不说说她自己？动不动就吊脸子，动不动就不让过夫妻生活，我是欠她的？你问问她，成天不干个活儿，穿的什么戴的什么？她一家老少，是不是我照应的？我天天累成一条狗，她看见了？"

我说："老百姓爱说女人头发长见识短，这话怎么来的？还不是在家时候长、交际又少？当初谁让她辞的职？让她辞的时候，你就应该接受她后来的一切。为什么想着去投资？因为她没有自由花钱的权利。为什么你和她没话说？井底之蛙见的就是头顶那点天。为什么她要用性来惩罚你？她就剩个身体了，结果说了也不算，你可以把她打服！还当着孩子的面儿。"

包民沉默了，又说："你知道我给了她啥条件？"

如花抢先说："他把房子、车都给我了，还说，如果我不结婚，他还养着我，吃穿花费，和从前一样。"

包民说："要离快离，我的话一万年也不变。"

我说："开的条件好，算你有良心。真离了，人家为什么要你养？就算工作不了，可以找个不打她的男人养。"

包民吼道："那我就不养了！"

如花的神情出现了变化，她紧张地看向我："我能找个什么工作？"

我说："你初中学历，近五十了，身条柔弱，显见干不了重活，可是，超市工、保洁都可以，或者，报个月嫂培训班，现在月嫂工资很高，上万元。"

包民说："看看，你的路子很广，想好没有？想离赶紧办手续，不想离就赶紧滚回家！"

如花马上站起来，说不离了。

我说："他并没有下保证不打你，他有可能还会打你，你要想好。"

如花说："还有孩子，咋离？"

包民以胜利者的姿态看着我，说："教的曲儿不好唱，她不是你！"

PS：

包民已给了如花优厚的条件，拿着这些，就算日后不工作，也衣食无忧。况且她长相中上，要找个性情温良又肯养她的人，也不是难事。

她还是回去了。

这不单纯是为了孩子和面子，是未来对她来说太陌生，陌生意味着可能有未知的恐惧，而现有的一切很熟悉，包民什么情况下会打她，她心有定数。她知道只要忍过去，就可以避免赚钱的辛苦，她丧失了自我价值感。

如花在微信上对我说："别听他的，我要是真离婚，他才不会给我那么多呢。就算给了，钱有花了的时候，要是没钱了，怎么办？你说的那些活儿，让人瞧不起，我不想干。我也不敢找别人，男人都这样。反正我和你不一样，又能工作，又能赚稿费。"

又工作，又写字，哪分钱好赚？就算你没班上，也不会赚稿费，就没有价值感了？就要出卖自己的尊严，讨男人一碗饭？

那些工作低级吗？肯尼迪视察太空中心时，看到清洁工，上前套近乎，说："您在扫地啊。"清洁工说："我正在做送人去月球的准备工作。"

价值感要靠个人创建，幸福要靠智慧和汗水争取，但愿如花有一天不再当弱者，弱者没资格与强者讲条件。

第13篇

偷户口本登记的大三女生
——心能成事，也能坏事

“暗想当初，有多少幽欢佳会，岂知聚散难期。”因心成事，因心坏事，小森和大武的生活轨迹印证了两颗心的相印并不是仅靠激情点燃就一劳永逸的。

一场仪式感十足的婚礼，引燃了伴郎和伴娘的爱情。

两个只有22岁的年轻人，只用了5天时间，就完成了相识、相恋和登记结婚。又用了一年半的时间，把婚姻经营成一地鸡毛。

离婚现场，妻子小森流泪不止，毫无底线地拼命道歉，试图挽回婚姻；丈夫大武一脸嫌弃，说：“你不是早就想离了？真会演！”

❶

正读大三的小森，性感秀美，古道热肠，是当之无愧的系花，被邀去给同学的姐姐当伴娘。

婚礼上，小森认识了伴郎大武，俩人年貌相当，婚礼上两心萌动，新娘看出来了，有意把捧花扔给她。

大武家在农村，父母双亡，没钱没房没学历，是做木工的哥哥一手带大的，现在一家铝合金门窗加工厂打工。优势是长得帅、会说话。这次之所以能认识小森，是借了给同事的儿子当伴郎的机会。当他了解到小森是个大学生，他胆怯了。

小森不在乎，在她的眼里，只有爱情，几天后，她跑回远在千里之外的老家，偷来户口本，与大武登记结婚。

没有任何世俗的繁文缛节，还是学生的小森，嫁为人妇，并在班里高调宣布了。

当同学们知道她只是嫁了个帅哥之后，纷纷吆喝她的智商被酒泡稀了，但小森不这样想。既然结婚了，当然得住到一起。经济拮据的大武，放弃了现在拥挤的合租房，租了一个月租1000元的小屋子，俩人把各自的东西向里一搬，过起了日子。

过日子不容易，小森只有生活费，大武月收入4000元，除掉水电房租，只能勉强糊口，好在年轻人本来就不怕贫穷，他们认为老年人才需要有钱。

❷

不久，小森怀孕。两个月后，小森意识到生孩子不现实，决定流产。

为了省事，俩人"百度"个药名，以为吃上药就行了，没想到当夜大出血，到了医院才知道有组织物残留，需要清宫。

清宫带来的疼痛，终于让小森想起了家人。她给小姨打去电话（小森是在姥姥家长大的，妈妈一直忙自己的工作），妈妈和小姨飞速赶来，把躺在病床上的小森好一通指责。

不管多生气，事实已成，伤心不已的妈妈和小姨去看了他们的住所——狭小的房间拥挤不堪，俩年轻人把日子过成一团糟。妈妈说："这简直是狗窝啊，太小了，我给租个大的吧。"

妈妈和小姨的到来，解决了几件事：

第一，租了个大一点的房子。她们认为之前房子之所以脏乱差，完全是房小造成的。

第二，通知了对方的哥哥。哥哥听了之后又震惊又开心：震惊的是弟弟居然娶了个大学生；开心的是弟弟太懂事了，没用他费心，就完成了人生大事。考虑到男方家应该出房，他掏钱帮弟弟交了个首付，让小两口终于有了自己的房子。

第三，帮大武创业。小森妈虽然很生气，但木已成舟，总得为闺女打算。当大武提出创业时，她当场掏出10万块钱，大武开始做铝合金门窗加工安装生意。

房子有了，事业有了，两个年轻人的婚姻落到了实处，小森也进入了大四的实习期。

大武有个同乡叫大林，在电子商务公司，把小森介绍了过去。

很自然，大林和小森又成了朋友。

❸

为了帮大武，小森动员了所有同事，请他们帮着介绍业务，大林也介绍了几桩，但是，他巧妙地从中扣出了自己的辛苦费。

在后期安装的时候，客户无意中说出了价格，让大武明白了大林的把戏，指责大林。

大林说："人脉就是财富，我用我的人脉帮你赚钱，这是双赢。"

大武说："我们是朋友，我之前请你吃饭了。"

大林说："吃饭是维护你我的关系，我介绍了客户，你就应该给我回扣；你不给，我肯定要自己拿。我告诉你，大家给你介绍客户，是看小森的面子，你要是维护不好，面子可就一次。"

大武和大林的关系崩了，小森认为大林说得对，大武特别生气，和小森吵了一架。

小森终于意识到了和大武的差距，心中苦闷，经常和大林诉说，俩人成了好朋友，小森还给大林介绍了女朋友。

有一天，大林和恋人闹崩了，心情不好，约了小森吃川菜。从酒店出来的时候，正好遇上骑着三轮车送货的大武，大武怒了。

大武认为：大林是小人，自己早就和他闹掰了，小森居然和他一起吃饭！这是什么情况？就算要吃，事先为何不报备？肯定有奸情。

小森认为：你们关系不好，有我什么事？我和他是同事，同事之间，吃个饭聊个天，很正常。不报备，是因为知道你不会同意。你知道我喜欢吃川菜，可你都多久没陪我吃了？

大武不依不饶，推搡小森。小森害怕，承诺马上断绝关系，再也不去吃饭了，大武这才算罢。

虽是虱子小咬般的日子，过得一样飞快。斗转星移间，他们的新房到手了。考虑到大武的家境，小森父母负责了全套装修和全屋家电家具。

❹

为了省钱，也仗着年轻，刚装修完，二人就搬了进去。

站在布置完备的新房里，二人感觉热恋时的幸福感重新来临。

新鲜劲儿一过，鸡毛蒜皮的生活，又开始磨损二人的感情。

大武的生意很不好，又不敢轻易关门，这是他赚钱的饭碗，只好频频刷卡。

由于大武的卡上没存过大钱，刷卡额度只有2000元，而小森的卡上经常会有母亲打入的学费，加上信用良好，小森的刷卡额度是30万元，大武就接连用业务垫款为理由，刷小森的信用卡，很快刷出了 15 万元的亏空。

小森是典型的月光族，自己工资自己花，根本没拿自己当成已婚小妇人，家里的生活要如何打算，想都没想过。当她知道大武刷出巨额亏空，吓傻了，束手无措，赶紧打电话给妈妈。

妈妈一听，建议离婚。

大武一听要离婚，说债务共摊。小森说："那是你刷的。"大武说："刷的是你的卡。"小森说："你刷我的卡也是你的事。"大武说："从咱们结婚，你没给家里交过钱，我刷的钱，用在了我们共同的生活。"

小森说："我是女的，养家糊口是你的事。再说了，我还在实习呢。"

大武说："实习也有工资，得拿出来作家用。做生意要用钱，衣食住行要用钱，咱们还有房贷!"

小森说："装修和家电是我家出的。"

大武说："首付是我家出的。"

到了这般田地，大武的哥哥支持离婚。在他看来，小森是个好吃懒做的家伙，不做家务不交钱，把弟弟的生活搞成一团糟。弟弟有房子，还这么年轻，早结束早好。

小森不愿意离，一直在哭。妈妈说："这种人有啥舍不得？这个婚本来就不该结！你一个大学生，闭眼也摸个有学历的!"

为了挽回婚姻，小森一遍遍地向大武道歉："今后，我赚的每一分钱都会交给你，我肯定不会和任何男人看电影，我肯定不会和你顶嘴！我会努力工作，我还可以兼职，我一定和你共同还债!"

婚离了，小森在拿到离婚证的那一刻，彻底崩溃。她再次恳求："咱们复婚吧，我不能没有你!"

大武犹豫了一下，似乎想说句什么，但被哥哥拉住，二人扬长而去。

PS：

婚姻不易，凡是能够长久持续下去的婚姻，大致会具备这三点：

(1) 志同道合；

(2) 门当户对；

(3) 三观相同。

希望像小森这样的姑娘，一定要先学会爱自己，进入恋爱期后，如果发现对方不符合上面那三点，不要结婚，更不能偷户口本结婚。

虽说有错就改还是好同志，可有些错是不能犯的。和大武一时激动发生了关系，这种错误容易改，忘记就是；和大武领证结了婚，这种错误是永远的，你以后写身份的时候，要写“离异”，会影响后面的婚恋。

针对这个案例，我不得不提一下“隔辈亲”。不少朋友因为忙于工作，会直接把孩子送给老人养，忽视了“隔辈亲”的危害。父母对儿女的爱是苛刻的，对孙辈的爱是宠溺的，这种宠溺，极容易培养出自私自我的孩子，所以，小森走到这一步，妈妈是有责任的。但是，小森已经是大人了，不能把所有责任都归因到原生家庭，如今经受挫折，要学会吸取经验教训，不可随意抛洒自己的青春。

大武哥哥是子代父责，因为过于怜爱，忽视了对弟弟的生存教育。不管弟弟是买房、开店还是离婚，都竭尽所能地给钱再给钱，以至于弟弟根本不在乎钱，挥霍无度，今后，要给弟弟补上这一课啊。

第 14 篇

儿子逼父母“假离婚”

——父母子女，俱当行道

“更能消、几番风雨，匆匆春又归去。”喜悦和老李的“假离婚”让我们震惊，也让我们看到了身为父母的他们的无知和愚昧，糊涂的父母大多带出堕落的子女，这足以令人引以为戒。

为了买二套房，不少夫妻来办假离婚，姜喜悦是为了儿子买房来的。

提起儿子，喜悦一脸乌云，“当年他爸在产房外，一听生了个儿子，乐得直蹦啊！他家四代单传，又赶上计划生育的年头，这要是生个闺女，他李家这支人就断了根了，所以，真不知怎么感谢老天了。老人给孩子起名叫志远，意思就是希望儿子志向远大能成材。我们两口子这些年来，真是不舍得吃不舍得用，只要儿子吃得好穿得好，比我们自己吃了用了都开心，可是，谁想到他越大越坏，恨不能把我们老两口扒皮抽筋……”

❶

姜喜悦是“双职工分配”，丈夫老李是“单职工接班”的，结婚的时候，双方条件算很不错的，没想到厂子干倒了，变成服装城，员工失了业。姜喜悦两口子在单位不是技术工人，身无特长的他们，选择了门槛最低的餐饮业，东借西凑，开了个饺子馆。

由于地方选得好，邻着汽车站，饺子包得好吃，生意不错，就是太忙乱，累得夫妻俩浑身疼。指望儿子放学帮帮忙，完全没可能，只要不上学，儿子就到收款台拿钱，请同学吃饭和去游乐场。

喜悦不愿意，说：“你别出去吃了，多贵，咱自己开饭店，把同学请来吃不就得了？”

儿子给她个白眼，说“谁吃你们的破饭！”拿上钱就去吃牛排汉堡了。

喜悦说：“那个东西死贵不说，有什么营养？不准去。”

就因为母亲反对，儿子抡起椅子砸了收款机，气得老李要打死他。喜悦说：“你打吧，打死了你们李家也断了根了。”老李没办法，把自己灌醉了事。

父母到底出了多少力才把饺子馆经营好的，小李不知道，他只享受那种流水花钱的快感。

喜悦说：“因为他花钱痛快，好几个小孩管他叫老大，他上哪儿，他们就跟到哪儿，根本不上课。老师经常把我们叫去训话，我们跟个孙子似的站在办公室。教师学生来来往往，我们的脸都丢尽了。在办公室的时候，我们一心想回家找儿子算账。回了家，又发愁孩子说不听打不动。我们听了太多学生离家出走的事儿，不敢打；我们能气死自己，不敢气坏孩子。他上学那些年，我们只要一接到老师的电话，头就老大，没办法啊，也不能不去，只好抓阄儿，谁抓着谁去。”

因为学习不好，小李没考上大学，他爸就让他到饭店来干，自家买卖，等于直接当老板。

因为“老板”二字的诱惑，小李来了饭店。一看凌晨就得去菜市场就急了，问：“当老板上菜市场干吗？”喜悦说：“挑菜比价，学问大着呢。”小李说：“太早了，我起不来，不干。”

过了几天，小李突然跑回来，跟母亲说要到牟平去复读。喜悦问：“咱家边上的中学不行吗？干吗跑那么远？”小李说：“牟平那儿管得严，能学出成绩来。”喜悦夫妻高兴坏了，儿子知道学习了，这可是好事，马上把儿子送过去。

儿子从来没在外面住过，做父母的很牵挂，三天两头去送东西不说，考虑到他下自习会饿，做好饺子，开车去送。喜悦说：“我们每次都是多送，儿子是个做惯老大的人，肯定还得请别人吃。再说了，我们也希望他在学校处好关系，那样我们也放心。”

❷

一天夜里，喜悦接到派出所电话，儿子把同学打伤了，打得挺重的，缝了16针，同学家长不肯和解。

喜悦夫妻说尽好话，给人家跪下了，还答应赔人家10万块钱，才算了事。

这事影响比较大，学校非要开除小李，说他成绩最差，还惹是生非。喜悦两口子托人求情，才算把事安抚下。

钱花了，人丢了，老李产生了怀疑：都是复读生了，怎么还是最差的？这个书读得还有意义吗？喜悦说："有个地方收他就行了，管他念不念呢。多上年学，多长一岁，树大自直，说不定这一复读，学没考上，懂事了。"

事情过了一个月，儿子带个女孩回家了，说女孩怀孕了。喜悦赶紧带着上医院，一查，4个月了，得住院引产。喜悦点着儿子的额头说："你要把我气死啊！在学校干出这个事！你们这么小，结不了婚，引产可是个大事，出事咋办？我们赔得起钱，可赔不起人啊！"

儿子不以为意，说："你们大惊小怪的干什么？赶紧住院啊。"

这么轻巧的话，真把喜悦气坏了，从不舍得动手的她，给了儿子一耳光。儿子恼了，说："你敢打我，那我不管了，爱咋的咋的。"女孩很害怕，直哭。喜悦说："这事太大，得把她父母叫来。"俩小孩都不同意，说父母来了肯定要动手。无可奈何的喜悦，只好带着女孩住院做手术。

不出意外，儿子真的没考上大学。姜喜悦以为这下可消停了，既然复读也考不上，该老老实实工作了，结果儿子要出国，说只要花40万元，就能去美国读大学，镀个金回来，档次不一样了，绝对能找到好工作，有好几个同学已经在办了。

喜悦说："上国外就能学好了？别钱花了，学历混不到，再把小命丢了。没看新闻啊？多乱！路上堵个车都敢动枪。"

小李开始玩绝食，说如果不能出国上大学，他就死。

幸好喜悦侄子是英语教师，他知道这件事后，对小李说："去国外，得会说英语，你英语这么差，去了之后，连基本生活都处理不了。我做了个英语班，你来吧，先过语言关。"

小李最不爱学英语了，表哥这句话点中要害，他同意待在国内。

为了把儿子安置下，老李托侄子找个闲职，有班上就行，工资不工资的无所谓。侄子说："去我同学的网络公司吧。"

❸

小李挺满意这个工作的，轻快，简单，有同事，不孤独，老板不在还可以打游戏。缺点是工资低，一月才2000元，好在他从家里拿钱拿惯了，工资高低无所谓。

有了工作的小李，开着父母给买的车，手里拿着上万元的手机，活得比老板有派，吸引了一个漂亮的女朋友，天天让小李花钱。

喜悦夫妻不同意，说：“这姑娘不像咱家的人，别交了，她图的是钱。”

儿子说：“现在女孩都这样，男人的钱就是给女人花的。”

老李说：“花的是你的钱吗？”

小李厚着脸皮反问：“爸，你是不是在外面养小三了？留着钱养她的孩子？如果我是你唯一的儿子，钱不给我花给谁花？你们都这年纪了，留钱干啥？我告诉你，钱花了是钱，不花是纸！”

对于喜悦夫妻来说，小李就像一方掉到灰堆里的豆腐，真是吹不得打不得，愁得向侄子求救。侄子说：“你们得有数儿，表弟已经让你们带坏了。别再给钱了，让他学会独立。”

小李说：“不给钱可以，我这么大了，得买房子吧？”

是啊，不小了，眼看要成家，婚房肯定得买，这是正当要求。夫妻俩马上陪儿子看房，儿子看好了一套280平方米的别墅。

喜悦说：“我们手里没这么多钱，要不给你交个首付，后面的，我们帮你还。”儿子不同意，说：“写我的名，你们要是不还房贷，银行找我咋办？写你们名下。”

喜悦说：“写我们名下，就是二套房，首付比例高。”

儿子说：“你们办个假离婚，把你们名下的房子归我，这样的话，不就是首套了？正好省出钱来，把装修做好点。”

喜悦夫妻只好来办“离婚”，不过，他们也真发愁了，就儿子这个势头，如果有了孩子，他们恐怕得管儿子全家。如此不知道感恩，什么时候是个头啊？

PS：

小李不独特，他有太多同类……

超市里，一个七八岁的小男孩，光着屁股大闹，死活不穿衣服，一群大人哄不好。警察来了，小男孩说：“穿衣服可以，但穿鞋要50元，穿衣服要100元，换个地方玩儿要200元。”父母一一满足。

手机店里，人来人往，一个15岁的女孩扬起巴掌狠狠地打在母亲的脸上，仅仅因为母亲没同意她买一样东西。

13岁的女孩，嫌母亲太丑，公开责骂母亲，不许母亲去学校，说给她丢脸。母亲整容之后，女儿又嫌母亲太蠢太胖。最终母亲去医院吸脂，出了医疗事故，变成植物人。

从农村考进大学的小伙子，入学全由父亲张罗，一学期只给家里写3封信，封封都是要钱。到了大二暑假，学着偷改入学收费通知；甚至还感觉老爸跟他这个大学生沾了光，老爸居然表示认可。

一个20多岁的姑娘，找了个目无尊长、性格暴躁、靠家里养活的男朋友。姑娘根本不考虑离异的母亲带大自己有多么不容易，就因为母亲不同意她的亲事，指责加摔东西，甚至死拽住母亲，叫来男朋友，让母亲当面向男朋友请罪妥协。等到母亲无奈地向她男友保了证，并为她买衣买包了，女孩才喜笑颜开，才相信母亲是爱她的……

读到这里，只要是做父母的，能不激动吗？这就是我们倾己心血所养育的儿女吗？这就是我们所寄予厚望的孩子吗？

本例中的小李，一出生，父母拍手欢庆，有香火了，有根了，有未来了，有盼头了，把孩子看成活着的全部意义。

当孩子肆无忌惮地乱来的时候，父母选择退缩、忍让甚至讨好，于是，小李养成了以自我为中心的性格，连逼父母办离婚这样的话，也说得出口。

每个人的一生，都是现场直播。

如今，小李已经变成一个受不得半点委屈和挫折、信奉“拿来主义”的人了，父母还是自保吧，放开手，让儿子到社会这所大学走一走，吃到苦头后，他或许会幡然悔悟。

第 15 篇

亲姐弟没有明算账
——轻情重财，财聚人散

“问因循、过了青春，怎生意稳?”曾经的恩爱夫妻随时光和世事的转变亦会成为冤家对头，双方若不作相互还债想，则会继续纠缠难解，真正的账目又岂是表面上的账目所能反映的?

高波没钱的时候，虽遭对方父母强烈反对，但女朋友朱丽非他不嫁，所以，夫妻感情非常好。谁能想到，当夫妻打拼出一份家业后，却来到了离婚区……

❶

朱丽是烟台土著，高波是东北爷们，本来南辕北辙的两个人，因为高波来烟台看望朋友，朋友又约好友为他接风，而朱丽恰在好友之列，二人由此相识相恋，很快就发展到谈婚论嫁。

从外在来看，高波高高大大，性情豪爽，完全配得上朱丽，但是，高波是下岗职工，家境殷实的朱丽父母不同意，但朱丽死活要嫁。

父母说：“就算要饭，也得有个插棍的地儿吧?他有什么?没房没工作，你养他啊?”

朱丽说：“我就是看上他了，要饭也要嫁!”

父母气得没辙，把女儿赶出家门，声称：你大了，翅膀硬了，不知好歹，有你后悔的一天!

高波得悉，心头一热，发下宏誓：“你放心，我说啥也要对得起你!”

想要争到这口气，光说大话不行，要实际干出个样子来。干什么呢?当然是做生意，上班赚钱太少了。

第二天，高波就开始转悠烟台的大街小巷。时值初夏傍晚，满街都是烧烤。他感觉这个项目好，门槛低，技术含量低，投资少，回钱快，如果味道和服务跟上，一定能赚出娶妻的钱。

决定一下，高波上网搜烧烤培训，报班学习烧烤。

朱丽说："我有7万块，全给你。"

高波拒绝了。学完后，高波立马返回东北，跟姐姐商量投资的事儿。

姐姐也下岗了，听说弟弟在烟台找到投资方向，欢天喜地，说："借什么借？咱们合伙干吧，一家投5万块，赚了，五五分。"

高波觉得对啊，烧烤这个活儿，真要干起来，还是得人多。

没用几天，姐姐卖掉家中房屋，来到烟台，选择了东北人最多的开发区，租了一间门前面积大的店面，大姐和姐夫负责后厨，朱丽年轻漂亮，干前台。

一月下来，齐心协力，生意火爆。月底一算账，除去房租、人工等费用，净赚8万块，皆大欢喜。

❷

生意火爆，于是，又开了个更大的店，姐弟四人要重新分工。按高波的意思，姐姐和高波负责管理俩店，姐夫在小店负责收钱，朱丽在大店前台，同时管着总账。姐姐心里有看法，因为账总也对不上，月月缺，但碍着弟弟的面子，不好明说，就开始有意安排活给朱丽，让她帮着串串儿，切肉，洗菜，包馄饨，做些之前不用她做的活儿。

朱丽是个比较单纯的人，姐姐说什么是什么，忙成风火轮。

即便如此，姐姐火气不减。朱丽的表现，在她眼里，无非是做贼心虚。姐姐想，你若心里没鬼，瞎表现什么啊？又不多分钱！

如此挨过三个月，姐姐忍不住了，这每月要少个一两千元，不是小数！

姐姐先找了弟弟，说朱丽攒私房钱。

高波说："朱丽不容易，攒个私房钱也正常，人家父母那么瞧不起你弟，朱丽要饭都跟我。"

姐姐不爱听了：小时候让你是一回事，现在你成家立业了，总不能你的媳妇让姐姐一家养。

一天，姐姐鼓起勇气，把朱丽叫到小间，问："朱丽，觉得姐姐、姐夫对你咋样?”朱丽说:“很好哇。”姐姐说:“既然很好,你为什么要藏私房钱?”

朱丽说:“我啥时候藏私房钱了?”

姐姐拿来单子和计算器,说:“今天咱们对对账。”

朱丽明白了,她笑着说:“姐,你是按照单子来算数?那可算不准,零头我都不收的。有的老顾客,我还送菜呢。”

姐姐说:“你这是拿着谁的钱送礼呢?生意是大家的,你问过我们吗?再说了,生意不好,抹零是为了留客,咱这俩店,火爆得不行,你骗谁呢?”

朱丽恼了,说:“我要是有一分钱装自己腰包,叫我全家不得好死!”

姐姐是个暴脾气,话跟刀子似的,说:“你娘家死不死我们管不着,别捎上我弟!”

朱丽一听姐姐这话,心火蹭就蹿上来了,说:“穷人果然不能交!饿着了,给口吃的就下跪!撑着了,跑我这儿当人了!当初你弟穷得媳妇都娶不起,你们两口子都快拉棍子要饭了,要不是烟台有我,你们活都活不起!”

话说到这份上,姐姐急了,随手操起一个盘子,向朱丽摔去。

盘子立着飞到了朱丽耳朵上,整个耳朵掉到地面,鲜血四溢。

这可把外间的高波惊着了,姐姐更是吓傻了,一家人把朱丽送去医院。幸好抢救及时,耳朵缝上了。

事闹大了,姐弟只好分家。因为愧疚,姐姐一家要了小店,算是给朱丽的赔偿。

3

虽然分了家,朱丽气不顺,三天两头骂高波家里人不是东西。

开始的时候,看着朱丽残破的耳朵,高波心疼加内疚,反复哄。时日一长,耐心磨没了,他打算离开店里,回避矛盾,开始物色新的工作。他发现大家都重视私生活,有些难言之隐,不再是一忍了之,而是积极地寻求治疗及保健之道,做这个生意肯定行。

生活中,真正愿意改善夫妻生活的,女性居多,不像男人,要么忍,要么出轨,所以,高波的女客户多,朱丽不高兴了。

为了避嫌,高波天天早回家,但是,两人工作不同,回家的时间段也不同。朱丽负责烧烤店,冬天也得半夜回家,夏天更可能熬到下半夜。所以,她回家的时候,高波早睡成猪了,不可能考虑她的性需求。

性生活满足不了,心里又对高波处理事情的态度不满,还有那个性用品店,也是想起来就恼……事儿攒多了，人就易生外心。没多久，朱丽和一个客人好上了。

客人是单身离异，一人吃饱，全家不饿，离着朱丽的店近，自然上这儿来解决晚饭，与朱丽自然相熟。再然后，不该发生的事，发生了，结果被高波的客户看到了。

客户说给高波听的时候，高波不信，他说："谁出轨我老婆都不能出轨。"

因为客户说得有鼻子有眼，高波调了监控，发现是真的。

气愤是气愤，但是，他认为朱丽对自己是有恩情的，儿子也大了，不能让他缺父少母，所以，高波忍下了；但朱丽要离婚，条件是不要大店和房子，只要姐姐正在开着的小店。

那个小店，已经不是小店了，姐姐一家把生意做大了，邻居的小店关门，她也盘下了。两边一通，变成了一个大店，当然不能给。

家里乱成一锅粥，姐姐、朱丽各不相让，高波血压上升，把车开上了高速，说："我什么也不要，永远也不回来了！"

朱丽太了解高波了，直接告诉孩子："去，给你爸打电话，告诉他，我不要你了！"

高速上狂奔的高波，接到了孩子声嘶力竭的电话，心痛难支，幸好休息区到了，赶紧驶入，给朱丽打电话，求她不要再闹。

朱丽说："你赶紧回来！否则，我把你儿子撵出去！"

高波只好加速返回，朱丽一见他，就把结婚证扔给他，要他一起去离婚。

事到如今，覆水难收，高波同意离婚，但姐姐宁死不给店，因为他们已经揽下了老顾客，换地方的话，损失太大。高波说"咱们一起开大店"，谁知姐姐却说："合伙生意没法干。"

PS：

朱丽与高波的劳燕分飞，主要是亲兄弟没有明算账。

高波姐弟会一起打拼，与很多因素有关——农耕社会沉淀下来的社会伦理道德、同生同长形成的默契与共识，还有人多力量大等原因。

做家族生意的，为什么好多人会打得不可开交？因为大多数人根本无法处理好利益和人情之间的关系，会出现情义绑架。你跟他谈理，他跟你谈情，到最后，只好从外面请个总经理。即使如此，如果总经理的"段位"不高，也做不久。所以，尽量不要和亲戚合伙做生意；非做不可，比如需要抱团取暖，需要相互借力，就拿捏好亲情与利益。

朱丽认为抹零是必须的，没有考虑姐姐的知情权；姐姐觉得财富没了，怀疑到朱丽的品行，自然引起争端。怎么办呢？需要定出一个必须人人严格履行的制度，而不是像高波这样，选择打情感牌和逃避，把问题弄得更糟。

在这个案例中，还有一个性生活的问题。

性生活是夫妻生活的调合剂，把这个问题搞好了，很多问题就都不会出现。如果性得不到满足，夫妻间势必越来越远。

我有个朋友是一个韩剧迷，不恋爱，不结婚，把爱情给精神化了。

她说："爱情就应该是一见钟情，一见钟情后，就是无怨无悔地无私付出，纵使对方残疾了或变成植物人，或一生失踪，也不会放弃。我遇到的人呢，谈了没几天，就想上床，太低级了，完全动物化，根本没有爱情。"

什么样的爱情算爱情?

自古以来，爱情是个永久的话题，每个人都有自己的看法。

在我看来，"人性"两字，是由人和性组成的，真正的爱情，是建立在人性基础之上的。

本文中的夫妻，虽说起居时间不一，但还是应该灵活安排夫妻生活的时间。如果两人没有身体上的疏离，又能早早做好亲姐弟明算账，何至于演出一场悲剧?

第 16 篇

留不住的低配婚姻

——忘失真心，爱得糊涂

“情到不堪言处，分付东流。”看宋刘两人的婚姻故事，从无明来到无明去，两人都被各自的习性所牵，真可谓“糊涂的爱”！

刘利提出离婚的理由是婚姻无性，宋丹说：“想离婚？可以，必须给我 30 万元。”

站在一边的公婆长舒一口气，说：“太好了，有价就行。能用钱解决的问题，都不是事儿！”

❶

2013 年夏天，彼此陌生的宋丹和刘利，被各自的朋友拉进一个烧烤店的微信群，二人待在群里“潜水”。

一个雨天，群主（店主）给出优惠：今天凡是成对进店吃饭的，酒水免费，烤串半价。如果能谈成了，随便吃，免费。

群主的优惠令一发，群里沸腾了，有主的，自然是赶紧联系对方；没主的，开始了临时配对。

宋丹十分豪放地征伴，单身的刘利立马响应，二人约在了烧烤店门口，暗号是刘利举一根哈根达斯。

来到店门口，也买上哈根达斯后，刘利忽而有些忐忑了：万一对方太丑咋办？或许对方太好看呢？那就会看不上自己。如果这样，自己是转身就走呢，还是吃这顿便宜饭呢？

怀着复杂的心情，刘利一等再等，眼看店里快坐满人了，宋丹却迟迟未到。手里的哈根达斯开始融化了，刘利决定吃掉开路，不等了。

就在刘利狠狠地舔了一大口之后，一个秀丽清爽的小姑娘出现了，白上衣白裙子，蹬一双白色凉拖，背个苹果绿小包，比雪糕还让人舒服。她说："言而无信啊，不给我吃了？"

刘利望着对方，一颗心突突跳得欢快。他说："我才不爱吃这个呢，这都是你们女的吃的，我马上去买，管够。"

其实，宋丹早就来了，她要观察一下这位陌生的朋友。他的个子高高，皮肤是古铜色，雪糕要化了，有点小生气的样子，透着憨厚……这非常符合她对恋人的想象。

一场烧烤吃完，俩人在众人的起哄声中，当众牵手，不仅免了当晚的消费，还获得店主特赠的三天免吃。

三天免吃结束，二人对彼此有了些了解。

宋丹，老家淄博，八个月大的时候，父母离异，母亲再嫁远方，不管女儿了；父亲是菜农，为了不让女儿受委屈，硬是没有再婚，辛辛苦苦拉扯着女儿。宋丹不爱学习，读完初中后，非要跟着邻居的姐姐去烟台，理由是烟台气候好，有很多海鲜。父亲拗不过，只好随她。

比起宋丹，刘利要幸运得多。他父母虽是农民，但赚钱有方，早早为他备好了婚房，并承诺结婚时再给辆车。而且，刘利是本科毕业，月薪8000元。

对于一个初中学历的外地妹来说，抓住刘利，马上就可以有自己的家，生活也有了保障。因此，身在异乡的宋丹，开始了热烈的追求。

一个漂亮的姑娘，又有着惨淡的人生背景，很容易打动一个不为钱发愁的小伙子。恰好刘利父母的态度很开放，不干涉儿子的择偶，因此，婚事很快定下。至于宋丹的父亲，更是一百个乐意，女儿说了，婚后马上把他接过来。

相识后的第四个月，二人登记结婚。刘利父母给了宋丹31800元聘礼，送给她一辆车，还张罗了隆重的婚礼。

❷

婚后，刘利的第一件事是交工资卡。他认为宋丹身世可怜，又没读过多少书，肯定缺乏安全感。自己既然做了她丈夫，自然要把钱给她。

宋丹的第一件事，却是辞掉工作，把父亲接来，告诉父亲："你拉扯我不容易，现在我有能力养你了，你什么也不用干，就在家玩。"

对于老丈人的到来，刘利不太高兴。老丈人才50岁出头，在老家种着菜，生活没有问题，现在就来养老，早了点。

不管刘利怎么想，老丈人稳稳当当地住下了，刘利也只好打起笑脸，毕竟妻子是自己选的，人家婚前就说了自己的想法，自己也没有坚决反对。

刘利的工作非常累，以前和父母在一起的时候，回家后，父母总是热汤热水嘘寒问暖。如今回家一瞧，经常是人家父女已经吃过了，正嗑着瓜子看电视，这让刘利非常失望。

就在刘利有苦说不出的时候，宋丹怀孕了。老丈人很高兴，专做女儿爱吃的饭，根本不考虑刘利的口味。本来就吃不上口热乎饭的刘利，心中更郁闷了。

一天，宋丹穿着高跟鞋上街买杏，不小心绊倒，脚崴了，孩子也掉了。

从医院回来后，宋丹想吃凉皮，刘利不让吃，说小月子不能吃凉的，但宋丹坚决要吃，还点名要南洪街的，刘利就去了。这一去，好久没回来。打电话问，说是在网吧玩。

宋丹特别生气，对刘利实施性惩罚，理由是怀孕很危险。

婚姻进入无性状态，婆婆并不知情，天天探听媳妇的近况，还找中医开了汤药。

宋丹勉强喝了几天，喝不下去了，说："他不上床，怎么有孩子？"

得悉内情，刘利父母把儿子训了一通，大意是不要耍小孩脾气，也要求宋丹把家务做好，做媳妇要有媳妇的样子。

宋丹父亲不爱听了，说："女儿还小，现在都流行男的做饭。"

刘利父母相对无语。

❸

宋丹想和刘利和好，刘利总说累，但要钱的频率提高了。

周一，刘利要2000元，说是油卡没油了，一次性加2000元，有优惠，宋丹给了。

周二，刘利要1000元，说是同事要结婚，他要随份子，宋丹给了。

周三，刘利要200元，说是钥匙锁屋里了，要钱开锁。宋丹又给了。

刘利的行为，引起了宋丹的怀疑。

半夜，宋丹潜进了刘利的房间，试着用旧密码（宋丹生日）解锁，手机真打开了。她也发现了刘利的秘密：刘利要钱是为了嫖娼。

宋丹把聊天记录截屏发到了自己手机上，然后，把刘利打醒，逼他交代。老丈人听到了，也来凑趣，父女二人审了刘利一夜。

天光放亮，刘利疲惫至极，他说："离婚吧，这种日子，我不想过了。"

在刘利父母眼里，宋丹花着儿子的钱，还对儿子不好，这样怎么能行？特别是那个老丈人，50多岁的汉子，就跑到闺女家养老，谁受得了？恰好没孩子，离呗，他们坚决地站在了儿子一边。

宋丹不想离婚，向全家公开了刘利的聊天记录，意思是刘利虽然这么对不起她，但她愿意给他机会。

刘利父母看了之后，虽然气愤，依然坚决地站在儿子一边。

宋丹说："想离婚？可以，给我30万元。"

婚后，工资全在宋丹手里，刘利父母的钱，早为儿子结婚花成了负数，这30万元，绝对会难住这一家，这也是宋丹最想达到的目的——给钱，我不吃亏；不给钱，那就不离婚。

刘利父母说："好，给我们一个周的时间。砸锅卖铁，也把钱凑齐。儿子别担心，能用钱解决的事，不叫事儿。"

为了不让父母为难，刘利去银行打出了工资流水，证明结婚这四年，自己赚了30多万元，这些钱，也全在宋丹手里。即使离婚，宋丹没理由再要30万元。

宋丹开始算账，东算西算，把刘利这些年的工资全算没了。

刘利气愤至极，决定按父母说的做——给钱，离婚。

PS：

在我国的婚恋市场中，男人受传统思想影响，很容易选择"低配"。这种观念，如果放在男耕女织的时代，是可以的。当社会发展到今天，低配婚姻意味着彼此的眼界、格局和思维等不在一个层面，不仅无话可说，生活也无法融洽。

就今天这个案例而言，多数人认为刘利能娶宋丹，并同意养着老丈人，宋丹会感激涕零。但是，作为基本没读过书也没被父母认真教育过的宋丹来说，她奉行着"嫁汉嫁汉、穿衣吃饭"的传统理念。她之所以没做好妻子，是因为从小被父亲照顾得太好，却没有照顾别人的习惯和理念。

说到这里，需要提一下宋丹的父亲，因为他在生活中顶替了刘利的位置。

或许在他心目中，女儿永远是那个长不大的小宝贝，是他生活的全部，他愿效犬马之劳。可是，小宝贝已为人妻，需要和自己的丈夫共同经营家庭，而不是天天与父亲形影不离，让丈夫无所适从。

父女的“不懂事”，让刘利与妻子失去亲密关系，选择了一个错误的情感出口。

爱情容易冲昏头脑，选择了低配婚姻怎么办？建议刘利不要让宋丹和父亲闲在家里，想办法让他们忙起来。应直面家庭问题，智慧地协商解决，不要做一些有违公序良俗的事情，去矮化和破坏个人和家庭形象，更何况，不检点的行为还存在健康隐患。

第 17 篇

我成全了老公和小三

——人间烟火，未可轻忽

“唯只见，旧情衰谢。”时光不居，岁月长流，爱情哪会天长地久？李樱本没有错？或许理上没错，但事上却错了。莫、莫、莫！

丈夫被合伙人算计，瞬间变成穷光蛋，妻子投入全部身家，支持丈夫重新创业。就在计划将获成功的时候，丈夫却迷上了女会计。

李樱哭得眼睛发红，嘴巴肿胀，法令纹深陷，她瞪着一双迷茫的眼睛问我：“我到底错在哪儿了？”

❶

李樱与孙江是青梅竹马，两人从小学就腻在一起，两家大人也总是半开玩笑地互相叫亲家，逢年过节，还煞有介事地走动走动，所以，当他们参加工作后，也就顺理成章地结了婚。

婚后不久，在百货公司工作的孙江嫌单位不景气，与两个工友一合计，一起辞职，出来开了公司。一年后，公司有了固定客户，招进 30 多名员工，3 人之间的关系逐步发生了质的变化。

在孙江看来，无论是大处的规划，还是小处的盘算，自己功劳最大，股份又最多，是当之无愧的老大，可他的伙伴不这样想。

在伙伴们看来，大家一样干活，但孙江拿大头，超过他俩的总和，凭什么呢？谁也没偷懒！于是，他们合起伙来，没用一年时间，不仅把公司掏空，还让公司欠下了一大笔外债。

公司被起诉，孙江作为法人，必须拿出财产偿还。一时间，家里愁云惨雾。情急之下，计上心来，孙江提出把家里的三套房子及存款全部划归李樱所有，让自己变成穷光蛋，逃过此劫。

计虽好计，但李樱忐忑不安。不管真离婚，还是假离婚，只要办了手续，老公就变成合法的单身汉，自己变成了离异妇女。孙江安慰她："财产都归你了，你怕什么?"李樱一想也是，财产孩子都在自己这边，老公肯定不会跑。

既然没能力偿还，要债的也无计可施，孙江的谋划成功。但是，这么一大笔钱，要债的哪能善罢甘休？探听到孙江还是像从前一样生活，心知是计，当然没什么好话，上门逼债，坐在家中不走，白天吃晚上睡，严重影响了一家人的生活。

为了避免要债者的纠缠，夫妻俩一合计，李樱让孙江离开烟台，前往沈阳舅舅家躲一躲，其他的事，从长计议。

为了让孙江顺利离开，李樱借上班之机，把孙江的衣物一点点运到单位。买好票后，又趁深夜债主睡熟之际，让孙江偷偷离开。

待天光大亮，债主照常醒来，发现孙江不在了，大吵大嚷。李樱亮出离婚证，债主也不罢休，摔门砸窗，闹个不休。

无奈，李樱拨打了"110"。

警察来后，看过离婚证，让要债的离开。事已至此，要债的只好暗骂倒霉，乖乖离开。

❷

躲不是办法，人总要正常过日子，所以，债还是要还的。夫妻合计：小钱可以靠上班，大钱只能靠经商。孙江的长处是销售，还是从销售做起。由于李樱在葡萄酒厂工作，容易谈成代理的事，那就从葡萄酒的沈阳代理做起。

做代理，也需要一大笔钱。为了让丈夫创业成功，李樱决定卖掉家里的两套大房子，只留下小房子和儿子住。这个决定，遭到了娘家人的强烈反对。

父亲认为：女婿能创业不能守业，再多的钱投进去，都可能血本无归，还会给家里带来很大麻烦。

母亲认为：一家人就得守在一起，饿死也不能分开，这天南地北的，根本不靠谱。男人是什么东西？见腥就收不住，只要遇到个死缠的女人，八九抛不开，那女儿的钱，就是肉包子打狗了！

任凭娘家说破天，李樱置若罔闻，迅速以最低的价格把房子脱手，交了代理费和铺货费，余下的悉数交给孙江。

由于烟台葡萄酒国内外知名，加上孙江出色的销售能力，二次创业十分成功。李樱又为他相继联系了啤酒、白酒及烟台新兴的黑莓、无花果等各种滋补果酒，孙江的生意越来越红火。

两年后，孙江赚够了还债的钱，有了归乡之意。

孙江把卡放到了李樱面前，说“咱们终于可以轻轻松松过日子了”，并提出回家。

李樱一听就急了，好容易在沈阳打开局面，怎么能半路刹车呢？这些钱就够还债的，房子呢？还得买房子，还得攒学费，孩子不能像他们这样活着吧？必须送到国外。

孙江说：“我一人在外，太孤单了，只要把债还完，凭我的能力，在烟台一样混饭吃。”

李樱说：“能一样吗？你在沈阳卖烟台货行，回了烟台，卖啥？”

孙江说：“不能老让孩子没爹吧？再说了，咱夫妻老这么分着，也不是办法。”

李樱说：“还是多赚钱吧，老夫老妻的了。债就那么放着吧，你千里万里的，他们也没办法。这些钱拿回去，往大了干。”

孙江陷入了沉默。

两天后，孙江返回沈阳。

❸

随着生意做大，公司又开始招人，在招来的 7 个人中，有一个单身女会计。

女会计已经 35 岁了，还没遇到心仪的对象，因为她的择偶标准是事业有成。大家都知道，除了富二代、官二代，年轻人鲜有事业有成的，但她的标准一直在，就成了大龄单身。

进入公司后，女会计发现孙江没人照顾，天天就是工作再工作。有一次，孙江发高烧，说话时喷的气都烫人，女会计就拉着他去医院，而且熬姜汤，照顾他吃药，直至孙江昏昏睡去。

次日清晨，高烧已退的孙江醒来，走到客厅，发现蜷缩在沙发上睡着的女会计，心里动了一下，感觉这是他想要的。出于道德约束，孙江在表示感谢后，把女会计送走。

从这天起，女会计开始留意起孙江的衣食起居，孙江也有意无意地表示了接受。

2018 年夏夜，孙江被客户灌得酩酊大醉，倒在了公司楼下的花丛，迷乱中，拨打了女会计的电话。女会计应声赶来，把孙江扶进了自己的宿舍。二人关系，从此产生了质的改变。没过多久，二人正式同居。

毫不知情的李樱，还在做着夫贵妻荣的梦。她四处看豪宅，给儿子物色名校，像所有经历风雨见彩虹的人一样，时常向人说起自己的经历，有感慨，有庆幸，更有因满足而生的炫耀。

一日，儿子当上了大队长，要炫给爸爸看，打开了视频。就在与爸爸对话的时候，浑身湿淋淋的女会计出现了，她一手提着裹住身体的浴巾，一手拢着滴水的头发，说："你把我刚买的沐浴乳放哪儿了？"

孙江迅速关上了视频，李樱迷迷瞪瞪地看着儿子，说："刚才是谁？"儿子也迷瞪瞪的，说："是爸爸呀，哦，阿姨是谁？"

李樱打去电话，手机里传来的是无人接听的嘀嘀声，后来就关机了。李樱迅速安排好儿子，连夜赶去机场，她要一探究竟。

第二天上午，李樱赶到了孙江的公司，不仅见到了孙江，也见到了那个女人。她克制不住，对着女人打过去，二人撕成一团。公司副总一看不好，立马让大家休假半天，清空了公司。

面对离心离德的老公及沉着冷静的第三者，李樱的心都要碎了，她历数自己的委屈与付出，说："她不就是个女人吗？也不年轻，和我有什么两样？我还有儿子呢！"

她又质问女会计："如果你是我，你难不难过？你怎么好意思破坏我们的家庭！"

女会计说："大姐，你的确付出了，可是，在你们债务还清后，为什么还执意让他待在这里？他变成了赚钱的机器，一点做人的快乐也没了，你想过吗？"

李樱说："他是男人，他有义务赚钱养家。儿子上学不管了吗？我们还没有房子，不管了吗？回烟台，能赚这么多钱吗？"

女会计说："爱钱好啊，那就给你钱，签字吧。"

李樱想说"我不爱钱"，话到嘴边，突然觉得说不出口。

无论两个女人说什么，孙江一言不发，始终在抽烟，那浓重的烟雾缭绕着两个各说各有理的女人。

身心俱疲的李樱回到了烟台。刚回家不久，一纸离婚公函来了，是孙江的律师发来的：孙江已决定离婚，一切离婚事宜由他代为办理。

尽管已经与"小三"进行了正面交锋，但是李樱的内心并没有完全崩溃，因为她是孙江的糟糠之妻，是她帮孙江挺过了难关，而且，她还是孙江儿子的亲妈！可以这么说，孙江现有的一切，都拜她所赐！她不说离婚，孙江没资格离！

如今，她捧着这张纸，茫然若失。无论身边的闺蜜家人说什么，她都像一个天真的孩子，说："这都说了些什么啊……"

PS：

李樱是非常信赖孙江的，她不仅信赖他的赚钱能力，也信赖他的品行与对家庭的爱，所以，她把所有的财产全押到孙江身上。

那么，孙江需要被信赖吗？

很多人把信赖看成一种对别人的奖赏，的确是，但信赖也是责任，也是重托，就像老板相信员工的能力，说你去完成多少多少指标吧。员工怎么想？是不是在感激老板赏识之外，还有难负其重或勉负其重的为难呢？

孙江前往沈阳一战，从家庭的前途来说，是必须的，但是，孙江是一个享受过家庭生活的人，如今白天一点点开辟市场，晚上长夜漫漫，难免孤独寂寞。而且，当孙江完成任务心生退意时，李樱为"大计"着想，居然阻住了他回家的步伐，给他提出了更高的要求，他的情感怎么会不产生变化？

为什么李樱没事呢？因为有孩子的女人，等于身边有个情感寄托。况且，老公很有能力，家里又不缺钱，心里有对未来生活富裕的美好憧憬，那么，她对老公的依赖感就不是那么强。女人在所谓的家计大业上，比男人更勇于牺牲小我。

女人更在乎精神或者心灵抚慰，而男人更直接，更崇尚占有，如果过程中又产生精神上的依赖，比如女会计不仅是他事业上的助手，还能照顾他的生活和身体——真爱就产生了。爱是具有排他性的，于是，长久与孙江没有身体关系和情感依赖的李樱，出局了。

在感情问题上，一个人投入越多就越难脱身，依赖感也越重，就像李樱，投进了所有，分手会让她痛彻心扉。而孙江呢？看起来，他是个逃债的破落户，但实际上他只是重新开始了创业而已。而且，这是一场相对容易的创业，有钱有货有市场，后院平安。

本案例是一段无法挽回的感情，或许亡羊补牢未为晚矣，毕竟生活在继续。

希望李樱及与李樱一样善良勇敢的女人们，一定要明白：如果真爱一个人，就和他在一起，比如还完债务后，该撤回来就撤回来；或者弱者前往强者的一方，如果在沈阳更有利于家庭未来的发展，那就去沈阳，从而避免这鸡飞蛋打的局面。

第 18 篇

一厢情愿的情人

——痴心两女，飞蛾扑火

“念去来、岁月如流，徘徊久、叹息愁思盈。”婷婷和程兰两个女人的经历让人目瞪口呆，直感叹世间痴心女子实是痴，这滚滚红尘若看不破，必然有无尽的痛苦牵缠，何时是归期？

很少有第三者跟到离婚区，程兰来了，她怀孕了。

程兰说：“我们在一起三年，他把我照顾得很好，最近他又在考虑给我买房子。他不是富豪，就是很爱我。我不知怎么回报他，连着怀了几次孕，他不让生，说这样对孩子不公平。我现在又怀孕了，不想再流产，所以，他必须离婚。”

❶

20 年前，王运来和孙婷婷都在纺织厂工作。

王运来是车间副主任，长得很帅，看上他的女孩子很多，她们经常叫着王运来去看电影。

孙婷婷是一名织布工，要相貌没相貌，要气质没气质，普通得就像路边的小草。

有一次上夜班的时候，王运来发现孙婷婷躲在值班室里织毛裤，单位管理很严，如果被厂长抓住，会连累到他，所以，他把毛裤夺过来，打开窗子扔了出去。

值班室后面是个水塘，孙婷婷跟到窗前看了半天。王运来说：“看啥看？干活！”孙婷婷转过头来，眼泪汪汪的，一声没吭去干活了。

第二天，孙婷婷的舍友来找王运来讲理，说那毛裤是织给他的，用的超细毛线，很难织，这都快织完了。

王运来说："我又意外又感动，但她不是我喜欢的类型，又不好直说，因为人家给你织这么难织的毛活儿，羊毛线又挺贵。"

孙婷婷再也没有在班上织过毛活儿，但对王运来的态度有了明显的变化。

王运来说："自从她舍友找我，她的行为开始公开化。她们缫丝车间有蛹，她经常一盆一盆地给我送，同事们都当我们恋爱了。我说：'你都影响我找对象了。'她特别吃惊，说：'你不是同意了吗？'后来才知道是她舍友说我同意了。"

一个月后，婷婷把一套毛衣毛裤给了王运来。王运来一看，好复杂啊，上面有很多花纹，一般人没这个耐心，这真是爱啊，他就真的和她好上了。

不久，孙婷婷怀孕了，催着结婚。王运来不想结婚那么早，给婷婷买了药。当天晚上，婷婷腹痛不已，开始出血。王运来想去医院，婷婷害羞，坚决不去。撑到天亮，腹痛有所减轻，婷婷说忍几天会好。这一忍，就是 40 多天流血，只好去医院。

检查后，医生马上安排手术清宫，还诊断出贫血与盆腔感染。刮完宫，医生把王运来狠狠地训了一顿，说太危险了，运气不好，可能不孕不育，还可能有性命危险。今后要么注意避孕，要么好好生下来。

按医嘱，婷婷需要在家休养，可是，她怕单位的人看出来，有流言蜚语，直接上班了。

到了 28 岁那年，婷婷又怀孕了。这时候，王运来的朋友们都结婚了，婷婷又不想流产，关键是王运来期盼的升迁没有实现，就和家里老人说了怀孕的事，二人结婚了。

❷

怀孕五个月的时候，俩人坐在床上聊天，聊着聊着，婷婷说起王运来夜钓的事，说："你不是特别想升官吗？现在怎么堕落成老大爷了？天天晚上出去瞎钓，也没见你钓到多少条鱼。"

王运来不爱听了，随手一推她，说"一边去，我要睡觉"。

婷婷身子笨，顺势滑到了地上，当夜出了黑血。俩人赶紧到医院，医生诊断是宫外孕，马上推进了手术室。

婷婷被推出来的时候，王运来害怕了。他说："她一丝不挂地躺着，脸特别特别地白，像死了一样。我在她床边趴了一夜，特别怕她离开我，觉得有没有孩子不重要。"

有了家的人，总是越来越需要钱。因为三班倒，有出去做事的时间，王运来就开始做小生意了。

王运来说："我夏天租车去海阳拉西瓜，秋天去栖霞拉苹果，冬天就到大学门口卖烤地瓜，一时也不闲着。她心疼我，夏天给我带一壶绿豆汤；秋天给我带几个茶叶蛋；冬天卖烤地瓜，出门时给我身上塞个暖水袋，等到10点多的时候，她再送个暖水袋过来，有时候还能用保温壶带来热乎乎的糖水荷包蛋。我说'你这么个弄法，赚的钱又花了'。她说'那就不干，咱不差这点钱，看把你累的'。"

婷婷对王运来好到了没有自我的程度。王运来说："每天做饭之前，非得问我吃什么，我不在家，要打电话问，反正是我吃什么她就做什么。我说'你也做点你爱吃的'，她说'你爱吃什么我就爱吃什么'，我只好说随便，她就很为难，非要我说几样菜才算完。"

俩人的感情越好，婷婷的危机感越重。"做了两次手术，她老是怀疑自己生不了孩子了，经常说'我不能生的话，你是不是就不要我了'，我说'不会，咱俩就是一辈子的夫妻'，可她总是用怀疑的眼光看着我。"

婷婷开始和王运来吵架，而且每次吵架都是拿两人结婚以前的事来说。王运来说："她说我以前特别风流，女的叫去看电影吃饭，从不推辞。我说：'那时候咱俩也没谈恋爱啊，这都以前的事了，过去就过去了，现在咱俩不成夫妻了？我也没娶别人。'这样的架，隔三岔五要打一场，每次都是我火了，她哭了。"

有一年冬天，王运来跟朋友打牌，越打越上瘾，一直到下半夜才往家走，进门就看婷婷愤怒地瞪着他。

王运来说："她的倔驴病又犯了，非不信我是去打牌了，拖着我去朋友家对质。也不知她哪来的劲儿，我这200斤的大块头，让她拖得呼呼地跑。"

令王运来没想到的是，到了朋友家，婷婷上去就打他朋友，说人家带着学坏。

王运来很恼火："她追着打，把我朋友打得躲都躲不开。我恼了，把她抓过来，上手给她几巴掌，拖着就走。她当时没有哭，回家就哭了。"

王运来和婷婷结婚这么多年，晚上从来没有分开过，这一晚上，婷婷哭了一夜，王运来也没有睡，在沙发上坐了一宿。

第二天，婷婷就搬了台电脑回来，说不准再出去打牌，要打就在电脑上打。

王运来说："我早就想要电脑了，她老说没用，不让买，没想到因祸成福。其实我知道她特别爱我，就借坡下驴，跟她和好了。"

❸

没有孩子，始终是个大事，何况王运来这么普通而传统的家庭。王运来的父母盼孙心切，天天来催，王运来直接把他们给拒了。

他说："没孩子就没孩子，我没觉得是多大的事。你看我倒是当儿子的，房子是父母给的，过个节看看老人，拿去的没有拿回来的多。都说是养儿防老，我觉得就是个续香火的封建心理。"

王运来不太当回事，婷婷可是用上心了，她觉得自己以前怀过孕，肯定生理没问题，就拖着王运来到处看病，偏方正方都相信，吃药就像吃饭，还要天天测体温，只要一到排卵期，不管王运来累不累、想不想，拖着就上床。

王运来烦了，说："我们夫妻生活一直挺好的，可她这么一弄，我慢慢对夫妻生活就失去兴趣了，后来就是完成任务的心理，觉得自己像个种子站。"

有一天，王运来在街边遇到了高中时的暗恋对象程兰，她摆个路边摊卖小百货，身边还有个小姑娘，看上去家境很差。

"她当年是我们的班花，喜欢唱歌，每次歌咏比赛她都是领唱，现在看到她摆小摊，心里有一种说不出的感觉。"

这次邂逅，让王运来踏出了外遇的第一步。他说："到底是旧情未了，还是她的处境让我难过？我到现在也没弄清楚。她老公总打她，一年前离了婚，自己带着孩子过，生活挺困难的，我就资助她，有什么男人干的活儿，我就去帮着干，三帮两帮，就帮到一块了。"

时间一长，王运来哪头也舍不下了。

"婷婷想孩子想得跟神经病似的，我有点怕回家，这时候我同学怀了孕，我真是太高兴了，但一想到婷婷，心很痛，为一个未出世的孩子，伤害我老婆，真是办不到。后来，我就陪我同学把孩子打掉了，用我多年攒下的私房钱，给她买了一个门面房，让她以后再也不用租房做生意，还告诉她，婷婷只有我，没了我，就啥也没了。我同学听了没说啥，情绪有点低落。后来，天天忙活着做生意，心情挺好的。我去了，她就撂下生意陪我，把我看得挺重的，说对我除了爱之外，还有很多的感激。"

程兰对老同学的爱，很复杂，有爱，更有感恩，她决心为他生个孩子，但他坚决不同意，说："婷婷不是不想给我生，她曾经差点就死了，我忘不了她流过的血，更忘不了从手术室出来时，她那副仿佛死掉的样子。"

流产几次后，程兰又怀孕了，她坚决不想流了，恳求王运来和婷婷办离婚。

王运来说："不行啊，我和婷婷说了，趁着身体好，想法多攒点钱，等老了，进养老院得了。上周我叫着她去看养老院了，那里面环境特别好，四星级，我说将来就住在这里，她特别开心。”

程兰一听，马上找了婷婷，婷婷坚决要离婚。

到了离婚区，由于王运来坚决不离，婷婷也就没有坚持，但婷婷想要程兰的这个孩子，程兰说考虑考虑。

PS：

没有孩子的婚姻，背后隐藏的爱和亏欠可能很多，所以，程兰把事情想简单了。

女人要不要为男人怀孕，至少要弄清楚对方是不是爱自己。

王运来作为一个过来人，明知自己不会离婚，却一而再再而三地来找程兰，且不做好避孕措施，说明对程兰的爱，其实很浅，所以，程兰怎么能允许自己一再怀孕呢？子宫壁越刮越薄，还伴随着其他风险。婚姻中的婷婷，有孙运来照顾着，他对她不光有感情，还有法律保护，程兰以何自保？

男人要娶你，千山万水也娶你，赴汤蹈火也娶你。如果不想娶，就算怀个十次八次又如何？他还是在努力地固守那些不想放弃的，最多要去你生的孩子。

程兰一再问我，王运来对她是不是爱。我认为至少不是程兰想要的那种爱，是不同于对他妻子的那种爱。

第 19 篇

注重隐私的妻子
——亲密有间，方得长久

“明月楼高休独倚，酒入愁肠，化作相思泪。”余华让我们不禁想到叶公好龙的故事，虽然余华的故事中没有真龙出现，但他心中变现的真龙已足以让他自己无力抵抗。

不想在离婚协议上签字的余华，说：“我承认，她有她的自由和隐私，但这个尺度到底该在什么样的位置？最开始的时候，我觉得可以做到洒脱无羁，但感情越深，我越希望她的隐私尽量少一些，最好是一点也没有。”

❶

余华上高中的时候，就去了国外，直到硕士毕业，才重回国内，进入一家合资企业做高管。

在国外生活久了，他觉得他的思维成了西式的，甚至他的道德意识也变成西方的了，每当看到同事为爱人的隐私问题吵闹时，他会习惯地耸耸肩，说：“怎么可以这样？恋人也好，伴侣也罢，大家隐私是受法律保护的，是平等的，干涉是违法的。”

正在苦恼的同事反对他，说他站着说话不腰疼。

余华的条件很好，吸引了好多人的目光，他很挑剔。

一天，余华在咖啡厅等人，忽见外面走进来一位美女，穿着黑白相间的欧根纱套裙，顶一头栗色短发，可爱、帅气。他目不转睛地看着她。

美女注意到他的目光，向他俏皮地做个手势，请他过去。

女孩叫李一丁，画家，比余华大两岁，单身。

随着交谈时间的延长，余华的心跳越来越快，感觉自己的缘分来了。

一见钟情的两人，互相加了微信。

一丁很郑重地问了一句话："你怎么看待恋人的隐私？"

余华说："我特别赞成彼此有自己的私密空间，完全不设防的心，犹如空旷的操场，一眼望去，毫无趣味。我在国外很多年，崇尚自由，尊重隐私，不喜欢国内那种相互窥探的相处模式，彼此相爱即可，非要把对方变成透明的，只能使彼此失去吸引力。"

余华的回答让一丁特别满意，在此之前，一丁交了几个男朋友，对方无一例外地要求她坦诚相待。这个所谓的"坦诚"，就是要事无巨细地说个一清二楚，到哪儿去，见什么人，和谁在打电话……弄得她烦不胜烦。今天遇到帅气儒雅的余华，听着他句句入心的回答，一丁开心极了，她说："遇到你，真幸运。婚姻是大事，必须有相同的世界观、人生观和价值观，才有可能避免离婚的悲剧。"

❷

郎才女貌，这段恋情很快就升到了高温，俩人登记结婚。

余华和一丁都有单独的房子，考虑到一丁的房子和画室连在一起，更方便她的创作，他们选择了住一丁家。

新婚燕尔，二人每天有说不完的情话，但只要对方来电话，另一方会自觉地离远一些，以示尊重。

7月的一个深夜，一丁放在枕边的手机震动起来，一丁睡意正浓，看也没看，就按了一下拒接，手机又震动起来，一丁又按了拒接。

静静躺在一旁的余华推她一下，说："谁找你？"

一丁一边说"困死了，谁来也不接"，一边向余华的怀里靠过去。

余华推她一下，说："你还是接吧，看看谁找你。"

一丁彻底清醒了，披上睡衣坐起来，说："你什么意思？我说了不接。"

余华说："这都两点了，有电话来，肯定是有急事，你为什么不接？"

一丁说："我困我就不接。"

余华说："你是不是心里有鬼？"

一丁说："我有什么鬼？"

余华说:“你心里的鬼我怎么知道?”

一丁猛地下了床,指着余华质问:“你不是说了尊重各人隐私吗?”

余华说:“隐私也是要有限度的,我们都是夫妻了,深夜来的电话你不接,我就不该问问为什么吗?”

俩人吵到天亮,没吵出究竟,到了上班时间,各自上班。

等余华下班回到家,发现门口放着自己的行李箱。

其实,上了一天班的他,已经不打算再把昨晚的事闹下去,虽然心中有疑,但不想背弃当初的诺言。

余华去了一丁画室,看到一丁对着一幅画发呆,这幅画贯穿着一条大河,河边有一对男女,男人靠着树,女人在看自己在水里的倒影。

余华说:“你什么意思?”

一丁说:“我们还没有孩子,如果不合适,尽早分开,孩子无辜。”说完后,一丁继续画画,旁若无人的样子。

余华说:“我们并没有什么事情,为什么要离婚?”

一丁不再吱声,一直把后背给他。

❸

其实,那天晚上的电话,是一丁闺蜜打来的,因为和老公又吵架了,找一丁求安慰的。

一丁当了太久的“树洞”,实在太烦,建议她离婚,但闺蜜顾虑太多,又是面子又是里子,孩子车子房子,一样不想少,一丁特别无奈。是夜电话响起,她已知是闺蜜,可身边躺着老公,凌晨又最困倦,不愿听她啰唆,所以拒接电话。不向余华解释,是因为俩人早有共识,何况是在她家里,怎么可能是野男人打来?这点双商都没有,不配做夫妻。

回到自己家里的余华,十分痛苦。和一丁结婚之前,他觉得自己真的可以做到相互尊重,谁知婚后大不同,内心有了占有欲,不愿意女人有一点秘密。他爱她,她就必须像开着门窗的房间,一目了然。

各有所思,又不肯妥协,两个人僵起来了。

一个月后,一丁发来离婚协议,要他签字。

余华一遍遍地问:自己为什么变成了这个样子?才貌双全的一丁,不可多得,不能失去,可是,自己做不到不闻不问,有什么解决之道?

余华很苦恼，去问朋友。朋友说：“男女之间的感情就是这样，如果不爱，就会洒脱，你看那些不在意配偶行踪的人，没有一个的内心存在情感。”

“不对，我是爱她的，现在也是。”

朋友笑他：“你号称可以尊重对方隐私，那是因为没结婚啊。”

一丁或许也要看余华的意思，所以，拖了一个月，大约看余华非常冷静，所以发来最后通牒：若要协议，去民政局；要啰唆，去法院。

这番话，犹如冰水从天降，余华的心凉个透，但是，死要死个明白，所以，已然来到离婚区的他，还是想知道一丁有没有爱过自己。

PS：

我理解一丁。

小时候，父母忙工作，把我放在姥姥家，与我很少见面。姥爷喜欢读书，我也喜欢上了读书，六岁开始捧着大部头，跳着读。母亲是个热爱劳动的人，发现我不劳作只读书，经常训斥我无能无用，我却怎么也改不了。因为书里人很多，景色很多，关键是读书可以进入书的世界，我看大家，大家却不会想到有我，我有极大的幸福感和安全感。

是不是像一丁躲在绘画的世界里？

一丁是个受过伤的女人，这类女人的内心缺乏安全感，需要男人持久温暖的信任与爱。

余华最初对于隐私的态度，只是自以为受了西方文化熏陶，但其实是浮在表面上的，就像为女士开车门一样。真正爱上一丁后，余华变成最真实的男子，对爱人有了占有欲，所以，当深夜铃声响起，当一丁拒绝回答，余华忘记了最初的约定，变得莽撞起来。他没有静下来想，如一丁这么聪慧的女子，就算有外遇，肯定做好防范，怎会让男人夜里打来电话？

婚姻是大事，二人三观须类同，所以，婚前务必慎重，不要等婚后才说：我今天才认识你！

这桩离婚案，因为感情基础不错，我建议身为丈夫的余华，如果爱，就对她持续信任，给予温暖，直至她获得安全感。

第20篇

沦为第三者的原配
——错乱而行，终不合道

“日暮，望高城不见，只见乱山无数。”茉莉能把日子过成这样，真应了那句话“I服了You！”爱情也好，婚姻也好，家庭也好，你要想错了，那就真的是差之毫厘谬以千里了。戒之戒之。

一年前，40岁的茉莉来离婚。

她说：“当年他追我的时候，我有顾虑，因为他前妻死了，留个儿子，我怕不好相处。他向我保证，说儿子由他妈管，绝对不会跟着我们住。我和他结了婚，也生了孩子，说过的话就不算数了，一家子和我打，日子没法过了，非离不可！”

如今，她找到我，泪流满面，说：“他一直在骗我！”

❶

被称为“骗子”的李银江，在认识茉莉之前，有过一次婚姻，前妻去世，留下一个儿子。

茉莉是个大姑娘。

一个偶然的机会，李银江认识了茉莉，对她一见钟情，展开了疯狂追求。茉莉知道他有个儿子，怕以后关系不好处，不同意。

李银江信誓旦旦，说这个儿子就放在老家，平时交交学费、生活费就行了，绝不会一起生活。

为了让茉莉相信，李银江带着茉莉去乡下，让母亲向她作保证。老母亲特别喜欢茉莉，拿茉莉当亲闺女疼爱。

既如此，茉莉就同意结婚了。

婚后第二年，茉莉生了个儿子，李银江把茉莉户口迁到了城里。从此，老公上班，茉莉负责家务，日子过得十分甜蜜。

生活像小溪一样哗啦啦向前流淌，清澈脆生，让茉莉始料未及的是——李银江儿子到了上学年纪，要到城里来上学。

李银江认为父母年迈，城里教育条件好，理应把儿子带到城里。

茉莉坚决不同意，气愤地质问李银江："我们结婚前怎么说的？你和你妈都保证过的，凭什么说话不算数？早知道你舍不得儿子，我一个黄花大闺女，凭什么嫁给你？"

李银江说："我这个儿子是摆明在那里的，没有藏着不说吧？我娶老婆也是给孩子找妈，这个你想不到吗？是，我当初是说过由老人管，可是你看看爸妈，他们已经老了，管不动了，孩子就应该和我们在一起，老养小，小养老嘛。何况，他妈妈那么早就没了，如果不管，我还算是人吗？"

这是个不眠之夜，俩人上半夜激烈地争来吵去，下半夜陷入痛苦的沉默。最终，李银江考虑了茉莉的态度，选择妥协，接儿子的事搁下不提，却没好意思回老家说。

❷

婆婆不知道儿子家的变化，考虑到开学季快到了，老夫妻把孩子送上门来了。他们一进门，把毫无思想准备的茉莉惊着了，一场战争再次掀起。

茉莉非要婆婆信守当初的诺言，婆婆语调充满不屑地说："他娶你的时候就有儿子，你不长眼啊？进了门就是个妈，你逃也逃不掉。我们养？凭啥我们养？养大儿子，还得养孙子？我们俩还有没有好日子？最难带的是小，现在他都能上学了，你多省事？这本来应该是你干的事。告诉你，跟爹住，天经地义！你想不当这个妈？说了不算！俺孙子有亲爹！"

由于茉莉的疯狂坚持，加上对牙牙学语的小儿子也十分顾忌，李银江不敢把事情闹太僵，就劝父母先带大儿子回去。疼儿子的父母，虽然对儿媳满腔愤怒，还是乖乖地带着孙子走了。

虽然事情得以暂时平息，但茉莉清楚地意识到了危险。

为了彻底断掉李银江的念想，她开始天天找事，一张口就是"你撒谎你骗我，如果不是你们怎么怎么保证，我肯定不会嫁你"。

说来说去，听得李银江恼羞成怒。他说："别成天拿什么大姑娘说事，你那是老姑娘，嫁不出去了！要不是我娶你，过了生育年龄，你上哪儿有孩子？"

这话说得狠，让茉莉如何罢休？本来幸福温暖的小家，成了硝烟弥漫的战场。

打不了内战的李银江，开始早出晚归，工资也不肯全额交付。他光明正大地告诉茉莉："我儿子大了，钱不能全给你，得留一部分养儿子！"

茉莉说："你不管我们娘俩了？"

李银江说："我有两个儿子，个个都要管！是我的女人，就得给他们都当妈，不想当妈，趁早滚！"

战争愈演愈烈，险处露峥嵘！俩人从据理力争，到恶语相向，到徒手相搏，这个小家庭终于分崩离析。

茉莉没工作没房子，所以离婚不离家，吃住还由李银江负责，李银江再每月给茉莉 1000 元，算作他们儿子的抚养费。

❸

男人的行市就是比女人俏，离婚没多久，李银江就带回来一个女人，堂而皇之地住在李银江屋里，晚上翻云覆雨的动静，让茉莉心碎。

几夜过后，茉莉崩溃，哭着求李银江复婚，说自己同意接受大儿子。

李银江满口答应，和茉莉睡到了一起，但同时和那个女人正式登记结婚，不久后，更搬到了那个女人的房子里。临走时，还十分"仗义"地对茉莉说："你也别再找了，咱俩有儿子，还是夫妻，我管你和孩子花钱，这房子也归你和儿子住，我和老大去住她的房子花她的钱，多好。"

从此，李银江过上了"有妻有妾"的逍遥日子，但界限分得很清——晚上陪妻子，白天陪茉莉。

茉莉多次要求他留下来过夜，李银江说："不行啊，我结婚了啊，做丈夫的晚上必须回家，要不会出闲话的。再说，大儿子也在啊，天天要上学，我还得接送，要是晚上不回去，家里全是陌生人，我这个觉能睡踏实了？你耐性子等等，我肯定会和她离婚，咱们有孩子，她都那么老了，肯定不能生了，你放心。"

从前不能面对大儿子的茉莉，此时与情人共侍一夫。提及此事，她涕泪滂沱，说："我和银江是真的有感情，孩子都会叫爸爸妈妈了，我不想另找，哪能让孩子缺爸少妈啊？那个女人的孩子都成年了，也不能给他生了，我们在一起才是完美家庭啊，他为什么就是不回来啊？"

❹

忍耐是有限度的，时间一天天过去，茉莉终于不再相信李银江的保证，抱着孩子，跑到李银江和现任妻子的住处，大吵大闹，骂对方是个狐狸精，拆散了她的家。

李银江的妻子很有度量，面对茉莉，表现得十分沉稳，任由茉莉厮打，决不还手；她还让李银江快把孩子抱走，说伤着自己不要紧，别伤着孩子。

李银江现任妻子说：“没错，你们是夫妻，也有孩子，可你们已经离婚了，你现在是他的前妻，真正要破坏别人家庭的，是你。现在，他是我的丈夫，我是他儿子的妈妈，如果你不再闹了，那个房子我让银江过户给你，算是给小儿子的礼物，抚养费也只会多给不会少给。请你相信我，我是做生意的，不差钱，银江的儿子也是我的儿子，将来结婚我负责买房子，不用你操心。如果你不愿意养，没问题，孩子交给我。一个羊是放，两个羊是赶，多个孩子多个福，我没问题。至于银江和你睡，说明他有情意，只要你愿意，我不介意。他是我男人，这一点永远也不会改变了。”

面对李银江现妻这样“通情达理”又十分“土豪”的回答，茉莉哭得声嘶力竭，把孩子吓得哇哇大哭，她感觉自己的脸全丢尽了，昏昏沉沉地由前夫把她和孩子送回家。再次被前夫抱在了怀里，耳边传来的，是掺杂了威胁的承诺——“咱们就这样过，你要是不让我来，我就不给你钱了，你没文化没工作，还带个孩子，生活不下去的。你也别想着另找，是个男人，就不愿娶带儿子的女人。”

PS：

有不少女人在面对现实的时候，选择相信自己愿意相信的那部分，其他的忽略不计。当恶劣的后果出现时，又不肯面对，不肯自省，把责任全推到对方身上。这样的做法，只会酿成更大的悲剧。

作为一个 30 多岁的大姑娘，茉莉已经有了一定的社会阅历，在婚姻大事上，本不该如此糊涂。

你不想当后妈，无可厚非，每个人都有选择的自由，这个自由是全社会都支持的，为什么要仅凭几句承诺就许下婚事呢？

世上最难切断的是血缘，李银江前妻早逝，面对儿子，已有太多心疼，哪有为了你而舍掉儿子的道理？

你决定嫁他的时候，就应该做好随时接纳他儿子的准备，包括他的父母，不管他追你时说的是什么。

40多岁的李银江，没啥大能力，又有这么多孩子，遇到一个大气又有心计的女人，不仅接纳了李银江的两个儿子，接纳了李银江和茉莉纠缠不清的事实，甚至还作出房子过户及包揽李银江大儿子婚房的承诺，李银江当然会和她结婚。人性的本质是趋利避害，只要情感上不出意外，李银江与现妻离婚的可能性为零。

茉莉是一个失败者，失败的原因在于不独立、不自爱，是一个“无道之人”。这里所说的“道”，是指为人处事的道理，比如，“幼吾幼及人之幼，老吾老及人之老”。她逆道而行，先是高估了自己，以为人家可以因她而放弃亲生儿子；然后又低估了自己，卑微地做起了前夫的情人。其实，如果不是因为有个儿子，她连做情人的资格也没有。就李银江现任妻子这个表现来看，情人也做不了多久。

怎么办呢?

茉莉应果断地和这个前夫划清界限，因为他始终都是个极度自私、完全没有道德感的人。

不要以照看孩子为理由，卑微地活在另一个女人的注视下，靠和前夫上床换取活着的资源。要鼓起勇气，走出家门，从力所能及的工作干起。

如果感觉困苦和绝望，看看石缝路边灿烂开放的各色小花，你有理由相信自己可以从头再来。

第 21 篇

因赌气出轨的女人

——善缘恶缘，随心而转

“记得小苹初见，两重心字罗衣。”缘分妙不可言，而如何用心转缘就格外重要。所以两个人一定要记得家庭是共同的事业，需要用心经营。

罗迪和孙芳相恋的时候，孙芳只是个乡下姑娘。

如今，孙芳已经成为一家鞋店的老板，有了外遇，外遇的理由是罗迪根本不爱她。

罗迪说：“她是有了外心，我才要离婚的。”

❶

罗迪有个包子店，包子个大馅美，生意做得红火。

有一天，乡下姑娘孙芳到餐馆来吃包子，吃完出门，看到门口坐了个乞丐，面黄肌瘦，她就折回店里，又要买四个大包子。

正好罗迪有空，随口搭讪，说：“包子凉了就不好吃了。”孙芳说：“我是买给门口那个人。”

孙芳前面走，罗迪跟了出来，看明白怎么回事后，心口一阵温暖，马上回店把姑娘刚才付的包子款拿出来，还给姑娘。

孙芳坚持不要，罗迪坚持要给，俩人一挣一扯，孙芳不禁红了脸，显得愈发俊美，罗迪怦然心动。

半年后，二人结婚。婚后，正好一家单位招一名库管员，包子店又不用夫妻俩都在，罗迪就去上班了，由孙芳一人管理着包子铺。

夫妻二人和睦地过了几年，其间生了个儿子，到包子铺被拆迁，生活起了变化。

罗迪本来在单位做库管，后来，又调去管物流，熟悉了整套流程，也与好多客户建立了友谊，就决定自己做物流公司。

大凡小公司起步，最好是选家人一起做，同心同德。恰好包子铺也关了，夫妻二人就共同办起了物流公司。罗迪主外，负责联系及维护客户；孙芳主内，看着收货发货和写单子。

❷

没多久，孙芳开始不满。她说："当初说好一月给我 5000 块钱，结果一分钱也没有，钱都在他手里。我想花钱，得开口要。比如说我要买袋面，他给 100 块。我如果要买套衣服，他就说'你穿给谁看？'我难道成了个要小钱的？"

让孙芳最生气的，是罗迪迷球。只要是他的联队开战，不管在哪个国家，一定要跟过去助威。他的这种行为，在孙芳看来，又花钱，又费时，还抛下她母子不管。

孙芳说："真是不好意思说出口，如果他不在家，我和孩子病了，还得向别人借钱，然后等他回来还。"

为了改变这个状况，孙芳开始和罗迪吵架。

罗迪也有理由，他说："我经常和客户打交道，不把着钱能行吗？再说了，我也没乱花啊，房贷、学费，还有家里的各项支出，不都是我付的？我不就好个球吗？我要是吃喝嫖赌的，你还能疯吗？"

❸

九月，罗迪去法国看球了，孙芳没精打采地去给儿子买火腿肠。

就在横穿马路的时候，孙芳被车撞了，好在是小区门口，车开得不快，孙芳爬起来查看时，发现只是手和胳膊破了皮。

车主可吓坏了，现在好多碰瓷的，今天不知是不是撞着了哪路神仙，吓得要送孙芳去医院。

孙芳摆摆手，让他走，自己径直穿过马路，去对面的香肠店。

车主把车开到路边，跑过来，从钱包里拿出一摞钱，硬要塞给孙芳。

孙芳坚持不要，车主坚持要给。这个场景，让孙芳一下子想起当年和罗迪在包子铺的场景，悲情上涌，号啕大哭。

面对这样一个女人，车主心动了。他说："上车吧，我带你转转，散散心。"他掏出了自己的身份证，取得了孙芳的信任。

聊天中，孙芳得知车主叫孙丰，是一家国企的中层，当年贪图岳父是局长，结了个没有爱情的婚，后来，又依仗岳父的关系得到提拔，如今，家里虽然不似孙芳这般鸡飞狗跳，但彼此冷冷的，经常半月十天的不说一句话。

俩人越聊越深，有了同病相怜的感觉，很快成了情人。

值得一提的是——孙丰经常给孙芳钱，说："我没时间，你自己去买点喜欢的。"这更增加了孙芳对他的爱意。

不管是爱情，还是奸情，愉悦的情感及和谐的性生活，会完全改变女人的神态，孙芳变得神采飞扬，再也不向罗迪要钱，罗迪自然开始怀疑。

为了搞清自己的老婆到底怎么回事，罗迪在孙芳的车上装上GPS定位。

证据摆在桌上，孙芳无话可说，罗迪提出离婚。

PS：

"雪崩的时候，每一片雪花都有责任。"

罗迪有必要把球看得比妻子更重要吗？就算特别喜欢看球，至少也把妻子安置好吧？母子生病了，身边连看病的钱都要借，过分了吧？

恋爱很有趣，相恋的年轻人，恨不能和对方融为一体，但婚姻充斥着柴米油盐，如果彼此没有足够的感情基础，婚后很容易被其他事物所吸引。

有的人会表现在学习及发明上，有的人会表现在开辟第二职业上，也有的人会因此有了外遇。

人生是一条需要不断作出选择的路。

如果罗迪对足球的迷恋到了无视孙芳的地步，就应该主动提出离婚；

如果孙芳对情感的需求达到了"你不给我就找其他人要"的地步，也应该主动提出离婚，而不是这种捉奸审判的结局。

必须承认，再如胶似漆的恋情，也有平淡如水的时候，所以，很多婚姻都可能走到一种鸡肋的状态。

离婚吗？离婚意味着从前很多努力将落空，孩子、老人都会受到伤害，再婚或单身也不是想象得那么容易。

从我的角度来看，孙芳和罗迪是自由恋爱，而且有了孩子和事业，离婚并不划算。

与其选择离婚，不如坐下来，把这些年的婚姻生活理一理，从中找出问题所在，重新找出欣赏对方的地方，把当时的相处模式放到现在。在今后的生活中，经常沟通，时时明了对方的愿望，并有诚意地去配合对方，这样可以继续走下去。

所有结婚的人，不管是冲动结婚也好，还是相恋多年也罢，几乎没有人是冲着离婚去的，彼此都有长相厮守的信念。既然如此，迷球与经营好婚姻相比较，自然是后者利益更大，它不仅能盛放你的年轻，还能盛放你的挫败与衰老。

第22篇

透支信用卡的二婚妻子

——知足放下，斩断恶习

“是处红衰翠减，苒苒物华休。”尹晴的无止境透支已成为惯性，且不断产生新的连锁。如何截断瀑流，既是尹晴要做的，也是摆在路风面前的重大课题。

月收入3000元的妻子，喜欢透支信用卡，婚前刷空5万元，婚后刷空30万元，二婚丈夫对婚姻的坚持，终于崩溃……

在离婚区，路风要求尹晴无条件离婚，孩子归自己，尹晴不需要交抚养费；但尹晴坚持自己的条件，声称协议不成就起诉……

❶

路风离异后，家产被分走了好些。为了今后的生活，他白天在一家电子商务公司做网络推广，业余时间偷偷做微商，卖进口水果。因为这个原因，认识了经常买水果的尹晴。

让路风好奇的是，尹晴月收入才3000元，为何能频繁购买进口水果呢?

通过了解，得知尹晴之前生活在县城，两年前离婚了，搬来市里。因为随前夫生活的儿子爱吃热带水果，尹晴工资太少，仅够自己用，只好用透支信用卡的方式，满足儿子的欲望。

得知这个情况，路风开始有意识地照顾尹晴，经常把一些品相有点差的水果，以低于进价的价格，卖给尹晴。尹晴很感动，俩人走得越来越近。

一年后，路风帮尹晴还上了她透支的5万元，二人登记结婚。

婚后，路风发现尹晴的户口依旧在原来的家里，要她迁过来。她说："就是个名字，放在那儿，主要是照顾孩子的情绪。"

路风说："不迁就不迁，但不准你私下行动。如果想去看孩子，和我说声，我陪你去。"

尹晴信以为真，几次提出去看儿子，路风均以没时间推掉。尹晴要求得狠了，路风就把次品水果打个包，让快递送去。他说："你儿子不就是想吃水果吗？烟台到招远这么远，来回跑啥？让快递送去就是。"

尹晴说："我想儿子，见面才行。"

路风说："是想小的，还是想老的？"他这样说的时候，眼神有别的意味。

尹晴沉默了，再也没提看孩子的事。

不久，尹晴怀孕了。

这是路风第一个孩子，他特别开心，马上给尹晴买了车，方便她上下班。

让路风没想到的是，这辆车方便了尹晴看儿子。

有一天，尹晴打来电话，说在路上出车祸了，路风明白尹晴是去看儿子了。

婚后这段时间，尹晴一直没去看儿子，路风就没把这个孩子放在心上。尹晴的乖巧，也让他放松了警惕。

车撞得很严重，几近报废，比车更让路风心痛的，是尹晴不告诉他真相。他说："你想去看儿子，我能不让你去看吗？为什么要偷偷摸摸的？"

处理车祸之际，路风还见到了尹晴的前夫，并得知一个重要信息——原来前夫一直坚持让尹晴把户口迁走，但尹晴却不配合，说："我在这里一天，你就别想把别的女人迁进来。"

路风问尹晴："你难道打算复婚？"

尹晴说："我才不复婚呢，只是太恨他了，也舍不得儿子有后妈。"

因为结婚，路风买了新房，完全可以落下尹晴的户口，所以，路风坚持让尹晴迁来落户。再说，妻子户口老和别的男人放一起，算怎么回事呢？

尹晴沉默不语，路风也就不再坚持，心想她已怀孕，前夫肯定不会一直单着，这户口早晚得迁出来。

❷

一年后，俩人生了个女儿。为了方便照顾孩子，一家子都住到了公婆家。

孩子到了要断奶的时候，尹晴说上二爸家睡，理由是二爸家离单位近。路风说不用，让她晚点回来，睡另一个屋就行了。尹晴说："小孩睡觉还有个准儿？她要是一晚上不睡呢？我白天还得上班。"路风一听，说得有理，就随她去。

尹晴外面居住的第四天，路风送水果路过二爸家，惦记着尹晴，就提了水果进去，这才发现尹晴根本就没去过。追问尹晴，尹晴说在单位宿舍睡的。

尹晴在单位确实有个宿舍，由于单位一直没招新人，这个宿舍也就一直归尹晴所有。路风前去检查，确实有住人的痕迹，但到底是哪天住的，就不清楚了。尹晴找来同事证明，路风从女同事的眼神里，明白尹晴说的是假话。

为了证实自己的猜测，路风前往尹晴前夫的家里，得知尹晴确实来看过孩子。路风还看到了新鲜的进口水果，还有价格昂贵的游戏机和玩具吉普车以及孩子身上的名牌新装……他粗略算了一下，仅这些东西就得上万元。他不禁打了个寒战，想到了尹晴婚前就有透支信用卡的习惯。

回家后，路风要查尹晴的账，尹晴坚决不肯。她说："我确实去看孩子了，这么久没见，我买点东西怎么了？我工资是不高，一年攒出个万把块钱，很正常啊，根本不需要刷卡。"

尽管尹晴不配合查账，但没过多久，要求尹晴还债的电话就追来了，小区到处贴着要尹晴还钱的字条。路风这才知道，妻子居然刷掉了30万元！

路风月工资5000元，加上水果收入，每月平均3万元左右，这笔钱还要扣除5000多元的房贷，如今，凭空降下30万元的债务，根本还不起。

路风真的怒了，逼问30万元的下落，尹晴说花了。

路风说："你花哪了？我没看到你添多少衣服首饰，也没见你给家里添什么物件，是不是给你前夫和儿子了？是不是你们要复婚，从我这儿骗钱？"

逼债的字条不断贴到小区，家门被泼上了红油漆，并写上了血淋淋的大字。总之，他们全家都成了小区的焦点，几乎无人不知他妻子欠了巨债，简直要出不去门了。

离婚吗？孩子这么小，肯定不能离婚。债务逼得急，如果不还，利息高，拖久了，更还不起。

没办法，路风把此事告知了父母，父母捶胸顿足一番，卖掉了自己的一套房子，帮尹晴还掉20万元，余下的10万元，确实是无能为力了。

❸

尽管尹晴信誓旦旦，路风却已无法相信。

偷看孩子、撞毁新车、巨额刷卡，这一系列的事件，使路风陷入了极度痛苦之中。他开始质疑尹晴与他结婚的动机，比如是不是为了还债？是不是陈仓暗度？他简直要被自己的这些念头逼疯了。

秋季的一天，路风骑着三轮车，跑到很远的郊区送货。路遇大雨，浇了个落汤鸡。当天晚上，半边身子麻痹疼痛，医生诊断是寒湿引起的未分化结缔组织病，给他打了激素。没多久，路风像气球一样鼓起来了，胖得不像样子。

儿子家里的一切，都看在老人眼里，老人又恼又气又担忧，双双病倒在床。经检查，父亲肠癌，母亲肝癌，均进入晚期。二老经商议之后，决定放弃治疗。

老人的决定让路风心碎，他跑到父母家长跪不起，求他们去住院做手术。父亲说："癌症晚期是治不好的，与其把我们老两口千刀万剐，吊到呼吸机上，还不如待在自己家里，想吃啥就做啥，想上哪儿就去哪儿，最后享点平安福。"

老人不住院，晚辈只好前往伺候。

让路风没想到的是，尹晴表现得特别好，天天去给老人收拾家、做饭。

老人很感动，不仅原谅了儿媳从前的过失，而且，由于二老的房子是学区房，考虑到小孙女上学，老人主动把房子过户到儿子一家名下。

过度肥胖的路风，在对尹晴的质疑中，掺入了自卑的元素，比从前更关注尹晴的一举一动。

终于有一天，他发现妻子又在某平台透支了1.6万元！尹晴的这次透支，成了压垮路风的最后一根稻草。

路风提出离婚，尹晴同意，她找律师咨询后，提出条件：第一，她的债务归路风偿还；第二，女儿归她，路风付抚养费；第三，老人赠予的房子，因没有特定指向，属于夫妻共同财产。

这些条件，苛刻又残酷，居然连垂死老人的房子都要争。路风认为尹晴比蛇蝎还要狠毒，动手把尹晴打成重伤，惊动了"110"。

从两人动手这天起，日子变成了煎熬。唯一让路风安心的，是女儿变得特别乖。她不哭不闹，给吃就吃，给喝就喝，如果他们吵架忘了她，她也不会吵闹求关注。

孩子两岁的时候，他们发现孩子经常飞速地眨眼睛，三天两头生病。他们一边照顾老人，一边带着孩子奔波于医院，一边着手准备离婚。

PS：

从他们的叙述中，大致能够看出——尹晴各种高消费以及在女儿出生前后刷走的30万元，有可能以某种方式给了儿子，因为她又做了别的孩子的母亲，感觉对不起儿子。

路风非常爱尹晴，婚前还贷，婚后买车，确实是各种疼爱。但是，他说过会陪尹晴看儿子的话，却一直拒绝兑现。或许他顾及尹晴的前夫未婚，害怕尹晴会重回前夫怀抱，忽视了尹晴对儿子的重视程度；或许，他认为现在的家才是尹晴的家，尹晴应彻底向过去告别，他忽略了孩子是娘心头的肉，作为母亲，很可能因为内疚而不计后果地补偿。

爱她，就要爱她的孩子，就要言而有信。

最后要着重说说孩子，因为他们的女儿病了。

小朋友的神经器官都是稚嫩的，一旦感到这个世界是不安全的，内在情绪无法向外攻击，就会进行自我攻击。所以，别吵了，理性对待问题吧，如果孩子因你们的关系而生病，人生幸福就要大打折扣了。

第23篇

嫁给局长的第三者

——忘恩负义，自取覆灭

“这次第，算人间没个并刀，剪断心上愁痕。”鲁局长是典型的忘恩负义而不得好结局，事业如尘土，其扬也飞舞，其灭也倏忽。福报不珍惜，很快就散去。现代人应知应记。

为了传宗接代，鲁局长离开了“70后”妻子杨红，娶了“80后”的徐美娜，生下一子。谁知风波陡起，他被妻子一脚踹出了家门……

❶

鲁城在当上某局局长之前，在前岳父手下当差。他聪明能干，长袖善舞，年轻有为，前岳父索性把他招为驸马，明帮暗助，在自己退休之前，看到鲁城变成了鲁局长。

仕途顺遂，妻子贤惠，鲁城的风光，一时无两，美中不足的是——妻子一直不见有喜，肚子长年扁扁的。虽然为此跑遍国内外，就是没有怀孕的迹象。

不能生孩子，在鲁城的心中，绝对是头等大事。想想看，自己费尽心机，甚至自卖自身，才混到了一局之长的地步，这挣来的荣誉，攒下的钱财，积到的人脉，谁来继承并发扬光大呢？心里有缺憾，鲁局就无法保持什么修养涵养，在家的脸色自然不好看，妻子只有受着，退了休的岳父，也无计可施，唯有长吁短叹。

在鲁城所在的局里，有个一心想找个金龟女婿的徐美娜，年过三十，在局里办公室有个闲职，还在外面开着服装店，不差钱儿，就差一个如意郎君。

一天，同事之间闲聊，对桌的王科神秘地说：“论起来，咱鲁局适合你，可惜是有妇之夫。”徐美娜心头一动。是啊，他太合适了，更难得的是无子，听说鲁局为这事愁得都有白发了，他们的婚姻肯定靠不住。

既然起了心，接下来的事，就很好办了。待一批新货进来，徐美娜抱着几件衣服，让同事们选，成功地被告到了鲁局那里。

鲁局找她谈话，说：“你是上班还是搞自留地呢？不愿干，赶紧辞职，多少大学生等位子呢。”

徐美娜赶紧承认错误，说：“新来这批货性价比很高，同事抢着要，我寻思拿过来让她们下班选，谁知她们等不及。女人就是这点不好，太爱美。”

鲁局看着她舌生莲花，还真是难以再批评下去，说了几句官话后，便打发她走人。

徐美娜从里面随意抽出一条桑蚕丝裙子，说是让鲁局拿给爱人。

裙子确实漂亮，哗地一展，满室生辉，鲁局摇头，说妻子穿不了这么粉，吃药吃太狠，气色不行。

顺着鲁局的话，徐美娜开始了一套女人经，要调整内分泌啊，要多活动啊，穿得漂亮有助心情改善，等等，一直说到鲁局烦躁地质问“你还上不上班了”，徐美娜才吐舌离去。

此后，徐美娜不停地送来所谓千寻万求的生子秘方，像好闺蜜一样分析判断，让鲁局终于有了一个“同谋者”，心扉逐渐打开，也终于遂了徐美娜的愿。

没出俩月，鲁夫人依旧不孕，徐美娜怀上了。

❷

终于可以有个后代了，鲁局根本顾不上脸面，第一时间通知了父母。

早就盼孙心切的父母，听闻此信，半喜半忧，抢问：“上级会不会说你没道德啊，会不会撤你职啊，杨红能同意离婚吗？闹起来咋办？”

父母的担忧是实情，最关键是鲁城和杨红感情不错，虽说没孩子是大事，但这么多年来，俩人也算恩爱夫妻。鲁局思前想后，找徐美娜商议，想给她一笔钱，让她把孩子给自己，大家都好过。

徐美娜好不容易钓到金龟婿，肚子已有宝贝，哪有撒手的道理？她直接找到杨红，要杨红成全。

看到徐美娜已经出怀的肚子，杨红倒没有过分激动，漫长的求医过程，早将她拖得心力交瘁。她几乎没用对方多说什么，就答应了离婚。

杨红的态度，让鲁局倍感愧疚，在没有和徐美娜商议的前提下，主动净身出户。

拿到离婚证后，鲁局拖着箱子来到徐美娜家。徐美娜大吃一惊，说："你凭啥净身出户？就算你有过错，法院也不会这么判！我早就打听过了，就是财产稍微偏向女方而已，撑破天也就是个几万块钱的事，你凭啥自作主张？"

鲁局忍受不了对方的诘责，起身要走。徐美娜说："你不管我，孩子也不管了？"鲁局只好留下，但心情郁闷了，离婚后的状态，远非当日所想的那般花团锦簇。

徐美娜想想对方还是拿得出手，钱财日后再赚，才心情平复了些。

这场离婚轰动局里上下，虽说不孝有三，无后为大，毕竟社会不一样了，杨红又是出名的三好——长相好，脾气好，品质好，就有不少人私语窃窃，还有那性情直爽的，为杨红打抱不平，直接给徐美娜些颜色看，搞得肚子越来越大的徐美娜十分不爽，回家自然要闹。

鲁局当然有太多烦恼，但为了千呼万唤的小宝贝，还是要坚持下去，单位里也硬着头皮顶着，对老友发些"你们站着说话不腰疼"的牢骚，也就自然有好友出来帮助平息此事——换你们绝后无子试试？凡事要打个颠倒来看。

人家话说得实在，鲁局又毕竟是鲁局，于是说闲话的人开始闭嘴，同时自家尚各有瓦上霜要扫，声浪就逐渐平息下来。

不几日，徐美娜早产生子，或许是生气太多的缘故，孩子只有四斤多，到保育箱待了好久，才终于抱着出了院。

这么一折腾，徐美娜懒得见旧同事了，恰好有品牌商家来找，她干脆辞职下海，正儿八经做起了服装生意。

品牌响，款式时尚，美娜又会经营，没多久，她成了四家服装连锁店的老板，又有钱，又时尚，风头盖过了鲁局。

❸

四年后，鲁局陷入了一场官司。

找鲁局帮忙担保贷款200万元的，是他的发小。鲁局认为对好友知根知底，也见过好友产业，以为真是暂时周转，就找了某行行长帮忙，自己签了字。

谁知，发小是实实在在来坑他的，找了一圈熟人担保，弄到大笔款子后，跑国外了，根本联系不上。

还款日期已到，银行行长催他还款，说："你要是不及时还款，我这职位都保不住了。"

无计可施，鲁局只好向徐美娜求助，说："你帮我还上吧，以后我每年的收入都归你，也用不了几年，就还上了。"

徐美娜不同意，说："我不给你还赌债。"

鲁局再三解释，徐美娜一口咬定是赌债，大吵大闹，气得鲁局把她推倒在地，俩人一顿撕扯。

这怎么能行？徐美娜爬起来就呼朋唤友，不到一小时，家里站满了人。虽说这些人只是站着，却等于给了徐美娜很大的倚仗，她上前撕扯鲁局，鲁局一时气愤，从厨房扯出刀来，作势要劈，吓得美娜直呼打"110"。

鲁局一听，赶紧丢刀，说："千万不能打，此事闹大，我的职位就不保了。"

徐美娜可能真是吓着了，根本不听话，坚持打了"110"，警察闻讯赶来，看双方有伤，又人多势众，直接带回所里。

不知徐美娜什么心理，完全是口不择言，说鲁局赌博输掉数百万元，还养小三，弄得派出所以为抓了条"大鱼"，单位也赶紧组班子调查，鲁局当然是直接拘留。

15天后，没查出什么事，鲁局的担保虽确有其事，可最多只能算他交友不慎。当然，毕竟是打了人，影响也扩散出去了，上级真降了鲁局的职。

鲁局回到家里，已是午后，困倦疲惫的他，想吃饭歇息，没想到，迎接他的是离婚协议——徐美娜要他净身出户。说离就离，二人就直接奔了民政局。

经过调解之后，二人坚持要离，等到办事员真要办理之时，发现女的什么证件也没带。于是，女的说男的藏起来了，故意不离，想谋算她的钱；男的说女的根本不想离，又指责她利字当头，让孩子这么小就没了爸爸。于是，二人吵得天响，严重干扰了现场秩序，被工作人员请了出去，要他们带齐证件再来。

第二天上午，徐美娜带来补办的临时身份证，说："就是他藏起来了！没安好心，要算计我，让我替他背债。想得美！我的钱哪来的？一件一件挣出来的！替他还债？想得美！还说我故意不离婚，明明是他耍心眼儿，不要脸！"

男人一看，只好铁青了脸，说："到底谁有外遇？明明是你！我有证据。"

女的要他拿证据，男的扯出一长溜打印纸，指着上边一些暧昧话，要大家看。

徐美娜火了，说："好好好，随便看，'么么哒'就是外遇了吗？'亲爱的宝贝'就是外遇了吗？这是社会上的流行语、口头禅，我看你想钱想疯了，这么污蔑我！"

男人一招一招使过，眼看挡不住，说："你把孩子弄哪去了？把孩子给我，老人都想疯了，我妈天天哭。"

徐美娜说："想也不用想，孩子跟着我父母。跟你，养得起？"

两个人真的离婚了，孩子和财产归徐美娜所有，鲁局背着债务出局，比当初离婚更惨。他一时想不开，躺在父母家不吃不喝。

令人唏嘘的是——杨红闻讯后，出手帮鲁局清掉了债务。

鲁局百感交集，提出复婚。

杨红说："这本来也是你的钱，只是过了过我的手。咱们夫妻多年，我哪能看着你没法过？"

PS：

据相关调查数据显示，多数男人不愿意为小三离婚，只有3%的人离婚娶了小三，其中还有一部分是被小三逼着结婚的，如徐美娜挟子以令鲁局。

我们都知道婚姻的基础是爱情，而爱情的基础在于心心相印，鲁局与徐美娜心心相印了吗？他们有爱情吗？他们不过是狩猎者与动物的关系。

徐美娜注意到鲁局的时候，年过三十，已然变成了高不成低不就的大龄剩女，选择的范围已然变小，找到一个优秀男人的机会已如大海捞针，于是，她决定抢——先是用送礼的方式接近鲁局，关心鲁局的烦恼，不断送来所谓千寻万求的生子秘方，让自己变成鲁局的同谋者，再制造上床的机会，最后达到上位的目的。

假如鲁局继续高升，徐美娜和鲁局的关系不会出现什么问题，因为徐美娜求的本就不是爱情，而是一个优秀的老公。就算不能高升，至少保住现有的位子，估计这段婚姻也能平安度日。可是，鲁局出事了，等于给了徐美娜一个残酷的选择：帮还是不帮？

虽然鲁局发誓说"你帮我还上吧，以后我每年的收入都归你，用不了几年，就会全部还上"，但是，这个"用不了几年"的话，只是个假设，徐美娜的钱来之不易，她不愿冒这个险。如今出了这么大问题，从前的那些好条件，全都鸡飞蛋打，这让徐美娜如何受得了？当然不如离婚。

或许有人说，做母亲的怎么能不考虑孩子？就徐美娜来说，她最想要的是优秀的老公，而不是一个不优秀的孩子爹。

在此，我想提醒一下正在搞婚外情的男人：当你打算抛弃像杨红这样的原配时，是不是真的看懂了情人的心？最应该珍惜的，是不是杨红这样一个愿意温暖你、支持你的爱人？

第24篇

她把老公宠成了孩子

——爱非买卖，当以心交

“满地黄花堆积，憔悴损，如今有谁堪摘?”爱到深处心无处安放，自小缺少爱的莱莱最终还是被爱所伤，证明了那句话——“情到深处人孤独”。真诚地祝愿莱莱尽早获得心灵的自由，收获真正的爱。

莱莱是传统意义上的好姑娘，重情重义不物质。

小区并不重视她，面对她提出的离婚，全身都写着愤怒和不解。在离婚区小区大吵大嚷，说：“我怎么着你了，你就要离婚？我看你是好日子过够了！”

❶

莱莱有个事业型的母亲，生下莱莱三个月，就理所当然地丢给了莱莱的姥姥，而莱莱的姥姥家里，总有许多的事情给莱莱做。

最开始的时候，莱莱盼望母亲周末回家，这样可以减轻她一些负担，或许还能获得一些小孩子本该获得的宠爱。可是，就算是亲生母女，少了那些碎小细致的相守片段，总也建立不起什么感情，还会因为莱莱的笨拙，引来母亲的讥讽和厌恶。这样一朝一夕下来，莱莱渐渐形成了逆来顺受埋头做事的状态。

长大后，莱莱遇到当兵的小区，两人开始恋爱。朋友们对这段恋爱都不看好，因为当今的爱情很“速食”。两人相隔两千多里，摸不到，交流也只能通过视频，而且，当上几年兵回来，一切要从头再来，怎么算都是亏本的账。然而，别人难以感同身受的是——莱莱成长的这些年，都是与爱隔着距离的，远比近貌似要好，因为母亲一旦周末回家，就会让莱莱度时如年。

像所有的恋爱一样，总有些让人忍不住秀一下的温暖片段。比如冬天他会给莱莱暖脚，大半夜下楼买红糖和姜，让莱莱喝一碗红糖水再睡。类似这样的机会很少，莱莱看得弥足珍贵，但朋友们觉得稀松平常，因为她们有更加虐狗的温暖。但不论朋友们怎么说，莱莱坚持着自己的爱情。

男女最热恋的时候，也是最塌地基的时候，莱莱从他手机上发现了跟前任的甜蜜。他们不仅从前很甜，现在也依然有十分周到的点“赞”之交。但凡前任发个“朋友圈”，随便发的是什么，哪怕就是个“转发”，他也要积极地点“赞”，甚至会问几句“怎么回事”，说句“别让我担心”。

莱莱不能忍，追着要答案，小区说：“这不是很不常吗？我和她谈过恋爱，肯定是好过。现在分手了不假，可这只是分手，她又不是死了？我们不是恋人还是朋友啊，至少是个熟人啊，不能点个‘赞’吗？不能说句关心的话吗？如果我当她是陌生人，我该是多么无情的一个人！你不怕吗？”

小区很会说话，还渐渐有了些老兵油子的腔调，无论说什么，都能说得天花乱坠。莱莱奇怪一群男人扎堆的兵营，居然还能练出这么好的口才。小区说那都是因为太孤独了。不是有作家说了吗？只有光棍才写得出绝美的爱情，实战只会把人越战越垮，想象才可以不负责任地把爱情想得特别美好。

除此之外，小区会许给莱莱很多甜蜜的诺言——我退伍以后，带你去马尔代夫，在万年盛景之中，说“我爱你一生一世，此生彼世”；我退伍以后，就和你结婚，去大溪地拍婚纱照，头车要用最喜欢的牧马人……

未来会有这么庞大的浪漫，让莱莱对小区退伍有了太积极的想象，她简直像一个拥有了绝世美衣的肤浅姑娘，就盼着天亮并是个大晴天，还必须是礼拜天，街上游荡着密密麻麻的行人，她可以穿上这件美衣四处嘚瑟。

❷

小区即将转业那年，也恰是苹果手机6（iPhone6）面市的时候。当莱莱与小区在微信上吐槽国人崇外的时候，小区表示很喜欢、很想要。莱莱说喜欢就买啊，别管国人怎么说。小区说：“就是很想买，但是部队训练不让外出，只能拜托你帮忙去买。而且，我用你买的手机与你视频，更有意义。”

为这一声“更有意义”，莱莱马上动用小金库，买来手机不算，还坐上早班飞机给他送过去，想给小区一个惊喜。小区确实很开心，把莱莱简单一抱，就忙着玩手机。

莱莱送完手机回到家，也没听小区提到钱，好像这是莱莱必须付出的。莱莱心中不太舒服，她觉得小区应该提一下钱，就算当兵的手里没钱，也应该提一下，俩人当下还不是夫妻不是吗？

跟闺蜜聊起来，闺蜜说“你要啊”，莱莱说“磨不开面儿”。闺蜜说：“你让他吃定了，你将来肯定好不了，不如分了。”莱莱安慰闺蜜：“我和他要结婚的，他还要带我去马尔代夫表白呢，哪能为这些小事计较。”

时光荏苒，小区转业了，要与莱莱结婚。闺蜜特别不愿意，说：“我为你捏了一把汗，能行吗？你活得太卑微了，把所有的期望都给了小区。说好的马尔代夫呢？大溪地呢？全在蒙你，这人不可信，再观察一下。”

莱莱说：“你不懂，我都快30岁了，女人30岁之前一定要嫁出去。”

闺蜜问：“为什么呢？”

莱莱说：“女人过了30岁就没人要了，想嫁只能嫁离婚丧偶的，谁愿意一结婚就当妈啊？”

闺蜜说：“不会啊，就算嫁个二婚的，如果嫁得合适，也比嫁个不合适的小伙要好吧？”

莱莱说：“姥姥说了，结过婚的人，渣子多，麻烦多。再说，这么久了，也没有别的男人追我。”

闺蜜说：“你到哪儿都说自己是有主的，谁追你啊？”

莱莱不听，闺蜜无奈，只好在酒席上借酒发疯，拽着新郎的袖子说：“你一定要对莱莱好，莱莱值得你用所有的爱对她好，她就没人好好爱过，你听见了没？”

无论闺蜜如何担忧，莱莱在整个过程中都笑得心满意足。终于有了自己的家了，住在姥姥的家里，总像是寄居。现在有了小区了，小区让她有理由有一个属于自己的家了，她有着尘埃落定的安然。

结婚的时候，莱莱是租的房，新房还没交付使用。婚后半年，俩人才搬家，朋友们去莱莱新家吃饭温锅，才发现小区还没有工作，就在家打游戏，家里来了这么多人，也没让他从游戏上分神，任由莱莱忙里忙外，直到吃饭才坐上桌来，像个旧时代的大爷。

朋友们看不下去了，说小区命太好，别人一辈子只有一个亲妈，他这把年纪居然又多一个，这是修了几辈子才有？话够尖锐了，小区却毫不在意，反而笑呵呵地炫耀：“谁让我娶了个全天下最贤惠的老婆。”这句话说完，大家都看到莱莱的脸亮了，眼睛更加多情，面色更加红润，就像注射了玻尿酸。

大凡缺爱的姑娘，都特别容易满足，一句漂亮的话就足以让她们心甘情愿地忙碌付出，她们相信《小王子》里的那句话：正因你为玫瑰花费了时间和心血，这才使得你的玫瑰花如此重要。莱莱，玫瑰花觉得你重要吗？

❸

小区还是找到了工作，凭借当兵经历及帅帅的脸，做了一家电子商务公司老总的助理，或者说叫“拎包司机”，但收入不错，比已经工作多年的莱莱的工资还要高。

闺蜜说：“果然颜值即正义，长得帅，就是生产力，莱莱你要小心哦，他的老板可是女的。”莱莱生气，追着打闺蜜。

闺蜜捉住她的手，认真说：“莱莱，付出和得到是不成正比的。好比我投入100万元开个店，但是，不等于我会拿回本钱，有可能彻底亏掉，还有可能亏掉比100万元更多的钱。在我投资的时候，我也是做过项目评估的，可是，还是会因为各种原因亏掉。你要心里清楚，你可是对小区连评估都没做过哦。”闺蜜的话很理性，莱莱听不进去。

苹果手机8（iPhone 8）又上市了，这天正好是莱莱的生日。莱莱突发奇想，要小区买个送自己当纪念日礼物。小区说：“也是哦，我该换手机了，你用我这个吧。”莱莱说：“为什么我要用你淘汰的？”小区说：“男人出去要面子哦。”

站在小区对面的莱莱，越过小区，看到了穿衣镜里的自己，身上是婚前的套裙，人显得陈旧不堪。

长久以来，莱莱不关心自己的衣着，总觉得衣服没有气质重要，更没有存款重要，特别是没有小区重要。小区做着女老板的司机，总要女老板瞧得起，而且，要让女老板知道小区有个多么爱小区的妻子。

小区用着新手机，莱莱没用他的旧手机，继续用着自己已经用了好久的国产机。再后来，她遇到一个回收旧手机的，就把它卖了，买了几斤水果回家。

晚上，小区吃着水果的时候，莱莱说：“这是用你的旧手机换的。”小区大怒：“旧手机怎么能卖？等于卖了隐私！你以为那些贩子想干啥？为了你的隐私！”

莱莱说：“你有什么隐私？”小区说：“你胡搅蛮缠！”

莱莱说：“你用新手机，你一直在用新手机，你看没看我用的手机5年还没有换？”

小区说：“我给你苹果6了，谁让你不用？谁让你换些破水果？谁让你换了？”

莱莱说：“我们还有房贷你知不知道？有房贷我还给你换了新手机。”

小区说：“你别没事找事，你换你愿意，你不换你愿意，滚！”

这场吵架，换来了小区一个月的不语。

后来，莱莱实在忍不了家里的阴冷，主动为小区订制了一套西装去讨好小区。小区喜欢好衣服，顺带给了莱莱一个朋友式的拥抱，就去试衣服，衣镜前照照，感觉不错，就出去嘚瑟了，留下莱莱自己。

莱莱很瘦，宫寒，每次来例假都如同赴死，闺蜜让她换个保温杯，别总用玻璃杯喝水，冷得太快，还发了个链接给她，说这款很好看很好用，包邮才 99 元。那天也不知咋的，一向自给自足的莱莱，随手把链接发给了小区。

直到春天来临，小区也没给莱莱买个保温杯，莱莱一直想着这事，寻思春天收到也好，春天的礼物嘛，听着都提气。

外地人也许会这样想，春天都来了，还要什么保温杯啊？他们不知道，烟台的春天很怪，别的地方是四季如春，烟台可是春如四季。或许昨天还刮着春天的风，夜里就让你重回冬天的大雪漫天。

一直逆来顺受、以卑微姿态活在婚姻中的莱莱，跟闺蜜说："昨天我在海边坐着，跑过来一个小孩，太可爱了，眼珠黑漆漆的，又大又亮，照见我了，我就是个看上去一钱不值的老龄妇女，小孩叫我'奶奶'。我就想了，我还没生孩子呢，我才 30 岁呢，怎么就成奶奶了？"

伤心这档子事，也会积重难返，莱莱终于承受不住了，她主动提出了离婚。

PS：

莱莱为什么会如此迁就小区？她没得到父母的爱，姥姥家又要她做很多的事。好容易遇到小区，遇到这个让她认为是爱情的家伙，她就无所保留地去爱他，弥补内心那个缺爱的自己。

小区呢，他在部队上没有升职，地方上只能做司机，根本不拥有带莱莱到全世界浪漫的能力，连换手机都要欺骗莱莱，这明显是个欲望高于能力的男人。

其实，在小区第一次拿了手机不提钱时，莱莱就应该警醒，却一错再错，直到连个保温杯也要不到，才开始反思自己的婚姻，为时太晚啊。婚姻界从来是认赌服输。你说你要的是呵护，但你表现得适得其反。你说了你要吗？你分明是在给啊。

如果当初莱莱直接和小区要手机钱，小区可能就不和莱莱结婚了，那么，莱莱就算付出过真心，至少不会变成离异妇女。一般来说，离异女性的择偶面是比较狭窄的。

希望像莱莱一样的姑娘们，既然长大了，就要告诉童年的自己：我有能力温暖自己啦！

第25篇

保不住婚姻的穷人
——见明见暗，须有正见

“枝上柳绵吹又少，天涯何处无芳草。”北志入住岳父母家不对，倍加宠爱女友也不对，如何才是真正的去处？要有自己的主见啊，不能被外面的力量牵来牵去！

北志是一个普通的农村子弟，爱好文学，行为规矩，厚道能干，还舍得为爱人付出。

如今，已经扔了四十向五十奔了的他，既保不住婚姻，也保不住恋人，他绝望地问我：“以后怎么办？我还能获得爱情吗？”

❶

北志的父母是农民，高中毕业后，北志不想老死在农村，跟随打工的同乡前往大连，做门窗安装。在这里，他遇到了前妻小霞。

小霞的父母也在乡下，由于父亲长年生病，母亲矮小瘦弱，家庭条件过于艰难，小霞初中没毕业就踏上了打工之路，受尽磨难，遇到北志后，得到了北志的诸多照顾。

人性的本质是趋利避害，大凡生活在社会底层的人，如果老天爷不赏些天赋，比如颜值和悟性什么的，就算你再努力，也很难得到好的支撑与机会，所以，穷人的恋爱，更多是倾心于相互的怜惜与支撑。

小霞同意嫁给北志，条件是入赘。

北志想娶小霞的理由，很简单。小霞能吃苦，性子好，又从不跟男人们挤眉弄眼，活得特别本分，不会让北志担忧，更是个能过日子的人。可谈到入赘，他内心是抗拒的。

在胶东这个地方，入赘是一件丢人的事，它等于向父老乡亲宣布自己是无能的，还等于放弃了在祖宗面前的身份，因为不管将来有几个孩子，孩子们都将随从母姓。

抗拒又如何？假如不接受这个条件，又有谁肯嫁给没房没车有拖累的自己呢？

婚礼是女方承办的，婚礼百分百是入赘的模式。

无论穷富，结婚是大事，两家亲人都该到场，然而，排桌的时候，北志发现没有自己家的位置。小霞父母明确表示：太远了，花费高，都不用来，你们俩人回来就好。他们的话，相当于狠狠地扇了自己耳光，北志的脸上火辣辣的。

怀着五味杂陈的心态，北志站到了婚礼现场——这是一个热闹但透着寒酸的现场，每个人脸上都笑着，但每一份笑容里，都让北志感受到了轻视。

这天，北志喝得一塌糊涂，所谓的新婚之夜，就在他抠心挖胆般的呕吐中度过。

婚后，北志不再是父母的北志，所有的收入都被上缴，又多半存在了小霞娘家，用来建设，用来积蓄，用来生活。

北志说："我父母怎么办？"

小霞说："你是我们家的，婚事都是我家办的，以后不能管你父母了。"

不管北志是不是入赘了，北志的父母还是本能地依靠着他。病了，要钱。想了，要他回家看看。他们不停地向北志唠叨：村子都知道你结婚了，我们是有媳妇的人了，好赖你们也回来过个年啊。

小霞拒绝一切，理由是来回一趟，路费加礼物，再给点钱，要花进去两三个月的收入，太不划算。

这样的日子，北志越来越不想过了，自己是父母唯一的儿子，为他们养老送终是天命啊。入赘可以，如果生俩孩子，有一个随母姓也可以，但是，因为入赘就完全放弃赡养父母，做不到。

北志提出离婚，小霞闹腾了一阵儿，后来，在父母的开导下，想开了——反正没有孩子，新房也盖起来了，因为守着街，又变成个超市。这样的家境，再找也容易，以后不要外地的，免得离心离德。找个本地的，日子不犯愁。

还是因为入赘，自愿离婚的北志，被净身出户。离婚那天，他口袋里只有最近发下的一个月工资。

❷

2015年，北志回到烟台，继续做本行。由于莱山发展得比较迅速，他选择莱山租了房。

北志回来，父母是狂喜的，他们不停地拜托近亲远戚，为儿子介绍对象，于是，北志前前后后也相了几个，姑娘们嫌他穷，都没成。

两年后，村里人给北志介绍了一个邻村的姑娘小吴，未婚，年龄比北志小10岁，在开发区一家工厂上班。

对方比自己小这么多，北志自觉自愿地宠她。

北志说："我们认识以来，只要有空，我就带她出去玩，吃饭逛街。她挺馋的，我每次约会完，都会去超市，买好多她爱吃的，让她带回去，嘱咐她工厂活累，别亏着自己。到了节假日，我提前买好东西，分成3份，我妈的、她姐的以及她家其他人的。"

尽管北志如此知礼，但小吴家却不怎么热情，如果遇上串门的邻居，小吴父母最多说这是人家给小吴介绍的对象。如果遇上比较八卦的邻居，小吴父母会说："哎，什么对象啊，八字没一撇呢，没房。"

不知是不是受了父母的影响，小吴开始和北志谈房。北志说："肯定要买的。"小吴问什么时候买。北志说："我再攒攒钱。"小吴的言辞就开始激烈，说："你比我大这么多，都干什么了？连房也不买，难道还想倒插门？"

入赘是北志的痛处，如果当初不鬼迷心窍地入赘，房子的首付早攒下了，如今这样的下场，自己正努力忘却，并努力工作攒钱，哪容小吴这样揭开伤疤？于是，二人相处时，如果不提房子，倒也相处融洽，一旦提起房子，就是吵架没好口，二人打得不可开交。

秋季的一天，大雨滂沱，小吴想吃拉面和烤串，北志陪着去。在拉面馆的对面，是一家金店，饭后，小吴提出去逛逛。

雨天人少，销售员对小吴格外热情，话又甜又蜜。她发现小吴的目光在一款碎钻戒指上瞅了两回，就果断地拿出来，套到了小吴手指上，夸小吴的手指好看，天生是用来戴戒指的。

小吴动了心，但北志没有钱，小吴说"用信用卡"，北志说"朋友用着呢"。小吴的脸红了，销售员还看着呢，女人最不愿在女人面前丢脸。她一溜烟儿跑出去，钻进雨中，即便北志在后面追着喊"伞，伞"，小吴也不再回头。

为了向小吴示好，北志向朋友要回信用卡，买来戒指，再加上一大包零食和一次真心实意的烤串邀约，不仅挽回了小吴，还让小吴同意辞职并同居。

北志是这样和小吴说的——你的工作太累了，我们相隔这么远，太不方便，辞了算了，我有了来回跑的时间，能多赚多少钱？放心辞，我养得起你。

❸

入冬后，小吴辞去工作，过上了未婚太太的日子，每天逛吃逛吃，日子悠闲自得。

在北志的心里，男人养着女人很正常，可农村习惯的养老婆，是指男人在外做工赚钱，女人在家做饭洗衣，而不是小吴这种寄生虫式的模式。

小吴来了一个月，总是北志出去干活，他抓紧干完回来后，如果天色尚早，就带她出去吃饭；如果天色已晚，北志就匆匆忙忙地动手做饭，喊小吴一起吃。但是，经常是小吴吃过了，或者是零食吃多了，或者是去饭馆吃过了，这让北志很不开心。

好在新建的茅厕三日香，小吴刚来不久，总是有点客情。北志忍着，想以后肯定就改了，毕竟都是农民子弟嘛。

两个月后，小吴还是这种模式，而且，开始不断地透支信用卡，买一大堆衣服回来，理由是女人爱穿。北志忍了，男人嘛，应该给女人买衣服。

直到有一天，北志在客户那儿受了气，一堆门窗装完，硬是说这里不合适，那里不合适，非要克扣工费，与北志大吵大闹。好容易结束了这桩活计，回到家，看到她又买了一堆衣服回来，还说晚上不吃了，在外面吃饺子了。

北志说："我呢?"小吴说："你不会泡方便面?"

尽管有种种不如意，北志也坚持着，因为找个女人太不容易，得到了，要珍惜。

小吴不觉得北志不容易，倒觉得自己太委屈，住在这么破的房子里，还是合租，吵着要换个独居的。北志就换了，每月多出了500块钱房租。

搬家这天，小吴突然恼了，把东西摔了一地，理由是北志和邻居有说有笑，对自己却动不动甩脸子。北志说："你自己想想，这些日子了，你做过一件让我说你好的事了?"

这场架，吵得很凶，小吴甩手走人。

北志憋着气搬完家，没去叫小吴。

一周后，北志想着小吴年纪小，自己要让着点，开始给她发微信，小吴一直不回。

又过了一周，北志生气了，发微信吓他，说给她一个星期的时间，如果想不好，就搬走吧。

第二天，小吴的父亲跟着小吴来了，打着出租车，把小吴的东西全搬走了，北志说什么也留不下。

第三天，北志发信息让她回来，小吴不回来。北志急得打电话，打不通，小吴把他拉进黑名单了。

与小吴相好这些时日，北志花费很大，他不仅承包了小吴全年的吃穿用和娱乐，农忙时节，还去小吴和小吴姐姐家里帮工，什么种花生、割麦子，甚至是秋天放山拾草这样的事儿，也没落下过，还给小吴家里添置了冰箱、空调。如此大的倾情投入，如何退得出？

北志只好去到小吴家里，把所有的事情跟她爸妈说。她妈说："你们俩现在还没登记呢，即使结婚了，你待她不好，也要打离婚。"

北志急坏了，当场给小吴父母跪下了，说："我错了，今后一定改。"

小吴父母相互对望了一眼，说："我们和她好好沟通一下，不过，孩子大了，父母说话她不一定听，你也别太指望。"

北志走出小吴家后，过了一个月，没信儿；又过了一个月，小吴主动打来电话，说："不是我不想和你过，是你赶我的，我再也不会回来了，你过你的吧。"

前几天，北志硬着头皮去小吴家，说："吃的喝的不算了，我买的家电啊，金链子，金戒指啊，还有钻戒，都还我吧，折成钱也行，我还得过日子呢。"

小吴妈冷着一张脸，愤愤地问了一句话："当初睡觉的时候怎么不说？睡了，白睡了？"

北志哑口无言。

PS：

爱情是每个人的心头好，更是每个人的金创药。不管我们选择谁来爱，对方身上都投射着自己的需求——或者是利益，或者是梦想，或者是阶层改变，或者是爱的满足。

北志在第一段婚姻中，明知入赘意味着什么，明知距家这么远，对父母意味着什么，明知婚礼处处彰显着轻视父母亲戚，他都接受了，因为他没有房子，没有钱。

胶东的婚嫁风俗比较讲究，一场婚结下来，对于没钱的人家来说，无异于扒去了几层皮。

钱，能矮化男人的自信。

理性上接受入赘的现实，骨子里却蓬勃着男子汉的血性，北志终究无法忍受父母的老来无依，无法忍受小家中的尊严全无，他只能离婚。

回到烟台，开始了新一轮择偶，跨入40岁的他，全心全意地投入，真金白银地讨好，却换不来小吴全家的尊重。

是女人太贪婪，还是女人太无情？

对于穷人来说，爱情是奢侈品。世上的确有姑娘死活要嫁穷小子的美事儿，但是，之所以广为流传，恰在于稀少，可遇不可求。太多的人，只能像王尔德所言，找个条件彼此能接受的，相互“饲养”。

如果北志聪明一些，把赚到的钱用来买房，不买什么戒指、项链和零食，把送给小吴的空调、冰箱装在自己家里，就算把父母也养在家中，娶起老婆来，也要比原来容易得多。

大凡条件与北志相配的女人，都特别看重房子这样实实在在的物件，因为那就等于马上有了一个家。虽说空调、冰箱也不错，毕竟是小件，万把块钱的东西，小吴家不会感动于芝麻而丢了西瓜。

底层人不宜侈谈高雅，务实最好。不要以为卑微讨好会获得女人的青睐，更不要指望女人的怜惜与厚爱，她们自身已经够贫瘠，婚姻是她们最大的指望。她们会本能地选择富足些的家庭，以利于自己能较好地养育孩子。

第 26 篇

好婚姻败在了“我以为”

——爱与尊严，可否兼得

“待繁红乱处，留云借月，也须拚醉。”一个爱拼的女人，从不背离自己的尊严，冷眼看世间男人……但是，过分执着于此，就一定好吗？

电视剧《欢乐颂》里有一句话：“车子有油、手机有电、卡里有钱！这就是安全感！指望别人都是扯淡！再牛逼的副驾驶，都不如自己紧握方向盘！”这句话，成为很多女人的励志名言，但是，不是所有女人都能有足够的吸金力，而且，说这话的主人公家境殷实。所以，我非常不赞成桃桃的做法……

❶

20 年前，桃桃妈听到一个好消息：黑龙江有一大片肥沃的土地，凡肯去耕种者，收入自留，国家还有补偿。

居然有这么丰厚的条件，桃桃妈鼓动老公去种地。

老公了解情况后，说种地需要承包费，还要买相关设备及安家，样样都要钱。桃桃妈说：“没问题啊，我向娘家借。”

桃桃妈姐妹六个，除了老三嫁在招远，其他都在大连本地。由于桃桃妈是老大，有一定的号召力，大家纷纷掏钱。

钱粮备足，桃桃爸妈带上 10 岁的儿子桃树和 7 岁的桃桃，一路北上，来到黑龙江。稍作安顿后，开始了原始的开荒农耕生活。

一日，桃桃爸在深挖土地的时候，挖出了一个罐头样的东西。打开一看，里面是只风干成标本的死老鼠，他拾起来丢到田边，继续干活。

两天后，桃桃爸开始发烧，浑身无力，淋巴结肿大，到建设兵团的医院就医。

医生一检查，吓着了，说他得了鼠疫！马上把他隔离治疗。

谁会想到，这居然是一只 30 年代的老鼠！

1935 年，侵华日军根据裕仁天皇的指令，在哈尔滨市平房区扩建了石井部队——第 731 部队（对外称“关东军防疫给水部”），秘密大搞细菌武器研究。该部队不断扩大，其人员、机构也随之增加。1940 年 8 月，日本天皇裕仁颁发一道密令，决定在中国海林、林口、孙吴、海拉尔设立四个支队，其中海林支队就养过 7000 多只老鼠。之后，他们把感染了鼠疫的老鼠、虱子四处空投……

得知内情的桃桃一家，哪还敢继续待在这里？再加上当时的治疗条件所限，拣回一条命的桃桃爸，肝肾功能下降，人变得易怒无力。身体条件一落千丈，家庭关系又开始恶劣，全家再也无心垦荒，撂下土地，退回大连老家，也等于赔掉了一大笔钱。

回家后，桃桃妈挨家去打招呼，说了实际困难，承诺钱会慢慢还。

毕竟有血脉亲情，姐妹们也没撕破脸，但是，态度瞬间冷下来。桃桃妈说家里吃不上饭时，她们要么装聋作哑，要么哭穷，说自从借出钱去日子没法过。

桃桃爸的情绪越来越坏，开始喝一些劣质地瓜烧，喝多了，就躺在地上连哭带骂。桃桃妈骂他，他甩臂就打，把桃桃妈三天两头打到七荤八素，吓坏了桃桃兄妹。

消息传到了三姨耳朵里，她马上备好钱粮，亲自送到大连，摸着桃桃兄妹的头，说：“没事，有三姨呢，三姨家里要啥有啥。”

桃桃妈痛诉老公恶行，哭到声嘶力竭，三姨操起菜刀就砍姐夫，说：“不想活不是？咱一起死！”

三姨的一系列举动，吓住了桃桃爸，也给小小的桃桃树立了榜样，她决心成为三姨一样的厉害角色。

❷

在艰苦的环境中，桃桃兄妹长大，哥哥当兵去了云南，桃桃从技校毕业。

考虑到父母身体不好，哥哥也需要钱，桃桃给爸妈留了张纸条，写道：“亲爱的爸爸妈妈，我出去赚钱了！你们要好好的，以后咱家就靠我了！”

怀着雄心壮志的桃桃去了北京，在一家饭店当服务员。赚够买手机的钱后，她把第一个电话打给了三姨，这才知道妈妈天天哭，把眼睛都哭成灯笼了。她马上辞了工作，回到大连。

妈妈说：“想赚钱也别乱跑，要不，你上三姨家吧，烟台条件挺好的。”

桃桃很高兴，终于可以和“偶像”一起生活了！

来到烟台后，三姨很高兴，留桃桃在招远工作，桃桃不同意，她来招远之前已经查过了，烟台市里比招远更好，她喜欢漂亮的地方。

桃桃有在饭店服务的经验，加上长相美丽，很快得到了一份星级酒店的工作，还认识了一个有钱的对象，叫小赵。

小赵比桃桃大 5 岁，父亲是做红木家具的，他自己有一家 20 多人的广告公司。俩人同居后，小赵让桃桃把工作辞了，说“咱家根本不用你上班”。

不上班的日子，不用打卡，也没有任务，更没有什么同事关系要处理，貌似悠闲轻松，但是，时间一长，一种无形的压力铺天盖地向桃桃压来，她开始自问：我是什么？宠物吗？人家凭什么要花这么多钱养我？

为了展现自我价值，桃桃开始有意识地看一些日韩片子，学习主妇们的言行，每天都会给 400 多平方米的家做清洁，卡着下班的点儿做好饭，把茶和报纸备好，待小赵进门，再送上拖鞋。这样的忙碌，饶是桃桃年轻，也开始吃不消。她期待小赵说几句贴己的话，比如请钟点工打扫吧，你到我公司来做点什么吧，或者说你这么年轻，也可以学习……但小赵什么都不说，接受起桃桃的服务，心安理得，好像桃桃本该如此。

同居半年后，桃桃发现一个问题——俩人一直没做任何避孕措施，为啥不怀孕呢？桃桃是期待怀孕的，如果怀了孕，她就有充分的理由说服自己做太太。可是，不怀孕是怎么回事？

很有几分侠气的桃桃，索性向小赵挑明，说：“我不能怀孕，算了吧。”

小赵有些舍不得，小赵父亲说：“我就你一个独生子，老婆必须生孩子。”

❸

不能生孩子，对桃桃是个打击，她回家去找妈妈，妈妈叹气，说：“你不知道吧？你四姨两口子吵架，他们那个两岁的丫头，疯了。要我说，子女就是个缘，也许有了好，也许没有好，论命摊吧。”

告别母亲，桃桃又回到烟台原来的酒店工作。还要继续赚钱啊，不能生就不生呗，可以完成其他的计划，比如混好了向三姨报恩。

夏日的一天，同事喊了桃桃去海边撸串，桃桃因此结识了在一家投资公司工作的小路，而且，小路爱上了她。

桃桃快言快语，说自己不会生孩子。

小路说："那就不生呗，好多人丁克呢。"

俩人好上后，小路带上桃桃回家看父母，顺口说了桃桃的情况。母亲听说不能生育，一口否定，坚决不准儿子娶桃桃。小路坚持要娶，母亲气得把儿子赶出家门。

没多久，桃桃连日呕吐，去医院一查，竟是怀孕了。小路赶紧回家报喜，父母也找不出其他理由反对，只好让他们搬回家，并张罗婚事，却不知桃桃内心有了纠结。

自相识以来，桃桃发现小路行动鬼鬼祟祟，经常接到一些神秘电话，小路总要避开自己去接。也算经历了风雨的桃桃，认定可疑，但是，她不敢深究，因为她感觉自己怀孕困难，如果把现在这个流产，将来或许怀不上。

蜜月期刚过，小路公司破产，桃桃问："你没有投资吧？"小路说没有，还说自己幸亏不是高管，否则，要和老总一起入狱。桃桃听了，也很高兴。

同居时，小路不给钱，桃桃觉得正常。婚后，小路还是不给钱做家用，桃桃不乐意，要回娘家，小路才拿出1000块，说下月增加。到了第二个月，小路却只给了600块，说自己有些外债要还。桃桃追问，小路又不肯细说，只让桃桃放心。

无计可施的桃桃，开始冷战，每天只和孩子说话，也不让孩子亲近小路，当小路是空气，气得小路推了她一掌。

桃桃打电话给母亲，说小路家暴。

母亲说："把孩子送回来！"

桃桃抱起孩子，回娘家了。

从娘家回来后，桃桃提出了离婚，理由是小路不交家用，还家暴。

小路看事态严重，才交了实底。原来小路在公司工作时，看投资回报丰厚，于是借钱投资，除了亲友的钱，还有高利贷。公司破产后，他一直在努力赚钱还钱，不和桃桃说，是因为太爱桃桃，不想让桃桃担心。

桃桃冷笑，说："你就编吧，爱我还打我？我告诉你，这个婚，离定了！孩子归我，不要你出抚养费，签字离婚就成！"

小路说："带个孩子，还能工作吗？养得起吗？再婚没人要。"

桃桃说："养不起孩子能算人？我以后自己过。"

PS：

桃桃说："我四姨家里吵架，孩子疯了，很吓人，所以，我绝不吵架。"

一个如此深爱孩子的母亲，却坚决地选择离婚，不能不让我们想起她小时候的经历。

因为父母的决定，才 7 岁的桃桃，就有了人生第一次大的分离——告别熟悉的环境和小朋友，离乡背井，来到人烟稀少的黑龙江。之后，她又面对父亲染鼠疫造成的倾家荡产，继而，见识了世态炎凉、人情冷暖——这一切，本可能使她患上分离焦虑，幸好有个温暖仗义的三姨。

小赵家境优渥，对桃桃好到像对待一个宠物。

缺乏安全感的桃桃，为了让这份享受心安理得，给自己加了很多事儿，以为会得到小赵更多的疼爱和赞赏，没想到像小赵这样的人，早已视享受为常事，不可能因此对她另眼相看；再加上同居半年也不能怀孕，桃桃不敢留下。

离开小赵后，桃桃有点破罐破摔的意思，但小路很认真，他不仅与父母决裂，接纳“不能生育”的桃桃，还瞒住欠下巨额外债的事实。

我能理解小路的苦心——数额太大，与其多个人担心，不如自己悄悄扛下来，男人嘛，要有肩膀。但是，他忘记了一点，桃桃 16 岁就敢独身闯北京赚钱，说明她是个可以共同担当和打拼的人。假如在相识伊始坦诚相告，由桃桃来决定是否继续，应该不至于走到离婚。

世上多少好事，都坏在了“我以为”。

小赵以为爱一个人就是养起来，小路以为爱一个人就是有担当，他们都忽视了桃桃是一个过早见识了世态炎凉的姑娘，是个缺乏安全感的姑娘。

要提示桃桃的是——别不要孩子的抚养费。

感情破裂，夫妻可以分手，但是，为了孩子的身心健康，不要把自己的情绪转嫁给孩子，别轻易斩断父子情。

试想想，如果孩子从小不花父亲一分钱，也得不到父亲的探望，他会不会认为自己是个多余的孩子？他会不会丧失自信？如果真心爱孩子，还是要一份来自父亲的抚养费，让父子相互感受到对方的存在，让孩子从小拥有相信爱的能力。

第 27 篇

保不住婚姻的“圣母心”

——身之与心，何者残疾

“寻寻觅觅，冷冷清清，凄凄惨惨戚戚。”苦乐只在一心，李集的思想及生活际遇正印证了这句话。身体的残疾并不可怕，可怕的是心灵的扭曲和变形。

前不久，我偶遇去年来离婚的李集，他娶了一个小自己 17 岁的女人，生了个儿子。与白草生的儿女，现在也和他在一起，跟他学医。

我问李集，有没有觉得对不起白草？

李集说：“如果她不跟着我，就她那样的，能有两套大房子和两套门面房吗？现在吃喝不愁，坐收房租，我没亏着她！”

❶

白草生在一个偏僻的山沟里，母亲早亡，与父亲和哥哥一起度日。因为生活困难，白草一天学也没上过。18 岁这年，白草生病，住进了镇上的医院。在这里，她遇到了因小儿麻痹症致残的李集。

李集的父亲是军人，在部队当卫生员，母亲是农民，带着李集在家种地。李集 3 岁的时候，高烧不退，母亲没当回事，只在村里卫生所打针吃药。病好后，李集站不起来了，随着年岁的增长，右腿始终像面条一样，又软又细。

此后很多年里，李集一直在地上爬，受到一些调皮孩子的戏弄不说，上学也成了他的噩梦，因为他连坐着听讲的能力都没有，总不能躺着吧？

为了治病，父亲复员回家，一边教他识字，一边带他四处寻医求药。15 年间，李集做了 12 次手术，每次手术之残酷，都如同使他经历了一次炼狱。20 岁的时候，李集终于依靠拐棍站起来了。

在李集的成长过程中，去的最多的地方就是医院，他亲身感受到了医生对于病人的重要性，为此，他立志成为一名医生。

李集没上过学，他所有的知识来源于自学。后来，他参加了成人考试，拿到毕业证后，托关系进入镇医院实习，遇到了美丽高挑的白草，并给予了白草细心妥帖的照顾。

❷

此时，李集已经 28 岁，由于身体上的残疾及执着于学业，他没有恋爱过，白草也是白纸一张。

在白草眼里，李集成熟智慧，穿着白大褂，虽说腿有残疾，但好多女孩都有英雄情结，一个身残志坚的人，其实更容易赢得少女的芳心。

在李集眼里，白草身高一米七，温柔贤淑，相貌秀丽，在老家有“黑牡丹”之称，能毫无条件地嫁给自己，不能不说是莫大的幸运。

这个婚事，特别得到了白草父兄的支持。在这两个山沟里的汉子眼里，白草能嫁个医生，能住到镇上，从此过上衣食无忧的日子，不全凭人家是残疾吗？如果人家四肢完好健康，凭什么要娶一个目不识丁的山沟大嫚呢？

婚后，李集考出行医执照，开起了自己的诊所；白草变身为贤妻良母，洗衣做饭生养孩子，完美地充当了李集的保姆与一条腿。在雨雪交加的季节，无论白天还是晚上，白草都贴心有力地搀扶着李集，深一脚浅一脚地去给病人看病打针。他们的做法，把镇医院都给比下去了，自然赚到了钱。

说起来，上天公平耶？戏人耶？在给予李集残疾之后，又给了他一个近乎完美的妻子和一双健康儿女；在给予白草富裕充实的生活之后，却又给了她一记响亮的耳光——李集出轨了，他迷上了一个离异女教师。

❸

女教师叫芳华，因不能忍受前夫的家暴而离异，独自居住在镇上，通过求医之缘而认识了李集。在治疗过程中，两人对彼此的才华相互倾慕，产生了所谓的爱情。李集不想离婚，邀芳华离家出走，他说：“初中教师赚钱太少了，你跟我出去，安个家，生个孩子。别怕没钱，我随便赚赚，一切都会有。”

李集所言非虚，自独立行医后，短短三年，就在镇上建起了三层楼房，一楼行医，二楼三楼居住，早已进入镇上富豪之列。如果芳华跟他走，要得到白草现在拥有的这一切，也不过两三年光景。但是，一想到要伤害白草，她犹豫了。

有一次，芳华食物中毒，被家人送到李集诊所，吐了白草一身，但白草毫无怨言，用山里人的朴实，悉心照料着芳华，直到芳华恢复正常。

芳华想：如果白草嫁的是个健全人，如果白草有文化有工作，自己可以跟着李集走。但是，李集是白草生活的全部，她依靠他，两个孩子也需要他，自己怎么能狠得下心来伤害一个弱女子？

此时，李集想了个方法：要把芳华介绍给白草的哥哥。他说："你嫁给他，我把三楼给你们住。他要出去打工，等于咱们可以光明正大地在一起。我照顾小舅子家生活，谁也说不出什么来！就算他知道了，他妹妹靠我生活，不怕他不老实！"

这一番话，触及了芳华的道德底线。她虽然是一个第三者，但并不意味着她要彻底放弃做人的底线。经过一夜思考，芳华坚决断绝了与李集的关系，并申请调到了另一个乡镇，重新开始新的生活。

被芳华抛弃的李集，犹遭重创，他无法理解芳华的选择，他认为芳华是瞧不起他。

不知是不是这个原因，反正李集开始了四处猎艳的生活，如同一个吸上毒的瘾君子。他甚至在醉酒后大放厥词："我有的是女人，不用我花钱，都放在别人家里养着！"

❹

随着医术的提高，李集在县城购买了新的住房，又开了一家诊所。

钱越来越多了，女人也越来越多。钱和才华，都是女人的春药，一条残腿又算得了什么？

白草想阻止，但无能为力。她依附于他生存，父亲也依附他生存，哥哥至今还娶不上媳妇，四处打工，孩子们还需要一个完整的家。

白草病了，天天失眠，头发大把大把地落，人越来越胖。李集不给她治疗，看着她受罪。

李集诊所招来一个护校学生，俩人很快好上了，她认为白草根本配不上李集，而没有爱情的婚姻是不道德的，就该废除。

没多久，护士怀了孕，李集开始打白草，诸如面条擀粗了（李集坚持不吃外面轧的面条）或擀细了，卤子淡了或咸了，都是李集打白草的理由！而且，还要她走近了打——腿不方便啊。

有一次，李集遇到了芳华，芳华也调到城里，已和某局的副局长再婚，家庭幸福。

李集不屑，说：“局长有什么，钱多了，肯定是贪的，不贪，钱就少。如果你当初跟了我，早成富婆了。”

芳华早已了解到他们的婚姻实况，鄙视地看着他，心里庆幸：一个能把白草这么善良的女人折腾成半死的人，可怕至极，幸亏我跑得早。

看着芳华冷冷离去的背影，李集敏感的自尊心受不了了，回家后，把白草喊过来，把身子压上去，拼命锤打，并再次提出离婚。

接下来的日子里，护士身孕越来越明显，李集对白草的家暴也越来越密集。

白草精神崩溃，到底让弟弟出面替她签了离婚协议。

弟弟说：“我姐现在已经半疯了，再拖下去，命也难保。到那时，人得不着，钱也得不着，还不如现在离，多得点财产。”

PS：

白草认为自己只是个没文化的农村姑娘，凭着健康与美貌，才可以与李集的残疾打个平手，她忽视了品质与精神上的不匹配。

即使与残疾人恋爱，依然要考虑俩人是不是一路人，不能揣着颗“圣母心”，认为你可以给他当妈当腿，他就会永远爱你、永远感恩。人是会变的。

在社会上生存，处处存在博弈，两性之间亦是。

白草和李集，用健康美丽与残疾学识来了场博弈。

之前，这份感情是平衡的，因为他们相恋时的背景是小乡镇，李集也只是个正在学医的穷小子，没有更好的选择。

当生活发生改变，安分守己、甘当贤妻良母的白草，变成了黑胖子，变成了一双儿女的母亲，变成了李集的依附；李集呢，牢记爬在地上的岁月，努力奋斗，变成名医，有了嫌弃和甩开白草的能力……

局面反转了。

李集不仅有了钱，还换了婚姻。那双已经长大成人的儿女，因为要靠着父亲生活，也理解父亲的选择，和继母处成了朋友。

母亲呢？那个辛苦半生的老女人呢？不要说小三不把她当回事，儿女们也只是有空的时候去看看她，还认为她特别不可爱，负能量满满。

崇拜强者，是人类的天性，亲情也不例外。

弱者，永远不能从强者那里讨来平等。

第28篇

代价高昂的“初夜”
——为欲所钩，自酿苦酒

“黯乡魂，追旅思，夜夜除非，好梦留人睡。”慎勿信汝意，汝意不可信。林艳为英俊小伙的色相所蒙骗，被欲望所钩牵，看不透真相，祈愿她能够早日觉悟，迷途知返。

林艳是来咨询如何离婚的。

十年前，林艳放弃了市郊的家，毅然与家境贫寒的甘肃小伙儿裸婚，生了儿子。

令她没想到的是，真情一片，却换来炼狱人生——产道撕裂多年，妇科病严重，丈夫无耻冷血，不给治病，拒绝离婚，并以孩子相要挟……

❶

我家住在市郊，在城里打工，日子过得平稳有序。

在我们单位的附近有家兰州拉面馆，店里有个英俊的小伙子，鼻梁高挺，眼窝微陷，皮肤黑黑的，每次去吃拉面，他都会特意为我做一碗，加好多牛肉片，讲他们甘肃的风土人情，把我深深地迷住了，很快就把初夜给了他。

谈了一段时间后，我想和他结婚，可父母坚决不同意，逼我分手。我觉得和他睡了，哪能分手啊？分手谁要啊？父母看我不肯，天天上他店里闹。老板受不了，解聘了他。

他问我肯不肯去他老家，我已经怀孕了，当然要跟他走。我是拿上身份证跟他偷跑的，不敢和家里说，怕父母阻拦。

到了甘肃后，我傻眼了，没想到这么穷啊，只有几亩地和一院十几年前盖的瓦房，哥哥和妹妹住在城里，家里连件像样的电器都没有，不像我老家，基本都是彩电、冰箱。

到了此时，我才觉得离乡背井比较可怕，一刻也不愿停留。他妈不同意，说怀孕的女儿不能回娘家，回去了影响娘家人。他也极力阻止，说这么远，对孩子不好，还一再说爱我。我想我是为爱情来的，生活条件差，可以改变，就放弃了回家的打算。直到后来，才知道这里娶亲难，婆婆是怕我一去不回。

因为生米已成熟饭，结婚时，婆婆一点聘礼也不给，还到处声扬自己儿子有本事，有城市的姑娘追。

婚礼很简单，他跟他哥借了5000元，安排了几桌酒席请亲朋。收了喜钱，还了他哥的债，又是两手空空。这时候，我是真后悔了，所以，从办证到结完婚，都没好意思通知娘家，心里知道自己错了，已无法挽回。

孩子一岁时，我们收了一季庄稼，卖了7000块钱。他家已经对我放心了，我提出要回娘家，他们同意了。等一路折腾回到家里，7000块钱，除去路费和临走前置办的新衣，到我家时，就剩4000块。

我妈看到我，眼泪直流，嘴里却直骂，我知她心疼。

父亲一直黑着脸，出来进去的，从不看我，更不看他，吃饭也一个人吃，拒绝和我们同桌。

他大约也觉得不合适，拿出剩下的钱，给我妈，说是娶我的彩礼。我妈没要彩礼，只是哭。他就用这5000块钱给我妈添了家具，让我觉得心有点暖，想他真的很爱我，那么穷，还肯把这么一大笔钱给我家。

❷

临走的时候，我妈给了1万块钱，让我带回去补贴生活。当时我妹妹还上学，家里也困难，可我妈非要我拿上，怕我吃苦。父亲眼睛看着别处，话是说给他听的：“别回去了，就在咱们这儿打工吧，你不是会拉面吗？开个拉面馆挺好的，不少赚。”结果，他说不会拉，并不是所有甘肃人都会拉面。

回甘肃后，婆婆看我拿回1万块钱，眼都放光了，到处说他儿子有本事，娶个不花钱老婆，娘家还要倒贴1万。村里人都夸她有福。

看我死了心，他开始慢待我，不像从前那么勤恳。我怀孕八个月的时候，正是冬天，婆婆串门，他出去喝酒，就让我在院子里露天洗一家老小衣服，说屋里不能有水。一天洗下来，手冻成胡萝卜，还要做晚饭，饭熟了，再去叫他们回来吃饭。我都这么辛苦了，大媳妇回来拿粮食，还数落我吃不了苦。

生孩子时，难产，我感觉全身都要撕开了，求他们送我去医院。婆婆不让，说太贵，生个孩子不用去医院，在家里生就行。由于孩子头大，造成了严重的产道撕裂，血像水一样流。老公害怕，说还是送医院吧。婆婆说买点止血药就行了，女人天生要生孩子，死不了。她烧了水，烫了一把大剪子，趁我疼得顾不得，对我下面就是一剪子……孩子生了。

由于没得到合理的医治，我落下了妇科病，好多次想去医院治，婆婆不同意，嫌花钱。他也不管，还不讲究卫生，想和我上床就上床。我要是喊疼，他就说先办事，以后有钱去医院看。现在孩子8岁了，他也在城里找了个保安的工作，每月有固定工资，还是说没钱给我看。我的病越来越重，散发着臭味，他也嫌，不和我上床了。

他和哥哥、妹妹家里都有地，可他们住在城里打工，不回来。婆婆成天串门打牌，活得自在，全家光使唤我一个人。只有忙的季节，婆婆才会下地，也很累，但不让她的儿女回来干活，说别耽误赚钱。

我老是腰疼，人也感觉乏力，就不想去地里干活，婆婆不让，说家里地里都是女人该做的，不能太娇情。我说病也不给治，哪有力气干活？她说女人生孩子天经地义，没见过生孩子生得不能干活的，没见过有病就不伺候爷们睡的。你进了我们家，凭什么光花我家的钱不干活？我家又不欠你。

嫁给他这些年，我一年也买不了几件衣服，小姑子会把不穿的衣服拿回来，我不穿，婆婆说这么新的衣服怎么不穿？过日子不能讲条件。

我想我妈，因为家远没钱，只能两年回一次。每次回去，我妈都给孩子一笔足够来回路费的压岁钱，其实是怕我吃苦。婆婆不领情，说我不过日子，把钱都花在车轱辘上。

❸

去年我姐结婚，我带上孩子回娘家，父母很开心，让我一定对自己好，说娘家永远在，我觉得特别幸福，就在家多住了一段时间。回来后，听说老公居然联系上以前谈的女人，又好上了。

那个女人大他五六岁，男人出轨了，她带上孩子出来打工。认识我男人后，一起生活了五六年。后来，我们结婚，他们断了。自打我身体有了病，他们又好上了，女人也离了婚，俩人一起住在出租房，买了新床和电视。可是，女方母亲要求拿出1万元，他拿不出来，女人抱着电视走了，和他分手，嫁了一个开药店的男人。

为了这么个女人，他居然又魂不守舍，手机不离身，为了防我，不知换了多少密码。我问他，他说只是聊过去现在，我要看手机，他就把聊天记录都删了。

最让我无法容忍的是——他和我没结婚的妹妹搞上了，还住在一起。

妹妹和我当初一样，爱吃拉面，以为甘肃是个特别神秘的地方。去年，我妹来甘肃找姐夫帮忙找个工作，他就把她介绍进单位打工，关系处得不错。俩人好上的事，还是别人告诉的我，当时我还不敢相信呢，一个是我亲老公，一个是我亲妹妹！

得知真相的我，简直是晴天霹雳！

为了拉近我们的关系，也为了把他们分开，我提出去城里和他一起打工，并找了个合理的理由：让孩子也到城里上学——我们乡下教学条件不好，条件好的家庭都把孩子带到城里上学了。我说：“咱们孩子大了，也去城里上学吧，我们可以一起在城里打工，养得起孩子。”

他不同意，说家里有老人，农村开销也小，一月给我500块钱的生活费，只要看孩子外加干些家务，地里的活爱干就多干，不爱干就少干，多享福。

我坚持要外出打工，老公说如果我敢离开家，就不用回来了，孩子也不让我看。

PS：

城市飞速发展，把很多本来远离城市的土地圈了进来，林艳虽然住市郊，其实是个典型的农村姑娘，也没上过几天学，她把初夜看得这么重，可以理解。

就为了自己的初夜，林艳抛下父母，义无反顾地远嫁甘肃。

在长达8年的时间里，没人疼，没人怜，产道撕裂得不到及时缝合医治，细菌感染后，形成慢性妇科病，既长年腰疼，干不了重活，又导致性生活不和谐。

无依无靠无人疼的她，眼睁睁地看着老公和别的女人甚至和她亲妹妹厮混，婆婆一家人视她如奴如婢……

在这8年充满难言之苦的婚姻中，林艳错在何处？需要自省。

为什么能轻率地选择这样一个男人？

你估量过自己承受贫穷的力量吗？

你有改变贫穷的勇气和信心吗？

面对婆婆和老公的种种挑剔与不堪，你想过如何通过努力来争取应得的利益并树立自己的尊严吗？

你想过远在他乡的父母如何为你担忧吗?

这是一桩必须离掉的婚。

无论他同不同意，只要想离，世上没有离不掉的婚。

不离婚，不给孩子，可以列举对方的种种罪证，法律会保护妇女儿童。

离婚后，带走妹妹，别让她彻底毁掉。如果妹妹不肯走，就让事实教育她吧，毕竟我们每个人都要承担选择的后果。

在今后的日子里，努力强大自己，重新寻找真正属于自己的幸福吧。

第 29 篇

相差 30 岁的老夫少妻
——人老不智，果报自受

“天际小山桃叶步，白头花满湔裙处。”白李老人的故事告诉我们：人老色心若不老，难免贪婪而糊涂；应当挥起大慧剑，断除贪欲保智明。

40 岁的下岗女工恭禧，嫁给 70 岁总工白李，共同生活 5 年之后，男人提出了离婚，宁愿人财尽失。

在离婚现场，恭禧一袭千鸟格裙装，脚蹬鲜红高跟鞋，意气风发，言语咄咄；白李苍发拄拐，拖一条糖尿病并发症致残的右腿，默默承受……这画面十分刺目，引起了工作人员的不满，要恭禧别太逼老人，遭到了恭禧连珠炮式的抢白，甚至还要投诉……

白李连连摆手，指着自己一只失明的眼，苦笑着说：“罢罢罢，你们看，老天也知道我要眼无用。”

❶

40 岁的恭禧离婚了，儿子判给前夫。

尽管离婚前有各种纠结，一旦脱离了充满算计与争吵的婚姻，恭禧感觉全身轻松。

恭禧在服装店打工，收入不多，已经不再相信爱情的她，决定找个条件好的，年龄无所谓。她的理由是：“年纪大更好，会把自己当个宝，要啥给啥；或许，很快就死了呢。”

白李，70岁，某国企总工，退休，月薪过万，丧偶5年，有一套价值200多万元的房子，女儿在外地成家立业，自己不想给女儿添麻烦，想找一个年轻点的妻子陪伴自己。他的理由是："我年龄大了，又有心脏病、糖尿病，如果对方与我同龄，到时候，不知谁照顾谁。"

老夫少妻，郎才女貌，倒也是当下社会暗中流行的标配，于是，白李认识了下岗工人恭禧，十分满意，而恭禧也认为彼此般配：自己没工作、没文化、还没钱，只要对方经济上能答应自己的条件，年龄大点算啥？

俩人认识不久，恭禧就提出条件：（1）婚前要买套房子；（2）婚后白李工资要上交。

婚后工资上交不是问题，反正很多男人都是这么做的。婚前买房？白李有犹豫，说："你有多少钱？"恭禧说自己没有钱，母亲可以给两万块。白李明白了，对方是想让自己买。

一番考虑之后，白李跟介绍人说："她比我小30岁，长得又漂亮，买就买吧，权当是聘礼。"

两个期待相互依赖的人，在经过一番博弈之后，领取了结婚证。

婚后，恭禧不再去服装店打工，天天陪伴白李，房子也买了，是经济适用房，花了60多万元。

❷

买房后，迅速装修，恭禧要把这房给儿子做未来的婚房。在这个问题上，二人发生了争执。

在白李看来，恭禧的儿子判给了她的前夫，儿子的婚房理所应当由前夫负责。何况，恭禧离婚时，之所以把唯一的房子归了前夫，就是考虑做儿子的婚房。对恭禧现在的做法，只能有两个解释：

（1）恭禧与前夫余情未了；

（2）恭禧早就存心想买房子给儿子，利用我。

恭禧说："儿子归他是不错，但毕竟是我生的。既然房子是买给我的，我想给谁就给谁。就是要讨好儿子怎样？你比我大这么多，我伺候了你老，谁来管我的晚年？"

白李沉默了，他认为恭禧说的是实情，不仅同意了把房子给恭禧的儿子，还同意了他在装修时便搬过来住。

恭禧儿子进来后，几乎天天是一副臭脸，以为妈妈是亏的，所以，又要买这，又要买那，一心要败白李的家。

儿子的不断讨要，恭禧都想满足，她觉得离婚给儿子造成了伤害。开始的时候，她还问一下白李，当白李出于客情答应之后，恭禧就自己做主了。

时间一长，白李不乐意了。他想：你叫不叫我声爸爸，无所谓，但你吃我的喝我的还小看我，这个不行。

白李说出看法后，首先蹦起来的是恭禧儿子。他出言不逊，张口开骂，好像自己母亲嫁了白李，吃了多大的亏。

白李一辈子受人尊重，女儿也学有所成，岂能受得一毛头小子凌辱？一番哆嗦之后，倒地不起，当天进了ICU。

这次住院，白李的身体有了巨大变化，原本只是潜伏在身体内部的问题，全部暴露出来。视力下降了不说，一条腿肿起来，走路如同蠕动。在这样的状态下，白李更加不敢留恭禧的儿子，就拜托老朋友出面，坚决地将恭禧儿子请了出去。

儿子走时，横着眼喊妈："是我妈，就跟我走！"

恭禧不肯走，因为她的目的还没有完成。

待儿子走后，恭禧要白李写遗嘱。她说："我查过法律了，你的房子虽然是婚前财产，等你走了，有我二分之一。"

白李说："既然法律规定，到我死的那天，自然有你的，何必写遗嘱？好像我马上要死似的。"

恭禧说："不行，必须写。你女儿和我没感情。到时候，你走了，她寻个法把我赶出去怎么办？"

白李执意不写，恭禧闹腾不止，刚出院的白李，哪受得了这番折腾，再度入院。

❸

此次入院，恭禧负气不去照顾，白李女儿给请了护工。

在白李心里，他是爱着恭禧的。尽管她要了房子，自己是当成聘礼给她的，以示对她的尊重和喜爱。如今，她得寸进尺，步步算计，这样的晚年，还怎么过呢？虽然从经济上来说，没了恭禧，可以请保姆，可以进养老院，但没有女人朝夕陪伴的日子，想想都觉得孤寒。

出院回家后，白李为了讨好恭禧，买了一辆20万元的车给她，恭禧很是高兴，先是撒娇道歉，然后是天天开车外出显摆，让那些打工的朋友羡慕，狠狠地满足了一回虚荣心。

新鲜劲儿过后，恭禧再次提出了写遗嘱的事，白李真的翻脸了。他说：“你不用想！房子、存款，都是我的。你愿意管我就管我，不管我，我把房子一卖，去住养老院！”

恭禧毫不退让，说：“不写遗嘱就离婚！”

二人开始草拟协议，白李想让恭禧净身出户，恭禧坚称房子和车都是赠予，她儿子也前来助阵。白李受不了这些纷扰，同意房和车都归恭禧所有，把婚离掉。

第二天，俩人拿着双方签字的协议办理离婚。没想到，在最后一刻，白李迟疑了，说自己从来都没想过离婚。

恭禧说：“不离婚可以，你写遗嘱吧。”

白李说：“我真到那一天，法律是有规定的，该你得的，一分不会少。”

恭禧说：“不行，你只有写了遗嘱我才放心。”

胶着状态中，恭禧的母亲病了，需要她回家照顾。白李说：“我怎么办?”恭禧索性带过去，俩老人一间一个。

脱离了熟悉环境的白李，天天一个人待在陌生的环境中，倍感无聊与无助。

女儿来看他，和女儿一番长谈后，白李终于决定离婚。离婚后，如果不愿意跟女儿走，就请个住家保姆。

PS：

白李和恭禧之间有30岁的年龄差，这是两个在生理上无法匹配的男女。

此时，其实应该谈谈爱情，因为只有爱情可以跨越年龄和阶层，甚至可以跨越时空。

在白李和恭禧的婚姻中，我认为：白李是有一些爱情的，虽然他本质上有被照顾的需求，但他至少做到了付出。比如为恭禧买房买车，比如接纳恭禧儿子来此过渡；恭禧是没有爱的，她只是想利用婚姻，走向自己无力达到的生活阶层。与其说恭禧追求的是婚姻，不如说是求包养。

前车之覆，当作后车之鉴。

如果，你只是因为老了，需要得到女性的照顾，不如请住家保姆，用工资加奖金的方式，来回报对方的付出。娶一个并不爱你的人，却想要她照顾你的衰迈无能，想与她长相厮守，那你要自问是否具备满足她无穷欲望的条件，且愿意满足。

什么样的婚姻，是好的?

票友傅老师说："婚姻是神圣的，是入法的，都涉及法律了，不可儿戏。人们愿意结婚，除了延续生命之外，还想获得安全感和幸福感。而唯有愿意真心付出、真心相爱的人，才会感受到婚姻的这些美好。在我看来，如果我娶了一个人，我会全心全意地为她倾力付出。即使生活中会有些不兼容的问题，只要不是原则性问题，我会以携手到老为方向，来想办法化解这些小问题。如果她愿意嫁给我，亦当如此。"

第30篇

拉儿子“下水”的母亲

——人无完人，怨人苦己

“细看来，不是杨花，点点是离人泪。”现实逼人迁就，人得到一点后可能就会挑剔对方的另外一点，正如人看到一张白纸上的一个黑点，却看不到这张纸上只有这一个黑点，其余都是白色。希望唐文能够慎重地对待和处理自己的婚姻和家庭。

这是一桩离不了的婚，俩人结婚多年，彼此都没外遇，儿子又即将大学毕业，所以，本是来离婚的老唐，开始了对儿子的吐槽。

老唐说：“这些年，我一心一意在儿子身上。高中不好好学，我天天发愁，考上个‘三本’，每年花我几万元，我只好过得特节省，偶尔在街上饿了，也就吃盘饺子吃个面，从不舍得吃更好的。就这样，还嫌我把他穷养了。年假过完，他满腹牢骚地走了不算，还转发来好多微信微博，全是说穷养孩子的坏处，气死我了！”

❶

唐文老家在内蒙古，父母早逝，名校毕业后，来到烟台，进入机关工作。按说条件不错，却找不到合适的姑娘。

本地女孩都喜欢找本地的，一来朋友亲戚多，将来在工作和生活上可以互相借力；二来生儿育女的，两家老人都能帮上，没有后顾之忧；三来夫妻难免吵架，亲朋好友可以帮忙规劝，不至于求告无门，更不至于找不到台阶下，走向离婚。

这些好处，也是唐文想要的。他说：“我家那么远，如果我再选择个我这种情况的，逢年过节没地方去，太孤单了，我必须找个本地的。”

开始的时候，唐文的条件还挺高的，要学历，要相貌，要气质，就算偶尔遇到本地的姑娘看上他，又被这些标准卡掉了。

一转眼拖过了30岁，他自觉地降低标准，认识了刘青华。

刘青华是本地人，有兄弟姐妹五人，还有父母姥姥七大姑八大姨，典型的大家族，完全符合唐文的条件。美中不足的是——青华不是个聪明人，也没学历，这让名校毕业的唐文很犹豫。学历这东西，放在20世纪80年代，就算不代表智商，至少还代表着收入和社会地位。

既然没有更好的，看在岁月不等人的份上，唐文稀里糊涂与青华约了几次，结果发现了刘青华的优点——脾气好。

唐文说：“这算个大优点！我脾气急，好发火，要是对方跟我一样，房子得点了。女人笨点，也不能算是大毛病吧？聪明的女人，是不是幺蛾子多？还看不上我。算了，咱国家流行男强女弱。实在不行，我多教几遍呗。”

婚后，唐文嫌刘青华笨手笨脚，承担了全部家务，二人相处倒也融洽。一年之后，喜添新丁，重九斤二两，唐文给他取名唐斌，期盼儿子将来文武双全。

❷

儿子出生后，唐文被调到办公室，事务烦琐，顾不上家里，慢慢就把家里的事务让了出来，成了刘青华的事，俩人的矛盾产生了。

说起刘青华，唐文特别生气，说：“笨人就是觉多，她天天睡不醒，晚上孩子哭得哇哇的，人家睡得呼呼的，换尿布、喂水、喂奶，全是我一手操持。晚上不管就不管吧，那你早上醒了总得把尿布洗了吧？我上班离家远，骑自行车，得早走，顾不上，等我下班一看，走时啥样还啥样，人家坐电脑前打游戏。我气得一脚踹翻了椅子，她掉地上，瞪着眼睛看我。换别人早闹了，她直到爬起来，还不知哪儿错了。我说‘你闻不见满屋的屎尿味啊，你听不到孩子哭啊？’她倒好，一声不吭，立马干活去，反正就是好脾气，让你的火发不下去。”

刘青华就是个马大哈，啥也不在乎，啥也记不着，孩子病了，唐文中午不能回家，就一早把药片数好，分开放着，让她记着给孩子吃药。可晚上一看，药纹丝没动，唐文气得打了她一巴掌。结果她一个电话，全家都来了，满满当当坐一屋，整整教育了唐文半夜，说青华老实，不准欺负她：“家里的活儿，谁干都一样，她干不好，不还有你吗？”

唐文说：“我家人少，从小我就喜欢人多，看来，人多也有人多的坏处。他们全家人把我一围，感觉自己特别势单力薄。为了减少麻烦，我也不愿意说她了，笨，早就在那儿摆着，说了也没用。”

❸

妻子的笨，唐文算是接受了，但儿子这头，出了大问题。

儿子上小学的时候，还过得去，成绩不好不赖。到了初中，不行了，迷上了网吧，恨不能天天长在那里。更要命的是，母亲帮着儿子撒谎。有一次，学校老师在街上遇到唐文，说：“你儿子一个周没上学了，病好了记着找我补课。”唐文当时就迷糊了，啥时候病了呢？

回家一问，才知道儿子天天上网吧，没钱就和刘青华要。做母亲的，当然知道这是错的，也劝过儿子，但儿子不听，用不吃饭来威胁她，只好顺从，想着树大自直。知道唐文会生气，肯定要打儿子，就索性瞒着，过一天算一天。

这可真把唐文气坏了，抓过儿子来，结结实实就是一顿好打，刘青华拼死保护儿子，娘俩抱头痛哭。唐文一气之下，搬到书房，和刘青华分居了。

这次打得太重了，唐斌好像老实了，唐文略觉宽心。谁知有一天周末，唐文在家睡觉，就听屋后有孩子在叫唐斌，唐文刚要应声，就听到另一孩子让别叫了，说唐斌肯定上网吧了。唐文觉也不睡了，赶紧起身，找到外边的孩子，再让他领着去找儿子。找到后，又是一顿胖揍。

学生玩游戏，意味着上不了大学成不了材，母子俩为何能串通一气并结成联盟来对付自己呢？唐文很不理解。他说：“你这样做会害了他！自个儿笨蛋就算了，还要拉上儿子！”她说：“他还小，不就玩个游戏吗？长大就好了。”气得唐文要离婚。

刘青华一听要离婚，不哭也不闹，给几个姐妹轮番打起电话，说：“我要离婚了，没地儿住了，得上你们家住。”姐妹一听，谁愿意啊？赶紧来说和吧。于是，一大家子人又来齐了，又是一通轮番轰炸，甚至怀疑唐文有外遇了。

❹

离婚是气话，唐文的心在儿子身上，一心望子成龙。

儿子上了高中，这可是到了关键时刻，唐文自动要求换了一个闲职，并买了车，就为了看好儿子。

从高一起，唐文天天开车接送儿子上下学，还给儿子报辅导班。到了节假日，带儿子去打球野游，目的是锻炼儿子的身体，儿子太弱了。

刘青华每次都要拦着，冬天怕把儿子冻感冒了，夏天怕把儿子热坏了。拦了几次后，儿子觉得妈妈很疼自己，父亲根本不管自己的死活，净让自己受罪，说自己是父亲的“劳改犯”。

唐文说：“我们两口子都是大块头，儿子倒长得像豆芽菜，从不正经吃饭，再不锻炼，成废物了。”

刘青华说：“长得大有什么用？没病没灾就挺好。”

虽说一个管，一个不让管，还是比不管强，唐斌总算考入了一所普通大学的合作专业，只是学费昂贵。唐文松了口气，好赖有个大学文凭，将来找工作时，不至于卡住。比如人家要求本科以上学历，你没个本科文凭，肯定不行。

让唐文没想到的是，儿子添了新毛病。他苦恼地对我说：“他们这个合作专业，是富豪的天下。一个班级，80%以上是有钱人家的孩子，吃喝穿戴用，全都是奢侈品。儿子觉得没面子，怪我穷养他。我朋友的孩子也上大学，一月零花钱就几百元，人家孩子从不嫌少，学习也好。我每月给儿子2000元，可儿子嫌不够一件衣服钱。假期回来，天天霸着我的车，说是朋友都有车，不开车掉价儿，还不方便。我说‘我还要上班呢’，他说‘你随意’。”

唐文气得没法儿，朝着妻子发脾气，妻子又玩那一套，唐文真是有苦说不出。

他说：“我就不明白了，这么多年来，我又当爸又当妈，吃没吃口高档的，用没用个像样的，一心一意为儿子好，儿子不领情，老婆嫌我折腾孩子。”

在刘青华看来，老公就是事儿太多：“你说，儿子的婚房都买好了，将来不就挣口吃的吗？就算吃不上，不还有爹妈吗？我们两口子有退休金，老了能花什么钱？就是给儿子呀。”

妻子的这番话，成了压垮唐文的最后一根稻草。他说：“算了，我实在也生不起这个气了，离婚吧。”

PS：

好的婚姻，不是和条件在一起，也不是和爱情在一起，而是和适合的人在一起。

在这个案例中，看起来是刘青华对儿子过分溺爱，实际上，不过是彼此选错了对象。

因为不合适，唐文对刘青华各种指责、家暴、分居，甚至提到离婚；刘青华完全不能理解唐文的愤怒，只会寻求自家亲人帮忙。

那些亲人，知道夫妻间真正的问题吗？通常只会凭条件论、凭感觉论，只会帮亲不帮理。

如此一来，形成对唐文的胁迫，让他越来越暴躁。

面对越来越无法收拾的诸多问题，刘青华惶恐不安，开始怜爱自己，并很自然地把这种怜爱送给儿子——生病也不舍得让儿子吃药；打个球也怕暑热秋风；更向儿子邀宠，比如遮掩儿子的错误，与儿子结成对抗丈夫的联盟；似乎认为儿子一切都是对的，从不指责儿子的过错。

从表面上来看，是她溺爱儿子。实际上，是她为唐文制定的标准，希望唐文也这样对她。

每个人内心都有一个小孩，如果你不能和这个小孩拥抱，不肯让小孩和自己共同成长，就会为这个小孩找一个寄主。

刘青华找到了儿子，让儿子任性成长。而这个儿子，就日渐变得一切以自我为中心，不懂得站在他人角度考虑问题，甚至想和老子较量。他知道有母亲和姥姥家做后盾，爸爸根本反不了天，所以，藐视父权，拒绝考虑父亲的任何建议，嫌父亲把自己穷养了，甚至嫌父亲没本事。

虽然家里一团糟，离婚现场看得出，唐文离婚的意愿并不坚决，只是发发脾气而已。

既如此，还是先尊重妻子，让妻子获得安全感。她感受到了你的爱，才会感受到你对儿子的爱，才会愿意与你结成联盟。

当父母不再吵架，家庭有了和睦的气氛，儿子也会转变。

第31篇

不能生育的女博士
——幼睹家暴，祸及一生

“明月楼高休独倚，酒入愁肠，化作相思泪。”女博士的婚姻经历令人唏嘘不已，因固守一己之见，从而多次犯同样的错误，导致屡战屡败。王阳的前路如何？还是要看她自己能不能走出童年的阴影，作出明智的选择。

王阳埋头苦读，哪怕多次怀孕，都没有阻挡她成才的脚步。

读成博士后，老公有了外遇，俩人离婚，各自再婚。

最近，她一脸萧瑟地找到我，说怀不上孕了，现在的婚姻岌岌可危……

❶

鲁小民和王阳是邻居，俩人一起长大。鲁小民从小就知道照顾王阳，因为王阳的家庭不幸福。

王阳的父亲很强势，是某企业干部；母亲很懦弱，是家庭主妇。在王阳的眼里，他们好像一直没好过。家里所有的钱都在父亲手里，母亲没有一点支配权，就算是买根葱买头蒜，也要请示父亲。

母亲教导王阳：“你一定要好好学习啊，一定要有个好工作，千万别依靠男人。”

母亲的话，都印在了王阳的心里，她从上学那天起，就很认真地学习，贪玩的鲁小民经常捣她的乱，但王阳不敢玩。

到了初中，开始懂事的鲁小民，学习越来越好，也越来越心疼王阳，不想让王阳那么拼命。

王阳说："我要是将来没个好工作怎么办？"鲁小民说："我养着你。"这句话让王阳的心里很温暖，从这一天起，俩人早恋了。

在王阳上初二的时候，父亲有了外遇，三天两头打母亲，吓得王阳躲到鲁小民家里去。

鲁小民的母亲很心疼这个漂亮的小姑娘，跟老公说："她妈真是能挨，给男人打得就像打在棉被上，连声都不带吭的，换了别人早离了，不就是自己没钱不硬气？"这些话，让王阳决心自强自立。

高考来到了，一件意外的事发生了，王阳在最后一天发生车祸，住进了医院后，又查出已经怀孕了，于是，在治疗的同时又流了产。

高考录取结束，一直学习不错的王阳，只考了个专科，鲁小民则考进了上海大学的本科。

考个好大学，是王阳的最大愿望，她简直不想活了。

鲁小民安慰她："你可以复读，一定会考上理想的大学。"

❷

老师也找到王阳劝她复读，认为她再复习一年，一定会考个不错的大学。

王阳不想再看到父亲的霸道和母亲的软弱，还是选择了上学，准备将来专升本。

两年后，专科读完，通过考试，王阳顺利实现了专升本的愿望。

本科毕业的鲁小民没考研，先是进了一家事业单位做职员，后来辞职开了个小饭馆，生意很好，和王阳也正式公开了恋爱关系，并正式向王阳的父亲发出警告："不准再打王阳的妈妈！"

王阳父亲说："那就别花我的钱！"

鲁小民满口应允，从此，他负担起王阳和她母亲的所有费用。

王阳在读本科期间，又怀孕了，鲁小民说："退学吧，我现在有钱养你。"

王阳没听，自己跑到医院流了产，继续上学。读完本科后，又考上了研究生。

鲁小民说："我们把婚结了吧，把你妈接到家里来。"

这时候，鲁小民已经开了两家快餐店，有房有车，正经算一老板了。他在海边设计了一个浪漫的求婚现场，并送了王阳一枚大钻戒。

到了结婚的日子，名车排了一溜，把婚结得十分排场。

没有了后顾之忧的王阳，并没有止步回家当阔太，读完研后，又开始攻读博士。这时候，王阳又怀孕了，但她想流掉，认为影响学业，想读出学位再生。

鲁小民生气了，说："女人读那么多书干什么？再说，研究生已经可以找个不错的工作了。不工作更好，来当老板娘。"

王阳一心要靠自己打天下，她又一次堕了胎。

王阳接二连三地流产，对鲁小民打击很大。每当客人散尽，他就要坐到临窗的位置喝闷酒，店里的小姑娘都会陪他。待酒酣星稀，倍感失意的鲁小民，和她上了床。

不久，姑娘怀孕了。鲁小民拿出一笔钱，让姑娘把孩子打掉，但姑娘坚决不同意，非要把孩子生下来。

到了怀孕六个月的时候，姑娘一家找到了鲁小民的父母。

早就盼孙心切的父母，一直对王阳不满意，又怕伤了儿子，现在看到儿子终于有了别的想法，立马拍了板：孩子都这么大了，不能流，生了吧。

已经不年轻的鲁小民，也同意把孩子生下来，并向王阳提出了离婚。

毕竟青梅竹马，鲁小民又有错在先，他留下了店，其余的财产归了王阳。

女博士本来就曲高和寡，又成了富婆，择偶更困难了，单身群体中，基本没人能配得上她了。

❸

高不成低不就的王阳，选择去美国深造。

在美国，她遇到了比她小 10 岁的校友刘童年，俩人还是一个导师。国外的孤独处境，拉近了他俩的距离。

由于俩人年龄差太多，王阳给他洗衣服、缝被子、做饭。外出消费，自然也是王阳花钱。

不久，刘童年向王阳求爱了。导师和同学们并不看好这段恋情，觉得刘童年太弱了，温和害羞，像个姑娘。

殊不知，王阳就想要这样的男人。童年的不幸经历，让王阳本能地害怕强者。在她眼里，刘童年是绝对的弱者，她想像宠儿子一样去宠他！

读完博士后，俩人一起回到烟台，王阳迅速找到了一份不错的工作，刘童年却挑三拣四，不肯屈就。

王阳不催他，给他花 100 万元买了辆跑车代步，还跟着刘童年去了他乡下的老家，正式以准媳妇身份露面。

对于王阳的年龄，虚荣心很强的刘童年没说真话。不知是乡下人看不出城里人的年龄，还是王阳的礼物太豪气（20万元，让刘童年父母把房子翻新），他们一连声地说儿子有福气。

俩人正式登记结了婚，新房是王阳新买的，200多平方米的复式住宅，装修得优雅舒适。

婚后不久，刘童年应聘去了上海一所大学当了教授，理由是那里的工作适合他。好在大学假期多，刘童年经常飞回家中。

新婚的王阳，增添了很多爱好——钢琴、声乐、舞蹈，为的是让自己更有青春活力。她的衣着也回到了18岁，粉色、白色、天蓝，所有年轻纯洁的颜色，轮番穿到了她的身上。每逢刘童年回来，她总要约上朋友一起吃饭，席间尽量表现出小鸟依人的样子。

朋友看不过去，给她提建议："年龄是遮不住的，再说他本来就知道你多大，何必把自己弄这么累？"

4年过去了，依然扮年轻的王阳，肚子毫无动静。医生说她流产过多，怀孕的可能性很小。

消息传到乡下，原本得意的刘童年父母翻脸了，公开指责王阳不能生孩子，还说当初让王阳骗了。

刘童年得知王阳是因为流产多导致的不孕后，不回来了，还向单位申请了房子，可能永远也不想回来了吧。

PS：

父亲养着母亲，就有了主宰妻子生死的权利。

妻子不离开凶残的男人，她认可无用就该挨打。

从母亲的身上，王阳意识到自己只有一条路——别依靠男人，女人当自强。

此后经年，王阳像被鞭子驱赶着，一直在拼命奔跑——怕学历不行，怕职业不好，怕比现任老公衰老，怕再次被婚姻抛弃……她甚至连青梅竹马的鲁小民也不相信。

在她的信念里，只有奔跑才安全。

跟朋友谈起这个案例的时候，她说："已经独立了，怕什么？明明有一份美好可靠的爱情，正常生孩子就是了，为啥还要为了拼博士一流再流？一个专科生的智商，非要读博，也不是为了成名成家，有必要吗？博士拿到，找个妥实的嫁了呗，非要老牛吃嫩草，没点智商吗？不知道女人年龄大了生产有问题吗？"

我说她知道，她只是无法摆脱家暴在内心的阴影，所以，她不仅一直逼迫自己强大，还嫁给了小自己10岁的小师弟，只是因为她认为容易控制，能获得安全感。

家暴如魔鬼，虽然2016年我国正式施行了《中华人民共和国反家庭暴力法》，家暴案例依然层出不穷。

据统计，每个家庭里的家暴受害者，平均遭受35次家暴后，才会选择报警。2016～2017年，超过250万件离婚案中，有14.86%的夫妻因家庭暴力离婚。

“知乎”里，网友讲了一个故事：女人婚后一直被家暴，到孩子9岁的时候，终于离了婚。然后，仅过数天，走在路边的她，被前夫强拽入车，要求她无条件复婚，还要她向前婆婆下跪认错，因为她“不负责任的离婚”给他爸妈带来了伤害。女子不同意，男人开始行凶，竟达8个小时！其间，男人还用脚压着女生的膝盖，双手掰断了她的腿。最终女子右腿膝盖粉碎性骨折，鼻骨粉碎，眼眶破裂，全身大面积软组织挫伤。为了让女子答应复婚，男人还用汽油威胁，说不复合就烧死她！警察问他为何下如此重的手，他想的是女人残了没人要……

有问题的婚姻很多，哪怕乱成一锅粥，我也通常不建议马上离婚，可以缓一缓，想清楚，再作决定不迟，但是，对有家暴的婚姻，必须零容忍。

恐怖的家庭环境，不仅会伤害配偶，更会伤害孩子，甚至是孩子的一生。

第 32 篇

屡被抛弃的富家女
——世间最贵，志同道合

“秾艳一枝细看取，芳心千重似束，又恐被西风惊绿。”富家女的恋爱经历一定程度上是其父母混乱生活的回响。就像金钱买不来成长一样，小黎当下恋爱的坎坷经历最终也必然变成她的宝贵财富，助她找到自己的幸福。

小黎，28 岁，典型的富二代，在法国读书 5 年，花掉了老爸 1000 多万元。受了严重的情伤之后，决心回国定居烟台。

女儿回来了，最高兴的是小黎妈，她马上放出风去要女儿相亲。朋友介绍了一个与小黎“层次”相同的富二代，两人相处了 3 个月，男方劈腿了；又给小黎介绍了一个比她家弱一些的富二代，相处一个月，男的又提出分手……

❶

20 年前，小黎父母在集市上摆摊卖服装，夫妻俩早出晚归，相偕创业，还算和睦。后来，小黎爸找了代工厂并做起电商后，资产迅速膨胀，很快成为富一代，并有了好多女人。

小黎爸刚有小三的时候，小黎妈闹得很厉害，带着闺蜜去酒店捉奸，把小三扒光了拍视频，上传到网络，为此被拘留了几天，还赔了一笔钱。

让小黎妈想不到的是——经此一闹，小黎爸就算过了明路，大大方方给小三买了套房子，说是精神赔偿，其实是金屋藏娇。

小黎妈气疯了，再次带着闺蜜上门，却看到小三肚子高挺。

小三说："大姐，我怀着的可是儿子，你要是现在打我，搞不好，一尸两命，老黎会放过你吗？不如咱们做姐妹。"

小黎妈气得血往上涌，当场瘫倒在地，不省人事。

幸亏送医及时，小黎妈保住一条命，闺蜜劝她凡事要想开，能过就过，不能过就离。

听说老婆要离婚，小黎爸坚决不同意，他说自己从没想过离婚，又拿着从前的经历煽情，什么大冷天俩人吃一块烤地瓜，没暖气俩人一夜都紧紧搂在一起，还有那次生意赔本全靠小黎妈四处求亲告友……说得小黎妈泪如雨下，收回了离婚的打算。

小黎爸的做法，只是安抚后院而已。看老婆偃旗息鼓，他又开始四处招蜂引蝶，没用几年，小六小七也有了。

小黎妈忍无可忍，又去问他，他随便找个托词就走了，一走就成月地不回来，几家轮着住。因为有钱养着，她们相处得还挺融洽。

看看这个光景，小黎妈知道闹没用劝也没用，他不离婚，并不是对婚姻有多少情谊和尊重，不过是一不想分财产，二不想落进哪个女人手里，而已。想明白一切，小黎妈高薪聘请律师，多方搜集有利证据后，正式起诉离婚。

小黎爸也找了有名的律师，双方进入胶着状态。已经厌恶这段婚姻的小黎妈，主动在财产上作出让步，终于把婚离掉。

离婚后，恰好有一个女人怀了龙凤胎，小黎爸一时高兴，把她娶了，惹得那些莺莺燕燕好大不满，齐刷刷闹上门去。最惨的是已经有孩子的，她们做梦也想不到是这样的结局。

小黎妈目睹一切，哈哈大笑，随后嫁给了自己的营养师。

营养师出身贫寒，月收入时有时无，难得的是年轻帅气会说话，还有自知之明，感觉配不上小黎妈。

小黎妈说："老黎当初有钱吗？还不是靠我？大师早就说了，我有旺夫命！"

婚后，小黎妈全力扶持，从人脉到资金，予取予求，她要活个样儿给前夫看。

3年后，营养师真的成功了，当初的一个健康管理店，迅速裂变成了100多个。

既然今非昔比，营养师也有了外遇。小黎妈去管，小三说："阿姨，吃了这么久的嫩草，见好就收吧。"

一声"阿姨"，断了小黎妈的所有念想。深夜，她揽镜自赏，发现每一丝肌肉都是向下的，法令纹深如刀割，只好再次提出离婚。

营养师还不算无良，他把小黎妈的投入算成股份，从此，老妻少夫变成了公司同仁。

❷

父母的情感，直接影响了小黎，学习不好，心情忧郁。

小黎爸虽然花心，却很爱女儿，直接送小黎去法国学服装设计，5年花掉1000多万元，却眉头都没皱一下。

新娶的妻子不乐意，从侧面论证服装设计师天赋与刻苦的重要性，言外之意就是说小黎无天赋不刻苦，纯属败家。

小黎爸说："要不你也和我离婚，我保证咱们的孩子想学啥学啥。"

新妻一看不妙，乖乖闭嘴。

无论小黎爸花了多少钱，一切正如新妻所言：任何一个行业，想混到吃饭的水平，容易，想混到一代宗师，天赋、刻苦加机遇，缺一不可。所以，小黎学了5年，不过是和各色男友瞎混了一场，让人骗财骗色，这才乖乖回国，并按照父母的意愿开始择偶，她的条件很简单——忠诚。

谁忠诚，谁不忠诚呢？这个事不好说，要看遇到谁。既然条件如此抽象，小黎妈的朋友只好给介绍了个比较匹配的人家，双方家长都认为算门好亲事。

小黎和男友杰瑞家世经历基本相同，品位也相近，两家都感觉好事将近，开始以亲家相称，生意上互通有无，有点烈火烹油的感觉了。

一天，小黎和男友去意大利看时装展。

临上飞机前，小黎就觉得男友鬼鬼祟祟，手机一亮就上洗手间，到了飞机上，蒙上毛毯就睡觉，理由是养精蓄锐。

小黎虽心中有话，考虑到飞机上不适合审问，只好暂且放下。

到了现场，流光溢彩，音乐轰鸣，更不适合聊天，小黎又把谈话时机挪到了晚上。待回到酒店，夜深人静，再谈不迟。谁知男友接个电话就出去了，小黎认定可疑，尾随而去，听到了谈话的全部内容。

估计是对方在谈小黎，男友说："那个项目还没做完呢，我要是现在说分手，对我爸不利，我爸肯定要收拾我。咱们都是大人了，不急在一时。放心，我不会和她结婚的。"

小黎抢步上前，把男友的电话抢来摔掉，要他把话说清楚。男友说："你听错了，是朋友的事儿，我给她出主意呢。"

这个谎言太低级，小黎马上把电话打给父亲。父亲沉吟片刻，说"你回来再说"。

既然是生意，显然不会因为儿女这点事告吹，男方家重重惩罚了儿子，并诚恳地上门道歉，此门亲事就算作罢。

❸

不久，小黎又答应和某房地产公司老总的儿子钟凯见面。

好多人认为做房地产的有钱，却也不是说人人都有钱。这些年，房地产并不好做，钟凯家前些年在海边做个楼盘，一沉三四年，险些赔钱，好容易借机逃出，个中辛苦，真是不足与外人道也，所以，能通过姻亲结交一个做实业的有钱大户，实在是佳偶良缘。

小黎与钟凯交往几次后，发现对方是个规规矩矩的孩子，从小学到大学，没让父母操过心。本科学的是IT，毕业后就进了自家公司，预备接班，实在是一个靠得住的伴侣，就天天费心去撩。

像钟凯这样经历的人，典型闷骚，自然喜欢小黎这样见过世面的姑娘，二人同坠情海后，钟凯想让自己的品位向小黎靠近，恰好上海有秋冬新品时装展，就提议同去。

二人在上海待了一周，虽说绝对没有外遇，但钟凯的情意却像流沙一样逝去，他觉得小黎太败家了。

到上海第一天，小黎就拿下了2个爱马仕包包，进入时装展，又当场订下了10件新品，称得上日出万金。

钟凯劝她少买，用不过来。

小黎说："你真是不了解女人，女人的衣柜，永远少一件。"

钟凯自嘲，说："我们的层次确实不同，估计我养不了你。"

小黎说："我不用你养啊，我有钱。"并抽出一张卡来，说她爸给的，无限制。

钟凯不再说什么，闷闷不乐，催着回家。

回到家里，小黎向母亲吐槽，母亲说嫁人还是要嫁老实人，找个自己能控制的人，不要去仰视人家。

小黎可能是在国外待久了，孩子般天真，居然把母亲一番分析原封搬给钟凯，钟凯沉默良久后，跟小黎说了自己的故事。

钟凯初中时有个女同桌，出身农村，家境差，长相一般，为了改变命运，特别努力，高中时就外出打工赚钱。钟凯多次拿钱给她，她坚辞不受，非要通过自己的努力改变命运。后来，她和钟凯一起考进了东北大学，钟凯也终于说服她不再打工，由钟凯负责所有费用，把时间用在学习上。

毕业后，俩人一起回到烟台，女同桌进了外企做财务总监，母亲也答应了他们的婚事。谁知，就在领证前夕，母亲突然变脸，理由是算命先生说两人八字不合，实则是母亲了解到她花儿子钱后心里不舒服，就把钟凯关在家里，还把原定的领证订婚宴取消了。

钟凯争执不过，这才接受了父母的安排，与小黎相亲。他本以为门当户对或许可以，谁知随着交往的深入，他却看清小黎绝对不是适合自己的人。

回到烟台后，钟凯把小黎的情况如实说给了双亲听，并再次提起仍在等待的女同桌，说与其找个所谓的门当户对，不如找个心心相印的。何况女同桌的才能对家族有利，将来能帮到自己。双亲点头。

PS：

回国后，小黎谈的第一段恋爱，虽然失败，只是个意外，吸取教训就好。下一次相亲或恋爱时，就该先想法明了一下对方父母及本人意图。像这样的恋爱，即使对方不说，辨识度还是很高的。

而小黎的第二段恋爱也以失败告终。但小黎仍可从钟凯身上明白恋爱的真谛，那就是：找到可与自己顺畅沟通并相互取暖的合适的人，和和睦睦地过日子。

很多人说婚姻是爱情的坟墓，结了婚，爱情就死了，就是靠着亲情过日子，所以，门当户对就行。

门当户对有道理，但是，谈婚论嫁，并不是双方家庭的社会地位和经济情况相当就行，还有职业、性格、工作能力、生活习惯等方面的东西——比如说对方就喜欢懒散随意，东西扔得到处是，而自己喜欢光鲜整洁，那这个日子肯定要吵吵闹闹；比如说对方酷爱算命打卦，啥事都要分分阴阳算算吉凶，你养个鱼，他也得骂你坏风水，这日子能和谐吗？

小黎有钱，留过洋，年龄还算不上大龄剩女，为什么婚事如此多历波折？我认为主要原因是父亲的钱花着太容易，她没有建立起以工作为核心的交际圈。

女人应该有一个比爱情更值得追求的东西，那就是独立自主。只有成为一个独立而有思想的女人，才能真正达到“我若芬芳蝴蝶自来”的魅力境界。

第33篇

单身婆婆让儿子离婚
——己见固执，代沟弥深

“人生一世，如此元如此，造化都从起时起。”际遇不同，生活就会不同。这位婆婆的做法，究其原因离不开她的生活背景。面对代沟，彼此都需要更多的包容和理解，无论老人还是年轻人，各自都要活明白，不要再做颠倒人、糊涂事。

听说媳妇怀孕了，婆婆马上从东北老家跑来了，打算长住烟台。

孩子生出来不久，婆婆跑来离婚区，问值班律师：“我媳妇主动提出分床睡，如果离婚的话，是不是该净身出户？”

❶

刘化蝶在金融机构工作，每天早上8点半上班，下午5点下班，生活很规律。

于果在地产公司做策划，根本不用打卡，每天的时间自由支配，但十分辛苦，白天到各大楼盘去“踩盘”，晚上要把白天“踩”来的数据进行分析，作为下一步地产策划的依据，所以，经常很晚才回家。

每天晚上，刘化蝶吃完饭，看看电视上会儿网，就跑到床上看书，看着看着就睡了。于果往往深更半夜了才身心疲惫地从公司回来，洗洗涮涮，钻进被窝，刘化蝶自然就醒了。

一天没见的俩人说会儿话或云雨一番，方才睡去。结果，刘化蝶经常迟到，上班也不精神，有两次把款子都搞错了，挨了批，奖金被扣光了；于果也好不到哪儿去，刘化蝶要早起，于果不可避免地要醒来，所以，时时头疼。

作息时间不一致，导致经济、身体双受损，俩人觉得有点抗不住。

刘化蝶说："为了健康和钱，咱分床吧，再这么下去，我看你这工作都要保不住了。"于果说："刚结婚就分床，感情不会淡了吧？"刘化蝶说："咱上学的时候还分宿舍呢，影响咱感情了吗？"最后，俩人笑了，意见达成一致———分床。

不久，刘化蝶怀孕了，于果很高兴，因为他家三代单传，自己守寡多年的老娘就盼着这一天呢！他赶紧给远在东北的母亲打了个电话。

老太太一听，哪能坐得住？马上奔烟台来了。

❷

房子是两室一厅，平时俩人一人一间，十分方便，现在老人来了，于果就主动把自己的房间让给母亲，又和妻子住进了一屋，结果俩人又是一夜没睡好，还得分床。

没有房间，于果当然睡沙发了。半夜醒来的母亲，看到沙发上的儿子，问"你这是干啥呢？吵架了？"儿子说："没呢，我看电视剧呢，看着看着睡了。"

一周过去了，婆婆疑心陡增。她想：媳妇卖的是别墅，天天见的都是大款啊，回来又晚，肯定有事！她马上把儿子叫到楼下小花园，把自己的猜测说了个一二三四，结果儿子笑了，说："妈呀，您是不是电视剧看多了？"

于果把实情和母亲说了个透，老太太更怀疑了："现在都说女的怕男的有外遇，又查手机又跟梢，这怎么还有主动把男人向外推的呢？你爹当年是做小买卖的，四乡八村的赶大集，不管多晚回来，我们都是一铺炕上睡，有外心的才分炕呢！"

于果说："您可别想三想四了，这真是我们商议的结果。现在小蝶都怀孕了，您可别找她事。"

一说怀孕，老太太更有负担了，这孩子是儿子的吗？万一……

老太太不敢想了，她马上给老家的朋友打电话。

朋友一听，说："你这媳妇百分百地外面有人了，就冲这分床是你媳妇提出来的，她就肯定有问题！"

老太太很相信朋友，朋友和自己的想法一样，家里真是摊上大事了！

❸

老太太有了心事，本来媳妇怀孕，自己应该事事照顾体谅，但现在就变得不好将就了。

首先是看不惯媳妇倒菜汤。在她过往的生活中，菜的营养都在菜汤里，可以用来下面条，也可以蘸馒头吃，就不让媳妇倒。但刘化蝶坚决要倒，她内心有个说不出的理由，那就是婆婆每吃一口菜都要吮筷子，口水全进到菜盘里了。

婆婆说：“毛病！你男人可不是你那些大款！”

最让刘化蝶无法容忍的是———婆婆不刷炒菜锅，说不能浪费油锅。洗碗则只洗里面，不洗外面，无奈，刘化蝶只好重洗。

婆婆就跑到儿子眼前告状，说媳妇太浪费水。于果说：“您也太会过了。”婆婆就不高兴，说：“你爹死得早，我要是不会过，你能读到研究生啊？我一辈子没刷锅，也没药死你！”

于果让刘化蝶将就。刘化蝶说：“我还要怎么将就啊，菜一做一盆！”

于果说：“我们东北做菜就是这样，她这么大岁数了，习惯不好改，慢慢来！”

刘化蝶说：“我本来就反应大，又要天天吃剩菜，你儿子还能长吗？”

于果又去找娘说，老太太就说分床的事。

刘化蝶说：“谁规定夫妻非睡一张床？”

婆婆炸了，说：“我知道你有外心了，儿子，和她离婚！”

❹

十月期满，孩子出生了，是个女儿。奶水不够，刘化蝶让老公喂奶粉，婆婆不同意，说泡饼干吃或喝小米汤也行。刘化蝶说会给肾脏造成负担。婆婆说：“就你们城里毛病多，我儿子怎么长的？跟着大人吃，吃成个研究生！”

过了几天，邻居张婶悄悄对刘化蝶说：“你婆婆说你撒谎怀的是孙子，骗她来当老妈子，还生了个丫头片子。我看你婆婆年纪不算大，可以考虑往前走一步。”

刘化蝶听完气得晚上不吃饭，老公说：“得吃啊，要不你奶水更不够了。”刘化蝶终于忍不住了，说：“现在养猪还得讲科学喂养，难道女孩比不上个猪？我看有些人就是没个老头变态了。”

年纪轻轻就守了寡，一切为了儿子。都说寡妇门前是非多，别人说说也就算了，儿媳开了口，老太太愤怒了。

婆婆来到离婚区，咨询值班律师：“我媳妇和儿子分床，肯定有外心，这种情况离婚的话，是不是我儿子占理？能不能让她净身出户？”

律师说：“分床，确实可以作为判断感情是否破裂的一个依据，但分床不是分居，要看他们夫妻的感情好不好，比如分床是不是生活的需要。”

老太太说："要是结了婚还不能搂着媳妇睡，谁结婚?"

儿子的利益保障不了，婆婆哭天喊地。于果实在劝不了，说："妈，您要实在看不惯，还是回去吧。"老太太一听，非要从楼上跳下去。

这一夜，于果和刘化蝶躺在一张床上，久久无法入睡……

PS：

婚姻是两个年轻人从"孩子位"到"父母位"的重大转变，这是一个既神圣又要面对很多烦琐疲惫的过程，所以，他们会希望父母来帮忙，毕竟请保姆不放心，而父母也乐意成全，但矛盾却也因此产生。

有人说：科技、社会发展得太快，三五年就是一代人。按这个标准来算，父母和孩子得算是相隔数十代了，生活习惯、生活方式、思想言行等方面，确实有太多分歧。如果是本案例这样的情况，相处的难度更大，因为单身的母亲，会把很多情感寄托在儿子身上。但是，任何一种矛盾，只要它的根源是因为爱，无论到了多么貌似不可调和的状态，还是可以找到解决的办法。

我邻居结婚10年，父母因为儿媳怀孕来到本市，在儿子家附近租了个房子，每天做好三餐，用保温盒提去——她觉得外面的饭菜不卫生。儿媳生了孩子之后，婆婆早就请好了月嫂，与月嫂一起看孩子，还外出做家庭采购。这一家人，住得虽近，但各自拥有独立的生活空间，相处十分融洽。我认为本案例的婆婆，也可以在附近租个房子。

另外，邻居婶子提出的建议，婆婆可以考虑。不要认为自己岁数大了，或者条件不咋样，就死心塌地跟着儿子过，可以勇敢地为自己找个爱人，拥有属于自己的家庭生活。

婆婆想再嫁，儿女要支持，特别是做儿媳妇的。当你想靠进爱人的怀抱时，就该明白婆婆也不过是个女人。她和你一样，需要来自异性的关爱、呵护。爱情，不分年龄。

第34篇

失去尊严的父亲
——人多迷闷，背觉合尘

“饮罢不妨醉卧，尘劳事、有耳谁听？”这个家庭的故事让我们警醒：人为世事缠，烦恼便无穷；人若转世事，快乐在眼前！每个人都要觉醒，要学会转念啊！

李明德和邹芙蓉原本是一对相爱的小情侣，做了夫妻后，也都想把家经营好，但是，能力的差异，使他们越来越难以相处，终于，儿子居然对父亲举起了拳头……

❶

李明德和邹芙蓉好上了。

李明德家在农村，独苗，父母种地为生。

邹芙蓉也是农村的，父母也种地，只比李明德多了两个在外打工的哥哥。

在认识邹芙蓉之前，资质平平的李明德，只有一套交了首付的房子，所以，当有人向邹家为李明德提亲时，邹家一口回绝，他们认为女儿可以凭美貌找到更好的。

没多久，邹芙蓉未婚先孕，父母傻眼，他们同意结婚，还陪嫁了全套嫁妆与装修，并一把交齐了李明德房子的尾款。

不久，邹芙蓉生了个大胖小子，取名邹小强。谁知，婆婆竟然不肯来看孩子，理由是公公身体不好，家里还有几亩地要种。

在生孩子之前，芙蓉从未想过婆婆居然不来看孩子，因为公婆只有李明德这么一个儿子，如今又将抱上个大孙子！

结果却大大出乎意料之外。

为了这件事，芙蓉心中火起，把李明德骂了个狗血喷头：“你妈不是不知道，我大哥二哥都刚生了孩子，我父母根本来不了，是不是不想让我养老了？”

李明德也十分恼火，可自己做不了爹娘的主，也只能低头领骂。

俩人的工资很低，请保姆不现实，芙蓉只好向母亲哭诉，母亲说：“这样吧，等你上班时，把孩子给我送回来吧。”

产假结束后，芙蓉把孩子送回招远老家，自己在烟台强行断奶，孩子在老家拒绝奶粉，一气儿哭了几天，才接受了奶瓶，疼得芙蓉大病一场。

为了“报仇”，芙蓉把李明德的工资卡收了，目的就是不给公婆钱。

之前，李明德每月都会给父母打点钱，算是养老费。突然断了，父母不适应，几次三番要钱，得知是媳妇卡住了，也上门来指责过芙蓉。芙蓉恨恨地说：“老的不像个老的，小的就不可能像个小的！”

脸撕破了，芙蓉再也不肯上公婆的门，就算是过年，虽不阻拦他们父子回老家，自己却是绝对不肯上门，甚至连电话也不接。

李明德多次恳求过，要她给自己父母点面子，毕竟农村讲究这个，唯一的媳妇不上门，这是对李家多大的惩罚，简直让全村人笑掉牙。

这样的理由有什么用？芙蓉想起儿子只吃了半年的奶，就被强行送回娘家，还把父母累得人仰马翻，就气不打一处来，根本不可能给公婆这个脸！

❷

芙蓉和公婆的关系，犹如坚冰。直到多年后公公病危住院，心脏需要放5个支架，这层关系才有了松动。

婆婆需要钱救命，主动跪在了芙蓉面前，哭得死去活来。

李明德也翻了脸，说：“你平时不看望他们也就罢了，不能见死不救！”

鉴于此，芙蓉勉强去了医院，与婆婆一起照顾了公公半个月，又掏了一半的医疗费，计2万多元，自觉仁至义尽。

孰料公公再次病重入院，婆婆又来相求，芙蓉不干了，因为自家小强要上学了，十分缺钱。

小强长得人高马大，但学习十分懒惰，天天把着手机打游戏，中考一塌糊涂，根本考不上重点三中，又不肯去普通中学，看双语学校有档次，天天吵着去双语学校。

双语学校学费贵，李明德不同意，说：“你把孩子惯得不学好，家里又没钱，上什么双语？”

芙蓉内心总觉得亏了孩子，那么小就远离自己，一直在娘家待到上幼儿园才回来，所以，多年来，娇惯至极，对于孩子的要求，从来是予取予求，所以，不顾丈夫反对，硬是把孩子送进了双语学校。

孩子进了双语学校后，夫妻俩却双双下了岗，单位给俩人补贴了2万多元。

就在此时，婆婆上门要钱，李明德要芙蓉掏钱，芙蓉不肯，说钱要留给孩子上学用。

李明德说性命关天，老人躺在医院，没钱等于要命。

芙蓉说："你挣钱吗？你想当孝子，当啊，我不拦着。"又历数家史，诸如"我家如何帮你还账、如何管孩子、你如何无用"等等。

无奈，李明德只好出去求借，奈何他没积下有本事还账的脸面，转了一圈儿，两手空空。

最后，还是老人自己筹钱了事。

为了此事，李明德对芙蓉的埋怨开始增多，恰好儿子不争气，在学校违规乱纪的，多次被老师留住叫家长，不到一年，被强行劝退。

被学校劝退，这是多丢脸的事儿！小强坚决不肯在芝罘区上学了。芙蓉心疼儿子，就决定去牟平买学区房，继续进名校。

家里没钱，居然要买房，下岗后仅找到一份修车工作的李明德坚决反对。

芙蓉不可能听他的，自己跑回娘家借钱，俩哥哥加父母，给她凑齐了首付，让孩子如愿又进了名校。芙蓉自己在学校门口摆摊卖文具及小吃，一月下来，竟能赚个五六千块。

这一折腾，李明德感受到了前所未有的压力，天天嘟囔没钱。

芙蓉听烦了，说："这个家谁顶着呢？是不是我顶着？好好好，你的钱你拿着。"

李明德虽然拿到了工资卡，这可是张还房贷的卡，他一月累死累活赚到的钱，也就勉强还得上房贷，根本管不了乡下的父母。

吵多了，夫妻感情疏离，索性分了床，各睡各的不说，还各吃各的。

❸

一天晚上，本来上夜班的李明德，突然肚子疼，返回家中。开门的时候，发现门是反锁的。

叫开门后，他看到了正在陪儿子写作业的赵树。

赵树是个熟人，与芙蓉是同村的乡党，在小强的学校后勤工作，平时很关心芙蓉，所以，两家一起摘过大樱桃，也去过农博园玩，但是，已经近半夜了，他却坐在自己的家中，这不能不让李明德怀疑。

虽然客客气气送走了赵树，但李明德肚子里积攒的火气，再也压不住了，质问芙蓉："我要是今晚不回来，你是不是打算留他住下？"

芙蓉说："今天下雨，人家看我们没遮没挡的，好心把我们送回家，我就留他吃了个饭，吃完就九点多了，人家听我说孩子学习不行，又好心帮孩子补习。"

李明德哪里肯信？这芙蓉天天对自己冷若冰霜，碰不让碰，看不让看的，如果不是外面有人，哪会有这些毛病？

俩人骂的时间长了，儿子不愿听了，出来就嫌李明德声大，连声"爸爸"也不叫，一下子勾起了李明德对这个孩子的怨气。这么些年，儿子对自己一点也不在乎，什么事都问妈妈，现在妈妈干出这么丢脸的事，居然还向着妈妈说话！

父子俩吵起来了，李明德抬手打了儿子，没想到儿子回手打了回来，顿时，父子俩滚到了一起。

李明德虽然正在壮年，但儿子身高一米八，真正的初生牛犊，居然占了上风，把爸爸压在了身下，还一口一声地问："你敢不敢再欺负妈妈了？"

芙蓉怕儿子吃亏，赶紧把儿子拖开，口里说着："那不是你爸吗？你没大没小！"眼里却满是对儿子的心疼。

李明德躺在地上，仰视着相互怜惜的母子，感觉自己已是真正的外人。多少年了，父母受委屈，自己的日子，自己说了不算，儿子也不拿自己当老子，这种日子还过什么过？离婚！

芙蓉好像早就等着这句话，立马接茬，说："好啊，新房子我和儿子要，房贷你还！"

李明德说："凭什么？一家一半。"

芙蓉说："你别忘了，第一套房是我们家还的贷，这套就该你来还！我告诉你，我不像你那么自私，这新房，我给儿子做婚房。"

PS：

在离婚区里，夫妻俩一面拒绝调解，一面不停地争吵，待到工作人员要下班的时候，芙蓉去上洗手间，久久不出来。

这显然是一对不会离婚的夫妻，但是，要把日子过好，他们首先需要正视自己的问题，才能解决孩子的问题。

很多案例表明，凡叛逆的孩子，多数是父母关系差，因此，对待这样的孩子，打骂宠溺都不是办法，正确的办法是先搞好夫妻关系。

李明德是个性格内向的人，好处是可靠，肯把工资给妻子，也孝顺，父母即使不帮自己，也懂得乌鸦反哺。但是，现在的人很实际，不会随意借钱给他，因为他没有还债的能力，于是，显得无能。

芙蓉爱他的忠厚善良，怨的也是这份忠厚善良，因为这种品质虽好，但在面对生活的困难、问题时却缺少应对和解决能力，也就招致了芙蓉的瞧不起。

芙蓉的态度，“熏陶”了小强，他不仅瞧不起父亲，还恨他！他那小小的心灵想的或许是：我上个双语学校，你不愿意；我想上个名校，你不愿意，你就那么见不得我好吗？现在，你还污蔑我妈，根本不配当我爸！你可别小瞧了我，我有力量保护妈妈！于是，父子动手了。

对于这个家庭来说，离婚不是上选。想和好，主要得做芙蓉的工作，因为芙蓉是外向性格，情绪发散，眼界宽阔，凡事不会着落在一个点上，不容易像李明德那样钻牛角尖。所以，说服她主动改变，要相对容易。

芙蓉要明白：如果重新择偶，孩子的叛逆程度只会加重。而且，极少有男人愿意选择带着个叛逆期儿子的女人；带着孩子单过，芙蓉对孩子过度宠溺，一旦让孩子失去原生家庭，会更加自责，进一步宠坏孩子。

鉴于以上种种，芙蓉要反思对待丈夫的态度。

既然自己并不是个物质女人，既然这个男人身上那些婚前的优点并没有改变，还是该选择尊重他，让儿子学习父亲的善良、忠厚、专一，再磨炼自己、学好本事，将来成长为一个优秀的人。

至于公婆不给看孩子，首先要明白公婆并没有看孩子的义务；其次，公公一次手术要加5个支架，可见平时生活几乎难以自理，婆婆确实不敢离开；再加上年迈，还要做农活，不能看孩子，实在情理之中。

李明德也要改变自己。

眼前的妻子，并不是一个物质女人，丈母娘一家也很暖心，要珍惜。老乡偶尔来家里，在没有其他证据的前提下，随意定性为妻子出轨，不仅伤了妻儿的心，也伤害了老乡的家庭。

赚不到什么钱，甚至借也借不到，确实令人沮丧，但是，人各有所长，只要能勤苦劳动，一心一意为家打拼，又有什么问题呢？对于喜欢情感专一的女人来说，还有什么比工资卡能交给妻子且绝无二心更珍贵的呢？所以，增强自信，看得起自己，看得见妻子的付出和不容易，懂得安慰她帮助她，共同想法多赚钱，一起带好孩子，日子一定会越过越好的。

第35篇

富家女爱上穷小子
——爱需平等，亦需感恩

“如今但有，看花老眼，伤时清泪。”陌陌的一念怜悯让俩人从陌路变成缠缚。人的眼光仅仅是看到了自己能看到的，而一旦看到了那些自己看不到的，就认为以前看到的和现在看到的不是一个人。其实，是自己的眼出了毛病，一切都是自作自受。

家境优渥的陌陌，可选择的对象很多，但是，她偏偏爱上了来自异乡的穷小子，甘愿用自己的爱情来“扶贫”……

❶

陌陌是本地“土著”，老公鲁山平则来自陕西一个穷山村。陌陌说：“我家有三套房子，两套用来出租，租房收租的事归我管，他租了我们的地下室。”

有三套房子的陌陌，对鲁山平有着富人面对穷人时易生出的怜悯与好奇，她非常非常爱他，至今，还在用很美好的语言描述：“他个子高高的，肩膀好宽，眼睛一笑是弯的，我当时就觉得他这么帅的人，不应该住地下室，我说我可以把上边的房间单租给你，他说上面的贵，地下室又大又便宜，可以做点手工。”

这么帅的男人做手工？陌陌感觉新奇，下了班就跑来看鲁山平的手工。鲁山平的手工就是把商店买来的小动物玩偶拆开，再用批发来的碎布和棉花批量复制出来，卖给附近烟台大学的学生。“我说你手这么大，怎么这么巧啊？他说没办法，家里太穷了，工资低，父母都有病，弟弟还要上学。”

陌陌太喜欢和鲁山平在一起，要吃饭了也不走，鲁山平就下一锅面条，用豆腐乳和辣油一拌，请陌陌吃。陌陌想请他吃好的，他坚决不肯，说男人不能花女人的钱。当时的陌陌，因此而更爱他。

不久，陌陌开始追他，鲁山平却一直在躲闪，他既不反对和陌陌亲密，但又对结婚十分回避。直到有一天，鲁山平老家来了电话，说他爸爸上山砍柴，摔断了腰，他妈让他借几万块钱。

多年前的几万块钱是个大数，上哪儿借？借了也不好还。陌陌说服爸妈借给了他，鲁山平十分感激。从老家回来后，就主动提出结婚。

婚礼热热闹闹地举行了，陌陌是本地人，亲友、同学、同事自然全到场，场面十分宏大，鲁山平家却只来了弟弟一个人，父亲的腰不适合长途跋涉，母亲自然要在家照料。

还在上学的弟弟，面对珠光宝气的新嫂子，自卑得抬不起头来，说："嫂子，这是咱妈给你剥的花生米，祝你花着生，有儿又有女。"陌陌心里升起了不满，心想你们至于穷成这样吗？结婚送花生米！她冷着脸说："花着生？计划生育只准生一个。再说了，要是生俩儿子，都得到人家入赘换门庭！"

鲁山平对着陌陌怒目而视，陌陌反瞪了他一眼，还是旁边的同学看着不好，赶紧拿话岔开了。

新婚燕尔，本来有说不完的甜蜜，但成了夫妻的陌陌和鲁山平，反而比婚前冷淡得多。

❷

婚后的鲁山平，不再做手工了，住着陌陌家的大房子，开着陌陌家给买的新车，事业上也开始顺风顺水。这得益于陌陌，因为她的同学朋友中，有不少混得不错的，加上老人的老关系，能帮上忙的都帮。鲁山平本来只是个普通的车间技术员，到孩子出生，就进了办公室，当上了读报喝茶的干部。

吃人的嘴短拿人的手软，所以，陌陌一直是当家的。她说："我们家就是我说了算，他说什么也不好使。我妈说男人就得管，一时不管就扎撒毛儿，上门女婿本来就没地位，何况他这么穷。"

鲁山平很听话，让干啥就干啥，有了女儿后，家务就全部接了过来。可是即便如此表现，陌陌还是对他挑剔有加，感觉他一切都是自己给的，他就应该让自己满意。

前年，单位的副总因贪污受贿被抓了，鲁山平抓紧时机，找关系摆功劳，顶班做了副总，但他并不认为是陌陌家多年铺垫的功劳，认为完全是他自己的才能和交际发生了作用。

官升脾气大，此一时彼一时，鲁山平话变得多起来，嫌陌陌脾气不好，嫌她买衣服没档次。陌陌说你有档次你住地下室？以前陌陌也常讽刺他，他会不吱声，现在却一句也听不得了，不是摔门就是砸东西。

更大的变化到来了。鲁山平变得神秘起来，手机到家就关机，还经常悄悄在洗手间打电话，并多次把钱转给弟弟和父母。抓住把柄的陌陌让他说清楚。他十分高傲地说："我要离婚！你看清楚了，老子不是奴才，老子是勾践！"

生活一下子变得支离破碎，这让娇生惯养的陌陌无所适从。陌陌的父母找鲁山平，鲁山平置之不理，再说要找单位，他便很轻蔑地一笑，说："你们就这么点本事，还想要挟别人当奴才！"

陌陌父亲说："如果不是我们家，哪有你的今天？"鲁山平说："你女儿当初耍花痴，利用我们家的善良和贫穷，硬逼我娶了她，这些年你们还把我当人吗？这笔账也该算算了！"

陌陌开始跟踪鲁山平，发现鲁山平真的有外遇了，对方是一个小他10岁的年轻姑娘，俩人还买了房子，但房主是女人的名字。

"他做得真狠！朋友让我找律师，说只要寻找到相关证据，法院会主持公道。可我不敢深究，因为我真的不想离婚，不是因为钱没了，也不是因为我爱他，而是女儿苦苦哀求我，说不想成为单亲家庭的孩子。朋友也不让离，说女人离了不好找。"

鲁山平给了陌陌一个特别明朗的态度，说看在孩子的面子上，给陌陌50万元，结束婚姻，孩子归谁，由孩子说了算。

陌陌下不了决心，但鲁山平不容拖延，直接到了离婚区坐等。陌陌没想到他这么决绝，负气前来，问我："他怎么这么没良心，为钱娶了我，有钱就离开。为了孩子我不会去死，但我离也要离个明白。"

PS：

在《非你莫属》的舞台上，一位求职者说："如果一个人比较穷的话，那么他可能是比较懒惰的，或者是比较敏感的，或者是比较自卑的，因此不要和这样的人在一起。"

当他说完这些话的时候，涂磊非常生气。他认为，一个物质生活的物质的标准，不能够把它当作衡量我们爱情的标准，哪怕在生活当中连一件衣服都买不起，可是只要两个人是真诚相对的就可以了。比如说常见的老夫妻，老夫妻之间为什么能够在一起生活那么久？难道他们的生活永远都是比较幽默的吗？当然不是这样，他们也经历过很多的困难。所以，一个人提出不要和穷人谈恋爱这样的话题，是不对的。

显然，陌陌和涂磊老师的看法相似，所以，她毫不世俗地爱上了鲁山平，父母也权当入赘了一个女婿。

让这一家人始料未及的是，当鲁山平有了一定的经济基础和社会地位，并对这些习以为常之后，压抑在骨子里的叫作“骨气”的东西，开始膨胀了。

如果倒退10年，眼前这个声称爱他的年轻姑娘，会爱上那个住在地下室的鲁山平吗？对此，鲁山平不会去想，他只知道这个姑娘让他找回了自尊或自我。

针对这个案例，我说点建议：我不赞成条件优秀的姑娘们随意做拯救者，最好让帮助止于帮助，不要因为爱上对方就要做对方的主人，爱是平等的。如果铁了心要嫁，那么一定要了解对方的心性，懂得对方的感受，并时刻保持让对方感觉平等的状态，也就是自己能有相对矮一些的姿态。

第 36 篇

20 岁的小妻子
——织妄梦成，还自破灭

“醉里挑灯看剑，梦回吹角连营。”赵理的两次择偶就像其母所说，“都是闪婚不靠谱”，勇敢的织梦人满怀自信编织的美丽梦幻均以破碎告终，他的想法也仅仅是想法，并非一定能实现。

在历经了沧桑的女人眼中，离过婚的男人，比较不靠谱。能把一桩婚姻过成一拍两散，往往有比较突出的弱点，需要多点时间观察。

小艾只有 20 岁，她还不懂得看男人，所以，她不仅同居了，还勇敢地偷出了户口本，与赵理登记结婚。今天，她无限悔恨地来到了离婚区……

❶

赵理长得有点帅，面庞清秀，身材瘦削，说话声音有点磁，所以，当他坐在理发馆的椅子上时，便成功地吸引了正在烫发的安妮——她开始不断地和他搭话。

安妮长相一般，但气质好，衣着时尚，话语间透露出自己是高干子女，所以，赵理与她越聊越投机，以至于自己理完发也不走，继续积极地与安妮聊天，还不断提示安妮的理发师：这里要隆一些，那里要剪一点。

烫发时间很长，五个小时才结束。当俩人先后走到街上时，已是华灯通明。

赵理已经拉住了安妮的手，像所有一见钟情的人一样，快乐地去吃饭，吃完了又逛街，逛街的过程中，俩人抱在一起接了吻，定了终身。

让俩人没想到的是，双方父母都不同意。

赵理在装修公司打工，父亲是门卫，母亲在酒店打工，这是个生活在基层的家庭，不敢高攀，因为男低女高的日子过不好。况且，女孩又在外地工作，什么时候回来，是个未知数。结婚是要过日子的，牛郎织女可不行。

安妮的继父没说啥，继子女的事，不管固然错，管起来更错，索性拿出局外人的态度。

母亲倒是一万个乐意，因为她知道男高女低的苦。当初再婚的时候，她一心要过高人一等的日子，选择了这个有地位的男人，结果，男人仗着自己地位高、收入高，愣是让她享受保姆的待遇，真不如女高男低，能过上女王的日子，所以，她支持女儿的决定。

她还有个小心眼——在烟台成了家，女儿肯定不会再到外地了，就可以守在自己身边了。

过了段时间，安妮怀孕了，赵理父母只好妥协，为他们举办了婚礼。

在谈婚论嫁的这段日子里，赵理有点失望。在他的心中，安妮一定有不菲的陪嫁，谁知女方只肯陪嫁一辆车，余下的费用全归赵家。

办完婚礼后，安妮把赵理带回了娘家，理由是娘家房子大，而且，居然把车给了母亲，要赵理再给她买一部。

赵理哪有钱？还不是父母掏腰包？虽说心里有怨，但看着安妮的大肚子，也只好低头认账。从办婚礼到买车，赵家掏空了全部积蓄，还欠下了15万元外债。

婚后不久，安妮生了个儿子，安妮妈直接抱回了家，根本不给赵家亲近孩子的机会，理由是环境熏陶很重要。赵理父母上门去要，说我们是爷爷奶奶，孙子是我们的。安妮妈不屑一顾，说你们不看看自己的素质吗？

赵理父母恼了。他们本来就不同意这门婚事，完全是看在孙子的面上。现在倒好，钱花了，孙子生了，儿子入赘，还被人家小瞧！两口子一怒之下，彻底与亲家翻了脸，并使出浑身解数，非要把儿子、孙子争回家。

安妮母亲无所谓，但安妮恼了，她觉得有这样的公婆没法过，自己也没有回烟台的打算，索性提出了离婚。

赵理父母抢先替儿子答应了，带着儿子去民政局，利利索索把婚离了。

❷

离婚不久，公司举办老客户答谢宴，凡是带来新客户的，赠送一台饮水机。于是，有带来朋友或亲戚扮演新客户的，其中就有老客户艾理的侄女小艾。

小艾19岁，亭亭玉立，一脸少女的单纯无邪，吸引了赵理。他上前攀谈，还约好在抽奖的环节放水。对此，小艾很好奇，说我以为抽奖是最公平的呢。赵理神秘地附耳告知：才不呢，想让谁得让谁得。

在赵理的帮助下，小艾成功地拿到了一等奖——一枚红宝石戒指，并由赵理亲自帮她戴到了手上，满满的仪式感。

美酒，帅哥，钻戒，鲜花，十足的电视剧情节，陶醉了小艾少女的心。她稀里糊涂迷上了赵理。一周后，家居招远的小艾，以到烟台打工的名义，住进了赵理家。三个月后，小艾回家偷出了户口本，与赵理登记结婚。

在赵理父母眼里，儿子真是不靠谱，第一次闪婚，现在又闪婚，还娶这么小的农村姑娘。可赵理的姥姥支持，说女人就是要小，小了心眼少，好调教。

按照小艾的想法，穿婚纱，办婚宴，老公当着众人下跪，给她戴上婚戒。可是，除了赵理父母送来的15万元，啥也没有，连三五桌的酒席也没有。当然，这是赵理的意思。他说："我结过一次婚了，亲戚朋友都随礼了，现在又请客，就像敲诈似的。再说，婚礼就是个仪式，啥用也没有，该离还得离。"

婚后，本就赚钱不多的赵理，感觉到了生活的困窘，又不好意思再搜刮父母，决定跟着姥姥卖海鲜。

卖海鲜是个苦力活儿，每天下半夜都要去排队拿货。时值冬天，双手碰到海鲜，彻骨地寒冷。小艾抄着手坐在远处，看着赵理和姥姥忙活，有时太困了，会睡过去，直到被拿好货的赵理叫醒。

把海鲜摆到市场的摊位后，姥姥命令赵理回家睡觉，说没有力气活了，用不着他，年轻人觉多。

小艾不开心，自己比赵理还年轻，凭啥自己得不到照顾？比起赵理来，自己更需要睡觉，但姥姥不会说，打发走赵理后，就絮絮叨叨地传授生意经，比如快速把货丢到秤上，可以多赚几两等等，让小艾好不厌烦。

姥姥对赵理的偏爱，还不止这些呢。

有一次，赵理在家拖地，穿着一条肥大的花裤衩，很像裙子，小艾觉得画面很美，拍了视频发网上，被姥姥看到了，立马打电话过来，对小艾开口就是一通训："俺养了二十多年，从没干过这活儿，你这么使唤他！就知道睡觉偷懒，知道怎么疼男人吗？"

姥姥还吃小艾的醋！吃饭时，小艾跟赵理挨挨蹭蹭，大腿架到赵理身上，姥姥十分不乐意，说："拿开！把俺外孙压坏了！"

类似的事，一次又一次，气得小艾直哭。赵理说姥姥开玩笑呢，你听不出来？小艾坚持认为姥姥有偏有向。赵理说那就不去吃饭了。小艾不同意，说："得去吃啊，就不用点外卖了，省钱。"

自从俩人结婚，小艾没做过一次饭，如果不去姥姥家吃饭，就得点外卖。赵理说："我们这大半年，光外卖就花了五六万块。"

❸

赵理的母亲升了主管，月收入达到了8000块。为了祝贺母亲，赵理用这次结婚收的钱买了辆小车，送给了母亲。他说："经历了这么多事，我真觉得对不起父母。母亲升了职，每天半夜回家，坐不了公交，打车也不方便。送个车给她，表示我的心意。再说了，也是取之于民用之于民嘛。"

小艾可不这样想，她本来就为婚礼的事怄气，现在礼钱也飞了，更不平衡了，找赵理讨公平。

赵理说："这车是给你们俩买的，谁用谁开。你想开啊，赶紧学证吧。"

小艾第二天就报了驾校，过了科目三，觉得自己上路没问题了，找婆婆要车，婆婆得知她没有驾驶证，坚决拒绝。小艾就和婆婆吵起来了。

这一架吵得厉害，小艾口无遮拦，没大没小，彻底把婆婆和姥姥惹翻了，她们历数小艾种种不过日子的劣行，连"便宜没好货"这样的话都说出来了。

赵理很痛苦，但他选择了和小艾站在一起。他对全家人说："小艾20岁就跟了我，吃苦受累，连个婚礼也没有，不容易。你们没了我，还有三个人，她要是没了我，可就是孤零零一个人了，所以，请原谅，我必须和她在一起。"

之后，赵理和父母家断了联系，半年没上门。虽然自己用实际行动向小艾作了爱的表示，但他内心很痛苦，时不时跟朋友深夜喝酒，孤独无助的小艾，提出了分居。

分居两个月后，小艾又提出离婚。

小艾说："分居这段时间，我想了好多，把好多事想明白了。我很后悔，真的，我怎么能和他在一起？他离过婚，都有孩子了，也没钱，连个婚礼都不给我。我的要求过分吗？我不应该有个婚礼吗？我都结婚了，父母还不知道，我真是傻啊。"

要离婚了，小艾依然选择了隐瞒。她说："结婚时没说，离婚也不能说。我要是说了，父母该多上火啊。我真后悔那么小就结婚，什么也不懂，我同学还天天谈恋爱卖萌呢，可我呢，天天半夜半夜地待在海鲜批发市场，他也不疼我，自己回家睡觉。你不知道，半夜接货多受罪啊，白天还要在市场待着，冬冷夏热，我还这么小。"

赵理拒绝离婚，他使出了浑身解数挽留小艾，并主动去找父母和姥姥，说："如果我再离婚，就是离过两次婚了，以后怎么找？别人一听，就觉得我真复杂啊，哪敢跟我啊？小艾很实诚，不会过日子是小事，她还小。其实，她愿意来家蹭饭，也是把你们当自家老人了，你们就原谅她吧。"

孩子回来，姥姥和父母很开心，她们表示根本不恨小艾，从没把小艾当外人，至于不让她开车，也是因为她没驾照。母亲说："带她回来吧，也不用道歉，我们也不提，就当什么事也没发生过。她也有驾照了，以后车归她，我再也不开了。"

不管家人如何努力挽留，小艾执意离婚，她就像进了牛角尖，执着在没办婚礼这个问题上不放，认为自己就应该有一场盛大的婚礼，家里就应该摆上大大小小的婚纱照。

赵理答应了，说："你再给我一段时间，让我赚够结婚的钱。你如果真的爱我，就别为难我，我不能再向父母要钱了。"

小艾说："还是离婚吧，我坚决要离婚。"

PS：

赵理和安妮，与其说是爱情，不如说是赵理在攀附。

在赵理眼中，安妮是一位理想的伴侣——父亲（尽管是继父）是高干，母亲是银行职员，安妮是硕士白领。

对于职校毕业的赵理来说，如果不是机缘巧合，像安妮这样条件优越的女人，见都不容易见到，何况做夫妻？所以，能与安妮结婚，这是阶层的跨越，他觉得万分荣幸。

结了婚的赵理明白了，入赘，并没有给他带来想象中的阶层改变，反而成了亲朋好友的笑柄，成了父母丧失尊严及权利的祸根……

痛定思痛，赵理再婚时娶了比自己差些的小艾，但是，他忽视了对方的年轻，没有很好地引导与保护她，又没有给她足够的重视，婚礼免掉，父母给的钱，也用孝顺的名义还回去。

这是一桩不必离的婚，因为最根本的原因只是太年轻，只要家长们端正心态，好好护送小夫妻一程即可，但小艾非常坚决地离了，还带走了年幼的孩子。

小艾很任性，可以偷户口本，也可以不计后果地离婚，我阻挡不住，只能在这里跟年轻姑娘们说几句：小小年纪，不管遇上多么喜欢的人，千万不要着急结婚，一定要先强大自己，当自己拥有了经营婚姻、守护爱的能力后，再结婚不迟。

第 37 篇

招个博士来入赘
——各取所需，每成黄粱

“算只有殷勤，画檐蛛网，尽日惹飞絮。”各取所需的想法有时仅止于美好愿望，现实却如坚冰一样为热水所浇，瞬间就无影无踪。

网络上有句玩笑话：你家有皇位要继承？

玫瑰家真有“皇位”要继承，由于她挑不起这个重担，母亲找来了博士万方，招他入赘，这才有了玫瑰和万方的短暂姻缘。

❶

玫瑰，未婚，1991 年生，漂亮知性，家有企业，学历大专。

万方，离异，1977 年生，相貌堂堂，出身贫寒，管理学博士。

我们国家向来是男尊女卑的传统，信奉“郎才女貌”的道理，一个男人，只要有才，意味着未来有财，或者干脆就是有财，那么，帅不帅老不老，甚至离几次婚，都不是值得上纲上线的大问题……

在这样的婚姻文化背景下，玫瑰被介绍给了万方。

2016 年 10 月，两人见面了，满腹经纶的万方，轻松吸引了小公主玫瑰，也吸引了丈夫中风、家无男丁、却有家业要继承发展的玫瑰妈。她说：“我们家不缺钱，就缺一个能把企业做下去的英才。他家穷，也没什么事业，给我们做女婿，真正的双赢。”

富家出来的姑娘，财富已经不是她关注的焦点，反而是万方这种寒门才子，更容易击中她的要穴，所以，恋情进行得很顺利。

一直渴望着航行大海的万方，苦于少一艘巨轮。

现在，巨轮来了，并发出邀请，可把他高兴坏了，赶紧向妈妈宣布了自己的艳遇。

万方妈也十分开心，立马提出见玫瑰父母。

这次见面，万方妈开门见山，直接提出结婚。

玫瑰一家都很意外，直接拒绝。

对于玫瑰家来说，女婿相当于入赘，将来要继承他们的家业，俩孩子认识了才一个月，多数时间是在微信上聊天，真正见面的机会不超过一天，太仓促了。

想尽快结婚的想法，其实万方也有。

从上大学起，万方就没缺过女人。很多心地纯真的人，会以为穷学生没人要，其实才华一样是女人的春药，所以，万方读研期间就结了婚，没想到对方劈腿一个年长自己20岁的董事长，并最终选择离他而去，让他认识到财富的巨大魅力。从此，但凡穷门小户的姑娘，就算同样是博士，他也坚决不要，只渴求玫瑰这样能给他一个猎场的姑娘，可以充分发挥他呼风唤雨的本事。

机会来了，时不我待。

何况，他是享受过身边天天伴个女人的男人，很难忍受形单影只的生活。

电视剧《美丽的心思》中有句话：一个人睡觉，再厚的被子也会冷；两个人睡觉，再薄的被子，也会感到温暖。

❷

为了尽快实现心中梦想，万方加大追求的攻势，并很快与玫瑰发生了性关系。

有了这样的基础，万方妈的底气足了。

当两亲家再次见面的时候，万方妈又一次提出结婚，说俩孩子情意相投，过了正月就结婚吧。

玫瑰妈耐着性子，反复陈说婚前了解的重要性。

万方妈一意孤行，说："我儿子年龄大了，他们还要生孩子吧？男人年龄大了，影响孩子健康的。再说了，早结婚也早了心思，玫瑰也是看好了我家儿子，说非我儿子不嫁呢。"

万方妈把话说到这个程度，玫瑰家也觉得蛮有道理，全家表示同意。

结婚已获全票通过，万方妈余音未尽，授意儿子和女孩继续谈条件。

在两家大人交际之时，万方把女孩约到了大厅，说："我们家情况你也知道，供一个博士，真是倾尽了全家的心血，现在，再让他们办一场婚礼，太困难。办得差，对不起你；要办好，暂时又没这个经济实力，希望你理解我。"

哪个女孩不想要一场盛大婚礼？万方的要求，实在过分。

感觉生米已煮成熟饭的玫瑰妈，居然答应了，还说服女儿："婚礼就是个形式，场面再盛大，不过一天的光景，最终还是要落脚在日子上，日子还长，几十年呢。你别不高兴，咱家给你办个像样的求婚仪式。"

邀齐了亲朋好友，定下了烟台最豪华的星级酒店，从全场的鲜花，到顶尖的司仪，一百桌精美菜肴，还有万方的求婚钻戒，无一不是玫瑰一家操办，万方一家只须带个嘴来就是。

求婚这天，气氛让主持人搞得如火如荼。

当女孩身着如梦如幻的纱裙，美丽万方地出现在求婚现场，接受万方单腿跪地的求婚时，玫瑰妈眼含热泪地对万方妈说："大姐，你看看，女儿多漂亮啊。"

万方妈突然起身冲向卫生间，玫瑰妈以为她身体不适，忙快步跟上，却听到了亲家在里面号啕大哭。

玫瑰妈以为她是感叹儿子走了狗屎运，娶到了这么通情达理又家财万贯的好姑娘，也因此可怜她养大儿子的艰辛不易。

到了敬酒这个环节，玫瑰妈额外谦恭了一些，想好好捧一下万方妈，以示安慰与来自女人的理解。

没想到万方妈毫不领情，残存着泪渍的一张脸，全程铁板一块，一言不发。

❸

按照当初万方妈的规定，求婚仪式一完，就要登记了，但万方妈的表现实在太差了，打消了女孩心里热辣辣的想法，她要求把登记推迟。

万方把玫瑰的想法一说，万方妈立刻要儿子去参加周末的相亲会，说："咱是博士，烟台有几个博士？你还长得这么好，好多博士跟土豆子似的。你去看看，好女孩多的是！"

万方不同意，但他已经习惯了听妈妈的话，还是同意了，并把此事告知了玫瑰。

玫瑰相信万方不会去，比自己更优秀的女孩还有很多吗？何况他说了永远爱自己。

相亲会在烟台山举办，已知此事的玫瑰妈，特意来到了现场，她要看看心中的好女婿会不会出现。

当然，她看到了万方，万方作为优质男生，被主持人拉到台上，并作了重点介绍。

让玫瑰妈气愤不已的是——万方全程风度翩翩，十分乖巧地配合着主持人。

这可把玫瑰一家气坏了，决定退亲。可就在此时，玫瑰怀孕了。

事态严重了，玫瑰家召开了家庭会议。讨论的结果是：万方真的很优秀，不可多得，他妈毕竟是他妈，当妈的不能跟孩子一辈子。将来俩人有了孩子，万方也接手了家族企业，慢慢会脱离母亲控制的。

玫瑰和万方终于结婚了，万方当上了玫瑰家的总经理，母亲也去住了几天，却终究是不适应。

儿子承诺很快给她买套大房子，她又搬回了自己的出租屋。

玫瑰为了做好万方的媳妇，经常和万方去婆家吃饭。

让玫瑰想不到的是——万方妈当着儿子面会说会笑，只要儿子不在，对玫瑰冷言冷语摔摔打打。

到了这个时候，玫瑰一家人才认识到：这桩婚姻不靠谱。在一番商讨之后，决定离婚。

由于婚前已做好财产安排，万方也没有表现出管理才能，遂净身出户。

PS：

读完这个案例，大家可能最不能理解的是万方妈。

凭空有了这么个好亲家，自己也尽力去促成了，为什么还要表现出特别不愿意的态度呢？

出身穷门小户又多年守寡的万方妈，供出一个博士儿子，真的是千难万难。她并不希望儿子攀龙附凤，因为儿子就是龙，应该是别人来攀附她家。那样的话，自己有地位，日子好过。

没想到，儿子的野心，超过了她能接受的范围，入赘了，帮人家顶门立户去了，自己成了个“光杆”不说，还被大家认为是个没用的累赘，怎么高兴得起来呢？要知道，能守寡多年供儿子的女人，自尊心不可小觑。

年轻人却不会想那么多，即使俩人的结合不是为了爱情，但谁又能说婚姻必须是为了爱情呢？

万方如果不是更看重对方的家庭，凭啥选择一个大专生？

玫瑰家如果不是爱才，凭啥选择只有一纸学历的万方？

人生海海，诸多不易，能满足彼此需求，也是一桩好姻缘，婚姻的本质，本就是交易与合作啊。

不过，这个婚姻不让人看好。

很多人心中有一个博士情结，越是没上过几年学的人，越对高学历有着莫名的敬畏，因为我们中国一直流行的就是“万般皆下品，唯有读书高”——这也是玫瑰愿嫁的主要原因。

博士水平高，是事实，存疑的是：博士就肯定能成功地带领一个企业吗？

博士，只代表学历，并不能代表能力，所以，就算玫瑰爸无力选择佳婿，玫瑰妈也是伴随丈夫一路拼杀出来的，居然盲目选择女婿，眼界和格局还得提高啊。

第 38 篇

公婆交首付的婚房
——为物所累，情存何方

“青山遮不住，毕竟东流去。”双方对一本房产证署名的看法竟决定了一桩婚姻的去向，意识形态和现实利益依然对现代人的思想产生重大的影响。人往往活在自己的主观中，所以不得解脱。

出身于省城书香门第的李泉，爱上了烟台打工家庭的苏志，并跟随他来到烟台。原以为幸福的日子即将开始，却因为房子签名而闹得两家老少不安，二人决定离婚。

❶

李泉的父母都是高校教授，在济南工作；苏志的家在烟台，父母是企业职工。两个人同时考上了北京某高校，读同一个专业。像所有摆脱了高考苦日子的年轻人一样，两人很简单就相恋了，一起自习，一起吃饭，到大二暑假的时候，就分别向家里公开了此事。

苏志的父母很高兴，儿子找了个教授的女儿，不用看到本人，就知道肯定知书达理，一身的书卷气，拿得出手。但李泉的父母却不乐意，因为他们早就为女儿的未来作了完美的规划：大学毕业后，继续读硕士、读博士，将来也可以进入高校当老师，既有地位，收入又稳定可观；特别当他们了解到苏志成绩平平、根本没有读到博士的可能后，干脆翻了脸，要女儿马上结束这段恋情。

李泉却是这么想的：“你们喜欢当教师，我可不喜欢，况且，你们一直待在学校里，根本不知道外面的世界有多宽广，我有权利选择一份新的职业。我都不想当教授，怎么能要求苏志当？我们应该有与你们不同的未来。”

大人主导孩子想法的年代早就是历史了，李泉父母自然很明白这个道理。他们叹口气，说：“顺其自然吧，等你将来明白过来的时候就晚了。更重要的是，婚姻是有阶级的，你们出身不同，能真正合得来吗？”

大人有大人的想法，年轻人有自己的主张：“我们就那么一路好了下去，一天不见就会想，老觉得爱得特别深，好像一辈子不够用，还得再把下几辈子一块儿签下来，所以，毕业的时候，我毫不犹豫就跟着他来到了烟台，因为我喜欢烟台，这里有大海，空气好，何况他说他是独子，要照顾父母。”

为了这事，李泉的母亲都落泪了。“我妈说人家是独子，我是独女，为了人家的父母，抛下自己的父母。我当时听了也很难受，不过苏志说了，等我父母退休后，接到烟台来住，济南的气候太差了，我觉得这样很好。”李泉如是说。

❷

在谈恋爱的时候，两人就商量好了，结婚后不与父母同住，要买一套属于自己的房子，所以，看楼盘，是毕业前每个假期的主要任务。

在看过无数楼盘之后，他们终于相中一套130平方米的房子，预备买下来。但对于处在工薪阶层的两个年轻人来说，房款是个大问题。“我父母手里有钱，但我觉得远离他们确实伤着他们了，就坚决不要，说苏志家里买得起房，条件很好，其实也是为了让他们放心。其实苏志家庭条件很一般，只能给交个首付，以后的分期付款由我们来慢慢还。”

到了申办房产证的时候，事情变得复杂起来，办好的房产证上只写了苏志的名字，李泉不高兴了，说你为什么不写我的名？苏志说房子的首期本就是爸妈付的，又不是我付的，本来想写爸妈的名字，是爸妈坚持让我写自己的。李泉说我呢？为什么不写我的名呢？

苏志的脸上出现了让李泉无法理解的表情，他说：“你又没拿钱，怎么能写你的名啊？”

李泉的眼泪都要出来了：“我跟着你来烟台，啥话也没说，啥东西也没要，这房子是咱俩一起住，贷款要咱俩一起还，怎么就不能写上我的名？”

苏志听了，也觉得有道理，就给父母打了个电话，说要去改一下房产证，结果老人斩钉截铁地说：“绝对不行！”

李泉一听就恼了，拉着苏志就来到了老人家里，非要讲讲道理。苏志母亲说：

“我们都是工人，比不上你们家大教授，买房的钱，是我们从牙缝里省出来的，怎么能算是你的？你非要占着，敢情不是冲我们孩子来的，是冲房子来的？”

这话强烈地刺激到了李泉，她全身都开始哆嗦。苏志一看不好，说：“妈，你在说什么，李泉不是这样的人！人家要是在济南，要什么有什么！”

李泉使劲推开苏志，转身就向外走，苏志随后要追，母亲拉住他：“我跟你说啊，你要怎么哄她都行，名字不能签，将来万一离了婚，房子还是咱的，男人只要有房，啥样的姑娘找不到？要是没房，那可就惨了。”

李泉伤心至极，打电话给父母，父母听了十分气愤，打电话质问苏志。苏志虽说有些心虚，但已经认可了母亲的道理，说：“我父母攒出这点钱确实不容易，他们老了，我不想让他们生气，何况，房产署名只是一个形式，住的是我们两个人，父母也不来住，只要两人好好的，考虑形式的东西干什么？”

❸

苏志回家后，底气十足，像什么事没发生一样，李泉逼他最后表态，苏志却只是沉默。李泉回了济南。

李泉的父母郑重地和女儿谈了一番：“俗话说，有其父必有其子。尽管你们感情不错，但就房产证这一件事，足可以看得出他确实是他父母的孩子，而你和他们不是一类人。现在有两条路你来选择：一是我们给你在烟台买一套房子，让他搬进去住，但没有他的名字；二是你离开烟台，回济南来。婚姻是漫长的，如果连这一点小事都会产生矛盾，不肯替你着想，后面的事无法预计，长痛倒不如短痛，反正你们还没有孩子。”

一周后，李泉向单位提交了辞职报告，同时给苏志发去了离婚协议。

对于苏志的父母来说，房子的签名确实不可更改，但离婚他们也坚决不同意，他们赶紧坐车来到济南，想把李泉接回去。

苏志父母说：“我们为了孩子结婚，把家里的积蓄都拿出来付了婚房的首期，现在不过是把我儿子的名字写在房产证上，很应该啊！写你们家女儿的名字，就是不对头啊！你们就为这么点事提离婚，把我儿子变成二手男人，你们把书读到驴肚子去了！”

李泉父母更生气：“我女儿自从和你儿子谈恋爱，从没沾过你家什么便宜，你们怎么能污蔑我女儿是图你们家房子？按规矩，婚房本来就应该是男方准备，现在这房子还有房贷，我女儿也得参与还贷，你们居然这个态度，有结婚的诚意吗？”

苏志母亲说：“将来要过不来，你女儿还能找有房子的男人嫁，我儿子呢？哪个女的要没房的男人？”

李泉说：“原来你们现在就打好了离婚的谱了？那多累，现在就结束吧，你看，新房我住都没住，正好留着你们娶新人。”

苏志说：“我们五年的感情啊，你怎么能说离就离？”

李泉看着相恋五年的苏志，心里百感交集，人说好夫妻须能同甘共苦，又说能共苦者多，能同甘者少，五年婚恋居然不抵一纸房产证。想到这里，李泉泪如雨下：“我们恋爱五年，结了婚还意味着要相守几十年，就署个名，真的有这么不合情理吗？”

PS：

有一对异地恋夫妻，结了婚，女人带着一百万元嫁过来。

不久，男人单位分小产权房，女方出了全款，男人全家以为儿子有能力，反而小看女方。

俩人婚前缺乏实际生活中的相处，主要依靠电话网络，真正住到一起后，才发现彼此难容，争吵不断。

男的有个毛病，一生气就让女的滚。

女的说：“凭什么让我滚？”

男的说：“这是我单位盖的房子，所以，是我的。你要是惹恼了我，我就调走，房子按单位规定上交，你爱咋的咋的。”

女的说：“钱是我花的。”

男的问：“有证明吗？”

女的说：“有取款证明。”

男的说：“就算能证明你有钱，钱是你取的，谁能证明这钱花到了房子上？”

一场婚姻，前世有约，俩人如果不是你情我愿，女的怎么会千里迢迢嫁来？怎么会把自己的财产拱手相送？但房子确实是男方单位分的，男方就觉得房子是自己名下的。

这还是小产权房，如果是大产权的房子呢？

夫妻过日子，免不了有矛盾，如果苏志让李泉滚呢？

首付，是父母交的不假，但后面的贷款要两个人来还，或许父母认为可以让儿子自己还，但既然他们结为夫妻，那么婚后收入为共同财产。

当下，面对离婚率节节攀高的现实，我建议有能力的姑娘，婚前买个房，给自己买个心理保障。暂且买不起又遇上李苏家这种情况的，应要求把还贷部分写上自己的名字。

第39篇

怀孕五次的第三者
——原是妄想，何以求真

“花儿不大、叶儿不美，只一段风流标致。”方方想拥有超过自己价值的东西，明显是超越了自己所能承受的范围，必将毁灭自己。原本已经是不劳而获，还想更上层楼，命里没有的东西怎可强求?!

第三者也跟到离婚现场的，不多；表现得比原配还愤怒的，更是少之又少。所以，这仨人的出现，吸引了离婚区所有人的目光。

被两个女人指责的蓝化，看向我的目光里充满着恳切，期望我能把第三者劝走；他有能力说服老婆，因为他们有良好的感情基础，而且，他从来就没想过要离婚。

听了蓝化的话，方方泣不成声，说自己已经为他先后流掉四个孩子，只为蓝化一句娶她的承诺……

❶

方方的父母，软弱糊涂，地种不好，收入微薄，在村子里毫无话语权，好像人人都可以踩一头，所以，他们热切地希望有个儿子撑腰，却来了个女儿。于是，他们根本不拿女儿当人，打骂是家常便饭，还动不动要她去死。

方方说：“农村就这样，有儿子，腰杆壮，出个大事小情，儿子们向前一站，大事化小，小事化无。女儿不行，说什么都不硬气。如果要说事儿，都是男人和男人对话。也有拿女儿当宝的，但大多数家庭不行，我经常会以为自己是父母捡来的。”

方方14岁的时候，弟弟出生了，这千呼万唤而来的小家伙，赢得了父母宠溺，方方的处境就更加可悲——在繁多劳累的事务之上，又增加了哄弟弟的义务。她开始睡眠不足，也因此招来更多的责罚。

在又一次遭受父母的打骂后，方方彻底放弃学业，跑到城里。方方说："我学习还不错，可是学好了又有什么用？反正父母也不会供我上大学，他们说要留钱给弟弟。算了，我出来活自己的。"

初入城里，没文化没特长的方方，只能去小饭店打工，可以包吃包住。干了一段时间后，摸着了门道，知道像自己这样的姑娘，可以到大酒店去。不久，恰好一家四星级酒店招服务员，选中了她。

美丽犹如珠宝，总会吸引到别人的目光。有一次，老板请客，她恰好在房间伺候，老板仿佛也并没在意她，但第二天经理就让她到前台工作。方方很高兴，说："我一点也不喜欢当服务员，天天看人家吃吃喝喝，有些没品的男人，还拿我取乐。前台比服务员好多了，又干净又体面。"

方方到了前台，从前罕见的老板也时常出现，与方方聊天。混熟后，约方方外出，为她买衣服、买包包，带她吃好吃的，把她变成了情人。

❷

男女之间，一旦有事，就像春风拂过了柳枝，那盎然的春意，难以遮盖。

同在前台工作的同事，提示方方不要轻易相信男人，特别是有钱有势的男人，因为这样的男人不会轻易离婚，离婚等于丢面子、分财产，男人才不会那么傻。

方方不听，她感觉人生刚刚步入美好——老板给予的关怀如春天般温暖，让她这粒一直瑟缩在寒冷薄土里的种子，终于发出了自己的那抹新绿。

蓝化对方方铺天盖地的好，换来了她全身心的依赖。方方说："其实我也弄不清，是他谦和洒脱的风度，是他温和低沉的声音，还是他举手投足间散发出的富贵气？也可能都是吧，他深深吸引了我。从没人对我这样好过，我觉得自己好像突然变成了公主。他说了，只要我愿意，他会照顾我一辈子，永远对我好。"

因为有了蓝化，方方再也不是那个穿地摊货逛三站的乡下女了，她天天更换着各种时尚的衣裙鞋帽，职位也从前台调到了办公室，从此，不用打卡上班，以方便蓝化的随叫随到。

蓝化还给她买了辆小跑，由她开到老家摆阔。从前不可一世的父母，因此低到了尘埃——求她给家里钱，求她给弟弟找工作。方方一律不答应，她冷笑着回到跑车，绝尘而去，用扬起的尘土，表达对父母的怨恨。

蓝化与方方的浓情蜜意，如同纸里的火，终于有一天烧出了火光。蓝化老婆和几个闺蜜一起，把方方按在了大街上，扒光衣服，剪掉长发，再加上各种撕扯殴打与辱骂，引来一堆人看光景。如果不是有人看不下去，拨打了“110”，后果难以想象。

❸

方方刚和蓝化好的时候问过他，如果你老婆发现了来打我咋办？蓝化说我和她现在就剩了个面子，如果她敢撕破脸皮，我就马上娶你。方方说真的吗？他说想那么多干啥？她是个爱面子的人。

被打之后，方方找蓝化，蓝化没提离婚的事，只是另换了套房子，把方方的旧车卖了，换辆新车，还有新牌照，让她不要到处乱跑，班也不让上了，说这样就安全了。

之前，方方感恩蓝化对她的好，心甘情愿做情人，从没想过逼宫求上位，但这次凌辱实在过于惨重，蓝化的表现又让她心寒，她决定另找出路。

仗着漂亮，方方相继找过几个工作，但每个都做不了几天，因为她已经习惯了不劳而获的生活及蓝化对自己的宠爱，于是，她又过上了之前的生活，并陆续流掉了四个孩子。直到第五次怀孕，害怕了，医生告诉她：你刮宫次数过多，子宫壁非常薄，如果再这样流下去，子宫穿孔，不孕不育，都有可能。

方方从医院回来后，恳求蓝化让她生下孩子，保证不求名分也不求利益，只求蓝化保全她今生做母亲的权利。

虽然方方的姿态低到尘埃了，但蓝化不肯成全她，说如果坚持生孩子，别怪他翻脸不认人。方方执意要生，蓝化直接回家了，他熟知方方的脾性，虚荣胆小，上次被打的经历，足以让她噤若寒蝉，刻骨铭心，根本不敢把事情闹大。

无论如何，方方不敢不生，她不能真的让自己失去做母亲的权利。同时，她内心还有份小期待——蓝化无情，是因为没看到孩子。如果真的看到孩子，当爹的，怎么会不管不问？肯定会担起做父亲的责任。

孩子生了，蓝化出现了，要把孩子送人，说自己不缺孩子，也不会离婚。方方问他：“你说只要你老婆敢撕破脸皮，就会不顾一切地与她分手，为什么脸皮也撕破了，孩子也生了，你还是不肯离婚？”

这个男人沉思了好大一会儿，说：“我真没想到她反应那么大，平时她是个很内向的人啊。我要是真的和她离婚，她可不会和我算完。”

方方说："我不管你怎么想的，反正孩子是你的，你得管。"

蓝化说："你决定你承担，我有家有孩子，你早就该知道我不可能对你负责。"

PS：

蓝化的婚，没有离，因为夫妻有多年来的相互依赖与扶持，有双方无法割断的情感牵连，还有共同经营打造出来的各种利益。在这样坚实的壁垒前，那些无比感人的海誓山盟，那些貌似真情实意的花前月下，算得了什么？

当蓝化拥着老婆离开的时候，方方瘫软在地。看得出，她依然无法离开，失去的太多了，有青春，有情感，有信任，她无法面对这满身满心的疮痍，更无法面对那个注定要带着伤害成长的孩子。

可怜之人必有可恨之处，从本例中可以看出，方方是一个极度轻贱自己的人。她恨父母对其性别的轻贱，以决绝的方式逃离，以肤浅的方式示威。其实，她比父母更加轻视自己。一个有妻子的老男人，轻施恩宠，就肯舍命相报——一次次怀孕，一次次流产，若不是遇上善良的医生，她会终生不育，甚至丧失生命。

仅仅是因为爱，方方才离不开蓝化吗？不，除了情感的贫瘠，还有个原因——"包养"比奋斗更舒适。

在成长的过程中，我们几乎所有人的身上，都带着原生家庭或重或轻的创伤。虽然我们无法选择自己的出身，但可以通过学习和奋斗来拥有美好的人生。

方方很漂亮，等于拥有了一份稀缺资本，即便无学历无技能，漂亮会帮上她的忙——酒店前台，公司接待……。一旦方方真的努力起来，不要说异性会照顾，哪怕是同性，也会对美丽的姑娘法外施恩。

第40篇

拿外遇疗伤的安糖

——若成捆绑，爱心何在

“西北望长安，可怜无数山。”爱一个人，就要放他到自由的地方，让他去施展，让他去翱翔。安糖和袁古的故事也许对大学生毕业后在何处定居发展有些许启发。

拿到离婚证的安糖，坐在椅子上起不来了。她说：“我就像被抽了筋，一点劲儿也没有，我歇歇……”

❶

安糖是山东人，考到了中央财经大学。名校出来的学生，野心也大，毕业后，她选择了在北京工作，进入一家投资公司做会计。

袁古是安徽人，和安糖是校友，比安糖毕业得早。当安糖入职的时候，他已是公司的理财高管。

校友加同事，又是单身男女，职位还男高女低，一切均符合中国人理想的恋爱条件，再加上袁古主动出击，俩人很快就成了恋人。

拥有袁古，安糖很快乐，她说：“我对他不只是喜欢，还有些崇拜。他很阳光，积极向上，工作体面，有发展，有能力，有担当，有计划，做事从不好高骛远，而是脚踏实地。”

婚姻讲出身，不同家境出来的孩子，生活上不容易相融。理性的安糖，知道这一点，但没有亲身经历，感受自然无从谈起。

她说：“我父母都是知识分子，他家则祖辈务农，但是，出身这事，真的有那么大问题吗？我没感觉，反而觉得农村孩子更懂得努力更踏实，更能给我足够的安全感。为了万无一失，我主动跟他回家见父母。他家很穷，仅有的财力，全供他了。他父母人都很好，而且，他妈妈很喜欢我，催着我们结婚。”

结婚就要安家，可北京的房子简直是天价，就凭两人的收入，想在北京安居乐业，难于上青天！安糖和袁古都心生退意。

袁古家在乡下，家中还有个哥哥，父母老有所依。

安糖家只此一个女儿，又生活在县城，两家相比，自然是安糖家取胜。

安糖说：“我跟父母说要回家定居，父母当然很高兴，很快给我买了房，我又考了个公务员，有了一个不错的单位。在这种情况下，袁古就辞职过来了。工作的事他没考虑，因为我能力不如他，都能随便考上公务员，他认为自己没问题，我也这么认为。”

唯一的宝贝女儿回家安居乐业了，喜出望外的父母，为女儿操办了婚礼。

安糖说：“一切费用我家出的，没要他家一分钱，他父母有些惭愧，非要我们过去补办一场，毕竟是儿子娶媳妇嘛。但是，因为我刚工作压力大，不好请假，袁古又要找工作，拖了很久，才去他家补办了婚礼。婚礼比较乡土气，没花多少钱。这个事，他父母明显表现出不高兴，感觉我家不尊重他们家。我觉得自己够照顾他家了，不要聘礼，自己买房办婚礼，他家儿子以后也要靠我们家，还有啥说的？至于他们非要办婚礼花钱，是他们的事，又不是我要求的。”

❷

一切如安糖家所愿，唯一让大家都没想到的，是袁古居然找不到工作。

安糖说：“之前我们在北京，他虽然有点内向，但能力真是很强的，绝对是公司的佼佼者。何况我们都是名校学生，在小县城考个公务员或找个工作，不该是小菜一碟吗？真邪了，他连续三年考公务员，都考不上，应聘别的单位，要么聘不上，要么干不长，他就这么闲下来了。”

开始的时候，安糖经常给袁古打气，鼓励他，支持他，但袁古越来越像扶不起的阿斗，安糖工作上又有压力，相处的感觉就变了，工作压力会不自然地发泄出来，两人开始吵架，有时候会吵得很凶。

吵架中，安糖发现袁古其实很自卑。当她发现了这一点，就主动和好。

随着一次又一次的面试失败，袁古的变化越来越大。

安糖说：“我们这是小县城，很偏僻，他一个朋友没有，整天在家里憋着。经常是我忙了一天回家后，我们两个因为一些小事吵架，吵完后，关灯一起睡觉。后来慢慢地，互相不说话了，一句也不说。”

频繁冷战，导致婚姻变质，夫妻生活变得越来越不和谐。每次发生关系的时候，两个人都不说话，互相避开对方的目光，好像在共同完成一项不得不做的劳务。

以前认为能找到工作的袁古，会赶在安糖回家前做好饭。

现在工作找不到，饭也不做了，晚上不再按时睡觉，开灯玩手机，玩到很晚。

他还当着安糖的面，跟别的女人语音视频。安糖生气，但不说话，当没看见，视若无睹，努力让自己睡过去。

袁古在本地没市场，一闲两年，但上海的猎头公司找到了他，给他开到2万月薪，还提供宿舍，三天两头给他电话微信。袁古觉得自己不能去，自己是有家的男人不说，上海的房子也很贵。

从前不抽烟、不喝酒的袁古，开始抽烟喝酒了，抽得很凶很凶，喝得很凶很凶，像要把自己逼死，还经常故意气安糖，总是刻意把架吵大，再陷于沉默。

❸

到了八月，正是夏日炎炎的时候，袁古叫来一门远方亲戚，是夫妻二人，就住在家里。

安糖说：“这事根本没和我打招呼，从他们来，到他们走，我都是蒙的。他们是夫妻，睡在客厅，我跟他睡在卧室，每天晚上他们聊到后半夜。三个人一起故意冷落我，他们聊得热火朝天，和我一句话不说。”

安糖期待和好，却又放不下身段。她说：“我表面装得很坚强，不在乎他们，装睡。等他回来后，装作被他吵醒了，待他躺下，会主动地凑过去，跟他发生关系，然后再睡三四个小时，然后去上班。”

不知出于什么心理，袁古睡觉不关卧室的门，灯也不关，就那么明晃晃的。

安糖很生气，她说：“他们夫妻就是袁古找来羞辱我的。”

生活如此糟糕，安糖也想过离婚，但这个念头只是一闪而过，因为离婚会在单位造成很大影响。

一个月后，这对夫妻走了，他们走后，发生了家暴。

那天晚上，又像从前一样发生关系，袁古突然开始说脏话，还一巴掌打在了安糖的脸上。一掌下去，停了一下，然后又是几巴掌，安糖双手反抗，被袁古大力按住了。她说：“我想哭，忍住了。”

打了一会儿，袁古好像意识到了什么，突然收手，与安糖四目相对。这是两人冷战后的第一次四目相对，并超过一分钟，袁古脸上开始显现焦虑后悔和不安。

安糖说："我想原谅他，跟他和好。话没说出口，身体却很主动，脸蹭到他胸前央求抱抱，他拒绝了。几秒钟后，他却穿上衣服，出了家门，我想追出去但是还是晚了一步。第二天早上我看到他睡在客厅。因为上班着急，又没说什么话，我就走了。"

那天上班，安糖一直在想回家后的情景，想了一千种模式一千种应对方法，然而回家后他却不在家。

晚上很晚他回来了，安糖第一次起身迎接，然而却不知道干什么。

袁古看了安糖一眼，脱衣服就进了洗手间，一句话没说。

安糖在洗手间门口徘徊半天，又回到沙发上。

❹

接下来的这段时间，安糖在网上认识了孙丹，认识他，是安糖在帮袁古查公务员考试成绩时认识的。

他俩当时在一个群里，互相交换考试资源和考试信息，还加了 QQ 和微信。孙丹经常给安糖发消息，有一天他发了句"天冷了，注意身体"，安糖顿时鼻子一酸，决定去见他。

周五中午，安糖请了假。他们在两个县城，安糖一直坐了 10 个小时车才到他那里，到了已是晚上。

这是一个愉快的周末，他们一起挤公交逛商场，晚上在广场看广场舞，一起吃路边摊，逛超市，他陪安糖试衣服。以前刚毅的安糖，瞬间变成傻白甜。晚上，想着自己是有夫之妇，安糖嘴上一百个不愿意，却还是跟孙丹睡在一起了。

周日下午，安糖走的时候态度很冷淡，表示不会再来了，但是一上车，她咬着面巾纸，偷偷地哭。

回家后，依旧是跟袁古的冷战。后来，袁古终于接受了上海的工作，对安糖提出了离婚，净身出户。

这段时间很折磨人，安糖会想起从前意气风发的袁古，想起他们在北京一年多的爱情。这么一想，安糖就坚持不住，就去找孙丹。他们住着廉价的旅店，吃着廉价的饭菜，看国产烂片，但依旧很快乐。

有一天晚上，安糖问孙丹想找个什么样的，孙丹没提任何要求，说了句离婚的不接受，还说离婚女人如何如何。

这次之后，无论安糖再怎么痛苦，都没跟他再见面。“我不想让他知道我的遭遇，想给他一个美好的回忆。毕竟他在我最困难的时候，给了我一丝关心，一丝希望。我不想耽误他。”

“现在，他还经常跟我在微信上说话，但是，我只看不回了，有时候还会偷偷地哭。”

“以前，袁古在我心中就像块鸡肋，我会反复问自己——如果扔掉了，我从前的付出算什么？如果不扔掉，我今后的人生怎么办？现在，因为这个不会娶我的他，抹掉了。”

“我终于把袁古送走了，他算是净身出户吧。他走后，我把房间认真地全方位地打扫一遍，就像他从未住过。”

“又过了半年，我把他透支我信用卡的钱都还了，消除了他在我生活中最后的印迹。”

PS：

年轻人的爱情，不牢靠的多。

在荷尔蒙汹涌的年纪，男女很容易海誓山盟，三观啊、家庭啊，都可能抛在脑后。有时候，只是某一瞬间的脆弱或感动，就容易定下终身。

所有爱情，基本要满足这四方面，才有可能长久：

1. 生活在同一城市；

2. 有稳定的工作和收入；

3. 三观匹配，性方面愉悦契合；

4. 能相互牵挂、相互扶持，有共同愿景。

对照这四点，不难明白一段看上去没什么问题的爱情，怎么走到了这一步。

再茁壮的大树，也不能轻易拔根破土，彼此再怎么崇拜、依恋、相爱，树，还是应长在适合它生长的地方。

经历了这一劫，相信袁古和安糖都会有新的人生。

只是，如安糖一样的姑娘，千万不要再拿着孙丹们做疗伤的工具，踏踏实实地过好自己的人生吧。

第41篇

连发40个离婚短信的孕妻

——爱是包容，还需忍耐

“凤箫声动，玉壶光转，一夜鱼龙舞。”大译的热血豪气也许是年轻人成长中的烦恼，年轻夫妻应更多地去磨炼自己，要相信每一个人都是会变化的，只要我们相信自己一定能变好。

走进离婚区的小洁与大译，恋爱一年多，才貌般配，收入地位平等，在双方父母的共同祝福下走入婚姻。

如今，小洁即将临盆，却提出离婚。大译愤怒满腔，积极响应……

❶

小洁与大译都是大学毕业，分别供职于薪水和福利都不错的单位。他们的恋爱走得还算顺利，只是小洁的性格让大译有点不满。

大译说：“她脾气有点大，爱较真，我有点不舒服。不过，好像女孩子都有点‘作’，好多文章也认可她们的‘作’，说这是女孩子的专利，婚后就好了，那我就不计较吧。”

只是有一点“作”，其他方面完全符合大译的择偶标准，属于双方父母眼里的上乘婚姻。他们很开心，为儿女筹备了热热闹闹的婚礼。二人结婚，小洁怀孕，正式开始了家庭生活。

有一天，大译的上铺兄弟从北京到烟台出差，跟大译见了个面，大译非常高兴，也没和小洁打招呼，直接带回家中，又约来几个本地朋友作陪，让已经怀孕七个月的小洁做菜，要和兄弟们好好喝一顿。

客厅里，大译和兄弟把酒言欢，畅谈大学四年的种种趣事。小洁则挺着肚子在厨房忙活，择洗切炒，忙得头昏眼花。每次端盘过去的时候，看大译喝得面红耳赤，提醒他不要喝多了，大译毫不在意。

也有朋友提出帮嫂子忙，都被大择拦住，说没事，多活动活动好，能顺产。

情深酒酣，声音越来越高，不觉到了夜里11点，邻居开始抗议。估计是之前已经忍了好久，一旦发声，就十分不客气。

小洁赶紧过去跟邻居道歉，说大译的大学同学来了，这只是个偶然事件。

邻居说："我家有上学的孩子，要写作业，你们知不知道？就是看在咱们是邻居的份上忍到现在。"

小洁继续道歉，邻居也不好和一个孕妇计较下去，就关门息事了。

同学一看，马上提出散席，说明天一早有事要办。

大译觉得面上无光，说这个邻居就是事多，以后有钱了，换房。

这话被朋友辉哥听心里了，大家一起向外走的时候，辉哥掏出小刀，在邻居门上狠划一通，并大力踹了几脚。

邻居不算完，事情闹得挺大，报了警。警察来后，放过了孕妇，把大译一行人带往派出所。

小洁开车跑到父母家，父母非常气愤，说这还得了？马上打电话给亲家，让他们管管。

亲家一听儿子进了派出所惊慌不已，马上兵分两路——婆婆赶到小洁家安抚媳妇，公公赶去派出所拯救大译。

一夜忙乱。

❷

门损坏了，照价赔偿，让大译很上火。比这事更让他愤怒的，是小洁的行为。

大译说："就这么点事，你至于告诉老人吗？大半夜的，让他们跑来跑去地操心！"

小洁说："这事还小吗？都动刀子了，都混到派出所了，丢不丢人！我告诉你，以后不准在家喝酒！"

事情最后落眼在家宴上，双方父母也一致支持小洁，说："现在哪有在家吃饭的？外面要啥有啥，酒店大排档，随意选。小洁快生了，你还让她干活，不知道利害啊？真是个孩子。”

在双方家长的巨大压力下，大译勉强低头，但心中不服。

他想：大学同学来烟台，让他看看我的家怎么了？这事意义重大啊。划门是不对，情有可原啊，喝大了嘛。那邻居也太讨厌了，不懂点人情世故吗？日子漫长，谁家还不兴有点特殊时刻！门也不是不能用，亏他好意思要新的！

一个月后，大译被上司批了，心中不痛快，打电话给朋友，朋友说：“我现在上班呢，下班聚聚吧。”

面谈肯定要喝点，大译也想去酒店，又觉得酒店太贵，不如在家实惠，就买了点菜，把朋友带回了家。

考虑到上次父母们的训斥和小洁的肚子，大译亲自下厨，正忙活着呢，小洁回来了。

看到大译又犯毛病，小洁十分气愤，但考虑到大家的面子，不好发作，谎称母亲找自己有事，开车去了父母家。

到家后，小洁开始给大译打电话，指责他言而无信，记吃不记打。大译不想听，挂了电话。

朋友听到了，说：“咱散了吧。”大译认为小洁给自己丢面子了，非留住朋友不可。

担心朋友们笑话自己，大译把手机设置成静音。小洁看电话不接，开始发短信发微信，要他赶紧结束，千万约束着朋友别闹事，并指责他言而无信。

不管小洁说什么，大译一律不回信息。小洁炸了，连发40遍“这日子没法过了！”

送走朋友的大译，看到小洁的短信，生气了，马上回信，“不过就不过！”

第二天，俩人拿着结婚证，前往婚姻登记处办理离婚。

PS：

针对这个案例，我首先想说的是大译。

上铺兄弟来了，让他看看自己的家，看看自己的成长与收获，无可厚非。但是，完全可以在家喝喝茶，然后去酒店吃饭，一定要在家设宴吗？

就大译所提供的信息来看：

1. 房子不大，隔音效果差，容易扰邻。

2. 妻子有孕。小洁已怀孕七个多月，身体相当疲累。这么特殊的时刻，怎么能为了自己的面子，让她在厨房中劳累呢？

3. 朋友有待筛选。自己错了，被邻居说几句，情理之中，认错改正就是，怎么能动刀划门呢？

事实如此，但大译坚决不认错。至于朋友划门的事，他认为是一个意外。特别让他气愤的是，凭两人的感情，小洁不应该把事情闹大，特别是不该提到离婚。

被离婚，意味着对方彻底否定了自己，太伤自尊了。

在这种心态的激励下，本来不想离婚的大译，也知道对方马上就要生出自己的孩子了，还是愤怒地应和："离就离！"

那么，小洁真的想离婚吗？

大家都看得出，小洁想说的是：你知不知道错了？为什么明知故犯？假如大译真心真意地说"我错了，我以后真的改"，小洁就不会提离婚。

在小洁看来，上一次的教训已足够了，本是安分守法的良民，却被带到派出所里过夜，多么丢人的事，为什么还不长记性呢？小洁看似没完没了，实则是对大译的担心，是爱。

大家都知道，若面对不爱的人，半句犹多，恨不能掉头就走，永不相见，哪会有喋喋不休的心情？这世上，愿意对你喋喋不休的人，是最爱你的人。爱之深，忧之重；爱之深，责之切。

在这个案例中，小洁的做法没什么大问题，这是一个有理性的姑娘。即便是身怀六甲，也没有丧失理智。特别是第二次看到大译犯规，并没有当场发作，给大译留了面子，值得表扬。后面的频发短信，也不是大译所认为的不给面子，而是害怕扰邻的事再次发生。

婚姻，本就是成熟者之间的一种交换。在两个人决定结婚的那一刻，就意味着同意交出一部分自由，来换取陪伴、依靠和传宗接代。

第42篇

高嫁低娶的婚姻
——若不知足，心无宁日

“舞榭歌台，风流总被、雨打风吹去。”美人以自身之美为美，且拿其去做交换，现实生活若达不到其心中想象之美好，必然产生痛苦。若要无痛，须先无心，要能看惯，才能没有痛苦。

宋辉被人称作“三寸丁”，与花容月貌的李青毫不般配。谁料想一个特殊的机会，让宋辉顺利抱得美人归，两人喜结连理。

让大家万万没想到的是——两年多后，宋辉却提出了离婚……

❶

宋辉貌不出众，外号“三寸丁”，学历本科，在远离都市的央属单位工作。虽说个人条件一般，但胜在出身不错，父母都是国企高层，上档次的车房早给儿子备好不说，还有大笔存款，所以，在对象的选择上，宋辉的要求并不低：一要漂亮，二要工作好。这就不好找了。

李青白皙漂亮，有一双会说话的大眼睛，两条大长腿，在某私人医院做护士，待遇优渥，择偶眼光也不低，虽然父母务农，还是找到了一个高富帅。

春天，宋辉有花粉过敏的毛病，去找小姨，小姨恰和李青是同事。

二人就这么认识了，宋辉对李青一见倾心，发誓要把李青追到手。李青丝毫不“感冒”，她已经有男朋友了，而且是高富帅。

为了追到李青，宋辉变成了二十四孝好朋友，且不说春花秋果必不可少，更兼一呼百应。

李青呢，当然看不上他，却又贪婪地享受着他的好，因为自己的那个高富帅比较傲娇，需要她的讨好，正好在宋辉这儿找个平衡。

李青的婚期，约在10月1日。眼看婚期将至的一天，李青突然头痛欲裂，等送到医院时，已然昏迷，医生给出方案——准备开颅。

消息传来，正在外地出差的高富帅，受不了了。他回到烟台后，没有去医院，先回了家，把此事告知父母。

一家人坐下来商议，都觉得开颅是个大麻烦——开完了，万一没根除，那就是一辈子的麻烦。就算治好了，开颅啊，多大的事！脑袋破开了，元气跑了，人也毁容了。而且，万一治不好呢？下不了手术台呢？就算下得来，有没有并发症？太可怕了！算了，不管能不能治好，这媳妇都不能要了。

卧在病床的李青，听到毁婚的消息，无异于晴天霹雳。

早就赶来守护的宋辉，赶忙安慰她，要她听医生的话，接受治疗方案，并承诺："我爱你，不管你啥样儿，只要有一口气在，我一定和你在一起。"

开颅是个大事儿，也要花大钱，宋辉回家表明态度，非李青不娶，要父母出钱为李青医治。

宋辉父母一看这情况，请了个专家，为李青重新检查论证，结果是医生误诊了，不仅不用开颅，三天后就可以出院了。

这次事件，让李青重新修改了择偶标准。矮点怕什么呀？高富帅倒是条件好，有用吗？关键时刻避之唯恐不及，能白头到老吗？

心理改变了，宋辉也变得可爱了。何况，宋辉家庭条件优渥，综合而论，在世人眼里，或许李青还逊宋辉一筹呢。

秋风一起，李青怀孕了，二人欢欢乐乐地做了夫妻。

❷

婚后的日子，超出了李青的想象。

因为是奉子成婚，父母在乡下的李青，考虑到公婆已是半退休状态，房子又大，就很自然地住进了公婆家，指望得到相应的照顾。

让李青没想到的是——公婆是喜欢热闹的人，好容易混到如此自由的状态，天天招朋呼友，游遍四海，根本没把李青考虑进去。

有一天，婆婆的朋友从国外回来，送来一个化妆品礼盒。当时只有李青在家，朋友也以为是给李青买的，李青很自然收下。

过了一会儿，婆婆回来，看到了化妆品，问了问，什么也没说，到了卧室开始打电话，声音很大，对话内容清清楚楚地传进了李青的耳朵："老王，谢谢你给我捎的化妆品。给她的？不是，是我的。这个牌子，我觉得好用。"

李青一听，赶紧把化妆品放到了客厅，婆婆马上出来拿走了，连客气一下也没有，让李青很不舒服。在她看来，自己这么年轻漂亮，配得上用那些高档化妆品，婆婆不漂亮，又这么老了……

宋辉回来了，给李青带来了她最爱吃的释迦果。看老公如此深爱自己，她想：或许老公可以为我扳回这一局。

听明事由，宋辉直晃脑袋。母亲那么厉害，自己去要她喜欢的东西给儿媳妇，怎么能说得过去！

婚前百依百顺的老公，现在居然开始反抗，让李青很受伤。像自己这么漂亮的姑娘，下嫁给他，不是说要求他必须卑躬屈膝，但至少应该站在自己这边，好的化妆品也该有自己一份吧？

心里不痛快，眼里的宋辉又变回最初的感觉了，矮小无趣不说，还懒惰。他是个被父母惯大的孩子。婚前的表现，完全是为了追到心上人。真正结婚了，人就变得松懈下来，再也不像婚前那般殷勤了——媳妇已经娶到了呀。

生气也没用，后悔也没用，肚子一天天大起来。已经身子沉重的李青，走起路来缓缓的，又穿着舒适的软鞋，所以，当她无意中走到书房门外的时候，屋里人毫无察觉，她因此听到了婆婆和老公的对话。

婆婆说："当初不让你娶，非娶。你说说，就咱这样的家庭，什么样的娶不到？你看看我那好亲家，上得了台面？根本就是门不当户不对。"

李青听得热血直撞，却以为还有一丝指望，以为老公会替她辩一下，却听到了老公吃吃的笑声——这是认可婆婆的话？

从小不敢反抗父母的李青，内心很生气，表面上习惯性地保持了平静。不平静又如何？肚子这么大，快生了，能如何？她把眼泪流进了心里。

过了两个月，孩子生了，是个儿子，公婆挺高兴，直接把李青娘俩送进了月子中心。

出了月子后，还回公婆家，可公婆清静惯了，被孩子闹得四仰八叉，直接表示受不了。

李青顺坡下驴，提出到婚房去单过，公婆同意。

❸

没有了公婆，李青以为会有番新气象，事实又打了她的脸。

与公婆在一起，好多事都由公婆做，看在李青怀孕的份上，公婆并没有在家务上计较，所以，宋辉的懒还不是那么明显。如今自己过，宋辉的懒就无处遁形了。

一天，卧室灯坏了，李青要宋辉换灯泡，宋辉答应得很好，但直到晚上也没换。

李青质问他，他说明天一定换好，保证，绝对。

到了第三天，灯泡依然没换好，害得李青特别不方便。只是大人还好说，还有孩子呢？夜里不停地换尿不湿、喂奶，全要打开卧室的门，把客厅的光透进来。

第二天，宋辉兴冲冲地回来了，像献宝一样，把一个小夜灯举到李青面前，说问题解决了。

李青说："是不是太暗了？"

宋辉说："能看到就行呗。"

李青再逼下去，宋辉才说不会换。后来，宋辉还是去求助了母亲，才算让卧室亮起来。

日子越过得长，琐事越多，宋辉当年留给李青的好印象，全折腾光了。

不久，小孩多病，公婆给他们买了辆车，方便。

新车开了才3个月，李青发现只要一踩刹车，就会有奇怪的声响，她督促宋辉去4S店看看。

与以往相同，宋辉还是态度很好，但拒不执行，说这声音是正常的。

李青就说好多车祸实例，以期引起宋辉的重视。

宋辉口头上好好好是是是，却根本不动弹。最后，还是找了父母了事。

生活如此，工作更是如此。

休完产假后，李青为了照顾孩子，换了份工作。后来发现工资待遇有点少，又换了另一份工作，薪酬翻番。

宋辉却不然。当年结婚时，李青嫌弃过宋辉的工作离家太远，宋辉说我肯定会换啊。如今孩子都两岁了，还是从前的样子，李青受不了了。单身的时候，远点没有太多感觉，现在有家有孩子，琐琐碎碎的事太多，真能把人拖疲软了，更能把人拖愤怒了，李青的脾气开始不好了。

一向斯文老实的李青，发起火来，宋辉还真受不了。无奈，他只好辞掉了原来的工作，努力去找新工作，这才发现工作难找，很多工作都是时间紧任务重。他向李青求情："我不能吃苦啊，你看我这身板，出不了力，我从小就没出过力。"

今天说，明天说，一晃一年过去了，没工作的宋辉心安理得，一天到晚玩游戏和钓鱼。

李青曾经发誓不找公婆——人家瞧不起自己啊。现在没办法了，认为还是得让他父母管他，孰料他父母没当回事，说："他原来的工作多好，做熟了，薪水又高。我们找找领导，还让他回去吧。"

如果回去，这个家又撂给李青了，当然不行，她开始指责宋辉骗她："早知如此，怎么会嫁给你这个鬼样子？"

宋辉长得差，但自尊心不弱，恼了，愤而提出离婚，说："倒是有高富帅，人家不要你！你长得好又怎么了？我也可以不要你！"

PS：

李青之所以会嫁给宋辉，固然是高富帅推了她一把，更重要的是：

1. 她有普通女孩的通病——男人对自己好就行。

2. 李青在父亲手里受过伤。从小到大，父亲十分暴躁严苛，让李青惶恐不已（倾听中了解到的）。生命中亏欠的，势必会产生索取心，所以，李青从父亲那里要不到的，就转向宋辉去求取。因此，就算高富帅不临阵逃脱，如果不能够长期百依百顺，就算俩人结婚了，婚姻一样要触礁。

婚姻漫长，还是要嫁给一个自己看得上的人。

或许有朋友认为李青下嫁了，宋辉必定做"忠犬"。

自古以来，郎才配女貌，宋辉虽然长得差点，但家庭条件远优于李青，他不会自卑，也不会在婚后依然刻意巴结李青。其父母也会认为这桩婚事不门当户对，瞧不起李青。

如今，这对小夫妻已婚有子，也没有原则性的问题发生，离婚不可取，应相互包容。

宋辉要让自己尽快成熟，担当起做丈夫做父亲的责任。

李青要承担自己错误的那部分，比如最初的盲目，也要看到自己当初最满意宋辉的那部分，帮助宋辉成长。

宋辉父母是社会精英，更应懂得：及时放手，才是对儿子的深爱。

第43篇

婚后发现嫁错了人
——贪欲是魔，伏之自救

“趁有余妍须细酌，东风情性恶。”此篇可谓长篇故事，看得人惊心动魄。妻子小芳的贪欲和冲动让人看到人性中阴暗和凶恶的一面，一个人的成长总需要她自己去完成，别人帮不上忙，哪怕是夫妻伴侣。期待这对夫妻都能作出自己正确的选择！

小芳和大刘，婚前各自相过很多次亲，自以为选对了人，却在婚后发现了越来越多的不如意，开始了一系列折腾，把日子过得鸡飞狗跳……

❶

我和妻子小芳是相亲认识的，之前，我们都相过好多次亲。

和小芳相亲的人，有军官、商人、老板、船员、公务员等，真是各行各业，条件都可以，有的还有好几套房子，但小芳都没看上。直到遇上我，她突然不挑了。我说我有房贷，家庭条件并不好，但她说不是问题。

开始的时候，我还挺自卑，因为她家条件好。交往后，才知道她心里也有很多苦。

小芳刚出生那会，母亲工作忙，把小芳撂给了爷爷奶奶。爷爷奶奶很惯她。时间长了，小芳和爷爷奶奶的感情越来越好，对母亲的态度则越来越差。上中学的时候，小芳在家洗头，泼水时，明明看见母亲蹲在水沟边刷鞋，故意把水溅到母亲身上，气得母亲打了她。小芳哭闹一场，直接离家出走了，直到爷爷奶奶去找，才肯回来。

由于小芳的任性，母亲也不喜欢她，她提出去学校餐厅吃饭，母亲偏不给钱。小芳十分生气，天天闹，与母亲的关系更加疏远。

有一个下雨天，晚上放学后，同学都有人接，只有她是一个人回的家。到家后，看父母早已睡觉，根本不担心她，心里不舒服，就把雨披扔到了地上。第二天早上，母亲看到地上那么多水，训斥小芳把地弄湿了。小芳说晚上放学时下雨了，母亲说："你看看外面地面都是干的，哪有下雨？撒谎！"小芳看着冷漠的母亲，唯盼考上大学，远远地离开这个家。

通过努力，小芳考上了大学。刚读了一年，母亲就让她退学，说家附近有一个电子厂招人，半年后转正，再送到韩国学习一年，机会很好。

看多了韩剧的小芳，心想上大学也是为了工作，有去韩国这么好的机会，当然不可放过，随即辍学进入电子厂。然而，电子厂并不景气，小芳只是在国内学习了一段时间韩国语，就回家了。

回家后，母亲带她到附近的鱼厂找活干。老板了解小芳的情况后，说大学生来剖鱼太浪费，不肯接收。

明白了母亲不可靠，小芳决定靠知识改变命运。她通过自学考试等办法，拿到了函授类学位证书和结业证书，并找了份办公室的工作。

❷

尽管小芳在成长的过程中，有太多不如意，但比起我来，至少没受过我这样的穷。

我父母是农民，但我们姐弟五个，都考上了大学，我们完全靠着借款和父母的咬牙坚持，才完成学业的。到我考上大学的时候，哥哥姐姐已经工作了，他们合力供我，家里的日子才好过了些。

由于家境贫寒，我们家形成一个传统：偶尔得点好东西，都是家人一起分享。记得我小时候，父亲跑运输，母亲做好饭但不让吃，必须等着父亲回家才吃。几点回来几点吃饭，半夜回来就半夜吃饭。虽然吃饭很晚，但吃的时候，因为一家人在一起，感觉很幸福。没想到，我从小养成的家庭观念，居然与小芳产生了激烈的冲突，形成难以化解的矛盾。

记得我们第一次见面时，说了整整一下午的话，还是感觉意犹未尽，就直接约好了第二天去旅游。游到最后一个景点时，小芳说走不动了，不想再玩了，要回家。我觉得既然旅游，就应该把景点都看完，但看到小芳真的是不想玩了，考虑到出来玩的目的是增加感情和相互了解，我就同意了，但内心有些不快。

第二天，小芳说她村里正在分楼房，需要一次性付清几十万元的款项，谁家要是交不上款就把购房名额让给别人。我当时和小芳算了下价钱，感觉合适，就说这是一个挺好的机会，应该买。小芳说家里没钱，我说要是咱俩能成了，银行贷款或者我想办法借钱都行。

我们的关系进展很顺利，开始谈婚论嫁买房子，这才发现小产权房没有办法贷款。姐姐听说后，马上筹钱给我，把房子买下了。

我对小芳说咱们要攒钱，早点还姐姐。小芳却说还什么还？谁家娶媳妇不准备房子？

❸

在家人的帮助下，我把小芳家要的礼金及金饰都备足了，顺利成婚。

由于我妈那时生病了，没有能力收拾家，加上我们要到北京蜜月旅行，母亲就让我们到姐姐家住一夜。姐姐按照风俗给了红包，哥哥和嫂子送了几千元的项链吊坠。礼尚往来，我给了侄子和外甥每人 2000 元的红包。

妻子当时没说什么，但第二天在景点拍照时，突然就发作了，说我们是新人，他们给钱是应该的，我给钱是不对的。照也不拍了，还闹着要回家，我赶紧哄她。虽然我们很快和好了，但我意识到我们三观是有很大差别的。

从北京回来后，按习俗在老家举办宴请。由于没有请婚车和司仪，也没有为妻子盘头、穿婚纱，妻子当着众人的面跟我翻了脸，并提出离婚。

我说以后抽空把婚纱照给补上，还会抽时间一块出去旅游，在外面重新办一次婚礼。妻子说：“现在就让你爸妈出钱，他们娶媳妇，就得出钱。以后再出去，就成了你出钱，凭什么你来出?”妻子的表现，让我们全家在乡亲们面前丢尽了脸。

结完婚就是春节，我们没回城，直接在老家过。

正月，我按习惯把给外甥、父母的钱准备好。妻子说自己儿子结婚什么都不管，凭什么收你给的钱！我说回头也会给你们家，妻子说一码归一码。

春节过得怨声载道，父母姐妹都是一肚子气，更让我想不到的是——妻子说今生不要孩子了。她说：“我是一个连自己也照顾不了的人，有了孩子肯定照顾不好。更不想将来孩子出生了，像我一样成长在一个不疼爱她的家庭里。如果要了孩子，就要给孩子一个好的未来。”

❹

妻子怀孕期间，在丈人家住着，我主要忙着装修房子。

装修房子期间，我长了水痘，她找偏方给我治。她单位领导之前就喜欢欺负她，现在不顾她大着肚子，还给她多分配任务，我就帮她想办法。彼此之间，前所未有地融洽。

到生孩子的时候，却发生了几件意想不到的事，成了她和我吵架的借口。

生孩子那天，妻子疼得厉害，什么也吃不下，早上医生要求抽血检查，不料妻子血管较细外加血压偏低，中间换了好几个护士才把血抽够了。

到了产房，大夫看妻子用不上劲，就问我有没有带巧克力，我说在病房呢。大夫说不是让你带过来吗？我说我去拿，妻子紧抓着我，不让走。

生完孩子的第二天，我在病房过道上正好碰上了同事妻子，她羊水破了，同事还在外地出差。我看她什么都没带，就把没拆开的红糖和巧克力给了她，妻子当时没有说什么。

从医院回到家里，妻子开始了没完没了的指责和怀疑，硬说同事的妻子是我的相好，她生的孩子也是我的，完全不听我解释。

生孩子是大喜，老家人来看孩子，带了满满一车的东西，全分给了妻子的家人，还给了孩子8000元的红包。到家人要走的时候，我考虑到父母、姐姐是我成家后第一次来，就买了些海参，一家给一袋，也给了丈母娘一袋。丈母娘十分不满，说我给自己家花钱太多。她说："他家都那个德行，顾大家不顾小家。"

一年后，房子收拾好了，我们准备回自己家。考虑到在丈母娘家住了一年，又快过年了，我给了岳母5000元钱。

第二天，岳母给我们买了一台油烟机，说是温锅。妻子说："看看我妈！不像你们家，给多少拿多少，脸皮真厚！"

腊月二十八，一起回到老家后，我拿了2万块给妻子，让她给姐姐，还当年借给我们买房的钱，说中国人讲究个年底清账，吉利。妻子虽然给了钱，但到了晚上，把我家人挨个骂了一遍，说他们一个个都挣钱比我多，还好意思收我的钱！

第二天，同学聚会，我开车去的。走的时候，妻子说不让我喝酒，让我早些回家，还要带孩子去姐家洗澡，因为孩子胳肢窝有些红，她认为是我家脏造成的。

本来我的确不想喝，但到了酒桌上，同学们一劝，还是喝了酒，并开车回家，醉倒在床。妻子火了，说回家就离婚，无论我怎么哄，都冷着一张脸。整个春节，我们在冷战中度过。

❺

年后，我回来上班，姐说让她娘俩在家里住一段时间，等过了正月十五再回去，也正好教她学学怎样带孩子。

我回烟台一周后，妻子多次发信息，说学会带孩子了，想早点回家。我很开心，认为妻子是想我了。待回家接她的时候，才发现家里乱成了一锅粥，原来妻子和我家人格格不入。姐姐强势，妻子不能按自己意愿行事，就吵来吵去。我一看这种情况，立马将妻子和孩子接回了烟台。

回到烟台丈母娘家，妻子开始骂我，还动手朝我脸上狠狠打了一巴掌，说你怎么不去死？坚决要离婚。

晚上，妻子把被子从卧室搬到客厅，看电视到大半夜，还以生气上火怕奶有毒为理由，不给孩子喂奶，孩子哭也不管，我只好自己来照看。

第二天，她没提离婚，但怒气持续了很长时间。

一晃到了妻子上班的日子，可她不想上了，要辞职看孩子。

为什么要辞职呢？她单位离家近，只需步行15分钟；工作时间短，一天工作6个小时，还双休；如果实在看不了孩子，可以接我母亲过来。

由于我和我父母姐妹都不同意她辞职，她只好上班。4个月后，在下班途中，妻子出车祸了，腿骨骨折，做了手术。这件事很大，妻子天天骂我们全家，说如果当初辞了职，就没有车祸这件事。我百口莫辩，只能听着。

自从出了这件事，妻子完全不看孩子了，说自己手术伤了元气，只好我来管。

我还要上班，所以打算五一假期回老家把母亲接来。

❻

五一到了，大哥也从国外回来了，我就想把孩子带回去，让他看看。

就在回家头一夜，孩子发了高烧。妻子坚持要用物理疗法，我说必须吃退烧药，小孩子高烧易烧坏大脑。

凌晨3点来钟，孩子退烧了，我拉上娘俩回家。

路上，妻子一直阴着脸，说我为了能把儿子带回家，强制给孩子吃了太多药，是强行退烧，会伤害孩子。

我以为她是讨厌跟我回老家，找碴儿撒气，就没接她的话。直到她后来提出离婚痛说家史时，我才知道她真这么想的。难道孩子不是我的？

回家只待了一天，她老说腿疼，嫌家里没有坐便器。

走的时候，大哥给了一箱外国奶粉，嫂子给了妻子一个名牌肩包和一瓶国外香水。母亲拿出4000块，让我们去买个冰箱。我说不用啊，我们有钱，自己买就行了，你平时又不挣钱，自己留着养老用吧。

妻子翻了个大大的白眼，还踢了我一脚。

妻子的动作，一家人都看到了。

但我不能要。这4000元，只是城里一月的工资，却是父母一年的收入啊。

一路上，妻子责骂声不断，说大哥一家太抠，越有钱越小气，守财奴！不给孩子见面礼！我说给东西了。她说给钱了吗？为什么不给钱？我说东西不是钱吗？那一瓶香水就得上千块。她还是反问我，给钱了吗？凭什么不给钱？

母亲悄悄听了一路，气得我好几次差点撞车。

回到家，我泡了杯茶，想压压火，毕竟母亲也来了，决不能吵架。

孩子兴奋地叫我，说爸爸爸爸，奶奶给钱了！我一看，孩子手里拿着4000块。母亲在一边解释，说这是给孩子的，不是给我们的。妻子拿过钱，说好啊，快谢谢奶奶，妈妈给儿子把钱存起来。我一把将钱抢过来，声音控制不住地大了，说："你拿妈的钱干什么？给她！"妻子声音也大了，说这是奶奶给孙子的！你拿什么拿？

母亲一看，抱着孩子出去了。过了一会儿，母亲拿回了冰箱的单据，说回头就送来了。母亲如此宽容大气，我以为会感化妻子。没想到，接下来的日子，矛盾才真正开始。

母亲是个地地道道的农民，人不坏，有什么说什么。与她聊天的时候，老说我嫂子多么好，还说我和大学女友相处期间，女友曾打听女方到男方家应该给多少（红包），很懂事，老给她买衣服，甚至说大学女友不能怀孕……

我的事，母亲知道得不全，完全按自己的理解去说。母亲不知道她说的每句话，都成了妻子收拾我的武器。

我了解母亲的性格，也心疼母亲为孙子日日夜夜的付出，能说什么呢？如果我说你跟儿媳说话留点心，她肯定会以为儿子的婚姻出问题了，那会让她上火的。

❼

20天后，妻子搬到小孩姥姥家住了，发信息说要离婚，同时让我把她的工资卡送到小孩姥姥家。

我当时第一反应就是妻子不信任我了，也很生气，就把妻子工资卡和存折送了过去，直接把门关上走了。

由于带着情绪，关门动静很大，岳母生气了，没法说我，就把气撒到女儿身上，说："你愿意在这待就好好过，不想好好过就回自己家去。"

妻子生气，趁岳母不注意，拖上箱子离家出走了。

岳母赶紧通知我，我立即出去，在车站找到她。我说："一个女的单身出来不安全，有什么话好好说，没有解决不了的问题。"

妻子什么也听不进去，跑到马路上等出租车，还在公路边使劲吵闹，大喊"救命啊、抢劫了"，结果很多人涌来，围住我俩。妻子说："我不认识他，他要抢我包！"我解释说"我俩是夫妻"也没用，被众人群殴。

幸好，有一女的挺冷静，拦住大家，把我俩关系调查清楚后，众人散去。

由于我一直拉着妻子不放，妻子用最大的力气打我头，打得我头晕耳鸣，无奈松了手。她又跑到不远处捡来一块石头，说要回家把婆婆给打死，我可真害怕了，她疯起来，啥都能干。我得赶紧打电话通知小孩奶奶躲一躲，她把手机抢过去摔碎。

我好不容易把妻子拉到了小孩姥姥家，岳母出面说话，她才慢慢消停下来。

这晚上我没敢走，睡在客厅，因为怕她再离家出走。

第二天早上，妻子在大家都上班后再次离家出走。

幸好，妻子小叔和她有联系，我们下午找到了她，并夺过了她的手机，发现她居然和婚前相亲的一个船员有好多通话记录。看来她这次出走，表面上是和我生气，实际是去约会。

当年，她选择我，放弃了船员，理由是船员在家时间太少。既然放弃了，船员也结婚了，为什么又扯不清？但我不敢指责，也不能相问，因为我怕她真的说出可怕的话。我爱孩子，我爱我们的家，我也绝不能让父母没面子。

虽然我不说不问，可巨大的精神压力，让我整个人的状态都不对。

母子连心，我妈开始天天流泪，就那么看着我，有探询，有心疼。我实在无颜以对，只好把她送回老家。回老家那天，我早上6点多钟把妻子叫了起来，一块去送母亲。

是心情不好的缘故吧，我也忘了做早饭。路上，母亲饿了，说你们吃饭了吗？母亲用的是老家方言，妻子听成你吃饭了吗？以为婆婆只关心儿子，脸阴下来了。

到家后，母亲进门就找吃的。妻子看婆婆也不问自己饿不饿，终于忍不住了，破口大骂，语言要多难听有多难听。

我一个劲地和她说别吵了，这脸都让你给丢尽了。她看到门口有人探头探脑，开始人来疯，气焰愈发高涨。

父亲气得血压上来了，直接晕地上了。我吓得赶紧送医院，母亲一路跟着哭，妻子才不吱声了。

❽

有一次，我回家早，碰上妻子和船员正在视频聊天。

旧仇新恨，我急了，历数这些年来的忍让和付出，骂了她。

妻子横眉冷对，指着我，一字一句：“你永远赶不上他，他对我就是好！给他当小三也比跟你强！”

我真想打她，可手就是举不起来。我们家当年太穷了，饭都吃不上，村里人都瞧不起我们。好不容易混到今天，出国的出国，上班的上班，父母刚在村里挺直了腰板，我要是打了她，这家就打散了，父母的面子也打掉了。

秋天的一个下午，妻子被车撞了，骨折。她怕手术，我拿着片子多家跑来跑去打听，医生说必须手术。我只好哄她，保证一步不离地陪她，她才点头。

在她住院期间，我忙得不可开交。白天花钱请人照顾她，下班就赶紧带上饭去医院接班。晚上守在床前，没睡过一个踏实觉。

孩子又病了，感冒发烧呕吐，我只好向姐姐求助，姐姐马上答应了。

和她一说，她居然坚决反对，说如果非要来，只允许姐一个人来，不允许带比我家孩子大2个月的外甥过来。

这怎么能行？姐夫不在家，谁管孩子？我赶紧给姐打电话，说先不用过来了，结果打电话时姐已经在路上了。

姐到烟台后，就带着小外甥到医院看望妻子，还拿出2万元现金，说是给妻子看病。我接过钱，给了妻子，她看也不看就放床头的包里了。

小外甥太小，到了医院这样的环境，难免吵闹，不小心碰了妻子的腿。姐说你老婆的脸啊，当时就阴了。我听了，很难受，觉得对不起姐姐。

姐来的时候，本打算待到妻子彻底痊愈，可妻子的态度实在太差，待我的孩子病好了，姐就收拾东西准备回家。看我孩子衣服有点脏，脱下来，随手洗了，拿出小外甥一件穿过的但已洗干净的衣服，要给我孩子穿。

小孩姥姥在场，她说：“这种别人穿了的衣服，在我们家都是用来拖地用的！”

姐呆了，看看我和孩子，悄悄收起来，说“弟弟，我走了”。

这场病花了6万元，5万元由我支付，工资卡不够，又刷了信用卡；1万元由保险公司支付。出院时医院退还8000元，我随手放在包里面。

信用卡到还款日期了，我去包里拿钱还信用卡时，发现钱不见了。

妻子说她收起来了，也不同意给我还信用卡。

我说："姐不是给了2万元吗？"

妻子说她从没看到什么2万元，她母亲说我一个大男人，居然算计老婆。

如果我有钱还卡，绝对不会丢这个人。一文钱难倒英雄汉，我只有继续和妻子求情。

经过近半个小时的沟通，妻子同意了，让我出去，把卧室门关上。过了会儿，叫我进去，拿出我的5万元存折，让我取1.8万元还卡。余下的，用她身份证办一个存折，从我名下转存到她名下。

❾

家里人很关心妻子，我哥开车带着父母过来探望，还带了轮椅和补品。

妻子嫌少不说，到做饭的时候，岳母居然说："别人家新房装修，父母都给添置东西，你看这锅和油烟机都是我买的。按理说，这些都应该是婆家给买的。"

嫂子发火了，对我说："你把当时我们从国外给你买的锅拿出来，给你了怎么不用？妈不是还给了个冰箱？"

情形尴尬，饭吃得不痛快，我家人饭后迅速离开，妻子和岳母自然又把我损一顿。

年底，妻子的腿基本好了，我觉得家人对我们真是很尽心，要带她回老家过春节，她坚决不同意。

这一年，我没有回家过春节。

初三，考虑到妻子有岳母照顾，我说回老家看看，她没吱声。

到老家后，我向她报平安，她始终不接电话，我内心气愤，但只能装笑脸，怕父母不开心。

初四回烟台时，姐也来了，要看看她和孩子。

到了家，看到妻子和孩子在卧室，我说姐来看你和孩子了，姐掏出红包递给妻子，说是给孩子的压岁钱。妻子接过钱，什么也没有说，就像见到陌生人。

姐姐知道她的脾气，没挑理。进厨房煮了水饺，煮好后，把水饺送到妻子卧室，说她腿伤刚好，不可劳累。

冷冷淡淡地吃完饭，我开车把姐送走。

路上，妻子给我发来咒我死的短信。

等我回到家，门打不开了，妻子把门从里面反锁上了，任凭我如何叫，都不开门。

冬夜，寒气侵骨，又有大风。我给妻子发短信、打电话，但妻子就是铁石心肠，拒不开门。

天亮了，妻子打来电话，让我给她打钱，并给我发来一个卡号。

打钱的时候，银行系统显示卡号不识别，我就打电话问妻子是不是错了。妻子发来一个信息，是将其母亲发给她的信息内容转了过来，并附带卡号，我才明白那张卡是妻子母亲的。

我说要打就打你的卡，否则我不打。她说你一直住我家，欠得太多了。看她这么说，我只好打了钱，妻子这才让我进门。

既然妻子一家把钱看得这么重，从这天起，我将工资卡全部交给妻子管理，只盼她能变好。让我万万没想到的是，妻子腿伤痊愈后，居然拿出一份离婚协议书，上面写着她是我花钱请的孩子奶妈，要求我每个月给工资 5000 元，还要求家务由我一个人负责，并让我签字。

后来，我们的关系有所缓和的时候，她居然很得意地说："看我像不像武则天？"

⑩

春天，妻子说要用我的身份证去办理一个家里面相关的业务，我就给了，她马上就去提存在我名下的 32000 元定期存款。

银行工作人员说存折里面没钱，妻子立即打电话哭着问我："存折里面怎么没钱，你骗我！"

我说："这些钱是定期的，取出来，利息就没有了。"

她说："你不用管了，这和你没关系。"

这天，不仅 32000 元的定期没了，我工资卡里的钱也全部被提光了。

接下来的日子，妻子在经济上对我严格管控，信用卡也被她收走了，可每个月约 2000 元的家庭生活支出，还要由我来支配。我如果和她要钱，她要审核我的需求后再给钱，花完了我还要报账对账。

我每天的生活模式很规律，下班后，把当天要买的东西购买完毕，回家做好，再叫妻子和孩子吃饭。有时做饭的时候，孩子找我抱，我只能一手抱着孩子一手做饭。她从不帮忙，要么是在床上睡觉，要么是在看手机，衣来伸手，饭来张口。

平时我个人也没有什么开销，偶尔遇上单位有活动时出去吃个饭，只能厚着脸皮不掏钱。如果 AA 制，我就得向妻子请示要钱，她就算给了，也会劈头盖脸骂我半天。时间久了，熟悉我的人都管我叫"妻管严"或"老抠"。

⑪

现在电视上会有夫妻调解类节目，妻子说咱俩报个名上电视，让大伙看看你是怎么对我的，专家肯定会骂你。

我说为什么会骂我啊？我对你不好吗？

她说："当初要是不跟你，我就和他（船员）结婚了，也不用借款买房，他肯定一次性买下。"

听她这样说，我的火气已经上来了，努力压着。

她越说越肆无忌惮，说你们家全是神经病，你妈就是个老年痴呆！

这些年来，妻子一直喊着要离婚改嫁，多次通过口头、发信息、打电话等多种方式，侮辱咒骂我的家人，我早就愤怒满腔了，现在看她如此泼悍无理，再也按捺不住，和她吵了起来。

第二天，妻子很早起来，去银行把我工资卡里的钱取空了。

一周后，单位重新办理工资卡，我决定自己管理自己的钱。

一天早上，我要去早市，妻子也要去，路过银行，她让我停下，说单位发奖金了，要去查查。出来后，我问发了多少，她说不告诉你，我没再问。

一会儿，走到我工资卡的开户行。妻子说："停一下，我去取款。"我说不用取了，卡里面没有钱了。

到了早市，她不肯下车，就在我转悠着买菜时，她多次打来电话，要我回去，我说买完就过去。但后来电话中的声音不对了，夹杂着孩子大哭的声音，我赶紧回去。

打开车门后，还没有坐下，妻子一巴掌打到我脸上。我发愣时，妻子已打开车门独自离去，留下大哭的孩子和我。

我赶紧一手抱着不到两岁的孩子、一手把握方向盘开车，追上妻子后，多次停车叫她上车，她不顾哇哇大哭的孩子，快速离去。

回到家后，孩子哭闹了一会，睡着了。

我知道妻子为什么吵闹，却不知如何与她解释，只好呆呆地坐在床边，看着孩子。

妻子回来了，她用力敲打卧室门，我怕将孩子吵醒，急忙开门，她二话没说便狠狠打我的脸和头，又狠狠踢我。我用力将她推开，说孩子睡觉呢，有事以后再说。然后，关门落锁。

她不依不饶，拿起地上的马扎砸门，声音和力度越来越大。

这么久了，我太了解她的脾气了，如果我不开门，她敢把房子点了。

我打开门，抢先抱住她，往入户门口方向推去，想在外面安抚她，以免把孩子吓着。谁想到，她被门槛绊倒了，仰面躺在门口，大喊大叫。我抱她，她不肯起来。

邻居听见了，开门出来，和我一起扶，才算把她弄进家。

孩子醒了，惊恐地哭闹着，她打电话叫岳母，说我快打死她了。

岳母来了，一边骂我，一边接过孩子，让我带她去医院检查。

拍片后，一切正常，可她非说胳膊动不了，医生只好用纱带把她胳膊吊起来。

路上，坐在车后座的妻子，一边骂，一边从后方用力拍打我的头。

出于安全考虑，我靠边停车，让她下去。她居然去了我们单位，在各办公室展示一遍，然后对领导说我对她家暴。

这件事造成了很大影响，领导批评我，全单位的妇女都没饶过我，各种指责，各种教育。

我理解她们，兔死狐悲呗，可我真冤呢，但只能对自己说：你活该！

⑫

妻子爱上了购物，到了周末，她一准拿着我的信用卡奔向商场，给孩子和自己买一堆衣服回来，也不管合不合适。

有一个周末，我带孩子到游乐园玩后回家，看到妻子把我们家给的衣服、包括小孩奶奶给孩子一针一线做的棉裤棉衣，全部扔到了楼道。看到我，居然大声喊："楼上楼下出来看看啊，小孩奶奶做这些垃圾，要饭的也不穿！"

家丑不可外扬，妻子居然把我们家的事拿到她单位说，弄得同事们为她抱不平，给她出谋划策。有的让她把锁换掉，不让我回家；有的说得教育婆婆……

还有同事给妻子支着儿，说："你得让你父母知道你受的委屈，让你的父母站到你这边来，要不你永远说不清。你要和你对象谈，要是你对象能够改变你们就过下去；要是改变不了你们离婚就行了，离了婚你坚决不能要孩子。"

三个女人一台戏，她单位的女人是三的几倍。

既然有这么多人帮她说话、出主意，她就觉得自己无比正确，而且，整我的办法越来越多，她也越来越依赖同事，以至于我俩一吵架，她就给同事打电话沟通，让同事帮忙在开庭时当证人。

吵架越来越频繁，她也从不避开孩子，守着孩子就大吵大闹，吓得孩子直哭。每次我第一反应是找机会把孩子抱到卧室去，并把门反锁上，可妻子总会在门外使劲敲门，等我开门后，就劈头盖脸地打上来。

有一次我坚决不开门，她居然用菜刀把家里所有的门都砍了，包括家里的防盗门。

应该是听了同事的高招吧，11月初，妻子叫上我，到岳母家开了一次家庭会议，她宣读了整理的一些材料，内容是：

1. 我带她回老家期间，支使她做饭、洗碗。

2. 过年时，我让她给父母跪着磕头并给父母钱（跪着磕头是真，但给父母钱却是假的）。

3. 五一期间我惹她生气，出言不逊。

4. 结婚时我家没有给彩礼（我一直认为给的10001元就是）。

5. 我哥那么有钱，第一次见孩子面没有给一分钱。

6. 我给姐还房贷（实际上姐不在烟台，我替她把房出租出去，收取的租金打到她房贷卡上）。

7. 我欺骗妻子，说住院期间姐给了2万元（理由是她单位同事说：肯定是假的，你想想他平时都给他姐还房贷，他能要他姐的钱？肯定是在骗你）。

8. 哥姐都比我有钱，我却还要给姐、父母、各家孩子钱（实际是过年回家和结婚时给小孩红包、给父母过节费、偿还姐帮忙出的买房钱）。

9. 我的一份商业保险上身故受益人写着我父亲的名字（这是我结婚前买的保险，随手写了父亲的名字。可她同事说他爹肯定死得早，他要把钱给谁去？绝对是故意不写你的）。

10. 经常家暴。

等妻子读完，岳母愤怒了。她说："之前一直以为是我闺女不好，搞了半天原来全是你惹的祸。你今天好好说说，到底是跟家里人过还是跟自己老婆过？到底能不能对老婆好？"

我什么也不想说了，就算说了，有人听吗？

她提出离婚，我默认了。

第二天，妻子去法院提交了诉讼材料申请离婚，并住到了娘家，说是不回来了，孩子由我带。

有一天晚上，我正抱着孩子在家做晚饭，妻子敲门进来，举着手机，说："我来拿鉴定费，录着音呢，赶紧点。"

我说："之前家里面的钱都由你管着，你先拿出来交上行不行？再说，我这个月要交我的商业保险，没钱。"

妻子直接否认管理过家里的钱，说："我从来没有管过，之前家里面的钱都是你拿着。"

她胡搅蛮缠，孩子又闹，没办法，我出去连借带取，把费用凑齐了，她才离开。

⑬

屋漏偏逢连阴雨，我这日子已经是捉襟见肘，她上次交通事故的案子也要立案。立案前需要把诉讼费、律师基础服务费用先交上，她又通知我准备钱。

由于她很久以前就把我拉进了黑名单，所以，我只能发信息给她小叔家弟弟，让她弟弟转告她：我要交保险费用，只能出诉讼费（当时心里面实际想的是律师基础服务费）。

第二天，她找我，说："律师要去法院立案，下午需要把诉讼费给他。"

我说这个月要交保险，真缓不过来了，你自己交上吧。

她当时正好和同事在一起，同事告诉她保险可以延后30天再交。

我打了个电话和保险公司确认，说可以60天内交，就把准备交保险的钱给了她。

接下来的3个多月，我信用卡取现额度由原来的10000元降至2000元，开始借款度日。

钱拿去没多久，她又说要做取钢板手术，要我准备手术费用。

我说真没钱了，让她用以前存的钱，可她死活不承认管理过家里面的钱，说钱都叫我花了，反正是一分钱没有，我只好把信用卡给了她。

交手术费用时，由于我额度太低，没能办成，她骂了我一顿，又让岳母打电话找我。

岳母说："你们一天没离就是夫妻，她做手术，你能不管吗？没有钱就不能做手术了？你就去借点钱先把手术做了吧。"

妻子在医院留了我的手机号，医院一天天地打电话向我催款，人一天没有在医院住，就先欠款2000元。

这事拖了几天后，妻子突然说要带孩子去游泳。

半路经过烟台银行，妻子说停一下，带着我去了烟台银行，给了我一张烟台银行的卡，说是要取款，让我输入密码。

我看了看，是2016年春节妻子不给我开门让我办的卡。银行工作人员说之前已经输错过3次密码，现在要用身份证，我这才知道妻子之前就试图取过钱。

也巧了，我正在办理职称挂靠，身份证刚寄出去没多长时间（有快递单为证），她一听恼了，认为我是故意的，不再带孩子去游泳，还给岳母打电话，说我谎称身份证没带，不给取钱，随后，让我把她送回娘家。

到了岳母家，岳母拉着个脸骂了我一通，说："把我看孩子的账一块算算，没有的话你们就打欠条给我，一个子儿也不能少！以后，孩子爱谁看谁看。"

晚上，我打电话给父母，父母一听要做手术，第二天一大早就赶过来了，陪妻子一块去医院，我去单位请假。

等我赶到医院，只看到妻子在床上玩手机，父母不知上哪儿了，问她也不说。

打过电话去，才知道妻子让父母拿钱，老两口身上没带钱，就让她赶走了。

大夫走进来，说没有通知今天做手术，又说欠费也不给做手术。原来是等着我交钱啊！

我没钱交，她骂咧咧地提着包走了，我抱着孩子坐车回家。

中午，我抱着孩子去岳母家，听到岳母还有妻子一家人在说话，敲门不开，我就狠了狠心，把孩子放在门口，自己躲到当层楼梯下面。

孩子哭了3分钟，他姥爷出来把孩子抱进去。

我下楼梯时，听到妻子和岳母从家里冲了出来，我赶紧躲到了地下室处，可她俩还是发现了我，一人拿着拖把、一人拿着笤帚向我打过来……

我跑出很远后，还看到两个人拿着家伙追我。

回到家里，惊魂未定的我，赶紧把我的证件收拾走了。

当天下午，妻子发来信息，说她带着孩子在我单位门口，让我出去，我哪敢出去？

她又往我办公室打了多次电话，让同事告诉我去门口接孩子。

我一直没出去，她就走了。

过了几天，妻子还是把手术做了。

做手术那天，我想去买点海参和鸽子，要取钱时，发现工资卡不见了。

妻子做手术期间，我翻了她的包，找到了我的工资卡和钥匙，就直接拿走了。

出院后，妻子到处臭我，说我拿着她救命的钱不给，逼她出去借钱做手术，趁她手术时，偷走了她的钱。

⑭

出院时，离春节只有十来天了。考虑到家人很想和孩子一起过个年，她过了年又要参加应聘事业单位的考试，我就挑了个她心情看似不错的时间说："过年我带孩子回老家，你在家静下心来学习好不好？"

妻子一听立即火冒三丈，说："不行！你们家人从来没有看过孩子，凭什么要把孩子带回去给你那死爹死妈看?”

我只好闭嘴，但妻子依然不依不饶，还主动给孩子吃上奶了，本来已经断奶十多天了（断奶的原因是孩子的上牙已经坏得很严重了，医生说要是再坏下去，将来换牙后的新牙也是坏的）。就为了对付我，这种招儿也使上了。

可我也不想说什么，怕她再撒泼，就去厨房收拾吃饭。

吃饭时，来了个电话，她看我一眼，起身到卧室去接，说的是考试的事情，但语气相当温柔。

我悄悄走过去，听到是船员的声音，就咳了一声。

妻子匆忙挂了电话出来，说你吃鸡毛了?

我说你天天这个样子，是不是就想去找他? 人家可是结了婚的!

她说你神经病! 想过就过，不过就离婚，孩子给你!

我没接话，但我明白她的意思了，不光不爱我，连和我生的孩子也不想要。

这次谈话后，妻子变得更难伺候了，带她和孩子去买过年的衣服，花了两三千块，她还嫌档次低。

我说家里钱紧张，我自己都没买。妻子说你是嫌我了? 那我不要了!

腊月二十九了，我决定一个人回家。妻子要我拿钱，说要请保姆来照看她和孩子。

我说带她们一块回去，她又大声说:“凭什么让我和你一块回去? 不行!”

妻子父母、爷爷奶奶都能帮我们看孩子，我们也没钱。就算不跟我回老家，也没必要请保姆啊。妻子一听就动手了，挠得我满脸是伤。

回家之后，本就有抑郁症的母亲，看到我一个人脸上带着伤回家，受刺激了，偷着喝了敌敌畏。

幸好发现得早，送医及时，才没发生意外。

全家人批评我，我意识到再也不能这么稀里糊涂下去了，得有个解决办法，要不全家人都跟着受影响。

⑮

妻子态度很坚决，坚持离婚，让我带着孩子净身出户。

我说:“为了孩子，咱们不要闹了。只要不离婚，你的收入归你自己。家庭支出都由我来出，每个月再给你一部分钱当零花钱，剩下的我再拿一部分钱还债务。”

妻子说:“不离婚可以，你让你姐重新给我补办一次婚礼，要请加长林肯车，再给我 100 万元。要是你都做不到，就把工资卡给我，你保证每个月一分钱不花。”

我说：“那买这个房子借的钱怎么办？”

妻子说：“这房子是我的！即使要还账，你也应该先把钱还我家。我妈看了这么长时间孩子，你给过她一分钱？”

第二天，我从外面回来，发现家中门锁被妻子换了。没办法，我回到自己结婚以前的房子里面住了几天。

之后回家，妻子给开了门，但什么也不让我动，洗衣机、锅、燃气灶都不准用，说这些东西是她母亲给的。

从这天起，我连家里的钥匙也没有了。

⑯

有一天妻子说：“没有人看孩子，我要请个保姆看孩子，你出钱。”

我不同意，说：“孩子两岁零三个月了，这么大的小孩，可以送托管了，咱们也送托管就行，再说孩子在托管学习东西比在家多，接触的东西也多。”

第一天送孩子去上学的时候，妻子在楼道大声喊：“孩子才 2 岁啊，你就把孩子送幼儿园，你心怎么这么狠？”我没理，坚持送孩子上学。

当天我把孩子接回来，问孩子好不好，孩子说好，再问明天还上不上学，孩子说上，我很高兴，孩子也不停地跟我说托管所的事。

妻子问：“有没有小朋友欺负你？有没有小孩打你？怕不怕小朋友？还想不想上学？”

随着妻子一遍遍地问，孩子顺话说不想上学了。

第二天早上，我要送孩子，她坚决不同意，又说请保姆的事情，我坚决说送托管，没有请保姆的钱。

第三天下午，托管老师说孩子被母亲和姥姥接走了，她也把剩余的钱给了孩子母亲。

从这天起，无论我如何敲门，她再也不给我开门，我只有回到婚前房子去住。

⑰

情人节那天，妻子突然打电话问我她住院发票在哪放着，我告诉她要回去找，她说不用回来。

当天下午，我去敲门，岳母给开的门，我把给妻子和小孩子买的东西放到家中，拿了几件衣服就离开了。

不久，我收到法院传票，通知3月开庭。

就在我等着打官司时，她把诉状给撤销了。

我以为她想通了，就高高兴兴地回家，门还是不开。

我真想不明白，撤诉不就是不离了？可律师的一句话惊着我了，他说妻子问他怎样才能离得快，律师说如果证明我虐待家人就能快些。

事情走到这般田地，再维持下去就没有意义了，我决定和她协议离婚。

这些年来，我一直在想，以后如果能够在一起，如何让妻子每天能够感受到和我在一起的快乐，如何能够让她有一个正确的人生态度和道德观念。毕竟，每个人离不开这个社会，孩子的成长教育也需要父母来树立一个很好的榜样。

PS：

大刘跟我谈这么多，目的就是不离婚，毕竟还有孩子，但小芳执意要离，大刘越是不离，小芳越着急。

小芳也有过纠结，她害怕真离了，船员不一定娶她。就算娶了，又怕距离近了，船员说不定还不如大刘。之后坚持离婚，是大刘太在意面子，逼得小芳失去理智，船员在她心中胜出了。

每个人都是有缺陷的，这方面没毛病，另一方面的毛病可能让人无法接受。小芳总试图找一个理想中的爱情，注定要失败，人生没有十全十美，只能要最想要的。

小芳要明白，当初所不喜欢的相聚少，很可能成为她婚姻再次失败的原因。

我跟朋友说起这个案例，朋友说大刘是个好男人，她只看到了一点，其实大刘凡事喜欢逃避，这是小芳越来越疯狂的主要原因之一。

心理学上有个词，叫“逃避现实主义”。有了这种症状的人，遇到问题时不会去面对，而是采取迂回拖延的方法来化解。这种方法不是绝对不好，但不能所有事都用这一招，该面对的时候还是应该去面对。

第 44 篇

无法共生的姐弟恋

——摆平自己，一切无碍

“问君能有几多愁？恰似一江春水向东流。”子玉的心气始终太高，所以烦恼也就太多，须知高者必坠、水满则溢，无止境的追求只会带来心灵的动荡和喧嚣。

一个是上过春晚的优秀舞者，一个是风流倜傥的翩翩少年。

相爱时，海誓山盟，衣服手机全用情侣款；离婚时，十分决绝，调解进行了3个小时，依然没有缓和余地……

❶

认识子玉的时候，林木在一家私企上班。

若论起林木的优点，帅是最主要的，其次是情商高，暖男一枚。另外，父母家正面临拆迁。一套占地300多平方米的平房，可以换来两套大平层，价值400多万元，所以，他属于靠祖荫得享安乐的幸运儿。

24岁的林木，参加了朋友的一个聚会。在这个为老友接风洗尘的聚会上，他见到了29岁的子玉。

当时，在场的女生有10多个，燕笑莺语，花香四溢，但是，当梳着道士头的子玉一出现，现场就像打进了一束光，让林木一见倾心。

朋友说：“别傻，这可不是你的菜，人家是上过春晚的。”

在烟台这种小地方，上过春晚，可真的了不起。而且，子玉自己有个舞校，学生众多，这是财貌双全啊——由此看来，俩人根本不在一个平层上。

虽然林木的爱慕心受挫，但是，不能拥有花园的人，赏花爱花总是可以的吧？抱着这种心理，林木不断地约会子玉。

随着交往的增多，了解也逐步加深，林木了解到——子玉的父亲早年去世，母亲为了她没有再嫁，把全部的爱与期盼倾注在子玉身上。她虽说上过班，却下了岗。往日的工友，为生计各奔前程，彼此逐渐疏离。待子玉能赚钱养她了，她就只负责照顾子玉了。

子玉说："我4岁之后，就没有自己的快乐了，每天都在学舞学琴，好像只有睡觉的时间才会轻松。"

越了解子玉，林木越是沦陷其中，无法自拔——他不再把子玉当成女神来敬奉，而是当成了一个受尽苦难的小公主，想用全部的爱去温暖她，经常带她去自家吃饭。

林木家是烟台土著，亲戚朋友一大堆，家里四代同堂，每天吃饭都是一大桌人，气氛热腾腾的，任凭子玉这么冰冷清凉的女神，置身于这样人情满满的环境，也不由自主地暖起来。

一个月华如水的夜晚，子玉当着月亮老人的面儿，深情地对林木说："我愿意嫁给你，就算你没房，租房我也跟你。"

怎么会没房呢？哪个土著没有三套两套房？只不过暂时没有而已。林木紧紧地抱住她，说："我们有房，不用等拆迁，马上就有。"

林木说这话，不是吹的。

前天朋友漏个风，说他们公司要拿出一套80平方米的房子来做促销，比市价整整便宜25万元，仅此一套，等于白给，自然不是轻易能拿到的。但朋友和林木两家是至交好友，而且，俩人还是光屁股长大的发小，只要林木想要，肯定会把这个大便宜漏给他。

由于林木想给大家一个惊喜，愣是捂着没吭声——用全部积蓄交了首付，再悄悄办上贷款，待拿到了购房证明，这才向家里发了公告。

❷

对于儿子的婚事，母亲特别不同意——她承认子玉是个很优秀的姑娘，但是，人到中年的她，看过太多世事，对单亲家庭的孩子有顾虑，特别想到她母亲能清心寡欲守着女儿多年，估计是个不好相处的人。一个能坚决克制欲望的人，可怕啊。

林木很坚决，一再向母亲表决心：我就是特别爱她，你不让我娶，我就不能活。

既然牵涉生死，那还说什么？母亲马上转换态度，双手表示支持，并拉着丈夫去看房。就这么一个独生子，没有婚房可不行。

当林木说买房的时候，父母也看好了一套，是东打头的大平层。

一家人衡量了一下，感觉林木买这个房很便宜，必须留着，权当投资了，自己买的这个户型好，面积也大，用来做婚房。

由于林木想创业（他认为必须有事业才配得上子玉），家里有限的资金，就不能全投到房子上。于是，两套房有一套在林木名下，一套在父母名下，全交的首付。

如此买房，十分平常，一般人家不会计较，但是，当消息传到子玉母亲的耳朵里，她愤怒了，说："你们为什么不全款买房？钱紧张，我理解。但是，为什么要买两套？为什么不集中买一套？你们倒是算盘打得精，我女儿以后的日子咋过？有贷款，生活质量肯定不行啊。"

林木再三解释，子玉母亲不依不饶，满脸的担忧。

为了安抚这个事，林木悄悄买了钻戒，当着子玉母亲的面求婚。

子玉恼了："什么呀，我一点也不喜欢这个款，我喜欢方钻！"

子玉母亲说："是啊，买钻戒这么大个事，你怎么不带着她去买？你就这么不在乎她的情绪？"

这一切，出乎林木的意料，他想到父亲正在缅甸出差，赶紧打电话过去，让父亲买个方形的裸钻回来。

看到林木的表现，子玉一家的心情貌似平复了。

林母不愿意了，感觉这门亲事不大对，建议儿子暂缓。

为了向子玉表达爱情之深，林木把母亲的话转达给子玉，子玉当即翻脸，提出分手。

深爱一个人，就会形成巨大的动力，推动着林木向婚姻迈进，他认为子玉的反应是没有安全感的缘故，只要他能用行动证明自己的爱，子玉就没有问题。

在接下来的时间里，林木带动全家进入结婚倒计时——装修房子，订酒店，买床品，拍婚纱照……紧锣密鼓。

到了拍婚纱照这天，约子玉，子玉犯拧了。她说："你妈同意了？"

林木说当然同意。

无论林木说什么，子玉就是一句话——"她让结就结？凭什么？"

酒店已经交了订金，请柬已到宾客手中，在这个节骨眼上，怎么能说不结就不结？林母只好主动出面哄子玉，可子玉一冷到底，最后，连面都不见。

婚不结，订金损失掉，还得和亲朋一一解释，一家人又愁又气，埋怨指责都倾泻给林木，他也只好受着。

待一切平定下来的时候，子玉突然发现——已然怀孕两个月。这些日子，她还以为只因自己给学生放了假，天天只是吃和睡，单纯只是胖了呢。

母亲一边怪她粗心大意，一边主动上了林家门，要求马上结婚。

林木当然开心无限，女神这回跑不了了。

林母一脸冷霜，说虽说有了，可这婚是你们不结的，我们的钱，不值钱，我们的脸，更不值钱！所以，你们看着办吧！我们没办法。

子玉要打掉，母亲不同意——她是同意这门婚事的。不要说怀了孕，女儿又大了，单说人家的条件，也是可以的。小伙子帅得狠，面善又活泼，家底也殷实，还是大家族，正好弥补自己这边的清冷。

两家人几次拉锯，林母始终不开面儿。

林木忍不住了，直接去新房住下了，又去接来子玉，子玉要婚礼。

林木说事情闹到这样，暂时办不了婚礼了，还是先把孩子生下来，再举行个盛大的婚礼，让孩子做花童，多美！

❸

肚子越来越大，子玉的不满也越来越多。

首先是厌恶卫生间的设计——到处是花，俗。而且，全是台上盆，水流大了，就会溅得四处都是。

子玉要重新装修卫生间，林木不同意，说：“爸爸考虑你是有品位的，下了大本钱装修。你看，这一块小砖就要40块钱，这么一个盆，就是2000多块。”

子玉恼怒：“什么钱钱钱，我是为钱嫁你吗？多少男人追我，奥迪奔驰，全是有钱的！”

林木只好回家求助，全家人都不高兴，感觉这个媳妇太“作”。奶奶最不满意，说怀着孕呢，怎么能搞破坏？会伤着孩子！

又能怎样？子玉坚持，林木愿意，一家人只好无语，心里道声“活该”。

林木虽说同意，情绪也不行。恰好创业项目敲定，就以此为理由，住回母亲家，天天和朋友忙着具体事务。

子玉才不管他们的情绪，独自找来工匠，把卫生间拆到比装修前还不如，捎带也影响了家里装饰，全是一片灰土。

平生第一次搞装修，自然是生怕细节没考虑到，子玉劳心劳力。

中间，母亲过来几次，夸赞女儿长大了，能独自决定事情了，很是欣喜。

折腾了一个月，总算装好。

叫了保洁阿姨来，子玉也不放心，还拿一条抹布，这里擦擦，那里看看，没看到足下有水，地砖变得冰滑，她摔倒了。

保洁阿姨扶她去床上躺着，她自觉没事，就让保洁阿姨不用管她。

到了晚上，腹痛、流黑血，子玉赶紧打电话给林木，林木在上海，马上承诺尽快飞回。子玉又打电话给母亲，母亲来送她入院。

孩子没保住，是个小男婴。

消息传来，一家人捶胸顿足，奶奶脾气最大，把林木骂了个狗血喷头。

子玉是林木的心上人，小心伺候月子不说，还要补办婚礼。

林家的气，可没人安抚，所以，只好拿婚礼说事，当然是不办。

没心眼儿的林木，回家来说。

子玉不吭气，阴着一张脸，让林木觉得冷，起身去开窗，口里说："专家说了，开空调的房间要开窗，空气好。"

窗子外，挂着子玉的衣服。这一开，其实也没碰到，子玉却高声呵斥。

林木赶紧探头看，发现一点事也没有，就回身争辩。

子玉认定他不老实，起身就穿衣服，要回娘家。林木赶紧去拽衣服，拉拉扯扯，子玉也穿不上。

子玉说："不就是件衣服吗？不要了！"当下双手大力去拽，把衣服扯成褴褛，再摔门离去。

爱情，或许演得出生离死别，唯独受不住粗糙磨砺。任你五彩凤，毁成披头鸡。

虽说又把子玉劝回，但林木的爱心淡下来，少了那种拼命爱你的劲头，并独自与家人商议，买来一辆宝马SUV——当老板了，行头总要像样。

房子要还贷，新公司又欠钱，这样的状态，居然又弄来豪车！这是过日子？子玉更加生气。想想结婚这些日子，居然全是自己在养家！

吵架又如何？婚姻也不能这样散了。只好各自收拾心情，做男人的，低声下气一些呗。

一日，林木的股票赔了100万元，心情自然灰落，兼忙了一天，肚里敲鼓，十分想喝点清淡粥汤。

走进客厅，看到茶几上有两套食盒，又是川菜——子玉无辣不欢，大约好身材就要辣出来。

林木说我想喝粥。

子玉说喝什么粥？喏，那份是你的。

林木说我股票赔了100万元。

子玉呆住，瞬间又活起来，恶狠狠地说："你还有100万？我却不知道！就靠我养家，你就会发些什么1314和520，这是泡妞的把戏，能用来过日子？赔了好，活该！"

林木说："我辛辛苦苦为了谁？还不是为了你？"

子玉说："你是为了你的虚荣！这日子没法过了，离！"

林木全家都在等这一声呢。

PS：

这个案例存在很多问题，子玉母亲的界限不清，夫妻俩的三观不合，还有姐弟恋靠不靠谱的问题。

我不反对子玉嫁林木，毕竟她什么都不缺，唯独五行缺爱。

或许你要说母亲很爱她，但上溯她的历史，母亲爱得何其严厉？说她是内心缺乏安全感，因而把希望全寄托在孩子身上也好；说她是望女成凤，要求她坚强独立不求人也罢，事实就是子玉从四岁起，就像大人一样生存了。

其实子玉要的不多，不图钱，只想要个稳定有爱的家。

林木不这样想。

自打爱上子玉，他就给自己制定了一个高标准——变成一个成功人士，以配得上这位漂亮出尘的好姑娘，于是，他炒股贷款开公司，一心一意向事业迈进，百折不挠，就想赚大钱。

林木还不成熟，他不会想到每月的家用，只会在特殊的日子发些520（我爱你）、1314（爱你一生一世），他不清楚一个已婚男人要如何对家庭负责。

林木与子玉的婚姻，不能说爱错了，只能说子玉已是"成年人"，而林木还是小孩子，二人无法以夫妻的形式共生。

第 45 篇

打算离婚创业的妻子
——心若安宁，自会清凉

“三十功名尘与土，八千里路云和月。”文中男女主人公皆有创业之豪情壮志，也许每个人心中都有前路光明的那盏心灯，在烦冗的事务面前如何取舍感情，成了横在他们心中的一道坎，于纷热喧哗之世界中如何清凉下来，值得我们每一个人深入思考。

在这桩婚姻中，没有家暴，没有出轨，没有婆媳不和，夫妻两个也是年貌相当，各有各的事业，还有个 9 岁的儿子。

可是，他们异常坚决地把婚离了，且互相祝福。

❶

周全性情温和，气质儒雅，如果不是特别介绍，你或许想不到他曾经的职业是水暖工。

未婚的人，可能觉得帅重要钱重要，结过婚的人，会明白性格最重要，所以，同事看上了他，特别执着地要把外甥女景恬介绍给他，把她夸成了一朵花。

周全犹豫，因为同事的外甥女远在吉林，如果来烟台，等于无业游民。

同事一心撮合，说工作找找就有了，合适的人不容易碰，她可是很漂亮。

碍不过同事的面子，俩人见面了，一见钟情，周全排除万难地娶了她。

婚后不久，有了儿子，等于一人的工资仨人花，经济明显吃紧。本来气鼓鼓的父母，一边责怪儿子当初不听老人言，非要娶个吃闲饭的回来，一边看在孙子的份上，不断接济。

景恬好容易熬到儿子断奶，死活不待在家里了，上超市干了几个月，一天站十几个小时，还要搬搬抬抬，受不了，又去了一家外企电子厂，工作不仅高度紧张，还枯燥乏味，也受不了。回家埋怨周全，逼他想办法。

周全思来想去，决定开个五金店。他是这样想的——我是水暖工，装修公司需要，住家过起日子的，也需要。那么，我自己开个五金店，既可以外卖，又可以方便别人来找，还相当于有个放管件的备用仓库，一举多得。

儿子的想法，一听就靠谱，周全父母慷慨地拿出60万元养老钱，支持儿子开门店。

开店后，周全积极联系市里的大小装修公司，没多久，活儿就多得干不过来，又招了两个水暖工，让景恬来门市当老板娘，孩子交给父母管。

五金店与服装店不同，有时候，几天也不来个人，来的还多是不太像样的男人，这让景恬很郁闷，就跟着对面街上开发廊的胡姐做微商。

胡姐擅长经营，在自家发廊边上，开了间做情趣用品的店，来人理发的时候，广做宣传，生意不错，每月都能赚个万把块，让景恬眼热，就上门讨教。在胡姐的指导下，景恬也做起了微商——卖胡姐的货，月底算账，不压本金。

店里摆上了跟五金不相干的货，周全很生气，说你这样会显得我们很不专业。

景恬不听，说你有你的专业，我有我的。我能支持你，你凭啥不支持我？你的事业是事业，我的就不是了？管我卖什么呢？能赚钱就行。

周全说服不了她，只好隔三岔五跟同行们解释。由于卖的东西与性有关，同行时常取笑他，让他的火气越攒越多。

有一次，有人要8000多块的货，景恬开开心心地去送货，推门才知道里面是色情男女。放下货要钱，那帮子人嘻嘻哈哈，拉她坐下，说急什么啊，玩会儿，不会少你的钱。

一番言来语去，景恬这才知道——在好多人眼里，卖情趣用品的女微商，多数也正经不到哪里去。她不顾一切地挣脱出来，嚷着要打“110”，对方才放了她，货也给扔了出来。

周全看到蓬头烂衫跑回来的景恬，气得直接动手了——找个大箱子，把那些东西胡乱塞进箱子，无论景恬怎么说，直接把箱子搬给胡姐了。

❷

情趣用品不能卖，又不肯安心做五金店的老板娘，景恬另寻出路，她认为自己必须创业，做个女强人，至少要自食其力，才能活成自己想要的样子。

什么是想要的样子呢？景恬认为胡姐就是——开了三间发廊，请了一堆帅哥理发师，还卖着其他，冬天穿貂，开着宝马，有一套复式别墅。

景恬要向胡姐学习，当然找胡姐商议。胡姐想了想，说你卖化妆品吧，看你皮肤多白啊，鸡蛋清似的，往柜台里一站，多有号召力！

对于景恬要创业的想法，周全没有直接阻拦，他找了个老头看店，让景恬找个化妆品店打工，看看人家是怎么做的，至少知道怎么进货怎么推销。

景恬认为有理，第二天就出去了。由于她皮肤好、长得漂亮，没费吹灰之力，就在化妆品专柜找到了工作。

化妆品成堆的地方，环境美，香气怡人，凑到柜台来的，多是女的，就算偶尔来个男人，也是陪着女人来的，这与五金店的风光大不相同。景恬欣喜万分，可算找对创业的项目了。

上了一周班，景恬就辞了工，决定马上开店。周全说你弄明白这个行当了吗？景恬说都明白了，就是找几个牌子，人家发货我卖货，关键是卖，我绝对没问题。

恰好周末，周全拉着景恬满街看房子。

来到一条街，街面上有一家铺面，街里也有一家，相距不过500米，价钱却差10万块。景恬要便宜的，周全说不行，化妆品还是开在街面上好，来来往往都看得见，里面那家太远了，谁会进去？景恬认为有理。

好像木已成舟，谁知周全一夜变卦，坚决反对开店，理由是认为景恬不是经商的料，还是继续看着五金店为好。

正被创业鼓舞着的景恬，当然不干了，她私自取出家里的全部积蓄，共30万元，把店盘了下来。接下来的装修、进货，全瞒着周全。等到周全明了一切，只有傻眼的份了。

景恬成了老板，家里也变了样儿。

以前景恬管着所有的家务，没什么怨言，周全回到家里，基本是躺着歪着打游戏。现在不行了，景恬对周全多了好多要求，比如周全不洗碗了，周全不买菜了，总之，从前周全不做的，现在全成了罪过，气得周全天天闷闷的。

❸

一天，景恬在外面吃了水煮鱼，也不知是油不好，还是调料太辣，肚子滋滋啦啦地疼，回家就进了洗手间，大声小声地“哎哟”。

周全像没听见似的，依然歪在沙发上打游戏。

倒是儿子听到了，跑到卫生间，拉着景恬的手，说："妈妈，妈妈，你肚肚疼吗？我带你上医院吧。"感动得景恬泪流满面，少不了和周全吵一顿。

自从景恬当老板，每天都是晚上8点后回家，回来经常是饭也不吃，脚也不洗，倒头便睡。不要说没有和周全交流的时间，连硬撑着等她回来讲故事的儿子，也只好泪汪汪地看着妈妈昏睡。

周全忍无可忍了，要求景恬回家，说儿子这么小，离开妈不行，奶奶爷爷会把他宠坏的。

景恬说你怎么不回家？时代变了，男人也可以当全职奶爸，我忙。

周全说，忙就把店关了。

景恬说，要关你关，我是创业到底。

女老板的消费，当然不能和家庭主妇一个层次。从前，景恬若是看好了某款衣服，会悄悄拍照到网上搜类似款或最低价，现在是直接出手，衣品比从前高了很多。

消费观拉开了距离，当然要吵架。周全也想忍着，但是，看到景恬刷卡再刷卡，忍不住愤怒，说："你都已经是结婚有孩子的人，不应该想想买学区房的事？儿子越来越大，必须买房攒家产，怎么能随便耍阔？"越来越注重形象的景恬，本来是想忍而不发，但周全实在太猖狂，让自己没面子，就决定再开一个店。

周全说既然要开连锁了，那当初从家里偷走的钱，也该还回来了吧？咱们给儿子考虑个学区房。

景恬拒不交钱，周全起了疑，他强行查了景恬的账。

不查不知道，一查吓一跳，自己这个看上去老板派头十足的老婆，两年间亏空了45万元。

钱是哪来的？一堆信用卡套现，还有私人高息借贷。

周全怒火中烧，逼着景恬作决定——要么关店回家，继续去看着五金店；要么出去找个朝九晚五的工作，多点和家人在一起的时间。

景恬说："离婚吧，我要继续创业，我有能力得到我想要的一切。"

周全说："你是不是疯了？都赔成这样了，还不回头！你就不是做生意的料！"

景恬说："我很快就会赚钱，事实会证明一切！"

由于双方互不相让，协议离婚，儿子归了周全，是景恬主动给的，周全说她自私，为了以后找对象容易。

景恬说："我不是为了不带孩子好找对象，是因为我还要创业，没空管啊。"

周全说："结婚10年，家里还是老样子，什么都没添，房子也没买，日子过得稀烂。你只要收收心，为了孩子，咱们不离。"

景恬倔强地摇头，粘成小扇子般的大睫毛，扑闪扑闪，泪水从戴着美瞳的大眼睛里汩汩流出……

PS：

读完案例的你们，肯定觉得景恬又虚荣又没有自知之明。

如果你是个有骨气的东北大妞，如果你公婆根本瞧不上你，如果你身边也有个相貌比你差腰包却比你鼓的胡姐，很难说你不拥有一颗激情创业的心。

从20世纪80年代改革开始，"创业"这个词出现得越来越密集，走到今天，已经没人把创业当成一件了不起的事，但是，不是所有人都适合创业，比如景恬。

想学胡姐，那么，胡姐也卖情趣用品，她遇到像景恬遇到的那种情况，是怎么处理的呢？她的连锁发廊是怎么升起来的呢？她的发家之道到底是什么呢？不好好了解这些，又没有经商天赋，生意怎么做得成呢？

周全向我倾诉的时候，口口声声说爱景恬。我问他，你看到景恬的惶恐与狼狈吗？离婚时，她已经宣告了自己的无力。作为母亲，她放弃了孩子，这等于昭告天下"我自命难顾"，你为何还要说"天下哪有这样的母亲，孩子都不要了，还要去创业，创个鬼"！

既然不想失去她，就不要指责她虚荣无能，要说"我知道你很优秀，也很努力，我爱你，心疼你，不想让你生活得这么累，放心吧，赚钱的事有我，我赚的，全是你的！"

夫妻如同阴阳，阴的面大了，阳的面就会小，反之亦是；又如摩擦在一起的两个球，空间不变的情况下，一方太膨胀，另一方就会缩小，如果双方都在膨胀，最终都会爆掉。

只要周全肯收起指责，景恬的膨胀就会萎缩。至少，她不会再坚持做下去。是周全的全面否定，让她退无可退，愈发用庞大的自信，来包住内心蜷缩的自卑。

第46篇

有钱人的媳妇不好做
——计度妄想，徒自哀伤

“寻寻觅觅，冷冷清清，凄凄惨惨戚戚。”做人不要妄想太多，别人能得到的自己未必也能得到，要想开点、看开点，不要自寻烦恼。

通常来说，女人最头疼的是婆媳关系。今天来离婚的这对夫妻，破了常规，是媳妇和公公的关系不好，且引发家暴。

坐在我面前的小娜，离婚的心，并不坚决，她只是觉得自己无辜又委屈……

❶

我父亲和公公的关系特别好，两家隔得也近，步行也不过20分钟的路程。因为这个缘故，我和老公从小就玩在一起，长大后，也自然而然结了婚，可以说是亲上加亲。朋友们也说我有福气，不费吹灰之力，嫁给了有钱人家。

在外人眼里，老公家有个厂子，40几个工人，这在我们镇上确实算有钱大户。实际上，我嫁给老公的原因，除了青梅竹马、性情相投之外，还因为他是个老实人。

老公兄弟两个，大哥游手好闲，被人称为“大少”，却没人称我老公为“二少”，因为我老公主业是负责维修机器，次业是什么都干，属于“我是一块砖，哪里需要哪里搬”的类型，让我心里踏实。

婚前，我看不到大家各自的算计和利益，婚后才发现，公婆把厂子看成是一家人的共同产业，根本不存在公平对待俩儿子的问题，完全是会哭的孩子有奶吃，能者多劳，多劳者却不会多得，还不被尊重。

我婆家的财务情况是这样的——大钱在公公那里，他想怎么花就怎么花。婆婆也有点钱，基本是看谁顺眼给谁点，余下的自己消费，天天扮嫩卖萌。零碎卖货的钱，谁收上来放谁那。大少每次都自个儿揣着，还时常编排些理由，向我婆婆要，婆婆还真会给他。我老公犯傻，每次都上交不算，有点钱，就放在买维修零件上。天天不抽烟不喝酒，也不让我买衣服，看看那大少，天天鲜衣怒马地四处玩。

家里情况一团糟，公公熟视无睹，一派大家长作风，每天去县城茶社谈生意，白天去，晚上回，上班一样风雨无阻。回来了就指挥儿子，脾气大，哪点不好就埋怨，从不动手干活，我心里真是一肚子埋怨。好在婆婆人比较好，虽然血压高，得过脑梗，还是帮我带孩子，无论婚前婚后，从没和我红过脸。看在婆婆的面子上，我只好憋着。

❷

婚后不久，大少和朋友一起喝酒，明知道朋友开着车，还是猛劝酒，结果，朋友喝多了，路上撞死了人。

朋友妻子找上门来，说自家男人出事，是大少逼的，如果他不劝，自家老公也不会喝那么多。公公说也不是大少自己的事，但大少强出头，问对方怎么私了，对方张口要10万元。公公不同意，坚持当事者分摊。大少重义气，好面子，强揽责任，说都是我的事。

公公不干，把当晚在场的人都叫来，问他们怎么办。大少还是硬着脖子强揽，气得公公没办法。不过，算是大少行为的感召吧，其他人象征性地表示了一下，每人拿1万块，余下的6万块，公公掏了。

这个事我不服，找公婆：钱是大家伙的，个人出的事，凭啥损害所有人的利益？公公不搭理，婆婆说肉在锅里，哪能分得清？

纠缠几天后，我想到分家。也只有这条路了，否则，未来不知要吃多少哑巴亏。像大少这样的人，哪天把厂子折腾光，也是有可能的事。

公公特别不高兴，找我父母，说我不听话，挑唆着分家，让他们好好管管我。父母竟然向着公婆，说出了门子的人，就要尊重公婆。公婆都是有本事的人，方向不会错。

我当然不服了，但是，又有什么用呢？父母这样，老公也不支持我，就看着我大哭，不肯哄我，看着我狼狈。这是为什么呢？婚姻真是爱情的坟墓吗？

没娶我之前，家里的会计是我嫂子，娶我之后也是她，太不公平了吧？借着大少出事，我又把这个问题牵出来，发狠闹了一场。

也是我闹得有理，公公说发工资吧，嫂子身兼多职，一年10万块，我老公和大少一个月5000块，年底看效益发奖金。

话虽说得响亮，之后，一次工资没发过，偶尔给各家发点小钱，说白了和以前一样。

由于一直是嫂子干会计，把着一大家的财务，我跟公公提要求，我和我嫂子一个出纳，一个会计，公公说不行。

尽管我说不公平，镇上人都说公婆偏向我，因为公婆对嫂子很差，想骂就骂，却从来没有骂过我，最多是说过我。

今年春天，嫂子在厂子前面的门面房开了家美容院，用的是家里的房子——这可是家里的共同财产，凭什么？

我没法再找公婆闹，就鼓动老公提分家，钱要分，门面房也要分！老公一如既往地沉默。

婚前，我说什么，他听什么，现在不管我说什么，他都像一堵墙，会把我的话弹回来。

❸

前几天，我家小宝发烧，他在车间加班维修，我觉得小孩发烧没大事，就没打扰他，自己处理。

当时我以为是普通的感冒发烧，给孩子吃上退烧药，捂着出汗。出汗后，烧退了。再过会儿，又发烧。我根据以前给大宝看病的经历，买药给他吃，带着回了娘家。谁知到了前天晚上，我妈发现小宝舌头烂了，人也不精神，让我给老公打电话，让他赶紧开车过来，准备去县城看病。

老公很快就过来了，冷着脸。我收拾好东西喊他走，他发火了，说："都发烧两天了，白天不去看晚上去，还有好医生吗？你知不知道好医生都白天上班？你成天就知道玩，还知道啥？"

我也生气了，说："当妈的谁愿意孩子生病？现在只要进了医院就输液，孩子这么小，好吗？我也是考虑到孩子，才想吃点药观察一下。我天天玩？有你能玩吗？我天天在家带孩子，你呢？你干啥了？嫁你，算瞎了眼！"

越说越凶，几句口角之后，他挥拳往我头上砸。我打不过他，向外跑。谁知道他又撵出来，一手抱孩子，一手打我，我家4岁的大宝在旁边看着。

公婆一家闻声而来，拦下他，一起骂他。由于他情绪特别激动，浑不讲理，气得大家都走了。

我从地上爬起来，和他要孩子，他不给，我说孩子还病着，先去看病。

去医院检查后，没什么大问题，是口腔溃疡引起的发烧。

孩子折腾得我两天两夜没睡，他又打我的头，很重，嗡嗡的，一转身，发晕。

孩子有病的时候，我没什么感觉，现在孩子没事了，我就挺不住了，脑袋像炸裂一般，感觉这个日子真的不能过了，决定离家出走，反正他也不爱我了。

第二天早上，我把俩孩子都送回婆婆家，然后带上行李去了车站。

谁知车刚上公路，父亲就追来了，我摆手让他回去，他不听，拼命追着车跑，我只好让司机停车。

下车后，父亲说："你有俩孩子啊，你走了，谁管孩子？"

我说："他打我，你知不知道？孩子是我的，也是他的，你这么追我回去，打死我咋办？"父亲说他不敢，有公婆在。

我说公婆看着他打我，也不舍得打他。

父亲沉默了，但还是拽着我不放，我只好跟他回家。

回家后，婆婆说："幸亏我给你爸打了电话，你要是走了，还了得？你们这日子还用不用过了？"

我气得坐在一边，俩孩子都跑过来叫妈妈，叫得我心酸难过，大声哭起来。

父亲说："你们不能惯着他打她，女人不能打。"

婆婆说："我们哪惯了？你没看我们那个骂啊。"

听了婆婆的话，我感觉很绝望。

到了深夜，老公没回家，我给他打了数十个电话，也不接。婆婆说："你也太狠，俺儿在车间抢修，忙两天两夜了，你也不是不知道。"

他累，就是打我的理由吗？就是离家出走的理由吗？凭什么？

PS：

打老婆，首先要谴责。男人借由生理上的强势来伤害女人，是典型的恃强凌弱，要零容忍。不过，我们今天要回答的，是小娜的问题：他为什么打我？他为什么更爱这个大家庭却不爱我？

比起女人来，男人更重视家族利益，这是他们的背景，也是他们借以立世的根基。从家庭到家族、到国家、到家天下，一切犹如天赋其使命。为此，他们甚至可以牺牲自我，小娜的公公和老公亦在此列。

从本案例中可以看出，小娜的公公非常重视家的完整，在他看来，不分家，意味着大家在一起，在一起，意味着可以群策群力，意味着发展与安全。

在20世纪80年代之前，生活困难，在一起是有意义的，可以共同抵御贫穷和灾难。当社会发展到今天，在一起，应该换一种方式，比如把企业分股份，多劳多得，奖惩严明。

家族企业，再小，也牵涉经营，特别儿子、媳妇都是员工，如果不能够公平对待，合理管理，势必造成家庭中的离心离德，反而更容易分崩离析。

经营家族企业，和经营婚姻一样，不应该强调是不是每天接吻、每天共餐、每天进一个被窝睡觉，要知道确有不少貌合却神离的夫妻，重要的是，一定要总结出好的管理条例。像大少这样的人，需要有条例压着，让他明白不劳动不得食。

建议小娜一家再次站在家族企业的角度，向公公提出合理化建议，说明公平对于企业发展及家族和睦的意义。要知道任何所谓的权威，都是建立在你的欲望之上。如果公公执意不从，建议从公公的企业中撤离。

至于小娜要不要惩罚老公，我的建议是不惩罚，因为事出有因，他已经两天两夜没睡了，精神处于崩溃的临界点，很容易失控，前烦旧恼的，会一股脑地发作出来。打人肯定不对，但小娜的任性和不体恤也是错的。

另外，小娜提到公婆经常随意骂嫂子，同时又给予嫂子很多信任与支持，说明嫂子是个很会做人、很让公婆信任的人，他们不需要待之以客礼。

小娜要透过现象看本质，一定要明白，公婆对你待之以客礼，其实是因为你不让他们信任和亲近。以后，多向嫂子学习，她虽然有个不识事体的大少老公，但不做怨妇，勤苦能干聪慧有加，厂内把着财务大权，还能利用厂子的门面做美容，既得了利益，还能得到长辈的信任与支持。像这样的女人，不仅是小娜应该学习的，也适合其他姑娘借鉴。

第47篇

我老公被第三者骗了

——坚忍求全，好人平安

“无言独上西楼，月如钩，寂寞梧桐深院锁清秋。”文中张姐不禁令我们感叹，人生如梦，人生如戏，能看破放下的又有几人？

张姐来离婚区咨询，问值班律师：“我老公在外面生了俩孩子，现在孩子大了，他想和我离婚，给孩子们一个名分。家产也要分一下，说都是他的孩子，得公平点。我想了解一下，这个钱要怎么分啊？”

❶

1989年，张姐毕业于某著名财经大学，在当时来说，能读个中专就很厉害了，所以，张姐被分配到了当年最红的市里供销社做会计。在这里，她遇到了春哥。

春哥脑子活，有生意头脑，在单位跑业务，来回支钱报账都要找张姐，一来二去，两人混熟了，也比较聊得来，但没有涉及婚恋。或许与张姐的长相有关吧，张姐其貌不扬，身材矮小，而春哥一表人才，经常去相亲。

也不知什么原因，春哥一直没谈成，而张姐很看好春哥，眼睛总是瞄在他身上。同事们心领神会，出面撮合，居然一说就成。

张姐说：“我问他看好我啥，他说看重我的学历，大学生，了不起。”

俩人处了一段时间，张姐去春哥家。

“按照胶东的规矩，第一次到他家，会有见面礼。我知道他家里穷，坚决不要，他特别感动。”

不久，俩人登记结婚。婚后，张姐从不问春哥的收入，春哥很感动，到处炫，逢人就说我老婆是大学生，有才，不爱财。

张姐说："其实，我当时也不是不重视学历，只是觉得自己长得差，家又是农村的，很自卑。他帅气又能赚钱，我还觉得有点配不上他。"

婚后，供销社效益不行了，春哥停薪留职，开始做皮子生意。本以为自己是供销口出身，与很多单位有联系，肯定会赚钱，可单位是计划经济，属于皇帝的女儿不愁嫁，所以，单干的春哥，不赚反赔。

春哥消沉了一段时间后，开始外出考察，转了一大圈后，发现做二道贩子不如做厂家，就借钱建了貂场。

张姐说："开始的时候，没想到有那么大的投入，后来越投越多，生意赔的钱加上建场地贷的款，欠了50多万元。别小看这50万，在当时算天文数字了，他觉得亏着我了，挺不安。待貂场建好后，我瘦脱相了，皱纹添了好几条。他提出离婚，说你是大学生，离了婚，还有好的发展，孩子和债务他管，不想让我跟他一起受罪。我很感动，二话没说就辞了工作，带着孩子和他一起干。当时养殖条件差，活特别多，我每天早上3点就起来干活，真是吃苦耐劳，几乎所有人都佩服我。"

❷

第一年因为没经验，貂场赔了10万块。

第二年，春哥父亲得了脑血栓，又添新债。

张姐说："我每天都在愁钱，人绷得像一张弓，好像随时都会断掉。苦苦挣扎到2000年，生意有了转机，银行又开始催贷。我只好把房子押给姐姐借钱，姐姐二话没说，硬是一个人把10多万现金从东北背了过来。7年后，我们终于还清了债务。"

生意好做了，春哥开始搞外遇。

张姐说："这个事，我们俩人都有责任，那几年我们挣了点钱，他也算有钱了。当时，他们这拨生意人，都喜欢搞外遇。我不再管他。久而久之，造成了他的蛮横和任性。"

几年后，夫妻俩建了第二个貂场，招了工人。第三者小迪，就是那时候进来的，干了不到俩月，就和春哥发生了关系。

张姐说："我发现后，没闹，我是有文化有素质的人。自从他有了小迪，心收回来了，倒是对生意有利。"

这种情况持续一段时间后，小迪提出结婚，春哥不同意，说自己和张姐结发于贫困，张姐如何如何爱自己，小迪气走了。

张姐说："后来，我听说她结婚了，就放心了。谁能想到，两年不到，她离了，又和我老公混到了一起，还生了孩子。他说小迪一直想给他生孩子，怀孕后就跑老家生去了，生完才告诉他，是被小迪算计了。"

有了孩子后，春哥老说不放心，他觉得小迪太年轻，又贪玩，工作都干不好，哪会照顾孩子？

得到张姐的默许后，春哥在貂场边上买了套房子，把小迪娘俩安置好，专职看孩子，月底从张姐手中领取工资和孩子的生活费。

从此，春哥天天晚上去小迪那儿照顾孩子，过上有妻有妾的日子。

❸

在张姐的"支持"下，小迪和春哥三年生了俩，一儿一女，最小的儿子现在 3 岁，春哥经常带了出去，大家都夸他好福气。

张姐说："他几乎每天都在那边，很少回来过夜，说去那边睡觉，绝对不是因为爱，也永远不会和她结婚，只是对俩孩子放心不下。我很相信他，他是个知恩感恩的人，朋友圈都说他有信有义。再说了，他比她大 17 岁呢，三观有代沟，根本无法生活在一起，都怪那女的太有心机了。说来也怪我，每年的夏天和冬天，我都回楼上休息，把他自己撂在场里，可能他自己在那儿太孤单寂寞了，要不咋能看上她？她也不好看。"

尽管张姐认为丈夫是可信的，但是，夜夜守空房的她，想到丈夫和小迪在一起亲热，又极度抓狂。在忍耐了一段时间后，又找春哥理论。

春哥说："你现在名分也有了，儿子也快结婚了，亲家也门当户对，你现在提离婚，会不会把亲事闹黄了？我告诉你，你如果想要更多，那你会什么也得不到。听我的，你要忍住，别给我添麻烦，相信我，她只是想要钱，我不会给她的。只要你给我时间，我会慢慢解决的。"

张姐相信丈夫不会给小迪钱，别看有俩厂子，有 200 多万块外债呢。但是，丈夫夜夜不归，她本是外地人，这些年忙于养貂，又和外界几乎断了联系，没同学，没亲友，也没闺蜜，更不能和儿子说吧？

张姐说："我们就这么一个儿子，他家就这么一个孙子，是我给他生的，就冲这个，他也不会离开我。他爸的事，孩子也知道，我说是小迪使的坏，儿子说要杀了她，吓死我了，我说你犯不上为贱人毁了自己。后来，儿子就不吱声了。"

在情绪难以自控的时候，张姐也会想到离婚，但是，债务这么多，自己又没有房子，手里也没钱，怎么办呢？张姐说我这个人对钱没概念，因为买料什么的都是他办，家里的钱一直他把控，我手里就有点买生活用品的钱。

春哥知道了张姐的想法，说：“你要是真想离，我就净身出户，你知道咱们夫妻是有感情的。”

张姐听了，心就会平静下来。过段时间，情绪有起伏时，又有了哀怨。

PS：

律师问张姐：“你可以拿回财权吗？以你大学专业是会计的理由。你可以把春哥的事告诉儿子吗？他是成人，都到了结婚的年龄。你可以寻求法律的支持吗？”

她回答：“财权肯定拿不回来啊，他不会同意。我也不能告诉儿子，如果说了，儿子会恨爸爸，他媳妇家可能接受不了，万一闹出退婚之类的事，咋办？我更不可能告他重婚啊，是要坐牢的，厂子和债务怎么办？这些年，我已渐渐退出管理和营销了，只能做做饭了。当然了，我也不会闹，因为我有文化有素质，和小迪不一样，我不会伤了他的面子。”

看到我们的表情，张姐赶紧补了一句：“你们不要误会，他不是坏人，他是爱我的。他只是很善良，被小迪骗了。现在，他只是不想亏了那两个孩子。”

我问她：“小迪知不知道春哥负债200万元？”

张姐说：“我们不能向外说钱的事，人家会笑话。”

我说：“春哥不会放弃小迪，也不会放弃你，妻妾成群的生活，多少男人求而不得！现在如果离婚，你们没有复婚的可能了。春哥会说，咱们都老了，大儿子成家立业了，这俩小的，让咱再给他们个名分！”

她犹豫了，思谋良久，冒出一句：“不要脸的女人，肯定不得好死！举头三尺有神明，老天不会放过她的！”

《寒山问拾得》中，有段对话。寒山问：“世间有人谤我、欺我、辱我、笑我、轻我、贱我、骗我，如何处置乎？”拾得曰：“只是忍他、让他、避他、由他、耐他、敬他、不要理他，再待几年，你且看他。”

这段对话最后的“你且看他”，就是张姐最后这句话的意思吧？

第 18 篇

等老公出狱的 10 年
——以心论淫，孰轻孰重

“多情自古伤离别，更那堪、冷落清秋节！”世出世间，发心最为重要。其心不淫的小香，和淫心荡漾的男人相比，自然有公道天理。

老公入狱 10 年，小香带着孩子在家苦等。

待到老公出狱，却提出和小香离婚，因为小香太风骚，丢了他祖宗八辈的脸……

❶

1983 年，我国有过一次史无前例的“严打”。

“严打”之前，军人大玉和某企业合同工小香相识相爱。

后来，大玉在工作中受伤致残，办理了复员，回到老家。

未婚有孕的小香，毅然决然地辞去工作，到了大玉老家，结婚生子。

大玉家十分贫穷，三间小房，住着父母、小姑及他俩，山上有点薄地，小香又生了孩子，无法劳动，这样困顿不堪的经济状况，令人发愁。

邻居老王，惯于偷鸡摸狗，和大玉闲聊的时候，说到生活艰难，老王邀他一起入行。

大玉先是不肯，看到老王天天烟酒不断，生活甚是宽裕，不由动了贪心，与小香商议，小香害怕，说要是被抓着了，不值！

再见到老王，老王笑他胆小，说你看我，也做了好几年，谁抓我了？不管什么年头，撑死胆大的，饿死胆小的。

大玉有残疾，干农活确实吃力，被老王说服了，入了行，生活果然宽绰起来。

秋夜，老王踩好了一家旅馆，说亲眼看到老板有急事早早离店，没有去银行存钱，说明钱还在店里，肯定能发个大的。

大玉伙同老王前去，却发现没有钱，想必是老板把钱装在身上拿走了。

贼不空行，二人随便拿了些被子脸盆。

谁知，第二天就被破案。

时值“严打”，大玉被判了10年。

❷

大玉去服刑的时候，孩子还不到一岁，公公一气之下病逝，留下婆婆和小香两个人，天天疲惫不堪，日子过得更加穷苦。

不知从什么时候起，小香不再干活了，而家里总有男人来聊天。

村里人开始议论纷纷，说小香不检点。

奇怪的是，无论村里说什么，婆婆从不说媳妇的坏话。

小香胖了，身子圆滚滚的，十分富态，还抽上了烟，衣服也时兴了。

因为手头宽裕，每次探监的时候，她都会提一大包大玉爱吃的和一卷子钱（给大玉狱中零用），再背上孩子。

负担这么沉重了，小香还要穿上高跟鞋，因为大玉最喜欢小香穿高跟鞋的样子。

小香也学会了偷，每次赶集上街，总会顺手偷些袜子手绢。

终于，小香被抓着了，货主把她按在地上，拼命厮打，小香泪飞如雨，却一声哀求也不说。

人群中走出个男人，是村里杀猪的。他力气大，上前挡住，把小香拽起来，说：“算了算了，针头线脑的，值什么？她男人不在家，自己过日子不容易，得饶人处且饶人吧。”

看热闹的人，马上起哄，小香在一片嘘声中爬起来，一歪一扭地回了家，当夜上了吊。

幸好婆婆睡觉警醒，救下了小香。

自从小香出了事，村里闲言碎语躲在家里说了，街面上，再也没人指点她。

❸

大玉不负所望，在狱中表现优秀，提前3年回到了家中。

回家后，大玉吃苦耐劳，除了照顾好自家土地，农闲时，到处给人当小工，刷墙推粪，只要给钱就干。

没升上学的孩子，也去了城里打工，月月向家捎钱。

不到一年，大玉盘下了一所大房子，一家人兴高采烈地搬了家。

眼看日子过好了，村里有些心术不正的闲人开始搬弄是非，说小香当年卖过谁谁的炕，若有人反驳，就说："她抽烟是真的吧？钱哪来的？穿着时尚是真的吧？钱哪来的？"

说来说去，话就传到了大玉的耳中。

大玉开始找事儿，三天两头和小香干仗。

后来，大玉发现村里有个离婚的年轻媳妇，就天天上门去撩，想和人家结婚生子。

小媳妇很正直，跑去找小香，让她管管自家男人。

小香闹大玉，大玉提出离婚。

离婚的事，闹开后，小香卖炕养家的事，也彻底传开了，大玉要离婚的心更加坚决，还开始打小香，声称离了就不打，小香只好离。

离婚后，小香没地方去，大玉也没找到合适的女人，俩人继续过着实际的夫妻生活。

只是大玉有了单身男人这把保护伞，再也不肯老实，四处撩拨单身女人。

面对现实，小香无力阻止，也无力独立，也有人劝她改嫁，毕竟农村光棍多，不愁嫁。

小香说："我这个岁数了，嫁什么嫁？反正他还在家，毕竟他是孩子的父亲。"

PS：

如果能回到最初，小香重视自己的工作，留在城里，以她的聪明善良与美丽能干，找一个条件好的正式工结婚，完全不是问题。

如果她知道爱情经受不起贫穷的折磨，还会天真地憧憬爱情并未婚先孕吗？还会跟着一个残疾军人返乡务农吗？还会用女人的一点本能，来死撑着这个摇摇欲坠的家吗？

凡是在20世纪80年代农村生活过的人，都会明了小香的困境。

一个带着孩子没从事过农活的小媳妇，当她面对一大片地瓜，要刨出来，再搬回家，会很无助；当她面对一大片冻土，要松土，要播种，要浇水及管理，会很无助……想要小香像爱情小说里描写得那样坚贞不渝，有相当的难度。

生活中，我们经常提倡一种道德，对符合这种道德的人予以至高无上的称赞，比如小香嫁给大玉的时候，会称赞小香是个不嫌贫爱富的好姑娘；当大玉锒铛入狱小香坚持等待的时候，会称赞她是个情比金坚的好媳妇。但当村民和大玉明白小香是靠别的男人才活得体面，却不会原谅她。

大玉有什么委屈？熟悉农村的大玉，知道小香的困顿，明白小香的能力，在吃着小香带去的大堆美食时，为何不质疑钱的来处？他只是作了一个理性的决定——让她帮他带好孩子保住家。等刑满释放，再把面子找回来。

两性关系中，谁投入得最多，谁就是对感情最坚守的那个人。

我想给未婚姑娘们一点建议：无论你住在城里还是乡下，如果你没有真正经历过贫穷，没有与苦难抗衡的能力，除了努力增强自身赚钱的能力之外，不建议选择贫穷又一无所长的伴侣。他除了保障不了你和孩子的正常生活之外，还有可能为了生活铤而走险。

第 49 篇

耄耋之年的离婚大战
——偷心大盗，终落邪道

“风住尘香花已尽，日晚倦梳头。物是人非事事休，欲语泪先流。”文中李大爷的行为或许可冠以盗用王大妈身心以满足其自身欲求的罪名，世间万象，无奇不有，希望王大妈别再糊涂下去了！

一对年近耄耋之年的老夫妻谈离婚，王大妈要求离婚后住大屋（南面的大房间），李大爷薅住大妈的一头白发，抡圆了膀子扇耳光，说：“再不签字，我起诉！”

❶

40多年前，在某机关当科员的李大爷，是人们眼中的“老光棍”，36岁了，还没娶上媳妇。究其原因，一来是家境困难，父母都是残疾人；二来易暴易怒，不易相处。

一天，门房的大爷找他，说有个离婚的要不要？证领了俩月，没正式住一起。人家说了，愿意倒贴。

李大爷不同意，一来嫌女的结过婚，二来自己在机关工作，女的是工人。

门房受了王家的托付，也是感觉俩人般配，看说了他不同意，就去找他父母，父母一口答应，劝儿子：“你都这岁数了，再拖下去，成孤老了，总得有个后吧?”

父母的话，有分量，李大爷同意了。

有时代的原因，男女有距离，主要也是两个人岁数都不小了，所以，李大爷这边一点头，两家老的就开始忙活，订日子，缝喜被，大家谈的全是过日子，没人觉得这俩人缺乏了解，更缺乏爱情。

待俩人真成了夫妻，白天锅碗瓢盆，夜里床上床下，李大爷发现了许多不和谐的地方，比如王大妈言行粗俗，好较劲，晚上从来不洗脚，也不会收拾家。值得欣喜的事有一件，结婚后一个月就有喜了，即将有后的喜悦，让他生活有了一个超大的期待，也冲淡了内心的不满。

十月怀胎，瓜熟蒂落，王大妈生了个儿子，长得虎头虎脑，和李大爷对上眼，就紧盯着不放，可把大爷感动坏了，抱在怀里不撒手。

接下来的日子，儿子成了大爷心中唯一的宝贝——喂养，看护，上学，工作……大爷一路操持，最终，花大价钱给儿子安排了一个好工作。儿子也争气，很快当上了科长，且有妻有子。

在这样漫长的岁月中，王大妈的心是苦的，因为大爷的表现很明显——娶你就是为了生儿子，儿子生了，你就是个摆设，想要句贴心话，绝对没有。

衣食无忧的岁月，大妈感觉孤独寂寞冷。

为了争取老公的关注，大妈不断地挑起战争，简简单单一件事，大妈一定要弄复杂。比如说李大爷同事借个钱，她一天能提好几次，大爷急了，开始动手。打多了，成了习惯，三天两头要打。

由于李大爷一手把控着儿子，儿子和母亲的距离很远，所以，父亲打母亲的时候，他起初也觉得残忍，要父亲别打，待见多了母亲的无理挑衅，也就不再阻拦，甚至会觉得母亲确实太麻烦。

❷

也是王大妈倒霉，爱情没有就算了，工作也没了，成了单位第一批下岗人员。

心中憋屈，想找个安慰，又不会说话，直接要李大爷交工资，李大爷不肯，大妈借题发作，各种污言秽语的，问候大爷祖宗十八代。

李大爷生气，再一次打了王大妈，下手特别重，打断两根肋骨，扎了肺，口中鲜血直涌。

事件严重，引来了娘家大姐，她报了警。

警察前来取证，王大妈非说自己摔的，大姐恨铁不成钢。

尽管如此，警察还是看出了端倪，把李大爷狠狠教训了一顿，说你作为一个公职人员，知不知道已经触犯刑法？如果不是大妈保你，你这工作还保得住吗？

当着警察，李大爷态度还好。到了出院这天，李大爷和儿子都没露面，王大妈号啕大哭。

大姐很生气，要她去自己那儿，说："他都下这么狠的手了，你还在家待着？惯他些毛病！天天伺候前伺候后，还伺候出疯来了！咱不回家，等他来求你，你再回去。"

王大妈觉得有道理，直接去了大姐家开的饭店。白天择菜洗碗，晚上打扫卫生兼看门，成了一名免费员工。

一晃5年，李大爷和儿子都没有找她，爷俩过得好好的，衣食住行，比大妈在家时还要好。大妈是工人，力气活儿，三班倒，赚钱辛苦，把钱看得金贵，不轻易开销，把日子过得清淡。大爷和大妈相反，吃啥买啥，均随儿子意。渐渐地，大妈在儿子心中的位置，变得一丝也无。

还是一个旧同事眼光好，说她："你太傻了，要过就过，不过就离婚。离婚也得有个说辞，怎么能白不提黑不提的？财产呢？儿子呢？待在你姐家当义务工算咋回事？你姐也够实诚，白使唤着妹妹，也不替妹妹考虑。"

这5年中，大妈一直惦记着家，但是，身为妻子和母亲，老公不找，儿子也不找，这种挫败感太沉重了，她根本没有力量回家，真正是望家生畏。

同事说："这样，我给你打个前站，帮你回家。"

殊不知，李大爷正盼着王大妈回家呢，因为他想要王大妈的产权。

❸

这是一栋80多平方米的老房子，南面一大一小俩卧室，北边一个。孩子小的时候，大妈住南面小卧室，大爷和儿子住大卧室，北面这个算客卧，还放了些杂物。后来儿子结婚单过，大爷住南小卧，大妈住北卧，大卧算是儿子一家的驿站。

别看房子不起眼，这可是一中的学区房，也是大爷想找大妈的原因——孙子大了，需要这个学区房。

大妈回家的晚上，儿子一家全到，大爷做主持，开宗明义，说："孙子需要，我的这部分产权全交，你呢？"

刚回家，就要产权，大妈觉得有点赶尽杀绝。这些年来，都不拿自己当回事，在外5年，不闻不问。想要产权，连句客气话都没有，岂有此理！

大妈不吱声，儿子媳妇着急，说孙子要上学，房子必须落在我名下，你当奶奶的，哪能不给个方便？

一家子围攻，小孙子眼巴巴瞅着，大妈心一软，说我交25%。

大爷50%，大妈25%，儿子名下有了75%的产权，于是，顺利过户，小孙子上了学。

孙子上学后，大妈每天4点起床，伺候小孙子上了学，就赶紧跑出去，中午回来做好饭，再跑出去。总之，只有干活的时候才回来，她害怕大爷。

日子稀里糊涂地熬着，直到2015年，儿子犯了错，被单位直接双开，生活一下子明朗了——大爷坚决要离婚。

原来，大爷对大妈的厌恶逐年提升，之所以保留婚姻这点名分，主要是太看重儿子，想给儿子一个完整的家。待儿子成家立业后，看儿子有出息，很快当上了科长，又想保全儿子的颜面。

现在，一切不存在了。

已入古稀之年的王大妈，绝对无法接受啊，她坚决不离。

为了让大妈同意离婚，大爷开始各种捉索（使坏）：

把大妈做菜的油倒进下水道；

把大妈的电视遥控器砸碎；

把大妈的插排剪断……

最可气的，大爷把生活垃圾丢进大妈床下，惹得大妈到处找寻恶臭哪里来。待找到源头，发现垃圾已生了蛆。

日子真的没法过了，大妈提出：离婚可以，我要住大屋。

大爷不同意，说大屋是留给儿子一家的，离婚后，原来怎么住，以后也怎么住。

大妈说："晾衣架在大屋窗外，你现在都这样对我，要是离了婚，我衣服都没法晾了。"

二人吵吵嚷嚷来到离婚区，得知要先拟个协议，大爷一挥而就，要大妈签字，大妈看条件达不到她的预期，死活不签。

大爷环顾四周："大家伙看看，她是个二婚的，我头婚，过了这些年，心中谁也没有，谁能和她过?"

大妈说："你不是人，你披了张人皮……"

这还行？大爷又动手了——当着大家的面，薅住大妈的一头白发，啪啪啪，巴掌打得山响，一点也不像个号称肾病三级的人。

没办法，办公人员报了"110"。

当着警察的面，大爷发了狠誓：这个婚，必须离！你同意就签协议，不同意就起诉！

PS：

人生不易，总有那么些理由——年龄大了，太穷了，需要有个后代……于是，明知道没有爱情的婚姻是不道德的，依然有不少人走进了没有爱情的婚姻。

以李大爷的表现来看，婚前已见端倪，婚后也无出左右，什么为了结婚生子，不喜欢也娶了；为了儿子有个完整的家，再讨厌也不提离婚；不需要为儿子保住脸面了，就向死里逼迫老伴儿签字……种种表现，都该在意料之中。

以王大妈的表现来看，岂是一个糊涂了得。

因为对方是初婚，因为对方工作好，就急匆匆地结婚成家。因为自己结过婚，因为自己是工人，又甘心矮对方一头。以身饲虎，不是爱，是不自爱。

有怎样的因，就会有怎样的果，一桩不幸的婚姻，往往开端就很不堪。

希望大家在进入围城之前，要好好问问自己：这场婚姻的目的是什么？是爱情？是社会关系？是需要有个家有个后？还是解决性的问题？目的明确了，会有相应的处理方法。

比如王大妈在婚前就明白：李大爷不爱自己，且品性有问题。那么，即使非要结这个婚，在婚后的相处方式上也要善用技巧，比如弱势一些，讨巧一些。王大妈却没有。她像个糊涂的战士，只管向前冲锋。有恨就吵，歇斯底里地骂人；打不过就鼠窜，活成丧家之犬。

还是嫁给爱情吧，亦舒有句名言：当一个男人不再爱她的女人，她哭闹是错，静默也是错，活着呼吸是错，死了都是错。

爱情难遇，那么，至少也嫁个品性善良的人，就算俩人没有你侬我侬的甜情蜜意，至少能做到基本的相互滋润，相互喂养。

建议：

1. 王大妈拿走自己的25%的产权费。一中的学区房，25%的产权费也是一笔不小的钱，租房住，或去养老院，不生气，有人照顾。到了这个年龄，已经即将生活难以自理了，对自己应好一些。

2. 要求儿子付赡养费。你有这个权利，他有这个义务。没必要再考虑儿孙。一来儿孙自有儿孙福；二来，能眼看着母亲伤痕累累、惶恐无助的儿孙，不如没有。他们哪天悟到你是长辈，允许他们有那25%的继承权；悟不到，他们有自己的因果。至于钱，能花到自己身上的，花掉。有生之年花不了，捐献也好。

第 50 篇

被贫穷“诱惑”的富家女

——心口不一，遂造恶业

“回首向来萧瑟处，归去，也无风雨也无晴。”文中男人王波可谓虚言妄语，口是心非；女人倪妮屡遭蒙骗后最终幡然醒悟。人心叵测，不得不慎啊！

倪妮是位典型的白富美，爱上了小学毕业的穷师傅王波。

如此不走寻常路的恋爱，自然遭到了家人的极力反对，但陷于爱情的倪妮，于 1999 年冬天偷偷领了结婚证，在怀孕 8 个月的时候，家人终于退步，为她举办了盛大的婚礼。

到 2018 年夏末，倪妮和王波已经拥有了一家食品厂和 10 个分店，还有个定居上海的儿子，但他们的婚姻却走到了尽头……

❶

倪妮的父亲出身贫寒，从工地上打工，到拥有一家属于自己的建筑公司，他走过了一条十分艰辛的路。所以，在女儿倪妮的眼中，他是一个了不起的英雄，也是未来夫婿的模板。

大学毕业后，父亲创业成功的范例鼓舞着倪妮，她决心创出一份自己的事业，于是，她不顾父亲的反对，到市里一家国营食品厂当了工人。在这里，她遇到了从外厂调来的技工师傅王波。

王波父母都生活在山沟里，本人只上过小学，14 岁就到城里讨生活，受尽苦楚，所以，为人十分圆融，工资也高，倪妮当时只拿 1500 元，但王波拿到了 4000 多块。

当时，想娶倪妮的人不少，他们要么家世与倪妮匹配，要么才貌与倪妮相当，甚至有综合条件都超过倪妮的优质男，但倪妮与他们交际下来，都感觉他们身上缺了些什么。直到王波对她发起了进攻，她的心才稳定下来。

王波对倪妮非常好，仗着做师傅时间机动的优势，每天早早为倪妮打上饭，待倪妮吃完后，又抢着去刷饭盒。刷好后，再把早就备好的水果削皮去核切块，插上牙签，让倪妮当饭后甜点。恋爱3个月后，王波趁着倪妮醉心于小公主角色之际，果断利索地把她弄上了床。

对于倪妮和王波的恋情，厂里分了两大阵营，一方以年轻人为主，认为富有诚可贵，爱情价更高；一方以中年人为主，认为这样不匹配的婚姻，过起来累，散起来快。

听闻此事的厂长，以倪妮父亲好友的身份，把倪妮叫到办公室，侧面劝阻了几次，却徒劳无功，因为倪妮铁了心了。无奈，厂长告知了倪妮父亲。

金银养起来的宝贝女儿，居然要嫁给一文不名的穷小子？这还了得。闻知此事的倪父，心中大怒，火速把女儿喊回家，关起门来，武的来，文的泡，好一通收拾，但倪妮口口声声非王波不嫁。

倪父不解，王波到底哪儿好？要啥没啥！

倪妮说："当年你也是穷小子，父母没钱，自己没钱，也就是个高中生，又比他强在哪里？你能当老板，他也能！他都和我说了，一定会给我好日子过！"

倪父简直要疯了，还要什么好日子？自己打下的江山，难道没给女儿带来好日子？

无论家人如何反对，倪妮越挫越勇，发出声明：不让我嫁给王波，我就去死！

倪父听了，说要死就死，我就是不让你嫁，嫁了你会后悔！

倪妮是成年人，无论家人如何反对，管不住她一颗想结婚的心。

1999年，倪妮偷出了户口本，与王波顺利领证。到肚子出怀的时候，倪家彻底死了心，为女儿举办了婚礼。

倪父心如刀绞，万万想不到，自己富养起来的女儿，居然送给了穷小子。他只好期待女儿的话会实现，王波会是第二个自己。就算达不到，至少对女儿怀一份感恩，一生做个好丈夫。

❷

由于倪妮早已怀孕，婚后不久，倪妮就进入生产和养育孩子的状态。为了让女儿不吃苦，倪家为女儿请来了两个保姆，一个负责采买和厨房，一个负责照顾倪妮和孩子。

王波很闲。厂里已经引进了高级技工，他的那点技术已然被忽略，收入也停滞不前。至于当年追求倪妮的那一腔热血，也随着心满意足凉了下来。无所事事之际，就有人约他玩牌。

当年的王波，没钱小子一枚，自然没人看得起，如今已是富家婿，当然会有人惦记，而且，这种惦记是一个陷阱——他们让王波在一张牌桌上半个月输了15万元，想从中收提成获好处。

让设计他的这群人意外的是——王波虽然娶了富家女，但手里比从前更没钱，因为倪妮有伟大的创业理想，从恋爱时起，倪妮就把控了王波的所有收入，每天只给一点零花钱，根本付不出15万元。

债主得知实情后，立马带人找到倪妮，还在哺乳期的倪妮，急火攻心，居然把奶水给憋回去了。

在责备王波一番之后，害怕家丑外扬的倪妮，还是付清了欠款。

此事过后，王波老实了几天，但他有牌瘾，当年是穷小子的时候，打牌就是最简单实际的娱乐啊，于是，他再上牌场，又欠下了6万块钱。

眼看情形不对，再次替夫还债的倪妮，回家与父亲商量。父亲说：“嫖和赌，是最难劝的两件事，而且，又最容易混为一件事。现在，那帮人是盯上他了，想彻底让他戒了，得给他换一下环境。”

当时，正好流行去国外打工，倪父掏了30万元，把王波送去了日本，指望这个勤苦有加的国家，会改变王波的生活习惯。

语言不通的王波，在日本举步维艰，几次提出想回国，都被倪妮严词拒绝，还不断催促他学习日本人的勤苦和现代技术。

烦闷痛苦之余，王波学会了喝酒，天天和一帮下班不回家的日本人混在一起，天天酩酊大醉，白天赚的钱，自然也变成了酒。

当时在日本打工的人，收入远高于国内，一年向家里寄个10多万元是常事，而王波在日本混了4年，却只向家里寄了3万块钱。倪妮也有怀疑，但王波总说一直在攒钱，已经有50多万元了，以备将来办厂。

❸

孩子进了幼儿园，市里也陆续有了一些蛋糕房的门店，倪妮创业的心再次萌动，她决定召回王波，创建一家有自己品牌和连锁店的食品公司。

王波得令回国，但身无长物，根本没有那信誓旦旦的50万元。倪妮不敢相信，质问王波怎么对得起自己，又历数自己如何救王波于贫穷，如何信任他能够不负己望。数落到锥心处，号啕大哭。

在王波回国之前，倪妮已经与父亲一起，考察了办厂所需的各种设备，约计需要200多万元。本来都把王波说的那50万元打算在内了，现在彻底落空。

父亲说："这样吧，投资由我负责，但你们要和我签个协议，只要你们还不上我的钱，你们就没有厂子的决定权，就只是拿工资的管理者。"

既然投资不成问题，厂子顺利建了起来。就在此时，法院来了王波的传票——3年前，王波欠女牌友20万元，其中本金仅8万元，其余均为利息。

且不说8万如何滚到了20万，仅女牌友这一项，就让倪妮生出了许多想象——有没有奸情？若无奸情，女牌友是怎么和家人交代这项欠款的？会不会是彻头彻尾的骗局？

更让倪妮无法接受的是——王波当时身在日本，却趁短期回国之机，重回牌桌，可见牌桌对王波的诱惑远大于家庭的魅力。

无论如何，王波是儿子的亲生父亲，倪妮再次接受了王波的赌咒发誓，替他还上了欠款。

接下来的几年，王波表现良好，一心一意地与倪妮经营公司，陆续在市里和下面县市开出了10家连锁，大学毕业的儿子，也决定在上海定居。

定居就要买房子，上海寸土寸金，年轻人基本买不起，当然要倪妮掏钱，此时，她发现有3张信用卡都有10万块左右的欠款。

是打牌了？王波说没有，倪妮根据种种迹象判断不太可能。难道问题出在手机上？王波有空就抱着手机玩游戏。而且，他还时常看主播，且重金打赏。

倪妮夺过王波的手机，发现了一串串的游戏付款通知——2000、5000、10000……别人的装备靠打，王波的装备靠买，他只是想玩得痛快，并没有闲心打怪升级。

正在冒火之际，倪妮手机上传来社保扣款失败的短信——王波居然把单项用来交纳社保的存折取空了。

已是中年的倪妮，想事不再幼稚，她第一次认真听从了父亲的意见，父女共同认定：该离婚了。

倪妮向法院起诉，并拿出了与父亲当年签下的协议。由于房子也是父亲的名字，最终，王波净身出户。

PS：

王波娶了倪妮，如果不是他后期过于放纵，不失为翻身解放的成功案例。

或许你会想，王波就是厉害，能攀上富家女。其实，不少富家女，虽然不会被富贵所诱惑，但是，会被贫穷“诱惑”。

在农村生长起来的人，都知道农村的弊处，比如夏天蚊虫飞舞，冬天上厕所冻个半死，路上永远不缺乏牛马粪便，就算富足起来的今时，农村的生活条件，依然不能和城里媲美。然而，城里人偏偏特别喜欢农村，认为空气清新了，村风纯朴了，等等，还有不少人跑到乡下建农场，把这种行为视为时尚……所以，王波和倪妮结婚了。

倪妮一直以为王波会成为父亲那样的人，这是她嫁给王波的潜在动力，但是，倪妮没有看到的是——虽然他们都曾经是穷小子，却有极大不同。

倪妮父亲的年轻时代，上学不易，他却读到了高中，足见父亲是个努力上进的人，当遇上改革开放，他便抓住机遇，全力以赴，获得了一定程度的成功。

王波读书的时代，条件好得多了，按说至少应读完高中，他却只读了个小学。或许学历也不能说明问题，但是，他显然没有倪妮父亲那种刻苦拼搏的精神，后期更是选择了放纵自我。

或许你要说倪家把财权把控得太严，让他感受不到当家做主的快乐，压抑了他的男人本性，导致他难以振作。

如果换了你，面对一个迷恋赌博及网上游戏的女婿，会把财权拱手相送吗？

第 51 篇

频频割腕的女儿
——父子熏习，久成轮回

“却笑东风，从此便薰梅染柳，更没些闲。”文中李堂的行为模式其实很像他的父亲，他虽恨其父，实则久处其中，亦受其熏。家庭成员的互相杂染、相互伤害，不断让怨恨环生重起，人间悲剧莫过于此。

农村出来的一对夫妻，硬是用双手打拼出了两套房子、两部车，还拥有了一个美丽可爱的女儿。

现在，他们走到了离婚区，说：“女儿三番五次割腕，坚持让我们离婚，说如果不离的话，就起诉，和我们断绝关系！”

❶

李堂的父亲在村里当小学教师，情商高，会说话，天天都是笑眯眯的，是村子里男人的样板。多少女人馋得流口水，三天两头拿他做样板，教育自家不长进的老公。

只有李堂知道，父亲天天在演戏，总是外面一套，进家一套。好像在外面笑得狠了，需要在家里均衡一下，免得肌肉疲劳。

家里的父亲，天天和母亲吵架，吵得狠了，就动手，摔东西砸东西更是家常便饭。到了吃饭的点儿，喜欢的菜放到眼前，不管儿子与老婆，吃独食，害得李堂和妈妈根本吃不到新鲜菜，只能吃剩的——这个习惯一直延续到现在，李堂妈每顿都是面对一碗杂合菜（顿顿剩下的，合在一起）。

小孩子，都是最疼妈妈的，但是，人小力微言更轻，无法帮到妈妈，只能憋着。憋到16岁，李堂不想憋了，他看到村里人成批成批地外出打工，就辍了学，随村民南下。这一去，就是10年。

10年中，李堂什么都干过，其间，学会了刮大白、贴地缝，积攒了一些钱后，回了一趟家，看到生活依旧没有变化的家，内心十分郁闷。本以为长大了就可以帮母亲撑腰，却看到父亲的脾气已经不再火爆，且鬓如霜染，老态已现，而母亲的面前，也依然是一碗剩菜，真是心灰意冷。

母亲看到儿子，恨不得生出一万只手抓住，她苦苦哀求，希望儿子回来。

虽然李堂还有个姐姐，也已嫁人生子，但是，自古以来，养老送终，是儿子的本分。年近而立的李堂，心如明镜。

为了拴住儿子的心，母亲立马四处托媒，3天后，就飞来一个好消息——邻村村主任的小女儿凤仪，23岁，品貌俱佳，尚待字闺中。而且，这个村主任和李堂父亲是交情不错的同学。

相亲后，一家子满意，两人交往了没几次，就在家长的撮合下，登了记。

这段时间，李堂比较闲，免不得跟村里的闲汉喝酒耍牌。席间，后街李四输得太狠，赌桌上借了李堂2000块。

登了记，下一步就是婚礼了，用钱的地方多，李堂催李四还钱——多年在外的他，对村里人比较陌生，借出钱之后，才听人说李四是个无赖，穷得家徒四壁，偶尔存点钱，也很快送进酒缸赌桌，就赶紧催债。

李四没钱，当然要耍赖，非说只借了20块，硬要把20块钱塞给李堂，还说钱债两清。

李堂当然不同意，二人争执起来。消息传到了凤仪那里。两家离着5里路，凤仪很快骑车赶来，对李堂说："你们家缺钱吗？就20块钱，闹得动静这么大，我爸都嫌丢人了。"

李四虽然穷，却有个好处，就是怜老惜贫，经常用一身子力气，帮助无依无靠的老人们挑水背菜，虽然时常喝个小酒耍个小牌，无伤大雅，于是愿意给他做伪证的人不少，倒让李堂无话可说，还让凤仪生气。

晚上，凤仪被父母留下过夜，李堂则被说合事的伙计们喊去喝酒，大意是李堂小气，为啥不能让李四一马？发小端着酒杯，喷着酒气，说："你别赶尽杀绝哈，就算是2000，多大个事！李四呢？无爹无娘的，全村老的没本事的，他都当老的供着！你还想说个啥？"

还能说个啥呢？当然是喝酒了，喝到大醉。

醉后的李堂，再也不是英俊威武的模样儿，躺在地上，口水长流，还尿了！裤子脱到膝盖，竟是提不上来。

待凤仪一家闻讯赶来的时候，其他人都散尽了。也不是一伙子人不讲情义，实在是个个喝大，能各自回家就不错了，根本顾不上管他。

凤仪看到丑态百出的李堂，嫌弃愤怒到无法自抑，一扭身，骑上车，连夜回娘家了。

这门亲事眼看要黄，凤仪父亲发话了："不就喝大了吗？男人嘛，谁还没个喝大的时候。都登记了，离什么婚？你让我这张老脸向哪儿搁？"

婚，只好不苦不甜地结了。虽说宴席摆满了村委前的广场，红花闹狮，十分喜庆，可是凤仪却始终是冷脸如冰。

❷

婚后，李堂回到了烟台，并谋得了一份稳定的工作，缺点是薪水太少。

为了早日在城里买上房子，李堂白天上班，晚上和节假日去装修公司干活。虽说累得有皮无毛，却也是很快赚到了房子的首付。简单装修后，回家接来凤仪和孩子。

李堂能干顾家，凤仪心里明白，也有些自傲。她喜欢聪明能干的男人，就像父亲一样。与父亲不同之处在于——父亲把凤仪当成小公主，而李堂却是把凤仪当成了出气筒。

两份工作，听着就累，但是，要想赚钱，就得豁上。豁上，就很累，李堂就时常喝酒。酒能麻醉身体，李堂会获得舒缓的感觉，但酒后无德的他，常常把凤仪惹毛了。

一天，都半夜了，李堂还没回来。打遍电话，得到他们喝酒的地址，凤仪按抚好年幼的女儿，打车赶去——旧景重现，李堂又是裤子脱到膝盖，口水长流地躺在街面上，让来往的人看光景。

凤仪羞愧满面地把李堂弄回来，少不得一通好骂，更兼劈头盖脸一顿巴掌。

略有醒意的李堂，看一眼女儿，把小被儿向女儿脸上一蒙，按住凤仪，就是一通老拳。

被打得口鼻出血浑身酸痛的凤仪，在城里无朋友无亲人，又不能抱上孩子回娘家——父母是力主这门亲事的，当年面对李堂的酗酒无德，也不是没表过态，如今孩子都有了，肯定不会管她。

怎么办呢？只能向女儿哭诉。

酒醒后，听着妻子说给女儿听的话，李堂也很惭愧，决定戒酒。

戒了一段时间后，李堂发现妻子完全无视他了，天天跟女儿说话。他说：“孩子还小，你成天瞎叨叨啥，她听得懂吗？”

凤仪不管，她发现和女儿诉说一番后，特别舒服。女儿是自己生的，是自己的力量。

日子久了，李堂感觉自己是个外人，妻子和女人是一帮儿，垒起了一道无形的墙。

凭什么呢？房子是谁挣的？吃喝是谁挣的？没有我，你们凭啥来城里活着呢？你爸当过村主任，那又怎样？现在不就是个普通的农村老头子？渐渐地，家里经常听到这样的声音——你能干点啥？你会干点啥？啥不是我挣的?!

凤仪当然不乐意了，只要李堂说，她扬手就打他的脸。

李堂当然恼了，回头报复，又是打个稀里哗啦。

情感淡了，回家过年时，家人都看出来了。

李堂姐姐逼问弟弟，得知弟妹从来不管弟弟死活，如果醉倒在地上，也不肯扶到床上，就让他在地上躺着。这要是冰坏了，可咋整？姐姐就满腔怒火。

正月初二，闺女回门，凤仪上前给大姑姐拜年，大姑姐冷面冷脸，看都不看她，直接走人了。

凤仪恼了，朝着李堂使劲：“你怎么不说说你姐？我给她拜年，她什么态度？大过年的，这是要谁的好看?”

在凤仪心里，李堂就是这么轻视自己，根本不拿自己当回事，一点面子也不给！于是凤仪就摔摔打打，惹得老人们不高兴，便给她说好话，却向儿子说狠话。

李堂当然不吃这一套了，他觉得老婆太不懂事了。大过年的，大姐是大姐，父母是父母，你一个小的，就一个问好的事，过去得了。

晚上，李堂在邻家喝了酒回来，看到老婆又在向女儿哭诉，只好跌坐在沙发上生闷气。孰料老婆看他回来，成心说给他听，语言上更加凌厉了。

说又说不住，打又不能打——这是在老家呀。气贯全身的李堂，抬手一砍茶几，竟把茶几砍断了，手却鲜血直流。

李堂连夜被送到医院，紧急救治。医生说：“筋断了，这只手，以后没劲了。”

❸

这场仗，把老家的人惊醒了，他们意识到了问题的严重性。

借着过年，凤仪父亲走访了当年交下的老关系，给女儿在城里一家大公司谋下了差事。

年后，凤仪正式上班。这份工作，让她很满意，活虽说重点，赚得多啊，一月7000多块，还有福利。

拿到工资后，凤仪扬眉吐气。她对李堂说："你以后骂不着我了，我赚多少钱？你赚多少钱？有你两倍还多！"

老婆赚钱了，对于苦做工的李堂来说，当然是好事。但是，李堂虽然工资少，但副业收入多啊，第一套房子的贷款已经还上了，他已经在计划着买车了。家里的顶梁柱，还是他啊！

凤仪不买这个账，她天天装扮时新地去上班。出身农村的她，干活是好手，没多久，还有奖金了，也就更不在乎李堂了。

工作期间，凤仪发现城里都是男人干活，同事又说男人像小孩子，必须要调教，她就有了新想法了。

李堂听说让自己干家务，很生气。他倒并不是不能接受，关键是他右手早就废了，现在主要靠左手，右手就是个辅助——他认为妻子有了钱烧包，不仅忽视他，还要为难他。

一天，李堂回家，发现凤仪又在跟已经长大的女儿倾诉："你爸这个人，除了喝酒出丑，还能干点啥？我赚多少？快有他3倍了吧？还成天不拿我当人，嫁给他，算是瞎了眼！我要不是为着你啊，早和他离了！"

为了孩子不离婚，这话，李堂不知听过多少遍！真让李堂伤心啊。难道我就是为了你不离婚吗？我也是为了孩子！

二人争执起来，一争就是大半夜。直到女儿房里传来哭喊声，二人才住嘴住手，一齐冲进女儿房间看——女儿割腕了！鲜血染红了稚嫩的手臂。

医院里，医生、护士把这对夫妻好一通训斥，两人均生悔意。

女儿出院后，两人休战了一段时间。

转眼就是年，一向在婆家过年的凤仪，感觉自己今非昔比了，不肯回去，说老家没暖气，女儿又面临中考，回家影响学习。

李堂觉得也对也不对，但牵涉女儿，他就说服了自己，也说服了父母，一家人待在城里过年。

年后初二，走娘家的日子，一家人回了家。

初三，是走婆家的日子，凤仪打发李堂先走，说让女儿睡个懒觉。等凤仪和女儿到家的时候，已是下午了，让婆家脸面丢尽。

胶东有个习俗，上午走亲，下午探病。凤仪下午才到婆家拜年，这是居心不良啊。

身为儿子，总得给父母个说法，李堂再次发作，打了凤仪，说："我要不是为了闺女，弄死你！"

凤仪哭喊："我要不是为了闺女，早和你打离婚了！"

当晚，女儿再度割腕，用的是姥姥的菜刀。

这次的伤痕格外深，说明女儿抱了必死的决心。

送到镇医院后，医生说大筋割断了，快送毓璜顶（医院）吧！

手术后，医生说："孩子不是一次割腕了，你们能过就过，不能过，建议离婚。"

真的离婚吗？夫妻二人都犹豫了。他们经过一番商谈后，共同赌咒发誓：为了可爱的女儿，坚决不吵架了！

像从前一样，家庭又有了一段时间的祥和平静。

凤仪会顾念丈夫勤苦顾家，不去计较他酒后的丑态赖样吗？显然不会的。

李堂会顾念妻子勤苦顾家，愿意像他岳父那样爱她捧她吗？显然不会的。

他们各有各的不满，他们一直看着对方不顺眼，他们就会控制不住。

于是，风云又起，女儿又割腕了！

他们想起医生的话，决定离婚，但是，真离了，女儿就成了离异家庭的孩子了，还是等女儿独立吧。

女儿听到这个消息，死活不上学了，说："我宣布，我独立了。你们快离婚吧，真的，快离吧。"

PS：

大家看到这里，会明白夫妻之间都有爱。

如果李堂不爱凤仪，他不会在长达20年的婚姻时光里，一直打着两份工，他不是个不可救药的坏男人，只是个容易酒后失德的人。

假如凤仪肯大度一些，顾念他的好处，给他关怀——比如把长街酒醉的他弄回家，帮他洗洗换换，扶到床上，护他安睡，而不是没完没了地指责斥骂，死死抓住女儿没完没了地哭诉，老公会越来越差，女儿会频频割腕吗?

女儿会想：父亲那么累，又没人疼爱，还忍在婚姻里；母亲那么痛，又没人抚慰，还忍在婚姻里。父母忍受这么多，都是我不好，好想杀死自己啊。所以，她动手了，没死成。但是，父母不吵架了。太好了，原来这样就能使家庭和睦，我继续自残啊。身体受损还不够，学也不上了。你们不是很注重我的学业吗？不学了！我要独立，离开你们！你们快和好吧！

写这个案例，是希望有类似情况的朋友得到些警示——想把孩子带好，首先做好自己，把婚姻经营好。

这不是一桩必须离的婚，希望李堂夫妻今后心胸开阔一点，在每次愤怒的时候，先看看自己，看看对方，看到事件背后真正的决定因素。

无论离与不离，都要平静处事。李堂不要动不动用拳头代替心中要说的话，凤仪不要动不动把女儿当情感寄托的客体。

做孩子的，如果遇到这样的家庭，不要沉沦，你想做什么样的人，你想未来拥有什么样的生活，努力去争取、去实现，要始终相信——我命由我不由天。

第52篇

母亲毁了女儿的家
——虚妄乱想，催生混乱

“雁过斜阳，草迷烟渚，如今已是愁无数。”家庭中每个成员的想法都不正确，就会造成乱花迷眼、一片混乱。如何各归其位、各行其道，是当今社会成员要着重思考和解决的大问题。

吴芳有一个英俊潇洒的老公，一身功夫，一人打3个棒小伙是小菜，像她这样手无缚鸡之力的女人，打10个也不在话下，但结婚20年，他一指头也没动过她，哪怕她一周只见他一次。

尽管如此，她还是坚决离了婚，理由是“他不理我妈”……

❶

吴芳是个相貌平平的姑娘，老实倔强。父亲早逝后，母亲没有再嫁，守着吴芳度日。

与母亲相依为命的吴芳，参加工作后，认识了同单位的刘强，爱他并带回家中，请母亲过目。

刘强身体健壮，自幼习武，长相帅气，就才貌来说，比吴芳优秀。但是，他父亲早逝，母亲失明，母子二人住着位于郊区的三间小平房，贫寒拮据也还罢了，瞎眼的婆婆是大麻烦，所以，吴母坚决不同意，寻死觅活。

夏季的一天，吴芳上中班，说好去接吴芳的刘强，因事迟到。那个时代，没有手机，吴芳等了一个多小时，也没见刘强踪影，只好骑上自行车，冒着夜色回家。

路上，吴芳遇到了流氓——3个壮汉用自行车把她别倒，上手就撕衣服。

正在难以逃脱之际，刘强出现了，三拳两脚，擒住了3个流氓，与吴芳一起把他们押送到派出所。刘强的行为，赢得警察们高度赞扬，也赢得了吴芳的欢心，她横下一条心，以死与母亲相抗，母亲只好妥协。

虽然不得不同意了婚事，但吴母就是看不上这个女婿。在她看来，自家住在城里，女儿工作好，长得漂亮，如此下嫁，不要说女儿命薄，自己也要跟着吃苦，每思及处，心里一万个不舒服，自然对刘强呼来喝去，白眼乱翻。

一年后，吴芳与刘强生下儿子刘义。婆婆失明，自然无法帮忙，吴芳和刘强商议后，去娘家坐月子。假期满了，吴芳也没回家，因为她单位就在娘家附近，走着上班就行。从此，吴芳每周回家一次，与刘强形成了事实上的分居。

刘强当然不乐意，但一来考虑到现实情况，二来感恩吴芳下嫁，所以，并无二话，对丈母娘也是毕恭毕敬，时不时上门探望。倒是吴母的心态依然不正，对女婿一如既往的冷面冷语。

在姥姥手里长大的刘义，性情骄横，成天打鸡逗狗撒谎成性，是个出了名的问题学生，老师三天两头叫家长。吴芳和母亲轮着去受训，但刘强毫不知情，因为学校的家长联系人不是他。

❷

刘义13岁的时候，一个朋友和刘强闲聊天时，无意中提起了刘义的淘气，刘强大吃一惊，赶到学校了解情况后，杀到了丈母娘家，要带儿子走。

丈母娘强烈反对，刘强黑着脸，一言不发，拖着儿子就走，任凭丈母娘号啕大哭。

带回家后，刘强对儿子严管严教，不听话就打，下手重，打得花样百出。这一来，不仅把儿子镇住了，儿子还对武术产生了兴趣。刘强答应了他，说只要你好好上学，我一早一晚和节假日带你练武。

在吴家娘俩的心中，刘义肯定会偷跑回去。等来等去，都半年多了，居然声息全无。有一次，吴芳实在忍不住思念，跑到学校问老师，老师说：“你儿子变化太大了，不疯不闹了，学习也跃进了班级前二十。前段时间学校文艺汇演，你儿子还上台打了一套螳螂拳呢，有模有样。将来啊，就算上不了大学，学武也是一条好出路，你看李连杰！不过……”老师看看吴芳，欲言又止。

又意外又开心的吴芳，跑回家和母亲报喜，母亲坐不住了，豁出脸皮，周末敲响了女婿的门，她要眼见为实。

前来开门的是外孙，一看是姥姥，扯手进来后，去鞋柜拿了双拖鞋，特别有礼貌地说：“姥姥，换鞋吧。”

由于之前的矛盾，刘强客气有余热情不足。吴母也坐不下，本想接外孙回家的她，在一番权衡之后，决定把外孙留在父亲身边。

暑假前的家长会，吴芳照例参加。会后，老师留住了她，说：“上次我想说，可是孩子父亲不让说。我觉得不说不行了，他爸爸是不是经常动手啊？从成绩上看，你儿子确实进步了，但是，行为越来越失常，一点小小的声响，就吓得他浑身颤抖。过分责罚孩子，会给孩子的一生带来灾难，会影响到心理及生理的双重成长。”

吴芳把此事告诉母亲，母亲怒不可遏，娘俩一同来到女婿家，把女婿一通责骂。

刘强认为自己管得对，男孩子嘛，不听话，就得打，不打不反了？特别像儿子这么调皮的，不打，哪还知道世上有王法？

虽然刘强身上有功夫，总不能打丈母娘吧？嘴皮子又一般，自然落了下风，只好眼睁睁看着儿子被拉走。气急之下，他朝着丈母娘一行三人的背影大喊：“你们这么不讲道理，我永远不登你们的门！”

❸

孩子回到姥姥家，重新过上自由自在胡作非为的日子，父亲给养成的一些好习惯，顿时被抛在脑后。开始的时候，吴芳吓唬他，再皮，让爸爸来领你！儿子的小腿开始颤抖。吴母说：“别吓他了，他还是个孩子，树大自直。”吴芳看看儿子的可怜样儿，也就撂开手，任由儿子去疯。

2017年，南部新城大开发，刘强那套不起眼的小平房，因为院子大，居然换来了两套楼房，一夜之间刘强变成百万富翁。

吴母看着眼热，教唆着外孙去要钱。

吴芳说：“要什么，就这么一个儿子，早晚是他的。”

吴母说：“房子是房子，钱是钱，孩子不生活啊？他总得给点抚养费。”

看儿子主动上门，刘强挺高兴。要钱算什么？毕竟是自己儿子。钱也好，房子也罢，终究是儿子的，所以，刘强都会满足儿子的要求。

有一天，刘强和吴芳双双被叫到了派出所，原来是儿子在外面吃烧烤打架，吃了亏，叫来一帮小混混，砸了烧烤摊，店铺的玻璃桌椅及烧烤炉全都砸烂，损失达5万多元。警察说：“回家好好管管！幸亏你儿子未成年，赔个钱就行了，否则，得判几年了。”

刘强听警察说完，甩手就扇了吴芳俩耳光，把吴芳打倒在地上，骂道：“你们把我儿子毁了，离婚！”

警察上前拦阻，把刘强叫到旁边的办公室，单独做工作，整整谈了两个小时，动之以情，晓之以理，要刘强明白——无论如何，儿子都是他的，离婚并不是解决问题的办法。就算离了婚，儿子真成了犯罪分子，做父亲的如何心安？

刘强交了罚款，向店主赔礼道歉，要带儿子回家重新管教。吴芳和母亲极力阻拦，说你那是虐待。刘强无奈，愤而离去。

经此一事，劣迹累累的刘义，终于被学校开除。

大人着急，刘义无所谓。他说：“给我买个1万块钱的苹果手机，我要做主播。主播可赚钱了，好多人刷礼物，一天刷个几十万上百万，能发大财！”

吴芳上网上搜了搜，原来做主播真的很赚钱，就跟母亲商议了一下，吴母说：“去，找你爸要钱。”

刘义不敢去，吴芳只好打电话给刘强。刘强说：“主播那么好当的？那得表演耍怪，他有那两下子吗？”

刘义很失望，感觉父亲不仅不在乎自己，也不在乎妈妈和姥姥，自己是个多余的人，不如离家出走混江湖。

❹

孩子离家出走，急得吴芳寝食难安。或许是急火攻心，吴芳的左眼看不清了，背上鼓起一个大包，火热疼痛。她也顾不上治疗，急忙找到刘强。刘强一听，马上撂下手头工作，与她们分头去找。

东找西找，终于在一处废旧厂房找到了儿子，那里还有三四个年岁相仿的孩子，其中还有两人身有残疾，每天外出要饭。

刘义不敢看爸爸，指着吴芳和姥姥发威，说：“我爸讨厌我，根本不来看我。你们什么本事也没有，还成天管东管西！我永远也不理你们了！”

刘强上前要打，儿子随手抄起一块板砖，说你敢打我，我就弄死你！

打得了流氓，打不了儿子，刘强气得浑身哆嗦，转身就走。一边走，一边喊：“吴芳，看你给我管的好儿子！不过了，明天去民政局！离婚！必须离！”

第二天，夫妻到了民政局，调解员们了解到他们的具体情况，想劝合，理由是儿子已满18岁，如果放任不管，很容易进监狱。而且，那些要饭的残疾儿，来历不明，如果天生残疾，父母呢？家在哪里？如果是后天致残，更不堪设想。“现在社会上有一个特殊群体，会把一些流浪儿弄残，你们想过儿子的未来吗？”

这些话吓着了刘强，他退了一步，说：“我结婚这些年，性生活一周一次，平时连人家个影儿也见不着，20年婚姻，打了20年光棍！要想正经过日子，带着孩子回来，老在娘家算怎么回事？”

吴芳说：“我也没有不回去啊，还像从前一样呗，一周回去一次。你看咱妈这么大岁数，我上班又方便，从你那儿过来，太远了，不够折腾的。”

刘强不语，感觉进退两难。

吴芳却又提出新要求，说：“街坊邻居老是说三道四，我妈没面子，孩子也没依靠。你看这样好不好？你隔三岔五去我妈门前站一站（走动一下的意思），让邻居知道有你这么个女婿。”

刘强说：“还是离婚吧，我是绝对不会上你家门的！”

病中的吴芳，站在那里，摇摇晃晃，但说话十分强硬：“我妈年纪大了，不能生气。如果你不肯来哄哄我妈，那就离婚！”

既然各不相让，离婚就变成现实。拿到离婚证的刘强对调解人员说：“从此以后，我的财产捐给社会，也不会给他们一分！”

PS：

在写这个案例的过程中，我总有一种不太舒服的感觉，感觉文字后站着一个黑色的影子……

对，是那位老母亲。

的确，母亲付出了很多，一手带大了女儿，又一手带大了外孙，功不可没，但是，她把女儿和外孙当成情感的寄托客体，影响到孩子们的生活。

爱，要有分寸。

网上有一句流传很广的话：世上任何一种感情都是为了团聚，唯有亲情，是为了分离。对孩子的爱，要适可而止。

吴芳爱刘强，否则不会嫁给他。但是，她不接受丈夫家的拮据，不喜欢婆婆这个负担，她希望自己像少女一样生活，母亲及时地满足了她。

单身生活的吴母，很乐意过这样热热闹闹的生活，享受天伦之乐。在内心，她不允许女儿过自己的日子，她用自己的貌似无私，毁了女儿的婚姻。

刘强爱吴芳，更爱儿子（他教育儿子的方式很野蛮，但如果吴芳和他联手呢？

夫妻相爱的家庭，会找到正确的教育方法)，否则不会在离婚的关口，还愿意退一步。但是，他过于简单粗暴，又把孤独及照顾老母亲的辛苦化成愤怒，一股脑儿地倾泻出去，吓着了妻儿，让妻儿更加依赖老人，也让自己更孤独。

一个人，如果表现得太强悍，传达出来的信号就是：我很棒，不需要你。

你不需要，她为什么爱你呢?

你不示弱，她怎么伸出帮助的手呢?

你哭了，才会有人替你擦眼泪啊。

第 53 篇

不想吃软饭的老公
——自不量力，深受其害

“世事悠悠浑未了，年光冉冉今如许。”日子就这样一天天过下去，文中广阳的盲目自信和暴躁无常，充分显示了其缺乏独立经营和管理企业的能力，其失败不足为怪。

纪莉和广阳结婚 7 年，生有一儿一女。当初相识的时候，俩人都在企业工作，结婚后，双双辞职，共同创业，如今事业已有了一定规模。

广阳虽然做老板了，但他超级顾家，不抽烟不喝酒没外遇，然而，纪莉和我说：“我们的距离越来越远了，只能离婚。”

❶

纪莉受朋友之邀，参加了广阳公司的周年庆。那是一场帅哥美女云集的盛会，而广阳是特别帅的那一个。

纪莉说：“我大约就像现在流行的说法，对他始于颜值迷于肉体，何况我已经 28 岁了，家里人一直在催，所以，恋爱才 2 个月，我们就闪婚了。”

当时，纪莉已经在创业，生意虽做得一般，但基本能保证日常开支，还有点结余。广阳则在一家投资公司上班，工作就是以高回报吸引客户。

纪莉说：“我了解了他的工作性质后，劝他尽早离开，以免跟着背黑锅，他却笑我杞人忧天。我想反正我可以保他的底，让事实教育他好了。果然，没过多久，公司崩盘，有 3 亿多元的缺口，我把他从一片狼狈中救了出来，让他和我一起开公司，他拒绝了，说自己不是个吃软饭的。”

后来，广阳又找到一份新工作，底薪6000元，但是，有业绩要求，3个月内完不成业绩就走人。

纪莉说：“他那个工作不是给新人的，你没有人脉没有经验，很快就会走人的，他不听。他这个人吧，好胜，有大男子气。后来，他真的走人了，但还是拒绝我的橄榄枝。我说我们都是夫妻了，还要这么计较吗？他就是不肯，辞职后不停地找工作，找了3个月，终于找到一家底薪2000元的，他居然也接受，说是要先积攒工作经验。我特别不理解，你一个结了婚的人，家里有公司不去做，却为了面子拿2000元，太可笑了。”

❷

“好在我怀孕了，肚子越来越大，真的需要他了，他才辞职进入公司，开始慢慢接手我的生意。他上手快，很快就了解了公司的运作技巧，开始与客户沟通接单，不久就赚到了以他为主的第一桶金。那段时间，他很自信，简直全身都在发光。”

事业很顺利，或许正是因为这份顺利，广阳暴露出了新的一面——对母亲非常不好，经常把他妈气得哭。这一点，让纪莉始料未及。

她说：“我们是闪婚，没有好好去了解彼此的家庭，也确实没想到那么好看的他，会对母亲那么凶。我想他对妈妈都这样，能对我好吗？果不其然，几个月后开始对我不耐烦，开始因为一点小事就对我发火，离奇到他开车错过了路口，也要怪我不提醒的地步。我发现我选错了人，我们是三观极其不合的两个人。而且，同样面对员工出现的错误，我看到的多是对方的优点，认为在员工管理方面，应求大同存小异，尽量保护老员工，因为他们代表着人脉和对行业的熟悉。而他看到的是缺点，会不管不顾将员工开除。”

“我们的原生家庭是有差异的，他虽然与我同龄，但自小过得很苦，上大学的时候，基本要靠打工来支撑费用。我家比较宽裕，父母有工资，又只有我这么一个女儿，算得上是娇生惯养，所以，虽然工作很努力，很有想法，可是生活中，我很懒，不喜欢做家务，加上连续怀孕生产，远离了公司，而家务和一双儿女，全是公婆在负责，他就认为我一天到晚没事干，越来越没用。”

❸

为了改变现状，纪莉重新回到公司，但是，公司已改天换地，老员工全部辞掉，纪莉见到的全是新员工，也全听广阳指挥。

纪莉说：“听谁的不重要，反正他是我老公，但是，我发现了他的问题。如果作为一个员工或部门主管，他肯定是优秀的，但是，他有将才无帅才，不管什么事，都不放心交给别人去做，总是亲力亲为。看上去，他特别忙特别累，但是，公司的效率是很低的。”

纪莉和广阳私下交流，广阳完全不听，纪莉索性直接去做，广阳愤怒了，认为她在胡搞。为此，二人冷战半年，互不搭理，公司的业务迅速下滑，员工也开始辞职。

终究公司是自己的，广阳开始妥协。同时，为了更好地开展业务，公司引进了投资。

投资人在经过一番调查与研究后，要求纪莉做总经理，所有的业务运营都归她管，广阳负责仓管和采购。也就是说，他只要会用人就行了。但是，他还是那么忙，而且，牢骚满腹。在他看来，纪莉的工资没理由比自己高。

从前，二人的夫妻生活很和谐，这也是他们当初相互迷恋坚持闪婚的主要理由之一，而现在常年分房而睡，就像两个合租客。

纪莉说：“他越来越易怒，随便一点小事，就摔东摔西，发火骂人成了常事。我们俩毕竟是公司领导，必须注重形象，可他就像疯了，经常不分场合地指责我，最过分的是一次例会上，他居然把文件摔到我脸上，让会场彻底失控。”

为了孩子，也为了公司，纪莉决定讨好他。

纪莉说：“可能我情商太低了，越是讨好他，他越过分。讨好几次后，我烦了，说是不是让你当总经理，就平衡了？他第一次打了我，把我摔在地上，膝盖压在我脸上，这个场景，我永远也忘不了了。”

事后，纪莉提出离婚，与广阳一起到了民政局，但广阳在现场故伎重施，把桌椅踢得乱七八糟，最后被工作人员赶走，协议离婚也只能作罢。

双方父母一起苦劝，请求纪莉看在俩孩子的份儿上，保全家庭：“广阳虽然脾气不好，但是，这么些年，从不胡来，没小三也没小四，还要怎样？”

纪莉看协议不成，决定起诉离婚。

PS：

真正勇敢的人，能够欣赏别人的勇敢，并扶持对方。

这对夫妻有自己的企业，如果想把企业做强大，就不要计较哪一方更强。家有强者，是家庭和企业的幸运。

可广阳却不这样想。

从广阳的一系列行为中可以看出，在他暴躁无节的外表下，掩藏着深深的自卑。从他与母亲的关系及家境上，我们也能感受到他缺失的呵护。

一个家境贫寒的孩子，要杀出贫穷，首先就要有不屈不挠百战不殆的精神，也因为无强可傍而养出了一份孤傲，所以，他不吃软饭，不能接受被女人（哪怕是妻子）比下去，明明不是老虎，却想成为一只老虎。

这样的夫妻关系再处下去，应该是家庭事业双毁的结局。

如何处理这样的关系呢？我认为只有两种办法：

一种是广阳认清自己的能力，懂得尺有所短寸有所长的道理，承认自己不具备管理公司的能力，在公司只做力所能及的工作。

二是退出公司，重新找一份适合自己的工作，但不要独立创业，因为纪莉连生两子的这段时间内，广阳并没有表现出独立经营与管理的能力。

显然，这是一桩门不当户不对的婚姻，三观也不匹配。

纪莉太草率了。

女人嫁错人，往往比男性受到的伤害更大，因此，姑娘们在择偶时，既要了解彼此的三观契合度，还要考察对方的家庭成员相处方式及成长状态，更不要像纪莉这样，以为自己有钱，就不重视对方的生存能力。

第54篇

离婚嫁给残疾人
——因有妄见，所以妄想

“我欲乘风归去，又恐琼楼玉宇，高处不胜寒。”文中小燕的想法可能代表了一部分女性的心声，然而此想不真，在获得自己原本缺失的一面的同时，也会失去自己已有的一面，有得有失，永无止境。

2013年，于理事通过“晚报倾诉版”找过我，说了妻子失踪的事，我为此写了篇文章，他看后说很受启发。我以为事情过去了，没想到，6年后的今天，居然在离婚区看到他。

他期望我能再劝劝妻子，我就跟他的妻子小燕谈了谈，知道这个婚姻保不住了。

❶

10年前，于理事和李燕子在一次单位组织的活动中相识。两个人是这次活动中最沉默的两个人，而且都爱脸红。他们的腼腆成了当天活动中的最大亮点，正好他俩又是单身，在单位的同事们合力撮合下，两个年轻人真的谈起了恋爱。由于两个人都不小了，所以他们很快就结了婚。

婚房是理事父母交的首付，还置办了全套的家具、家电。由于家里的积蓄全花光了，没有按规矩给李燕子彩礼钱，而燕子家却已经按规矩给理事买好了西装、皮鞋和戒指。为此，李燕子十分不高兴，她觉得理事家不重视自己，认为自己亏了，赌气地说这个婚不结了。

理事父母知道此事后，马上向亲戚家借了31680元（寓意为“三家一起发”），交给燕子。当时，大多数家庭都是给 10001 元，意思是姑娘好，万里挑一。理事家没钱了，还肯给出这个数，于是燕子气平了。但转念一想，他家就理事这一个儿子，将来还不是他来还债，燕子就提出一个要求：房贷不管，由理事父母还。结婚欠的钱，让理事用工资以外的钱还，意思就是工资得给她，然后另外想办法赚钱。理事答应了。

理事说："我挣得也不多，一个月就 2000 多块，从结婚那天起，工资卡就上交了，我自己需要个零花钱的话，只能靠打零工，去烧烤点串肉什么的。钱给她容易，但需要用时再想要出来就难了，所以，如果有奖金或提成什么的，我就和单位说好了，打到我另一张卡上。这么一来，我也能参与朋友聚会，必要的时候，也能付个账。这也让她不高兴，说我装有钱人，不会过日子。"

燕子在镇办企业工作，由于她性格内向，同事关系处不好，那些费力不讨好的活，都归她。这类活不好干，费时间，工资又是按件计酬，燕子为此负气，回家以后心情不好，经常整月不和丈夫说话。

虽然燕子收入不稳定，又总是冷面冷口，但理事很宠燕子，他说："她身体不太好，我们有了孩子后，不舍得让她累着，把孩子送给我父母看着。她喜欢化妆和漂亮的衣服，我都以最大的力量给她买，1000 多块一件的衣服，500 多块一支的口红，只要她看好了，我就一定给她买。"

❷

理事家住在市郊，女儿上学的时候，燕子要把女儿接到烟台来上学，理事也同意了，但理事的妈妈不舍得孙女走，说郊区和市里没大有差别，小学不重要，"跟着我们，你们还省事"。

理事觉得不是大事，就直接答应了。没想到，燕子把此事上升到欺骗的高度，还说爷爷奶奶没文化，会把女儿带坏了。理事感觉她不尊重自己的父母，反唇相讥，两人吵了起来，接着就是一个多月的冷战。

去年腊月底，正在上班的理事突然接到妻子的短信：你不要找我，也不要把我们俩的事告诉任何人，我想出去静一下。

理事赶紧跑回家，发现妻子的换洗衣服没有了。问遍了燕子的亲朋好友，谁也不知她上哪儿去了。车间主任说燕子早就打招呼了，干完这个月，下个月就不干了，让我们给她结工资。

听了这些话，理事急了，这不是突然出走，而是有目的有方向地消失啊，她肯定是去了一个早就决定去的地方。他马上去报警，警察备了案，但这事不能全指望警察，还得自己上心。于是，在接下来的日子里，他拼命地打妻子的电话，大部分时候关机，偶尔开机接通了，无论理事如何恳求，燕子只说不要找我，我不会再回去，也不要报警。如果你让警察抓我，你就再也见不到女儿。

理事去警局撤了案，在家里坐等。直到妻子手机欠费了，理事在为妻子手机续费时，忽然想起查一下妻子的通话记录，发现就在妻子离家出走那一天，和同一个号码有过多次通话，他赶紧给这个号码拨过去，接电话的是个男人，声称和燕子不熟，说只是通过他找了一份工作。再问具体的，那个人就不肯说了，随后电话就挂断了，理事再拨过去，对方就不接听了。

为了找到妻子，理事先后办了七八张电话卡，用不同的号码打过去，对方终于说出燕子现在邻市的一家羊毛衫厂上班，但具体在哪个羊毛衫厂工作，也不清楚。

❸

理事立即乘车前往200里外的城市，带着燕子的照片，询问了100多家羊毛衫厂，并连去3次，但音信皆无。

2014年1月2日，燕子的姐姐打来电话，说燕子回来了。理事立即赶到燕子姐姐家。但燕子说出的第一句话就是离婚吧，并坦承自己跟QQ上认识的一名男网友在一起，打算结婚。

理事为了女儿，坚决不同意离婚，燕子的父母说你敢离婚，我们就和你断绝关系，姐姐还动手打了燕子，但燕子依然坚持要离婚。

燕子说：“我的工作很累很苦，经常被合页板夹着手，可以说我手上的血泡就没断过，你看见了，但你心疼吗？你完全是无所谓的态度。我一个女人，结婚是要过好日子的，你给不了，放手吧。”

在聊天过程中，燕子如实说了男网友的情况。男网友家是农村的，由于该县级市发展成了一个闻名全国的羊毛衫代加工地，很多人家因从事相关业务而致富，男网友家就是其中之一。他们家现有70台大型织机，100多名工人，有较高的接货能力，收入很不错。他们家承诺，燕子嫁过来后，愿意工作，就参与管理，不愿意工作的话，只在家玩就行。

理事震惊了，燕子也不是多么漂亮的女人，还生了孩子，怎么会有条件这么好的人家看中啊？

燕子告诉他，对方从小得了婴儿麻痹，右腿细弱，像麻秆儿。

理事怒了，你就那么爱钱?！宁肯跟个残废也不跟我！孩子长大了，会怎么看你？

燕子说："我成天待在那个油污黑暗的车间里，穿着围裙，带着烂手套，一手拿合页片，一手拿着钳子，向合页上拧弹簧，没完没了，一筐又一筐，我真的受不了，你们谁想过？谁会帮我换个工作？我知道你尽力了，可你那点能力太小了。遇到他之后，我才知道，原来我和女儿的命运是可以改变的。女儿你最好给我，我有钱了，女儿能过上好日子，他们也不在乎我带个女儿。"

PS：

打工族的生活，没有两全，正所谓"我抱起砖头就没法抱你，我放下砖头就没法养你"。

理事爱小燕，已经拼尽全力——他可以悄悄地去烤肉店串肉，把零钱积攒起来，买昂贵的衣服口红，去讨好她，去表达爱，但他无法把她养起来，也没有能力给她换干净体面的工作。

贫穷，不是每个人都能坦然面对的，比如小燕。

生活中，有不少像小燕一样的姑娘，希望通过婚姻来改善自己的生活状态。

如何改变呢？首先是要彩礼。

经常会听到某个新媳妇为彩礼翻脸的事，甚至没给什么下轿钱（一双鞋钱），都会扬长而去。她们及她们的娘家都会在意这些钱，会努力从婆家把钱抠出来，因为这些钱会让她们感觉生活轻松些，更有保障些。

小燕对婚姻是有期望的，期望生活富足，期望轻松省心，尤其期待从疲惫无助的生活中逃离，所以当她发现，丈夫拼尽全力都做不到的事，比如1000多元一件的衣服，500元一只的口红，男网友会随手给予，她当然要抛下理事。

那残疾的身体，固然是个缺陷，但是，与疲惫无助的生活相比，富有，让生活变得鲜亮愉悦。

到了这个地步，理事还想把她劝回来，显然不可能。

择偶很重要，各自要明白自己。

小燕的渴望富有、爱慕虚荣，应该是婚前就表现出来了吧？理事没有深入了想，给自己带来了灾难。

小燕如果最初便循着自己的需求去择偶，而非嫁给贫穷的理事，是不是也不会发生孩子失去原生家庭的悲剧？

第 55 篇

快嫁给你儿子吧

——远离嗔恚，方可自救

“怒发冲冠，凭栏处、潇潇雨歇。”嗔恨招惹嗔怪，嗔嗔见血，放不下仇恨，仇恨就会越深越难解，永无出头之日。

一对夫妻，一个孩子，一个婆婆。

这看似简单的关系，在洪芳眼里，机关无数。她抱紧孩子，愤怒地对婆婆喊：“别装了，快嫁给你儿子吧！这婚，必须离！”

❶

洪芳4岁的时候，母亲病故。之后不到一年，父亲娶了新人，又生了孩子。

继母比父亲小10多岁，父亲对她像小孩一样宠溺，不仅大把的钱给她花，更让洪芳伤心的，是父亲居然还要给继母讲睡前故事，不讲，继母就撒娇睡不着……不知有多少个夜晚，洪芳只能抱着妈妈留下的大耳朵兔哭着入眠。

到了恋爱的季节，洪芳也出落得水灵漂亮，被不少男生追求，但他们很难打动洪芳的心，她总觉得缺点什么。直到焦易出现，她的心，才找到了归宿。

焦易早年丧父，母亲年轻貌美，自然有单身汉关注，但是，她害怕儿子受到继父伤害，坚持守寡，苦苦挣扎，养大了儿子——这段经历，让洪芳分外心疼他，因为她知道孤独小孩的痛苦。

更加让她下定决心出嫁的，是焦母的表现。

第一次去焦易家，焦母温暖得像一盆红彤彤的炭火，拉着洪芳的手，嘴里不停地啧啧啧——闺女你怎么这么漂亮啊，没娘的孩子苦啊，我是当妈的我知道孩子不容易。你放心，我就这么一个儿子，还缺个闺女呢，你就来给我当闺女！

当父亲得知这个消息，第一句话就是反对，第二句还是反对。他说："女人心眼小，守着这么根独苗儿长大，将来这婆媳关系难处。"

洪芳哪能听得进这种话！心想：你知道我是你女儿吗？你那个小媳妇，不光当媳妇，还当女儿，所以，你是巴不得我不幸福吧？

父亲看拦挡不住，主动提出与焦母一家吃个饭。吃完后，更不同意了。他说："你看看他妈，完全把儿子当小孩。一顿饭吃下来，心思全在儿子身上，眼神看在儿子身上的时间，超过了90%。就这样一个妈，她是容不下你的。"

无论父亲怎么讲，洪芳心意已定。父亲看拦不住，又提出个条件——让婆婆单住。

消息传到焦易家，焦母哭得软倒在地，历数自己多年守寡，又是没学历没技能的女人，赚钱不易。这么多年来，一个钱掰成八瓣花，夏天连根冰棒都不舍得吃，白天上班不算，业余时间还去超市兼职，天天半夜才回家。好容易混到儿子娶媳妇，又要被撵出家！

看到焦母的惨状，洪芳再也按捺不住，简单收拾一下，连婚礼也不要了，直接住进焦易家。领个证，就算结婚了。

婚后这一年，过得十分好，婆婆像婚前一样，对洪芳各种暖，洪芳也懂得回报，月月工资奖金都上交，说婆婆就是亲妈，一定要让亲妈过得好。

看着婆媳融洽，焦易当然暖融融的了。

焦易在单位开大货车，每次去外地送货回来，都要给洪芳带些新口味的小吃食——什么菏泽的牡丹饼了，什么河北的麻糖酥了，什么北京的糖葫芦了……东西虽然不值钱，心意贵呢。

有一次，洪芳问潍坊的朝天锅是什么意思，他愣是带了30个回来，什么猪口条、猪大肠的，把人家店里的口味全买来了，还配了洋葱和咸菜，并亲自上灶加热，看着洪芳和母亲吃。

不久，洪芳怀孕了，婆婆更是忙得像陀螺似的，那从前照顾儿子的心思，几乎要移过90%在洪芳身上。家务全免不说，每顿饭怎么做，完全看洪芳的喜好。

有一次，儿子想吃面条，但洪芳想吃饺子，婆婆毫不犹豫包了饺子，只把余下的几个饺子皮，拉了拉长，丢进锅里，哄儿子说这个也是面条。

如果洪芳去孕检，更了不得，婆婆一定会背个大包，里面装着保温杯、纸巾和水果，如同奶奶带孙女，也像保姆陪女主人。

一段日子下来，本来担着心的父亲，渐渐放心，媳妇也劝他撂开手，不要老想掺和女儿家的事，应该让孩子过自己的日子。父亲一笑，觉得自己也是想得太多，就听了媳妇的话，嫁出的闺女泼出的水嘛，还是过自己的日子吧。

春花秋叶，两家安好。

❷

孩子出世了，是个儿子。焦母一颗心落到肚子里，儿子香火有继，自己可算是对得起死去的那位了。

有了儿子，将来要给房子啊——焦易感觉身上的担子重了，就凭现在单位给的薪水，啥年月买得起房？正好有朋友介绍了一个收入高的单位，就把现在的工作辞了。

新工作收入高，有原单位的四五倍，但是，活儿多，每天凌晨3点就要出车，晚上常常半夜才能回来。

儿子这么辛苦，当娘的自然挂心，儿子这么累，饭必须吃好了，就吩咐媳妇一定要把饭做好。

带过娃的都知道，小孩子根本是任性的，想哭想尿，真是想来就来，大人根本睡不安生，所以，婆婆就喊儿子去她屋里睡，洪芳也能理解。开车嘛，必须养好精神，就算自己不要命，如果伤着别人，赔不起的呀。

一天天下来，孩子变成了洪芳自己的。休产假时，还行，总能跟着孩子睡一会儿。上了班，不行了，走着路都可能直接睡地上，困死了，真想让婆婆帮忙，但婆婆不是从前的婆婆了。

或许就是从生了孩子起，婆婆的面目改变了，从前的春风袅袅，变成了秋风飒飒，再也不是那个慈母和跟班了，直接从奴隶到将军了。

每天凌晨两点，婆婆都要悄悄从卧室溜过来，叫醒洪芳，吩咐她炒鸡蛋做面条的，天天吩咐口味要轻些，否则儿子路上总想撒尿，高速上危险呢，不能老停车。

儿子定时两点半起来，收拾齐整，吃饭，出门。

待儿子轰鸣着开车离去，婆婆回屋睡回笼觉，洪芳可不一定能睡，孩子不是醒了，就是尿了，随意一折腾，就到了上班时间，又得去挣钱。

洪芳在服装店做销售，见的人多，容易多话，那些认识她婆婆的，看她一副焦虑困顿的样子，就会打听实情。洪芳心实，少不得话多话少地怪婆婆，这些三姑六婆，自然又拿这话去问婆婆，婆婆气坏了。

婆婆有心计，不去质问媳妇，她要问儿子：“易啊，你说我对你媳妇怎么样？是不是比亲妈还好？你看看，她到处说我坏话，我都没法做人了，人家这是有了儿子腰杆壮，想把你娘撵出去呢！”

焦易听了恼火，去质问洪芳。洪芳分辩，焦易不听，说：“你跟我娘时间长，还是我跟我娘时间长？我妈什么人，我不比你清楚？你以后别跟人瞎嘚嘚，我娘养我不容易。你现在也当娘，怎么不知她的苦？”

洪芳说：“我天天带孩子，还半夜给你做饭，你怎么不让她帮我？她天天只管睡觉吃饭！”

婆婆说：“你男人赚钱给谁了？不是给你？自打你进了俺家门，俺就没见过俺儿一分钱！”

洪芳说：“男人赚钱女人花，天经地义。我花他的钱你不乐意，我花别人的，你看行吗？”

婆婆面向儿子，说：“听听你媳妇说的，还想给你戴绿帽子呢！和老人这么一正一负地闹，都是你娶的好老婆！”

说着说着，悲从中来，单身女人拉扯孩子的各种不易，齐齐涌上心头，婆婆先是无声有泪，款款诉说，越说越悲，很快就变成了雷阵雨。

老妈一哭，儿子当然有罪。焦易只好教训媳妇，一巴掌打在媳妇脸上，让她给老妈赔罪，并保证以后再也不跟人胡说了。

从小到大，洪芳虽也挨过父亲不少打，但对这一巴掌却特别愤怒——父亲打自己，没办法，谁让他是长辈。焦易打自己，这是打掉了自己的安全感，决不能饶过！

洪芳抱上孩子，摔门而去，回了娘家。可她进门后才意识到，这不是自己的家，因为有娘才算娘家。

父亲听她说明原委，让妻子安排女儿住下，自己去了焦家。本来也想好好说，一看到焦易，就压不住了，上前就打了女婿两巴掌。焦易也后悔打老婆了，所以，丈人动手，自己也就乖乖被打。

焦母不干了，她高声叫骂：“你哪根葱，凭啥打他！自己又娶又养的，还配做个爹？也就是披了张人皮！”

父亲生气了，说：“都是你个娘们捣的蛋！自个没人要，看别人有男人眼气！谁听说儿子这么大还要睡一起？我看你是缺男人了。我告诉你，少拿我闺女不当人，我还没死呢！”

焦母捶胸顿足，又哭诉自己的命运，为儿子牺牲了有多少。

焦易哪能坐得住？丈人打自己行，欺负老妈可不行，必须得拼命！

拳怕少壮。开始的时候，丈人还能抵挡几下，七八招过去，招招落败，被女婿打得满头满脸的鲜血，好容易逃到大街上，报了“110”。

无论警察如何处理，这一顿打是揭不下来了。洪芳的父亲恼羞成怒，坚决逼女儿离婚。

就在这段时间里，洪芳看清了现实——如果离婚，父亲这里肯定不能住，他已有妻有子，这里早就没了自己的位置。如果还是个小姑娘，有留下的理由。现在抱着焦家的儿子，哪能在这里落脚？出去单过？房租水电，各项费用，以自己微薄的工资，如何养得起儿子？

就在洪芳进退两难之际，焦母伸出了橄榄枝，说：“他打你不对，我教训他了，不信你去看看他的背，让我打上了巴掌印！总之你不要傻，我有儿子，你也有儿子，你想把我的路走一遍？别觉得你年轻好找，谁愿意要个带儿子的女人？你要是不带，我的孙子我来养，没问题，你舍得？”

婆婆一番话下来，洪芳本就所剩不多的勇气，土崩瓦解，乖乖回了家。

洪父看女儿如此软骨头，完全不考虑亲爹的人格，分明是女大外向，也寒了心。拿了警察判来的医药费，将养身体，决心再也不管女儿这个生分种了。

❸

一场风波过后，胜负立判，各人都明白了自己的位置与分量，洪芳比从前沉默了，婆婆比从前嚣张了，焦易当然是随妈走了。

一次周末，洪芳带儿子出去玩，把游乐城各种游戏玩个遍，累了，不想回家，顺便在外面吃个饭。

回家后，婆婆阴着个脸，说：“你不知道家里还有个老的？这都几点了？不管我死活！”

洪芳解释是孩子馋嘴，婆婆说这么点个小孩懂个啥？分明是你嫌家里饭不好吃，偷吃！洪芳辩解也无用，索性闭嘴，只管哄孩子睡午觉。

晚上九点，焦易回来，按说洪芳应该做饭，可她心里不痛快，一味地哄儿子玩。

婆婆小声小气地说：“芳啊，快做饭，他还没吃呢。”

洪芳不吱声，焦易问怎么了，婆婆貌似小声在说，又是附耳又是摆手的，但声声入了洪芳的耳——你不知道啊，她跑出去偷吃，不管我，就怕我跟着，我到现在没吃上饭呢。也想自己做，我不是肚子疼吗？你看我的手，没有热乎气儿。

焦易不快，推门进屋，说："你真是越来越不懂事了，咱妈病了，你不知道？出去吃就吃了，你好歹给她带点回来啊。"

洪芳鼻子喷了一声，意思是真会装。

焦易气大，一掌劈过去。

这一次，洪芳只是哭了一通了事。婆婆给儿子做了饭，娘俩有说有笑的，吃完收拾完，一起回屋，关门睡觉。

第二天早上，婆婆又像小偷一样溜进洪芳屋，催她起来做饭。

洪芳怕惊着孩子，只好起床。到了厨房，才敢说话，因为新仇旧恨的，说话就不好听——你也起来了，又不带孩子，顺手做个饭不行吗？

虽说婆婆是传话筒，但是，传话和抓个现行，不一样的。亲耳听到洪芳话的焦易，不镇静了，他闯过来，说："我天天大早上起来，你说我是为了啥？是不是为了这个家？是不是为了你和孩子？我赚一分钱，也交你，你能出去偷吃好的，我多晚都要忍着饿，为啥？省钱！"

洪芳无话可说。待焦易走后，婆婆冷笑了几声，回屋睡觉，留下洪芳瞪着天花板生闷气。

过了一个月，焦易接个大活儿，要离家一周，洪芳感到一阵轻松，早上可以睡懒觉了。

焦易不在家的日子，洪芳和婆婆不说话，她觉得话多有失，老公不在家的日子，恪守本分最好。

本以为平安无事，谁知焦易回来后，婆婆又告了状，说自己病了这么多天，洪芳连口水都不给倒，眼看着自己烧成这样。

焦易上手一摸，啊呀，火烫！赶紧背老妈去医院。

洪芳真没想到，婆婆居然真病了！这可怎么办？焦易是不是又要打我？要不要向爸爸求救？一时间，急成热锅蚂蚁。

最终，洪芳决定离婚，带上儿子，宁肯净身出户，因为这样胆战心惊的日子，实在没法过了！

PS：

知乎上有个帖子叫"父母皆祸害"，大意是——因为施压者是父母，孩子对他们既爱又怕，所以，会有很多孩子，任由父母操控甚至改写了自己的人生，而这些父母们却无觉无察。

在今天这个案例中，洪芳和焦易就算是父母的受害者。

洪芳的父亲多次打骂孩子，难免让成年的孩子产生逆反心理，急于逃离，以至于婚前对夫家预料不足，导致婚后受困无助，最后以离婚了事。

说起来，在洪芳的婚姻上，洪父是个有些远见的人，可是，他像天下大多数再婚男人一样，心会跟着爱人走，难免对从前的孩子有疏离心，从而失去了在洪芳心中的位置。

焦易的母亲多年守寡，把孩子变成寄存她全部感情的客体。为了儿子娶上媳妇并稳住家，她扮演了一流好婆婆；但当明白媳妇跑不了了时，就露出了真面目。

谈到婚姻，我常常会提到爱情，因为没有爱情的婚姻不好过，度日如年。

洪芳和焦易是有爱情的，但是，会伤害到寡母的亲情。

亲情和爱情打起架来，谁赢呢？

前些天，来了个填单身报名表的小伙子。他说："不要问我妈和媳妇掉水里救谁的问题，肯定是救妈。妈就一个，媳妇能重找。"

婆婆不能从儿子的生活中体面退出，怎么办？尽可能不在一起住，两代人的思想和习惯不同，很容易给彼此造成麻烦。时间一长，除非彼此压抑，否则容易有冲突。可这么一来，就算家庭平和了，说不定身体出问题了。如果经济有问题，只能同住，且基本是住在男方家里，那么，儿子要学会引导母亲，不回避矛盾，并坚持给媳妇爱和尊重。

第 56 篇

迷上春药的男人

——痴爱迷梦，作茧自缚

“惜春长怕花开早，何况落红无数、春且住。”更多的陪伴也许是很多再婚人对再次婚姻的真实向往，但如果把此当成一种交易，那就不能抱有太高的期望值了。

4 年前，黑叔迷上春药，每天晚上都要服用。

大花无法忍受，坚决分床。没想到，黑叔居然以此为由，提出离婚，要回到上海，和当初抛弃他的前妻复婚。

是旧情复燃，还是身边太冷？黑叔迷上春药，到底为性为情？提及往事，黑叔老泪涟涟……

❶

1968 年，黑叔中专毕业后，父亲找关系，把他分到了自己所在的国营单位，并托人介绍对象，同事介绍了在农场工作的上海下放知青小青。

论相貌气质，被同事起外号“大驴脸”的黑叔，远不及小青，二人站在一起，相当不般配。黑叔是个有自知之明的人，见了一面后，坚决不肯再见，说配不上人家。

没想到，小青同意了，因为农场的劳动过于繁重，哪是她这个上海来的小囡能够承受的？她已顾不上般不般配爱不爱，只要能救她于苦海，再差点的男人，她也会同意。

黑叔长得虽然难看，却是单位子弟，父子俩都很厚道，单位当然照顾他，承诺：

只要你们结婚，单位就发调函。

婚后，小青如愿调进黑叔单位，进了后勤，并连续怀孕，三年内连生二子。

有了两个儿子的婚姻，又处在并不开放的年代，按说是牢固的，却被单位里的一个有妇之夫给搅了个稀碎。

东窗事发后，黑叔选择了原谅，因为爱，更因为俩儿子，但小青不接受，她认为黑叔只是她人生的一块跳板，俩人根本没有爱情。现在，工作轻松的她，有条件追求爱情了，司机也愿意娶她，当然要离婚。

让小青始料未及的是——两个都有未成年子女的人，其实很难单纯地生活在爱情中。婚后，司机的前妻频频纠缠，经常在公共场所堵着小青咒骂，让她丢人。还有，他们各自牵挂着子女，经常要分出身心去照顾，俩人的关系终于由浓转淡。

就在人生陷入乱麻般的煎熬之时，小青人生的第三块跳板来了——1983年，知青返城，小青选择了离婚、返城并要回儿子。

小青和黑叔谈判，说："过去的事不谈了，一切都是我的错。现在，我要返城了，上海是什么地方，你清楚，如果儿子跟着我，有大好的未来。想他们，你随时可以去看。你放心，我不会再结婚了，什么爱不爱的，我以后只爱儿子。"

孩子们得知可以去上海，雀跃欢腾。大上海啊，纸醉金迷的地方！黑叔的内心如撕裂般疼痛，但是，他无力拒绝。

纠缠两天后，黑叔迟迟不作决定，小青十分着急，害怕断送了去上海的机会，索性去黑叔家坐镇，要他马上给出答案。

黑叔只好问儿子的意愿，大儿子无话，小儿子倒是乖巧，说："爸爸，你放心，我一年回来看你一次。"

小儿子的话，软化了黑叔的坚强，他抱住小儿子，泪水涟涟，说你可一定要言而有信啊。

❷

失去妻子，又失去儿子，黑叔成了单位的可怜人。好多人把他当成教材，也当成了怜悯的对象，他走到哪里，都会被安慰，都会被议论。

这样的日子，黑叔实在过不下去，自己堂堂男子汉，到底错在哪儿？错在丑吗？错在没有把那对狗男女打一顿吗？错在放飞了儿子吗？

嫁到烟台定居的姐姐，明白弟弟的苦处，说："实在不行，要求内退吧，到烟台来，哪里还吃不上口饭？"

黑叔申请内退，单位顺利放行。

来到烟台后，姐姐发动了所有的同事与朋友，为弟弟介绍对象，黑叔相中了在单位跑业务的大花，俩人同龄，都是47岁。

大花性情豪爽，为人善良，她被大黑相中的理由是经历相同，大花前夫也是出轨离开她，并与第三者结了婚。

谈情说爱，同病相怜很重要，遭遇相同，容易发自内心地体谅与心疼对方，把对方当成自己去怜惜。

看大花实诚，本就性情宽厚的黑叔，更是展现出东北老爷们的大大咧咧，还没结婚呢，就交了工资卡，一切让大花做主。

女人要什么？不就是要个男人的一心一意吗？所以，大花也不含糊，把黑叔照顾得十分惬意，俩人无论床上还是床下，好成一个头。这样的日子，持续到大花退休。

当然了，其间也有不愉快，原因是大花应酬太多，常把黑叔晾在家里。

黑叔发发牢骚也就算了，说："我要理解她啊，她是跑业务的，肯定忙啊。没事，反正快退休了，将就一下吧。我闷，有我姐呢。"

3年后，大花终于退休了，但是，她依然保持了上班期间的状态——凑酒局，打麻将。她也知道黑叔孤单，每次活动前，都会问一声去不？黑叔去了一次，感觉没话说，宁肯去姐家闲话，还赚个自在。

第二年，姐姐肺癌去世，大花依然故我，黑叔出来进去都是一条光棍，天天饿了就自己下面条。提及往事，黑叔对我说："你知道我成天吃啥？她退休前在单位批发的挂面！都招虫了。我也想忍着，都这个岁数了，感觉有姐姐在，能陪我啊，说话做饭的。如今姐姐没了，她又不着家，我真成孤家寡人了。"

❸

姐姐一走，大花的态度好像也变了，每次进门就埋怨，诸如你成天在家，地面也不干净，饭也不做，等等。

一天，黑叔的腹部剧烈疼痛，自己撑着打车去医院。一拍片，医生说他的胆里全是结石，不能留了，要做胆囊摘除，这才联系了大花。

出了院的黑叔，瘦成纸片儿。大花有点心疼，不打牌了，天天带着出院的黑叔听大连某公司的保健课、买产品。

第一次花了3000元，第二次花了4000多元，第三次主办方说投5万元返6万分，一分是 1 块钱，相当于立马返 1 万元钱，大花感觉太划算了，一下子投入了 8 万元，隔了 3 个月，又投了 16 万元。她还打算拿房产证贷款来投，被黑叔坚决阻止。大花看在黑叔也是出于保全她利益的面子上，遂罢手。也幸好如此，没多久，这家公司被证实为诈骗，大花的钱全打了水漂。

从此，大花又续上了之前的生活——打牌、喝酒。

黑叔太孤独了，于是自寻出路。他看到别人去旅游，全程坐飞机，眼馋，跟大花说从来没坐过飞机，也想去。大花马上花了 1880 元，给黑叔办了，说你去坐坐吧。黑叔想一起去，大花说我以前三天两头坐，坐够了。

这次旅游，黑叔遇到了老同学，说起自己的事，老同学说你肯定是床上不行，吃点药吧。

黑叔既没考察这春药质量，更不知春药厉害，回家吃上后，欲火中烧，坐立难安，一心向大花求欢，无奈大花不配合，还骂他老流氓！对他有了疑心。

春节到来，大花和黑叔去给老人上坟。中途，大花接到妹妹电话，说在妇产科医院，要姐姐接。大花立马让司机掉头去妇产科医院，到门前下车，径直进入医院。

良久，大花还没出来，司机着急，催黑叔去找。黑叔入院寻找一圈儿未果，出来后，迎头撞上大花姐妹，原来妹妹是在医院附近等，并不是在医院内。大花当场翻脸，一口一个“老流氓”，非说黑叔是进来看女人光屁股。骂声那个大啊，黑叔简直想一头撞死。

是夜，小儿子从上海打来电话，问爸爸身体情况。一直忍着不诉苦的黑叔，哭出声来。儿子再三相问，黑叔号啕起来。儿子急了，说爸爸快来上海！

这么多年，黑叔还是第一次来上海，因为他恨前妻，又顾及大花感受。儿子们呢，倒是没忘记爸爸，来过烟台几次，看大花一百个不愿意后，再不打扰，只是偶尔来个电话。

这一次，黑叔倾诉了一个够，俩儿子都要留住爸爸，说：“你看我们现在光景，老房拆迁，分了这栋楼的二楼、六楼和九楼，你想住哪层住哪层。”

这么好的条件，又是满满亲情，孙子都成人了，黑叔哪能自控？

儿子们又加一句：“爸，离婚吧，啥也别要，你人来就行。”

PS：

在大花看来，黑叔没志气，前妻给他戴绿帽子，居然还要去复婚。她忽视了黑叔的孤独。

为何会忽视？因为她家里有老公，外面有朋友，感受不到孤独。

世上事，没有感同身受这回事，除非同命运。

黑叔为什么要吃春药呢？男人通常是因为“性”去爱女人，在身体上对女人有了依赖后，爱才会变得认真。大花不愿意留在家里，老实的黑叔，以为是性方面的吸引力不够，所以，他要加强自己的能力，加强与大花的身体联系，他以为这样做了，大花会多陪陪自己。

既然如此爱妻，为何要走呢？

在黑叔看来，我真心真意待你了，一月4000多块的工资，全在你手里，我吃着虫蛀面条，也没发火，可你呢？你不在乎我啊，那我为啥不走呢？虽然前妻背叛过我还扔了我，可是，她没有再婚，孩子们也成长得很好。

再婚老夫妻，没有共同的孩子为纽带，本来就难处，如果再少了尊重与陪伴，即使再婚20年，也只会分崩离析，希望与大花类似的朋友谨记。

第 57 篇

我的男人不给你
——零落迷失，深陷其中

“从来不奈离声怨，几度朱弦断。”小米的行为和心态可能击中了很多女性浪漫的情怀，面对情与性，性与情，两者难舍难分，我们只能说：世间事如梦如幻，早日醒来方为正道。

小米曾经出轨，老公却没有选择离婚，而是选择了以出轨的方式报复。在这场夫妻对决中，他们失去了自己的孩子，走到离婚这一步。

小米说：“我是始作俑者，很后悔自己的行为，也对老公有愧疚，可是，愧疚不代表容忍他也出轨，还想着娶小三。另外，我特别想知道，大卫是不是不爱我，只爱他老婆?”

❶

小米和大树是亲戚介绍的，两人门当户对，长相学历也般配，双方家长都很满意，自然也顺风顺水地结了婚。婚后，俩人像所有没有多少深厚爱情的夫妻一样，很快进入了日常生活，平淡无奇。就像冬天的暖气，少不了，但总是在这样的温度里待着，让人烦闷。

3 年前，小米在网上认识了一个男人，叫大卫。大卫很会讲笑话，每次都把小米逗到发癫。开始的时候，小米根本没背着老公，感觉就是普通的朋友聊天。

小米说：“记得有一次凌晨，我睡不着觉，他也没睡，给我讲了个与猪约会的段子，笑得我在床上打滚，把老公都闹醒了。他只是骂了声神经病，就把被子全拽到他身上，继续睡，我拿着手机跑到卫生间，笑了一早上。”

渐渐地，暧昧像潮水一样侵入了小米的心，小米开始期待与他见面，因为他代表着快乐。

到了真见面，小米犯花痴病了，他真帅啊，笑起来暖暖的，一口白牙。小米说你适合作牙膏广告，他笑得更厉害了，说原来我自带赚钱机会啊，回头我去找广告商。

阳光正好，鲜花正艳，这么好的天，这么好的人，小米最终违背了自己的初心，与大卫上了床。像大多数女人一样，一旦突破了性的界限，开始一发不可收拾，迷上新欢，疏离老公。在之后的半年中，俩人约会不断，床戏不停，直到小米怀孕。

小米惊惶地把化验单给大卫看，问怎么办。

大卫有些紧张，皱眉想了会儿，问：“你和他也上床吧?”小米说：“你什么意思?”大卫说：“那就是上喽。这样就好办了，就当你们俩的孩子呗。”随之，大卫的全身都放松了，又恢复了一贯显现的洒脱样子。

小米像被一万个雷劈过，焦头糊脸地注视着大卫。

大卫看懂了，他又露出白牙，微笑着说：“你不会是想嫁给我吧？我老婆怎么办？是吧？咱俩可是没这个预期对吧?”

小米说你的意思是玩玩？大卫说不要说这么难听吧，咱们都是成人。

还能说什么？小米恨恨地把报告撕碎，努力梗起脖子，用最后的意志，把身子扳向回家的方向。就在感觉大卫走远的一刹那，小米蹲到地上，悔恨的泪水狂涌而出。

❷

回到家里，小米躺到床上，逼迫着痛苦的自己睡去，希望睡眠让自己增加力量。她没想到的是，化验单在包里露出了一角，让回家的大树发现了，他欣喜若狂，把小米从床上抱起来，说：“咱们有孩子了，快说，啥时候的？你想吃什么?”小米搂紧老公的脖子，眼泪不听话地流。

小米说：“我真的非常后悔，当初太任性了，就像一个爱吃糖的小孩子，不加节制地吃糖，结果有了一口的坏牙。可是，虽然我不知道该怎么跟老公说，但这个孩子是绝对不能生下来的。考虑再三，我决定还是瞒着老公把孩子给打掉了，告诉老公是自己流产了。老公虽然很伤心，可是也很无奈地接受了事实。”

有一天，老人住院了，大树带着小米去探望，遇上了给小米做流产的医生，她居然是大树朋友的老婆！事情就这样败露了，大树逼问孩子到底是谁的。

小米说："我真是百口莫辩，只好承认这一切。其实，这个症结一直埋在我心里，太难受了。我忘不了大卫那种无所谓的态度，我无法释怀他只是想玩玩的动机，我甚至恨自己不早点告诉老公真相，那样的话，无论后果如何，至少不用难过这么久，天天像一个尚有良心的贼。"

没想到的是，大树拒绝交流，两人迅速进入了冷战。

小米受不了，主动找着大树，说你要不打我一顿吧。

大树沉默，旁若无人地走开，就像小米是空气。

半个月后，小米发现了老公出轨的痕迹——衬衣上有口红，身上有香水味，车里有长头发，从里到外，都昭示着一个词——外遇。

小米心里很难受，拿着证据质问大树，大树还是那副旁若无人的样子，似乎在说：这是个事吗？你不是也干过？难道只许你放火不许我点灯？公平点好不好？小米问得急了，他又不承认，说是朋友喝多了，倒在他身上了，蹭的，车里头发是掉的。

事情很明显，老公不再爱她，而且，已经有了别的女人。

离婚吗？这个从没有过的念头，越来越清晰地从小米的心底浮出。不，小米打了个寒战，离婚意味着父母亲朋集体伤心，意味着要失去与自己如此般配的男人。

此时此刻，小米第一次感到大树是一个很适合自己的男人，她坚定地相信，如果离开大树，再也遇不到这样的老公。于是，她选择了纵容——让大树去寻求补偿吧，等他觉得抵得了小米的伤害，自然会平复如初。

❸

没过多久，小米怀孕了。这次怀孕，确确实实是和老公怀上的。

她高高兴兴地把化验单递在老公眼前。

让她没想到的是，大树的目光是怀疑的，一会儿看化验单，一会儿看小米，好像在问：这是谁的？

小米用害怕但高兴的眼神肯定这一切，大树读懂了，他只说了声"哦"，然后又出门了。

第二天，一个短发女孩上门了，她一脸不屑地看着小米，一阵阵冷嘲热讽，要小米赶紧同意离婚。

小米说："大树并没有向我提出离婚，我们根本没有谈过离婚，你是谁啊？谁让你来的?"

女孩说:"你咋这么有心机?有本事出轨，你有本事离婚啊。两头都想占，哪有这种好事!想用孩子拖住大树?门儿也没有。识相就马上签字!否则的话，我把你出轨的事告诉大树父母!"

女孩的话，激怒了小米，她不顾一切地冲上去，与对方撕打起来。

小米说:"那一刻，我满心的愤怒都在这个女人身上，忘记了自己怀有身孕，结果，在厮打过程中，我流产了，鲜血染红了裙子也染红了地，她吓跑了，我自己打了'120'。"

到医院后，医生说流血太多，孩子保不住了，要给我清宫，让老公签字。

大树来了，签字后，看着身子虚弱、痛哭不已的小米，非但没有一句关心的话，反而指责她没有数，把孩子弄流产了。

小米说:"我心里本来就难受，他这么说我更难受。我说你的小三都闹到家里来了，是她打我的!他不接我的话，一直指责我。我看得出，他虽然恨我，但不想离婚，把孩子看得挺重的，如果这个孩子在，我们的婚姻不会散。"

出院后，小米提出了离婚，大树爽快答应了。

小米问:"你是不是要和那个小三结婚?"

大树没有作答。

小米又问他:"如果我没有出轨，如果孩子还在，我们是不是会一直过下去?"

大树低下头去，再次抬起头来的时候，眼里盈满了泪水。他说:"小米，我真的很爱你。这个世界上，虽然人这么多，可是，能有缘遇上门当户对的人，真的很少。我们有老一辈深厚的情谊，我们有从小一起长大的友谊，我们吃什么玩什么，都能一呼即应心灵默契，换成了谁，可以?我也想原谅你，我也反思过我自己，可是，我只要看到床上的你，我就会想到他身下的你，我只要看到生活中的你，我就会猜想你到底又在背地里做了什么。请原谅，我不管和谁相好、和谁结婚，我都不是从前的我了，我真的万念俱灰。"

听完大树的话，小米已哭成泪人，她习惯性地向大树索抱，大树闪在了一边。这肢体上本能的表现，意味着一切将覆水难收。

大树说:"离了吧。"

小米说:"不!"

大树似乎知道小米的答案，一言不发地开门离去，那砰然合上的关门声，响亮地回荡在小米的心里。

她感觉所有的一切都没意义了，自己就像个小丑，小三是观众。

PS：

夫妻过了蜜月期，婚姻生活变得平淡而无趣，如果彼此本就不是那么深爱，婚外恋很容易产生。

在这个案例中，第三者并不是个问题，问题是：除了大家都认可并强调的门当户对，小米真心愿意和大树在一起吗？

其实大卫并没有认真追小米，没有花钱，也没有上演跑十八条街买馄饨的戏码，小米为何与大卫走得那么近呢？只能说明一点，小米没有那么爱大树。

出了事，小米为何要强调大树对自己的重要性？主要的原因有二：

第一，婚姻是一张温床。家是最好的避风港，她需要待在这张温暖舒适的床上，好好养伤。

第二，小米要打败小三。女人不介意败在男人手里，但在同性相对的时候，绝不会把手里男人拱手相让。

如果小米依然想挽回大树，尚有一线生机。

以大树的表现看，小三上门不是受了大树之命，她有可能也只是大树疗伤的工具。

大树之所以没有坚决离婚，应该与两家关系及小时候的青梅竹马有关，看他最后痛苦的表白就知道了。

小米可以比从前更好地照顾大树父母，自然而然地制造一些两家聚会的机会，让他想说的话，止于这种亲密坚实的感情之下。

还有，大树也出轨了，从某个角度来说，他内心或许也获得了一定程度的平衡。世上多少事，只为赌一口气？

第58篇

对自己下手的女人
——煞费苦心，反受其累

“梧桐更兼细雨，到黄昏、点点滴滴。”文中的女人把婚姻看作一个产业，煞费苦心地来打造、发展它，一旦这一产业要土崩瓦解，其必然感觉走投无路。

为了得到他，她编织了一系列假话；为了留住他，她打退一个又一个小三……这条路，泥泞艰辛，她却百折不挠。

在离婚区，她面对坚决离婚的他，说：“我就是不离，起诉也不离。我不管你，爱和谁和谁，还不行？等你玩够了，就回来。”

❶

苏武，个高清秀，属于帅哥一枚，但家里很穷，父母指望他努力学习，杀出一条光明的路，但他不喜欢读书，于是，15岁的苏武，离开家，前往创业者的天堂——深圳。

在深圳，苏武混了个技校学历，又做了IT民工，一做就是10年，赚到了钱，又在期货上全部赔掉，并欠下了50万元的外债。

心灰意冷的他，通过朋友介绍，进入一家高校做IT兼职老师，被即将毕业的焦红宝看上了。

焦红宝个矮，肥胖，她对苏武是那种深及肺腑的喜欢，每天打水、买饭、送水果，各种关心，让苏武的心感受到温暖。苏武接受了她的电影票，开始了类似约会的交往。

随着交往增多，焦红宝了解到了苏武的家境和负债，不由计上心来。她告诉苏武：我家条件很好，父母说了，等我结婚，房车都给我备上，还会给我一笔陪嫁钱，你要拿去还债就还债，贴补今后在婆家的生活也行。

一个女生，虽然丑点，但有本科学历，家境优越，年龄也比自己小，还愿用陪嫁给爱人还债，苏武怎能不感动？他很快与焦红宝确立了关系，与家人见面并领了结婚证。

领证时，发现焦红宝比自己大3岁，当初说的小3岁呢？

焦红宝不好意思地说："我以为你们男的都喜欢女的小，就瞒岁了。"

苏武虽心里不高兴，却又觉得她给出的理由过得去，也就算了。

既然领了证，当然得去拜会丈母娘，可焦红宝总以各种理由阻拦。苏武坚决要见，焦红宝这才说了实话。原来，她家祖辈都是山民，之所以欺骗苏武，是因为自己长得丑，如果再说家里穷，怕苏武嫌弃。

苏武虽然经济受困，但不是个嫌贫爱富的人，他原谅了焦红宝，说："这样也好，我们门当户对，谁也不用嫌弃谁了。我的债务我会还的，你的钱我不会要，放心。"

让苏武没想到的是——焦红宝很在意钱，各种礼钱，斤斤计较，为一个改口费，居然出言不逊，伤到了苏武的父母。

苏武很生气。爷爷宽慰他，说："人家是本科，咱高攀了，就多迁就。丑点是福，丑妻薄地家中宝啊。你要在外赚钱，丑妻守得住。"

❷

生了第一个孩子后，苏武父亲因盗窃被抓，需要赔偿和交生活费，可家里没钱，本来有2万多块，全给了焦红宝了。

苏武向焦红宝要钱，焦红宝就是不给，说："咱当初不是说好了？各人负担各人的。"

焦红宝的话，让苏武倍感意外。一个爱自己爱到号称要死的女人，却在这么重大的时刻袖手旁观！再联想起她婚前的一系列假话，认定这是一桩错误的婚姻。

苏武返回烟台，忙完父亲的事后，向焦红宝提出离婚，要她来烟台办手续。

焦红宝带上孩子赶到烟台，声泪俱下，坚决不离婚，并提出到烟台来生活。

这句话打动了苏武全家，他们太希望儿子一家留在烟台了，既免却了他们对儿子的思念，又能天天看到小孙子，尽享天伦之乐，于是，全家不同意离婚。

一方面是家人重压，另一方面，焦红宝又迅速结束了深圳的工作，进入烟台一家企业，这一切简直可谓迅雷不及掩耳，让苏武痛苦又无奈，他三思之后，决定报复她。通过“摇一摇”，苏武认识了开糖果店的小美。

小美离异无子，肤白貌美大长腿，春闺寂寞。二人见面时，苏武那种苍白的忧郁，深深打动了拥有圣母心的小美。在了解到苏武的境遇后，她十分到位地安慰了苏武，并很快和苏武发生了关系。

密切关注苏武动向的焦红宝，很快就发现了苏武的出轨。

挺着大肚子的她，直接杀到小美店里，说：“他常年做IT，颈椎、胸椎、腰椎没一样好的，你能养着他吗？我们马上要有俩孩子，如果离婚，孩子我一个也不要，你愿意接手吗？”

小美当然不愿意，她称与苏武只是普通朋友，说：“我只是拿他当小兄弟看，你想多了，我不会再让他来了。”

苏武并不怕红宝把此事闹大，他甚至希望红宝可以就此放过他。但红宝没有声张，只是更看紧了自己的钱袋。直到小女儿出生，红宝未付过一分钱家用，缺钱就和苏武要，至于究竟是赚来的还是借来的，红宝一律不管。

对此，红宝有自己的见解：“我守住的钱，是家里的钱，我不会给外人花。他的钱，我约束不住，那就让他有更多的承担。欠了也无所谓，只要他是我的，以后我会给他还。”

直到现在，苏武才真正明白：眼前的这个女人，虽然是真的爱他，但是，与其说爱，不如说是控制。她没把自己当人，而是当成了一个最喜欢的玩具，她不要他的情感，她只是想占有。

想明白了的苏武，面对孩子和老人，无法离婚，从此踏上了出轨之路，与多个女人交好，且从不隐瞒，会一五一十地告诉焦红宝。

焦红宝伤心，却斩钉截铁地告诉他：“随便你和多少女人好，我都不会和你离婚，我相信你玩够了就会回家。”

❸

既然一家人都回来了，焦红宝决定买房子。她从苏武的二婶那儿得知公婆手里有30万元，认为付首付没有问题，在没有得到公婆同意的前提下，挑好了房子，并让苏武向父母要钱。

苏武父亲不同意。他们夫妻二人在烟台打工多年，就攒了这么点钱，指望用这个钱养老、保命，而且，苏武常年在外打拼，收入无保障，万一有难，也好靠这个钱周全，哪能用来买房呢？

苏武对红宝说："你有钱你就买，父母的钱不能动。我们没钱帮到他们就算了，还要挖出他们的养老钱，太过分了！"

焦红宝没吱声，自己去交了2万元定金。

一个月后，她把化验单送到了公婆面前，说："我们马上要有第二个孩子了，苦大人，不能苦孩子，总不能让俩孩子都住出租房吧？"

公婆相视苦笑，老老实实交出了30万元，只提出一个条件：我们得和你们住在一起。

焦红宝答应，提出：房子必须写我的名，贷款也由我来还，因为苏武信用不好，贷不出钱，所以，他必须把赚的钱交我来还贷款。

交付房款的那天，一家人都去了，焦红宝突然说要交四成，要公公再拿10万块钱。公公说："我的钱都给你了，哪里还有钱？把我的钱还我，这房子不要了！"

焦红宝不再吱声，顺利办理了相关手续。

晚上，在苏武的逼问下，焦红宝承认自己是想让公公多拿点。她理直气壮地说："他们是做凉皮的，很赚钱。打工这么多年了，怎么会只有30万？肯定是藏着心眼，不拿我当一家人！"

苏武深思了一夜，第二天，他联系了深圳的朋友，重新回深圳打工。

这次回来，他认识了小甜，一个在淘宝开店的姑娘。

小甜家在深圳市里，生活条件优越，为人豪爽不算计，在与苏武的交往中，经常接济苏武。

苏武每月要汇1万块回家，这笔钱要养父母、两个孩子，所以，从不敢耽误。偶尔遇上青黄不接的时候，小甜会主动掏出钱来，也不说给，只说你宽裕了再还我，保护苏武的自尊心。

苏武真正爱上了小甜，他说了自己的婚姻，说了自己的几段外遇，剖析了内心，并倾诉了对小甜的爱。

小甜接受了。

苏武第一次正式向焦红宝提出了离婚，并前往民政局的婚姻登记处办理离婚。

焦红宝看苏武动了真，对工作人员说："你们看看我，跟他这么多年，生了一儿一女，我是披金戴银了吗？他三番五次地出轨，来伤害我，我是怎么做的？也有人看上我，我从不动心，因为我特别爱他，我从见他第一面就爱上他了。任何男人爱上我，都没有用。"

焦红宝的话，打动了工作人员，大家都劝苏武，认为红宝这样的女人不可多得。

苏武痛苦万分，对焦红宝说："我一定要离开你。既然协议不成，我就起诉了。你放心，离婚后，我们依然是家人，以后不管买什么，我都会想到你。但是，真的不要做夫妻了。"

PS：

焦红宝对自己太狠了。

从表面上看，焦红宝欺骗在先，刻薄于后，说话做事皆显得过于小人，但是，抛开道德的角度来看，会有点心疼她。

焦红宝明白，假如她就是以本来的条件向苏武求爱，成功的可能性不大，虽然自己学历比苏武高，但收入和相貌均远远不及苏武。于是，她把自己装扮成一个富家小姐，想用财富和爱来感动他、诱惑他……为了永久地占有苏武，焦红宝完全放弃了自我，且不留任何后路。

苏武是她第一个男人，她在婚姻不稳定的前提下，放弃深圳的工作，来到千里之外的烟台，并连生两个孩子，以增加拖住苏武的砝码。

为了自保，她又不停地搜刮丈夫一家的钱财。

这种做法，除了她本出身于贫寒，对贫穷有原始的恐惧之外，她也想用这种做法来控制住这个贫瘠家庭的所有资源，以巩固自身的地位……

主动追求没有错，因为对方可能没有关注到你，但是，当你发现对方根本不爱你的时候，要及时停步，而不是利用对方的弱势，强行达成结婚占有的目的。

有句俗话说：易求无价宝，难得有情郎。如果一个男人真的无心于你，就算娶了你，那也至少有三种恶：第一，不会真正爱你；第二，不会真正尊重你；第三，容易轻易放弃你。

事到如今，这已是一桩难以保住的婚姻。若红宝还想坚持，言行就要彻底改变。

想想看，尽管是骗来的婚姻，但是，如果从结婚之日起，能真正不计个人得失，愿意把自己当成苏武的家人，当公公有难，肯毫不犹豫地拿出自己的钱；买房时，不会算计再算计；日常生活中，可以像一个正常的妻子那样，拿钱贴补家用……那么，苏武还会重视小甜吗？小甜慷慨解囊的行为，也不过是当苏武是自家人。

人生无常，但所有的未知，其实都是有知。焦红宝走到今天，真的是只能怪自己啊。

第59篇

吃软饭的男子汉
——因有所求，反被人制

“小舟从此逝，江海寄余生。”文中男人总想着占点便宜，然则世间实无天上掉馅饼的好事，与其狗苟蝇营，莫若堂堂正正做个潇洒之人。

他月薪2000元，是一个普通的打工者，但家中有房、长相英俊，无疑是中老年婚恋市场上的一枚“鲜货”。在与第一个条件般配的老婆离婚之后，他先后娶了富婆和白领，又先后离掉……

❶

曲乃量和妻子李洱同是一家皮革厂的员工，共同育有一个儿子，日子过得平凡而温暖。原以为小人物的生活不会有波澜，但自从李洱加入了××教，一切都改变了。

2012年的一天，李洱跟着闺蜜参加了一个“聚会”，平时单位—家庭—菜市场一条线的李洱，突然置身于一群好像非常喜欢她的人群中，有种沐浴阳光的感觉。所以，当朋友邀请她入会的时候，她毫不犹豫。

几堂洗脑课上下来，李洱再也不是那个以家庭为信仰的普通女人，她激情万丈，不仅写了入教申请书，还写了保证书，并拉着儿子进来。几个月后，儿子居然辞了工作，天天混在教里。

其间，曲乃量多次干预，但妻儿心意坚决。后来，两人甚至到了向教会交钱的地步，大有倾家荡产也无所谓的决心，这让曲乃量心惊。

由于××教令不少人倾家荡产、妻离子散，是我国最具有危害性的邪教组织之一，公安开始行动，曲乃量的妻儿一起被抓。由于他们并无犯罪事实，被教育后获释，但儿子一出拘留所就跑了，只有妻子一人回到家中。

曲乃量惦记儿子，想外出寻找，向妻子寻问下落。妻子神色平静，似乎知道儿子在哪里。曲乃量再三追问，妻子就是不说，曲乃量提出离婚，妻子爽快地答应了。

他们是回迁户，分有三套房子，现在谈到离婚，自然是一人一套。让曲乃量没想到的是，离婚刚一周，妻子就找他要求过户。由于妻子神色紧张，曲乃量便用心去查，事实让他怒不可遏——妻子居然要卖掉她和儿子的房子，把钱交给××教。

至此，曲乃量才了解到这是一个邪恶的组织，他们通过对信徒的“精神控制”，不断向他们灌输“末世已经到了，要倒空‘奉献’”，“只要交上‘奉献金’，神就能保证你们不得病，远离灾难”的思想。妻儿正是中了这个毒，曲乃量认为的挽救，在妻儿看来，是邪恶的阻拦，是不让他们幸福。

为了保住财产，曲乃量说：“虽然房子归了你，但是，名字是我的，我不去过户，我要为儿子考虑。如果你坚决要卖，我就举报你，让公安把你抓起来！”

❷

曲乃量做梦也没想到，离了婚的他，成了婚恋市场上的“鲜肉”，被一位丧偶的富婆看上了。

在富婆熊姐的眼中，曲乃量长相英俊，身姿挺拔，完全没有中年人的油腻与猥琐。虽然一看就没钱，但相当有衣品，廉价的衣服，居然被他穿出了帅气。而且，他家中有房，还有退休金，不是个吃软饭的料。

熊姐是曲乃量此生真实接触的第一位有钱人，尽管她比曲乃量大10岁，但是，那一身的珠光宝气，完全是被钱堆出来的感觉啊。这么有能力的女人，也没有孩子拖累，居然能看中自己，让曲乃量有了学渣携手学霸的受宠若惊。所以，他很快就接受了熊姐的爱，两人正式领证结婚。

这是一桩令人艳羡不已的婚姻，已经接近退休的他，居然开上了豪车，住上了楼上楼下有5个卫生间的豪宅，过一个生日，熊姐送了块10多万元的表。哇，惹得同事纷纷感叹：不管多大岁数，颜值即正义啊！

挥金如土的日子过了半年，熊姐开始不满，因为曲乃量还有个80岁的老娘，需要一日三餐地照料，故而，他的主要根据地还是自己家，到熊姐那儿就像去出台。

这怎么能行？白天形单影只的，晚上长夜漫漫，她要求曲乃量必须马上搬来一起住。

曲乃量当然愿意了，但条件是必须把老娘带上，熊姐不愿意，因为她找的是一个日夜陪伴的帅哥，带个老娘算怎么回事？她认为老娘可以放在家里，最多请个保姆。

但凡成了老娘，基本是要啥没啥了，但在孝子的心中，那是无价之宝。曲乃量是个不折不扣的大孝子，他亲眼看着老娘受过很多苦，发誓要终生好好侍养，所以，他根本无法接受熊姐的要求。

二人僵持不下，熊姐又出了新主意，要求曲乃量卖房。她说："你看我有10多套房子，哪套不比你的好？趁早卖了，房子钱用来养老人，让她去住养老院。我实地考察过了，塔山老年福利中心条件特别好，电梯空调，还有各种娱乐设施，老人又多，大家可以说话打牌，不比你放在家里好？"

曲乃量是从贫苦环境中长起来的，回迁的房子，犹如老天赏赐，看得如性命一般，怎会随意处置？

还是老娘一言点醒他："猴子让老虎拖着跑，早晚得磨秃噜皮。"

❸

再次成为单身的曲乃量，工资还是那些工资，但依然是婚恋市场的抢手货。

尽管曲乃量接受了第二次婚姻的教训，但像李洱一样的女人，他看不上了。

那都是些什么啊？皮松肉懈，一脸油烟相，不要说抱一抱了，看也不想看。

一来二去，曲乃量有了新的择偶标准，那就是年龄要小，身材要好，最好不带孩子，工资社保房子必须有。于是，辛芳芳出现了。

辛芳芳不仅肤白貌美大长腿，还月薪过万，比曲乃量小10岁。离婚有一女，在法国读时装，且交了个法国帅哥，据说家里有个大农场和独立别墅，眼看着不会回中国。

当曲乃量牵着辛芳芳四处溜达的时候，老朋友们再次对此垂涎三尺，这已经不是颜值即正义的问题了，这完全说明婚恋市场男性奇缺啊，但凡一个长相不错、人品也凑合的单身男人出现，就像一块肥肉丢进了狼群啊。

更让曲乃量膨胀的是——辛芳芳迫不及待地要结婚。曲乃量一想：嗯，她年纪小，看着顺心，我老了，她还年轻，能照顾我；工资高，花不着我的；她有房子，不会想在我房子上加名；她女儿在国外，不存在继父继子女无法相处的问题。这婚，可以结。

真正到现实生活中，曲乃量有生以来第一次觉得赚得太少，他退休的那点钱，只够过过小日子，人家辛芳芳一瓶香水就上千块，而且，她不像熊姐那样惯着他，时常会嫌他钱太少。

为了让妻子满意，曲乃量托人找了份兼职，每天从早忙到晚，累得汗流浃背。回到家，冷锅冷灶，工作清闲的妻子，正在舞厅里发挥余热呢，决不会待在家里接着他，嘘寒问暖，也不会帮他洗一身臭汗的衣服。

一天，曲乃量突然感觉肚子疼，提前回到家中，居然看到妻子正与他人在床上大战。

事后，曲乃量提出离婚，辛芳芳不同意。她说："我就是玩玩，没想着离婚。"

在这个问题上，曲乃量特别坚定，他不愿意从此戴着绿帽子。

在办理手续的那一刻，辛芳芳说："从认识到结婚，我没花你一分钱。要离婚，你必须赔我 10 万块的青春损失费。"

曲乃量说："我只有 2 万块，最多给你这些。如果你嫌少，咱就法院见。我已经咨询好了，你属于过错方，我们之间无共同孩子和财产，你只能净身出户。如果起诉，我不用给你钱，还可以向你索赔。"

辛芳芳十分震惊，无奈地说："离吧离吧，我不是离不起，主要嫌丢人。"

曲乃量说："你出轨的时候，咋不嫌丢人呢？"辛芳芳十分不屑地看他一眼，拿上离婚证，低着头走了，高跟鞋踏出笃笃笃的沉闷声响。

PS：

除了原配妻子与曲乃量门当户对之外，熊姐是富婆，辛芳芳是年轻貌美的小白领，月薪只有2000 多块的老曲，明显是在吃软饭呢。

婚姻是女人的第二次投胎，男人又何尝不是？

你看，娶了熊姐后的生活，是多么纸醉金迷！开豪车，住豪宅，是多么地招摇！

娶了辛芳芳也不错，有档次，有品位。

或许有人奇怪，本科毕业的辛芳芳，为什么会看上初中毕业的曲乃量？中老年女人经了些世事，心里有些凉，身上有些钱，就不那么计较学历地位了，会重视健康与颜值，听话就更好了。

曲乃量的身上，有不少优点：

1. 择偶的时候，理性分析，综合考虑。

曲乃量非常重视对方的综合条件，并作了理性分析。这种做法，可以规避掉一些未来的风险。

比如对方收入高，那自己的钱就能完全保住；对方有房子，就不会有侵占自己房产的欲望；对方孩子不在身边，那自己等于光享受不付出。

2. 曲乃量是个有底线的人，进退自如。

曲乃量的底线是保住家产，孝顺老娘。

为了守住这个底线，宁可放弃富贵，回到自己的原阶层，这种做法无疑是明智的。

如果曲乃量听从熊姐的意见，假如某天夫妻起了纷争呢？一旦闹大了，曲乃量必然后退无路。

或许你要说熊姐大10岁，绝对离不起。

大20岁又如何？婚恋场里，名利是永远的春药。

3. 拒绝对方出轨，保护自己的尊严。

希望那些只知道手撕小三、却对丈夫各种讨好示弱的朋友，不妨看看曲乃量——他除了拥有与生俱来的好皮相，根本没有挟制住对方的硬条件，却可以完美地从辛芳芳身边走开。

第 60 篇

净身出户的远嫁
——恣意任性，终无所得

“休去倚危栏，斜阳正在，烟柳断肠处。”芳芳的任性总是超乎对方的承受能力，虽貌似有理但总令自己处于不利的局面。悬崖勒马，重获自由，对双方都是一种解脱。

如果李磁家是贷款房，萧芳芳要加名，咬咬牙，也可能同意，但李磁家准备的是全款房，萧芳芳还想加名，从理法上说，就是占李磁家便宜，所以，李磁一家坚决拒绝。

对于李磁家的做法，萧芳芳十分委屈，但是，因为舍不得，她还是结婚生子。

❶

李磁家的日子比较殷实，自身条件也比较好，属于女生喜欢的长腿欧巴（“哥哥”韩国语中的意思）。因此，萧芳芳十分迷恋李磁。

到了商谈结婚事宜的日子，萧芳芳开始不满，因为李磁家坚决不在新房上加她的名。

萧芳芳是个非常看重感情的人，在与李磁恋爱的日子里，她从不要求李磁为她花钱，偶尔李磁送个包包，她也会做基本等价的回馈，可是，在房子加不加名这个问题上，她却过分地从感情角度出发，认为不加名就等于没有爱的诚意。

李磁不这么想，他认为房子是父母买的，凭啥加芳芳的名字呢？但是，他知道萧芳芳的心意，也非常想娶到她，就换了套说辞，说加名是应该的，但这是父母掏的全款，坚决要求加名的话，会让父母伤心。

此时，芳芳已经怀孕 3 个月，说不加名就流产。没想到李磁父母态度很坚决，放出狠话：如果是冲着房子来的，爱咋办咋办。

肯定不能真的去流产，芳芳只好咬咬牙，把婚结了，但她争房子的言行，给李磁父母留下了深刻的印象。他们打心眼不喜欢这个媳妇，奈何儿子愿意，又怀了孕，只好不苦不甜地接受下来。

婚后，大家相处还可以，李磁父母基本不登门，芳芳也懒得前去探望，两下呈现出相安无事的状态。

本来，芳芳的母亲要来伺候月子，没想到，临到生产，芳芳的父亲中风了，母亲便实在不能来了。她只好拉着脸找婆婆，直愣愣地说："你要是管，就管。不管的话，我就找月嫂。"

婆婆看着她的样子就生气，随口答应声"哦"，但心里想的是：你求我还拉个脸，谁愿意伺候你哦。

孩子生了，是个女儿。本来，婆婆是决定来的，一听说生的不是孙子，再想起媳妇的态度，不来了。

第一次做妈妈的芳芳，手足无措，只会抱着孩子在床上哭，李磁则待在一边玩手机。还是护士看不下去，帮着找了月嫂。

进了月子中心后，芳芳一直哭，感觉自己嫁错了人，不停地骂李磁兼数落公婆。

开始的时候，李磁勉强听着，后来，就以工作忙的理由，逐渐从天天来变成了一周来一次。月嫂说："你这是找了家重男轻女的，以后有你好日子过，除非你给人家生个带把的。"

在焦虑、愤怒与恐惧中，芳芳坐完月子就抑郁了，天天哭，奶也哭没了，改喂奶粉，就期盼李磁参与进来。可李磁早就搬到了客房住，晚上根本听不着孩子的哭声，还得芳芳自己来做。芳芳恨上了他们全家。

产假期满，芳芳感觉自己没法去上班。公婆不管，娘家人又来不了，就辞了职。

❷

婚后第三年，二胎政策开放，给李磁父母带来福音，芳芳也同意了。

公婆一听芳芳同意生二胎，马上想到了孙子的到来，开始考虑孙子未来上学的事，决定买套学区房，一来给孩子上学用，二来也算投资——银行利息太低了嘛。

听说要买房，芳芳态度踊跃，天天研究楼盘，与公婆关系出现了历史上从未有过的和睦，李磁很开心。

选好楼盘，公公交了3万元的订金，并写上自己的名字后，要李磁家拿20万元，说这是借的，回头还。

李磁的钱，一直在芳芳手里，但芳芳一听就炸了：没结婚的时候，你们说全款房不能加我的名，现在孩子都有了，向我借20万元，还不写我的名，你们这是什么居心呢？

李磁没觉得不好，他说："我爸是借啊，以后会还啊，为啥要写你的名呢？再说了，不管谁的名，将来不都是孩子的吗？"

交款这天，公婆和小夫妻都到了，待公公填好协议，芳芳说我没钱，你们缺钱就去借吧。

在此之前，虽然芳芳吵闹，但没说绝不拿钱的话，现在说出来，大家傻眼了。

其实，芳芳已经准备好了钱，她只是想临时逼一下公婆，把自己的名字写上。没想到公公是个要强的人，居然现场给亲朋好友打电话，愣是把钱凑齐了。

此事一过，公婆的态度不用说了，芳芳天天发狠，李磁下了班也不愿回家，进小区后，直接奔凉亭，那里天天有一帮人打牌下象棋。如果有空位，他就凑上玩到半夜，没空位，他看也要看到半夜，享受指挥的瘾。

其间，芳芳会频繁打电话叫他回家吃饭，他一律推托，非坚持饿到半夜，再去厨房找饭吃。

芳芳当然火大，就推开孩子找李磁干仗。李磁很无辜，认为自己也没干啥丢人的事。前来劝架的邻居也说："你家李磁就是打个牌，也不玩钱，别要求太高了。"

说着说着，芳芳总要提到婚前婚后房子的事，李磁就很恼火，说："你挺会装啊，婚前假装不爱钱，现在天天争财产。早知道你是这种人，我才不会娶你呢。"

芳芳一听，抱着孩子要跳楼，李磁只好叫父母来。

父母听说是为了房子加名要跳楼，更不待见这个媳妇。虽说迫于害怕来了，但话里话外全是敲打芳芳，且让芳芳有苦说不出。

❸

秋季的一个傍晚，婆婆病了，看上去不严重，老人也不肯上医院，说天明再说。公公打电话给李磁，说自己明天一早要出差，恰好李磁也有事，就约定由芳芳明天陪婆婆去医院。

这个晚上，李磁又在凉亭玩牌玩到半夜，又是吃夜宵，又是小两口吵翻天，又是相好邻居来劝，直到凌晨两点多才算消停。

到第二天，李磁上班走了，芳芳也不去陪婆婆。到了晚上，公公回家，发现婆婆病重，赶紧送医院，直接住进了ICU。恼怒之下，大骂李磁，李磁又质问芳芳，芳芳说："你气得我一晚上没睡好，白天睡过去了。"

这话谁信？有孩子的女人，怎么可能一天都在睡？分明是不想管老人。但眼下最重要的不是这个问题，而是钱像水一样流进医院。已经买过两套房的老人，经济上支撑不住了，要儿子和媳妇掏钱。

芳芳不给，说："你们有房子啊，把房子卖了就是。"

李磁说："一共三套房子，父母一套，咱一套，还有套贷款房。要卖只能卖贷款房，可这种房子一来不好卖，二来卖房也需要时间，现在病不等人。"

芳芳坚持不给，她说："你爸有的是办法，一会儿就能借20万。实在不行，可以把房子便宜卖，不信你半价处理，保证抢疯了，我先抢一套。"

李磁忍无可忍，上手就是两个耳光。芳芳急了，蹿到厨房，抢把菜刀，明晃晃地砍向李磁。李磁一个闪避不当，菜刀直接切进了左肩。

鉴于儿媳的言行，李磁一家决定清理门户，直接给芳芳提出了两个条件：

1. 孩子留下，不要你的抚养费，以后，需经李家许可，方可探视；

2. 孩子带走，每月给2000元抚养费。

也就是说，不管答应哪一条，芳芳都是净身出户。

芳芳特别委屈，自己一个黄花大姑娘，给李家生了孩子，误了青春也误了工作，最后，居然被净身出户，这怎么能行？于是，她找到律师，没想到律师的话并无二致。

也有亲朋好友来劝，李磁以特别清醒的姿态答复："不要劝了，这个婚我是非离不可。你们看看，像她这种人，能依靠吗？将来我有了病，她会管吗？她心里想的全是利益。"

PS：

或许有人说芳芳太物质，可是，李磁就不物质吗？

婚前的房子，不加芳芳名，虽说有点伤着爱情，合理合法；婚后买房，明明付不起全款，要从芳芳这里借20万元，为何不写芳芳的名字？

这桩婚姻结束了，芳芳被净身出户。

让芳芳特别痛苦的是——直到双双拿到离婚证的那一刻，李磁还是觉得自己爱错了人。

芳芳说："我当年真是瞎了，居然为这么个人，远离父母。如今，又伤害父母。看来，女孩真的是不能远嫁。"

是啊，女孩真的不要轻易远嫁，一旦远嫁，通常会出现如下几种情况：

1. 父母有事，来回照顾不方便。

2. 风土人情有异，需要一段时间的适应。

3. 发小同学远离，一旦受委屈，容易感到孤独无助。

爱情包含着激情，当激情消失，现实如潮水退去后的礁丛，会露出你从未想过的真实，本就容易后悔，所以：

1. 如果重视房子，那就别委屈出嫁。

2. 如果内心缺乏安全感，就不应随意辞去工作。看上去再没有上升空间的工作，机会都有可能眷顾有多年工作经验的你。

3. 没人管孩子，可以找保姆。即使你赚到的工资要全给保姆，你至少拥有了工作资历及经验。

第 61 篇

她原谅了老公的家暴

——忍耐有限，必须明择

“拚今生，对花对酒，为伊泪落。”执迷不悔或者说执迷不悟，也许最能形容笑笑的状态。无论怎样，我们尊重笑笑的选择并衷心祝福她摆脱家暴，获得幸福。

3 年前，在沈阳生活了 40 年的刘笑笑，不顾父母和兄长的反对，毅然卖掉了房子、转让了商铺，带上大女儿和小儿子，来到了丈夫的老家烟台。

她无论如何也没想到，自己一心一意为了这个家，丈夫却三天两头打骂她，因此，她决定离婚。

❶

15 年前，陈雪冬在沈阳当兵，认识了卖电脑的刘笑笑。一个军装威武，一个芳华当时，双方条件般配，加上看重陈雪冬的军官身份，刘笑笑嫁给了陈雪冬。

婚前，刘笑笑一直跟着哥哥做。哥哥很疼爱这个小妹妹，比如请别人是月薪 3000 元，但每月都给笑笑开 5000 元，还给她交着保险，午餐也是一起吃，算下来，就相当于一年给笑笑近 10 万元的工资。

婚后，陈雪冬认为成家了，应该自己做生意，总不能一辈子和哥嫂混，就鼓动笑笑自己开店。笑笑认为他说得有道理，总不能老赖在哥哥身边不长大，就辞掉了哥哥店里的工作。

电脑市场很少有做倒的，所以，店铺很难找，二人在市场上跑了半个月，也没找到合适的店铺。后来，还是哥哥给提了个建议，选择了一间地下室，说位置虽然不好，但来市场买电脑的，有不少图便宜，会货比多家，在顾客心里，会觉得地下室的性价比更高。笑笑夫妻觉得哥哥说得有道理，就租下来，开始装修。

为了尽快赚钱，漆面不干，笑笑就营业了。生意还真不错，果然像哥哥说的那样，喜欢货比多家的客户，走到笑笑这儿，一般会留住。他们也觉得这里是最便宜的，加上笑笑有多年的营销经验，成交率非常高。

笑笑的店铺小，资金也少，铺不了太多的货，而且，这个市场讲的就是串货，这样可以不压货不压资金，所以，笑笑要经常到哥哥店里串货。串货需要加 100 ~ 200 元钱，哥哥的会计看在她是老板妹妹的份上，一件货只收 100 元。

过了一段时间，陈雪冬休班，来帮笑笑卖货，发现了加钱这件事。他很气愤地说："亲兄妹还加钱，也好意思！还不如个外人！"

笑笑说这是行规，亲人也不应破例，何况已经少收了。再说了，前些年哥哥对自己那么好，开那么高的工资。陈雪冬说："员工干几个小时，你干几个小时？一天忙到黑好吧？你就相当于个经理，起码也是个高级销售！我看呢，他们根本没把你当亲人看！"

这件事闹得很凶，哥哥一家生气了，不再给笑笑串货，笑笑只好另找商家，没有一家收 100 块的，至少也是 150 块。

为了这件事，笑笑找雪冬论理，雪冬摔盘子摔碗，把笑笑打得头破血流。

笑笑说这日子不能过了，离婚吧！

雪冬说谁怕谁！

就在此时，笑笑发现自己怀孕了。

❷

有孩子了，婚不离了，夫妻二人开始操心这孩子是否健康，因为笑笑在四面封闭、墙漆还没干的地下室待了这么久。

战战兢兢待到孩子 3 个月，一切检查良好，二人的心才放下了大半，生意自然也搁置了。雪冬说："不干了，我工资还行，养着你，你就在家生娃吧。"

十月期满，瓜熟蒂落，一个漂亮的小姑娘出生了，笑笑全家人都靠上来了，帮着笑笑养娃。

一转眼，女儿 9 岁了。这期间，笑笑一直在家专职带娃。由于军人的工资比较高，孩子又小，日子过得挺顺的。

意外发生了，笑笑又怀孕了。

当时，二胎政策还没有实行，这个孩子的到来，意味着很多麻烦，笑笑想流产，但雪冬不同意。他说："咱国家现在趋于老龄化，多生孩子是未来的趋势，说不定咱们能赶上。就算赶不上，我也认了，两个孩子就是比一个强，不是说照顾咱们方便，起码是给老大生个亲人。"

笑笑认为雪冬站着说话腰不疼。她说："孩子就是你的一个玩具，高兴了抱过去逗开心，不高兴了就跑远远的。女儿长这么大，你哄过几回？你洗过几次尿布？要生你生，我不生。"

在笑笑夫妻俩争执的空间，肚子里的孩子悄悄长大了，到了第四个月，医生说必须要引产，要把针打在孩子的脑袋上，把孩子毒死，云云。听完医生的话，俩人的腿都打战了，这不是杀人吗？还是生下来吧，至于政不政策的，只好走着看了。

老二出生了，是男孩，一儿一女凑了个好，大家都说笑笑夫妻有福。

不久，雪冬接到了转业的通知。

笑笑一家都要雪冬留在沈阳，但雪冬坚持回烟台，因为家中只有父母，自己是儿子，需要回家尽孝。笑笑说："谁没有父母？咱们在这儿，已经安居乐业了，孩子上的是公办学校，房子也够住，还有这一大家子人，我不跟你走。"

雪冬性格内向，不擅争辩，但主意已定，办好相关事务后，一个人回了烟台。

儿子回来，父母喜不自胜，为了把儿媳和孙子孙女接来，老两口掏出了全部积蓄，帮儿子交了一套140平方米的新房首付，并专程前往沈阳，表示希望儿媳一家前来的诚意。

对于笑笑家来说，毕竟家里有儿子顶门立户，也不是太需要女儿，当初不同意，是情感上的不舍得，现在亲家这么有诚意，还有啥可说的？自然是放女儿去烟台。

❸

转业后的雪冬，十分不如意。

如今的工作越来越难找了，当初说好了分配工作，但是，他发现很多转业军人闲居着，有的已经闲居了七八年，依旧没有分配工作的迹象，那自己总这么等着，也不是个事——这一大家子人呢。

为了生存，二人决定做点什么。笑笑觉得自己做电脑好多年，有经验，又去三站看了下市场，决定还做老本行，就拿出了变卖沈阳房产的钱，投资了一个电脑店。

当初在沈阳，笑笑一个人就撑起了店面，现在烟台，夫妻联手，生意应该更好做才对，但真正投资营业才发现——生意需要各方面的积累。

当初笑笑之所以很快上手，是因为背靠哥哥这棵大树，而且，本地人，关系网丰富，烟台则不同。雪冬的父母生活在乡下，也意味着雪冬人伍前就是个乡下小子，又入了行伍这么多年，等于在烟台完全是个新人。

两年后，钱基本赔光，店面关门，笑笑后悔来烟台，也恨雪冬无能，遂以小儿子需要照料的理由，搬出夫妻房，从此断绝性生活。

为了生存，笑笑去超市租了个10平方米的位置，转行卖折扣服装，好的时候，一天能卖上千元，差的时候，也能卖个四五百块。如果雪冬看摊，生意就极差，最高的时候，一天也只能卖个百八十块。

或许是贫贱夫妻百事哀吧，生活失意的夫妻俩，争吵升级，笑笑不断诉说自己作出了多大牺牲，比如离开了沈阳，卖掉了房子，孩子再也没进公办学校，指责雪冬没用，雪冬开始了频频家暴。

可能是胎里的毛病，老二经常发烧抽搐。一天早晨，雪冬发现孩子脸有点红，说孩子发烧了，快吃药。笑笑最反对给孩子吃药，就去冰箱取来退烧贴，给孩子贴上，过了一会儿，好像真退烧了。但又过了会儿，孩子抽搐起来，吓得二人立马送医院。

路上，雪冬说我让你吃药你不吃药！已经连闯两个红灯的笑笑说你闭嘴！雪冬伸手就捣笑笑的头，笑笑一个不防备，差点追了前车的尾。

一路惊惶纷乱，好容易来到医院。医生检查后，说是高热惊厥。雪冬一听，抬腿就踢了笑笑一脚，说都怪你，早吃药早好！护士上前制止，雪冬哼地一声离开医院。

孩子住院一周，雪冬一直没来，而笑笑则飞雪一样给他发短信、发微信，说出院就离婚，不离就跳楼。

PS：

笑笑原谅了老公家暴，因为她对自己离异后的生活，作了一番考量：

一、找个没孩子的：

如果找个没有孩子的，出于人性的本能，人家估计得要个自己的孩子。我已经是高龄产妇了。就算生一个，对方面对一继子一亲生的时候，能一碗水端平吗？

就算他高风亮节，继子会不会恃宠而骄？亲子会不会倍感受伤？

倘若他只爱亲生子，更糟，继子受伤，母亲的心要流血啊。

何况，就算他牺牲多多，孩子还是有可能嫌偏心。

二、找个带孩子的：

俩人都离异带子，谁也不用看不上谁，显得特别般配。

离异再婚夫妻，意味着无共同孩子、共同财产。

那么，婚姻继续下去的动力，是什么呢？基本是相互依靠了。但是，相互依靠是需要有共同利益的，恰恰他们各有各的奋斗目标。目标不一致，哪容易一条心呢？

（笑笑的担心不无道理。前不久，我遇到一对坚决离婚的夫妻，原因就是男人一月6000块的工资，却要给儿子4000块，理由是儿子上大学、儿子谈恋爱、儿子要成家。女人觉得没有安全感，俩人选择了分手。）

三、不结了，选择同居或独身：

如果独身，加班或出差，孩子由谁管？又上班，又管作业，又开家长会，肯定抓狂。万一病了，万一父母身体不好，万一老板嫌事多影响工作呢……

如果同居，单身的男人，只要有了愿结婚的女人，一准消失，因为婚姻是男人的福利，同居只算道“甜点”。至于有家的男人，他倒是能无所谓，可他老婆能无所谓吗？

无论笑笑如何考量，家暴都不该被原谅，因为家暴一旦开始，很难终止。

对于施暴者来说，第一次家暴是需要克服心理障碍的，防线一旦突破，施暴，就会成为施暴者的情绪发泄出口，并形成习惯。

笑笑说：“雪冬也不是一开始就家暴的，是从工作无着落、生意又赔钱开始的，也怪我总说他。再说了，这世上，多少人不是察言观色地活着？”

既然笑笑这样想，那就承认女人的体力不占优势，智慧相处吧。

人生不易，不幸福的婚姻，如在地狱。

未婚的朋友们，当你遇到喜欢的人，不要被激情所左右，一定要反复考量彼此三观、性格是否适合以及是否有足够的勇气远嫁异乡。

第 62 篇

追求爱情的女人
——随遇而爱，难得真爱

“满目山河空念远，落花风雨更伤春，不如怜取眼前人。”于洁在爱情面前智商为零，被眼前幻觉蒙蔽，必遭重创方能开窍。

这是我经历过的最幸运的案例之一。

嫌老公木讷，她遇到了让她深爱的男人；离婚再嫁，遭遇了婆家的冷落和殴打；当她跑到娘家散心，发现前夫居然像忠犬八公一样守着父母。

她万分痛苦地问我：“难道我就不配得到爱情？”

❶

于洁和第一任丈夫孙建波结婚前，有个男朋友。此人能说会道，人长得也洒脱，但品质不好，不管什么事光考虑自己，还想法骗于洁的钱花。说是借几天就还，但借到手就像什么事也没发生一样，过几天再借。

可能就是因为他的衬托吧，孙建波一出现，于洁马上觉得他哪儿都好。

孙建波是个老实人，话很少，不抽烟不喝酒，和浪漫多情的于洁完全不是一路人。

俩人相识，缘于孙建波想买辆车，于洁是负责的销售员，很快就和孙建波拉近了距离。

于洁说：“我们做汽车销售，要了解顾客的性格及喜好，他的话太少，我就显得很主动，也因此引起了他的注意。他说知道自己说话不行，特别想找个会说话的人做老婆，可以互补。我觉得他的老实很有趣，至少是个品质好的正经人，就果断结束了和男友的关系，和他好上了。”

两人正式建立恋爱关系之后，在一起谈了3年，时间不短，于洁也经常会因为他的木讷生气。

每当这个时候，母亲就会碎碎念：“你别不知足，建波可是个好人，对我多好啊，比你跟我还亲。和他比，他是亲的，你是捡的，要我说，你们就结婚吧，他保证对咱们都差不了。”“母亲的话很重要，不是有句话吗，要找个爱你的，不要找个你爱的，日子会过得顺心又轻松。于是，我们就结婚了。”

想是一回事，做是另一回事，婚结了，但老公的不解风情，让于洁十分郁闷。

她说：“这真不是我想要的生活，他要么像个消音器，不管我发出多大的声响，到了他那里就哑口无声；要么像个哑炮，猛不丁地就来一声，吓人一跳。”

❷

自由恋爱，不是闪婚，母亲开心，孩子也出生了，于洁却越来越苦闷。

终于有一天，她最想要的人出现了。“他是外地的，叫李浩，来烟台出差。正好赶上对方单位的副总要买车，他一起陪着来了。当时一打照面，就觉得心动，我们俩的眼神对到一起，就再也无法分开，那个副总都感受到了。”

“爱情就这样发生了，我们相爱了！他经常来看我，每次走的时候，我去送他，会哭得死去活来。我们之间爱得深刻，无法分开，忍受不了思念，更忍受不了分离，我们共同约定，回家离婚！我们是彼此离婚的动力，说什么也要在一起。我回家提出离婚，孙建波坚决不同意离，我妈像疯了一样骂我，孩子也哭，可我没办法，我必须离婚。如果不能和他在一起，我宁可死！”

宁死在一起，还有什么障碍不能逾越?

用了半年多的时间，终于拿到离婚证后，于洁迅速与李浩登记结婚，成为合法夫妻。

于洁说：“我们登记那天太幸福了，手拉手在海边走，整整走了一天。多幸福啊，可以和最爱的人在一起!”

说到这里，于洁泪眼婆娑。

❸

结婚后，于洁带着儿子来到了沈阳李浩的家，迎接他们的居然是他们全家人带着恨意的眼光。

于洁说："他家条件不好，他父母还有他哥一家，总之，一大家子全住在一起，说是等待拆迁，我有点懵。之前，我从没想过会有这样的场景，每次约会也都是他来找我。因为我们做汽车销售的，没有太多假期，他也没有邀请我来过。"

能怪丈夫隐瞒吗？她从未问过家庭及经济情况。

他们的爱情更像戏剧，从始至今，整场整场地谈爱情，为爱定情，为爱痴狂。

对于只看重爱情的人，房子孩子，都是红尘之物，不需要太多关注。

于洁可以不重视经济，但是，她无法不重视孩子。丈夫一家人那么讨厌她和孩子，也不知为什么。

于洁说："我有汽车销售的经验，很快就在沈阳找到了工作，努力赚钱，回家后积极承担家务，可是，他家的人就是讨厌我们，趁我不在家，他侄子还会打我儿子。儿子找我哭诉，我去找他哥，他哥居然骂我。我说是你孩子的错，他居然说我不讲理，找事。我和李浩说，李浩说你也是，小孩子的事干吗那么较真？我没办法，只好把孩子送进了当地一所全天托管的幼儿园，尽量不让孩子接触他家。"

无论于洁怎么洁身自好，这一家人就是不喜欢她，看在李浩的面子上，也并不过分对她，但拒人千里之外的寒意，天天冰冻着于洁和孩子的心。

她开始反抗，不停地与这一大家子讲理。

没想到，哥哥居然动了手，在于洁与他争执的时候，他打了于洁两个响亮的耳光。

离婚？于洁的心里开始闪过这个念头，但只要李浩抱住她，她就感觉被融化了，感觉还有坚持的理由。

李浩也劝她，拆迁后就好了，每家都会分到一套房子。

❹

结婚第四年，真的有了新房子。

于洁欣喜若狂，但哥哥发话了，房产证不能写于洁的名。

于洁当然不干了，因为她来到这个家庭已经4年了。

哥哥就是不同意，说这房子是父母的房子换的，和婚后财产不是一回事。

于洁要李浩出来说句话。

李浩说："我们要的不就是爱情吗？我们已经在一起了，为什么要为这些事吵架？"

第五年，大家都搬到了新房子。

房产证上，真的没有于洁的名字。

为了这件事，于洁不停地争吵。她说：“我真不是为了房子，但这意味着我在这个家里的位置。我和前夫离婚时，他有两套婚前房产，但因为孩子跟我，他给了我一套，比我们现在的新房大得多。”

那年冬天，于洁的爸爸病危，她要丈夫和她一起回家，丈夫没同意，说单位太忙，于洁就带着孩子回了家。

在她回家的第三天，父亲去世了。她打电话给丈夫，丈夫说有事不来，倒是前夫跑前跑后地张罗所有事宜。

妈妈说：“小洁啊，女人找男人就图个实在可靠，你看看建波，你说离婚，人家送你一套房子。你为了那个男人跑东北去，人家替你照顾我们。那个东北人口口声声说爱你，孩子孩子带不好，咱家出这么大事，他连个头也不露，你问问他到底想干什么？”

是啊，他到底想干什么？于洁突然意识到自己早就想问这句话，为什么没问？

一个月后，于洁带孩子回到沈阳，进门不到一个小时，李浩开腔了，说：“我们离婚吧！我受够了！”

于洁说：“我当时居然没觉得突然，只是很生气，带上孩子马上离开了家。孩子说妈妈上哪儿，我说回烟台！孩子高兴得直跳，边跳边喊回家喽回家喽！我看着孩子开心的样子，心想是我错了吗？爱情带给人的不是美好和力量吗？我为什么这么痛苦和无助！”

❺

于洁刚到家，李浩的电话打来了。

“他说舍不得我，想我，要我回去。我生气了，真想我，为什么不拦着我？我们母子千里迢迢刚到家，你又叫我回去，拿我们当什么了？我跟母亲说了，母亲坚决不同意我回去，说你们反正也没孩子，别折腾了，也耽误孩子上学，赶紧踏踏实实地生活，让孩子过几天安心日子。”

母亲叫来了孙建波，让他赶紧办理孩子转学的事，可沈阳那边不给转学籍，非要离婚证。

一时间，全家人都在劝于洁离婚，孩子也不停地向姥姥和爸爸说在沈阳的不幸。

母亲说：“你要是不离，你就永远没我这个妈，再也不准回家！”

一向不会说话的孙建波，突然说出了几句情意深厚的话：“我知道我不符合你的条件，可孩子是最重要的，他要是真爱你，会对你的孩子和家人不好吗？会不写你的名吗？看看我是怎么对你的？”

复婚，是孩子和全家人梦寐以求的最完美的结局。

痛苦，是于洁一个人的，她真的很喜欢李浩！可是，孩子和家人都讨厌他，她自己也对他很失望。

于洁说：“姐，其实我是个很传统的女人，离婚后，我都抬不起头来，觉得我背叛了全世界！所以，我才会跑到沈阳去，和他们一大家子人坚持那么久，和我所有的朋友都不联系了，就是家人也很少联系！

“可是，我真的不明白啊，本以为我和最爱的人在一起了，其他事慢慢就会好起来！为什么会走到今天这一步？有一天，我和李浩又通了电话，他哭我也哭，真是不知道怎么办了！”

PS：

因为有一个能说会道但经常骗她钱的男友，衬出了孙建波的好，就和男朋友分手了。

结婚后，日子过出了许多不如意，李浩出现了，言行举止，满足了于洁所有关于丈夫的理想，就和老公离婚了。

再婚后，了解了李浩的家庭情况，因为种种不如意，又离婚了。

离婚后，为了成全孩子和母亲，也看到孙建波的好，复婚了……

这不是结局。

她说：“我和李浩又通了电话，他哭我也哭，真是不知道怎么办了！”

如今的于洁，非常痛苦，因为她特别爱李浩。

那么，我们先来找出这次婚姻失败的症结。

于洁说李浩家的人不接受自己，为什么不接受呢？在李浩的父母和哥哥看来，如果没有于洁，李浩就不会离婚，孩子就不会失去妈妈，特别是于洁又带来一个儿子，等于“第三者＋负担＋利益分割”，他们怎么会有好脸色？

终于遇到心仪的人，是件幸事，但是，时间不对，节点不对，他们不是单身男女，身后有一大家子人。

我们经常看到原配打小三，有时会打到惨不忍睹的状态，却不会有人出手相救，这不单纯是道德感的问题，更深层的原因是，帮小三，就等于同意猴子摘掉农民的桃。

最应该保护和撑起俩人爱情的人，是李浩。但是，他的激情只表现在恋爱时，当触及现实，他隐在了父母和强悍哥哥的身后，既不肯站到于洁前面挡风遮雨，又不肯为了爱情到烟台和于洁及岳母一起生活，甚至老岳父病危都不肯到场……

海灵格大师说，爱是一种有趣的游戏，如果你只因为爱而结婚，你将会后悔，因为那种有趣的游戏很快会消失。所以，最适合于洁的，其实就是孙建波。

在第一次婚姻之前，浪漫的于洁，完全可以不选择木讷务实的孙建波。当婚姻走到今天，孙建波无疑是于洁最合适的伴侣。在妻子另嫁他人的前提下，他还愿意帮助前岳母家处理好多事情，说明他不仅仅有责任感，也是个品质不错的人；在妻子与他人结婚5年的前提下，能选择复婚，说明他对孩子对大人都有着深厚的感情。

如果于洁选择复婚，今后的日子里，在照顾好孩子、老人的前提下，努力工作，丰富自己，把关注点从老公身上移开。你越是关注他，越会放大他的缺点。

所有人的婚姻都不完美，那些大家看到的完美婚姻，都是智慧选择理性相处的结果。

第63篇

她是儿子的摇钱树
——因无正见，害人害己

“众里寻他千百度，蓦然回首，那人却在灯火阑珊处。”杨阿姨如果现在觉醒，未为晚也。如果与儿子决裂，不但能拯救自己，也能拯救儿子一家，并可以觉悟来忏悔、弥补对柳先生犯下的过错。

杨阿姨的眼边有些溃烂，全身洋溢着愤怒，说起自己的婚事，伤心欲绝。

她说：“其实我和老柳关系很好，他很疼我，就因为一点小事，儿子坚持逼我离婚，并搬光了老柳的家当。我想我已经60多岁了，依靠儿子才是正理，谁知道，我给了儿子家这么多，媳妇却还要把我赶出家门！”

❶

2000年，柳老师的老伴身患癌症去世，在国外的儿女都想接柳老师到身边，但是，柳老师不懂外语，到国外待了几个月，深感不适，又回了国。

柳老师的心脏，装过3个支架，虽然人外表看起来硬朗，实际情况堪忧，身边非常需要有个伴儿，衣食起居的照顾还在其次，至少，病情危急的时候，有人能打“120”。

从条件上来说，柳老师每月能拿5000多块的退休金，有房子，有医保，也算过得去，但同层次的阿姨，看不上他，怕跟着受连累，所以，柳老师的目光只能转向收入低的单身人群。

不久，老伴亦已去世一年的杨阿姨，出现了。

论条件，杨阿姨比较差，没工作，没退休金，靠丈夫生活。丈夫在时，因为儿子收入低，买不起婚房，他们就把房子过给了儿子。丈夫走了，想靠儿子，儿子没意见，媳妇则为杨阿姨的婚事操碎了心，三天两头带杨阿姨去相亲。

杨阿姨说："我都这么大岁数了，不想再伺候男人，可媳妇说少年夫妻老来伴，再大的岁数，也要过正常人的生活，非要给我找个老伴。我想这孩子真孝顺，也就随她了。"

于是，杨阿姨和柳老师正式登记结婚了。

由于杨阿姨身体健康，形象不错，又比柳老师年轻10岁，柳老师视若珍宝。

登记前，杨阿姨儿子一家要聘礼，柳老师的朋友们觉得好笑，都多大岁数了，还当姑娘嫁呢？

柳老师很尊重对方提出的意见，拿出了21800元，寓意两家一起发，又主动给杨阿姨购买了珠宝首饰，花费3万多元。这样先后花费了7万多，这才把杨阿姨娶到了家。

婚后，柳老师的生活确实有了改善，一日三餐，荤素搭配，早晚有序，而且，俩人互相是个伴，赶早市，晚散步，不再是从前那形单影只的状态。柳老师一高兴，就把家中大权全交了。

❷

好日子过了没几天，杨阿姨的儿子一家频繁出现在柳老师家中，吃喝拿要，从不脸红，诸如你儿媳看好件衣服，你孙子看好个玩具之类的话，充斥于柳老师的生活。

开始的时候，柳老师感觉自己做了人家的继父，自己儿女又生活富足，想这个年龄要钱何用？有人才无忧无虑呢。于是，所有要求，只要是他拿得出来，有求必应。

在他们结婚3个月的时候，杨家儿子说要开个小超市，要借10万元，柳老师有些犹豫了——毕竟存款有限。

杨阿姨落泪道："儿子不像你家儿女那么有本事，没学历，没工作，还要养家，你就帮帮他们吧，一定会还的，还有我呢。"

话说到这程度，不拿不合适。柳老师本身是个爱面子的人，立马交出10万元。

林林总总下来，不到半年，柳老师多年积攒下来的20多万元，一扫而空。

一天，柳老师胸闷住院，杨阿姨的儿子以小孙子病了为由，把母亲接走了，柳老师只好打电话给家住邻市的姐姐。

姐姐来后，医院提示续款，了解到弟弟已经没有存款，心中大惊。待她拿上医保卡，前去为弟弟交款时，又发现弟弟的医保卡只余6分钱了。

前几次住院，姐姐都曾到场，知道根本没动用过医保卡。弟弟每月医保卡上都会有钱进来，这么多年积累下来，也是可观的数目，怎么会没有了呢？

柳姐气愤，找到杨阿姨，质问医保卡上的钱。杨阿姨说："我儿子说了，这种卡也不生利息，就随用随花了。"

柳姐问谁花的？杨阿姨说儿子一家都花。

柳姐说你知不知道这是我哥的卡？杨阿姨说我们不是一家人吗？我儿子一家都管他叫爸，孙子还管他叫爷爷呢！

既然是一家人，为什么老人住院，一个到场的没有？目前连后续治疗都成了问题！柳姐逼他们一家去交医药费。

杨阿姨让儿子还借款，说："你爸病重，快去给爸交钱吧。"

儿子白了妈妈一眼，对柳姐说："我妈糊涂了，我们啥时候也没借过我爸的钱呢。"

柳姐是个聪明人，一看势头不好，赶紧回医院，取了自己的钱，到窗口交上。然后问哥哥："他们借钱写过借条吗？"哥哥说没有。柳姐心说坏了，但不敢明说，怕加重哥哥病情。

柳老师住院半个月，杨阿姨带着小孙子来看了3趟，像客人似的。柳姐要留她做个帮手，说我毕竟是姐姐，还是你们夫妻照顾起来方便。

杨阿姨也同意，但是，当她告诉儿子时，儿子总会以各种理由把她强行叫走。柳姐只好说："你忙你的，有我呢。"

❸

出院后，柳姐看弟弟身体没大事了，郑重地说："这家人真不行，母亲听儿子的，儿子一家都不是良善之辈，要赶紧把钱要回来。没借条不要紧，到银行打出单子来。"

柳家姐弟去要钱，杨家儿子一脸无辜，说："我们什么时候借钱了？你们这个是证据啊？这单子只能说明你们的确提出过10万元钱，但是，能证明你们给谁了吗？这不是讹诈我们吗？"

争来吵去，杨家儿子翻脸了，立马要妈妈离婚。杨阿姨不肯，说："我这么大岁数了，还结一次离一次的，多丢人！"

儿子说："你不离可以，以后别让我管你！"

儿媳妇也做工作，说："妈，他现在没钱了，身体又这么差，哪天躺床上，有你好受的！"

柳老师气得浑身哆嗦，说："离，马上离！"

第二天，杨家儿子带了4个人闯进柳老师家，说是给母亲收拾东西，但情形无异于抢劫。

姐姐要打"110"，柳老师摆手，说："算了，她对我不错，又没有收入。走到这地步，大头已经让人家骗走了，这些破东西，爱拿啥拿啥吧。"

待杨家离去，柳老师家如同被洪水洗过。一个小板凳，就因为是个原木的，也被扔上了车。

待在这个洗劫一空的家里，柳老师等待着杨阿姨，他总觉得二人是有感情的，他不相信杨阿姨会糊涂到依靠这样的儿子。

一天过去了，一周也过去了，柳老师等来的，是杨阿姨提出离婚的电话。

柳老师愤怒了，把杨阿姨一家告上法庭。

由于证据不足，法院调解员为了让柳老师少花钱，建议他协议离婚。

协议离婚这天，杨家儿子像保镖又像挟持者，死死攥住母亲的胳膊，好像一松手，母亲就会改变离婚的意志，就会扑到柳老师怀里。

婚离了，杨家显得丰足了，但儿媳妇又开始忙碌了，到处为母亲找老伴。

杨阿姨说："别找了，过不好，别费事了。"

儿媳不听。

到了这步田地，杨阿姨终于明白了，真正肯让她依靠的，是柳老师，是这个半路牵手的老实人，而绝不是儿子一家人。儿子媳妇从没真正为她的幸福考虑过，他们居然想通过结婚的方式，从年过花甲的母亲身上榨出最后一滴油！

尽管杨阿姨醒悟了，但她不敢再回到柳老师身边。如果她敢回去，儿子一家就会永远拒她于门外。到那时，柳老师病体多艰，万一死了怎么办？万一瘫了怎么办？

PS：

两位老人所在的是县城，柳老师有房，还有5000多元退休金。老人通常生活简单，生活费2000元足矣，余下3000多元，积攒起来，可做病时急需。

就算柳老师先杨阿姨而去，积下的存款+柳老师单位发下的各种费用+柳老师的房子，再加个懂事孝顺的儿子，杨阿姨会有幸福的晚年。可是，她没有这样的幸运。

儿子的不孝，是摆在面上的。他不仅吞掉了父母的财产，还对母亲实行了极限利用政策——让一个年过花甲的老人，去帮他继续获取别人的资财，榨干一家，再寻他人。

像这样的小夫妻，虎狼不及之心，禽兽不如之行，如何依靠？岂敢依靠？

人老体弱，各种不易，特别需要爱。做儿女的，要看见他们内心的伤痛，要尊重他们的人性，绝不能随意掠夺他们的养老钱，更要尊重他们的情感。

中老年朋友们，请务必看好自己的财物，这可是安度晚年的保障。

如果遇到杨家儿子这种人，即使非借不可，也要有证有据（有签名有盖章及借款与还款时间）。

一旦遇到讹诈，不可隐忍或自认倒霉，应提交证据，寻求法律帮助。

第 64 篇

闹来闹去的全职太太
——活在自我，伤己最深

“谁知错管春残事，到处登临曾费泪。”小小时时活在小我中，如若能找到大我，小小则兵不血刃、不战而胜！

站在离婚区的余小小，一身大牌，咄咄逼人，张嘴就是“他居然有外遇，而且，一直不肯真心悔改，我家员工都看不下去了！”完全是个事业有成的女土豪。

她老公一脸不屑地说：“你当家庭妇女当傻了，太为难我。”

❶

小小的老公叫林凯，他们是一起在上海求学的大学同学。在小小的心中，林凯高高大大，俊秀儒雅，是她的心头好，值得爱一辈子。

林凯却没有小小想得这么多。在小小之前，林凯深深浅浅地谈过几段恋爱。如果说不同点，当然是春绿秋黄各有风情；如果说共同点，就是索取无度——都把男友当成了百宝囊、取款机。

难道林凯家里有矿？当然没有，最多算小康之家罢了。可是，对于女友的要求，男人好像就应该满足，于是，林凯在学校做起了生意。

“大学生”这个名称，听起来好像蛮有智慧，实际是一群刚从父母手中逃出的任性宝宝，不懂得挣钱的辛苦，却因为脱离了家长的控制，有了花钱的自由和欲望。

当然了，孩子提要求，就算贫困的家长也乐得成全，总以为大学生就该有超越中学生的花费。

于是，也就成全了林凯——他成立了一个快手小管家，招募了5个人，帮打水，帮买饭，帮洗衣服。在掘到第一桶金之后，又买了校园电动车，接送同学上课下课或带亲友兜风。

经济基础决定上层建筑，钱包鼓鼓、头脑精明的林凯，自然有了女友选择权。在不断的选择与淘汰中，他遇到了余小小——一个特别爱装大个儿的姑娘。

余小小有一双人人羡慕的大长腿，更兼肌肤胜雪，在我们这个黄种人的国度，绝对是一枝独秀，所以，小小深深地吸引了林凯。

更吸引林凯的是——余小小绝对不占他便宜不说，还经常夸下海口，比如说我请你吃小龙虾！我请你吃麻辣汤！我给你买围巾！

一个不爱钱还爱花钱的姑娘，在涉世未深的男生眼里，这是孤品啊，绝对值得收藏！林凯毫不犹豫地和那些世俗的姑娘分了手，他要追求值得追求的余小小。

在一个月黑风高的夜晚，林凯带领自己的团队，在余小小的楼下摆起了心形蜡烛灯，烟火缭绕中，林凯高举玫瑰，高声向小小求爱。

小小开心透了，她披着满楼姑娘的艳羡，大大方方接受了林凯的求婚。

在她紧贴着林凯胸膛的时候，悄悄说了句：“你必须一生一世爱我，只爱我！”

林凯说：“海可枯，石可烂，爱你之心永不变！”

❷

大学毕业之前，林凯在上海找好了一个壁纸品牌，并用自己大学4年赚来的钱，交了加盟费。同时，父母也出资帮他在海港装好了店面。别人好多是毕业等于失业，林凯和小小却是直接当老板。

林凯家的壁纸，花色多，质量好，更兼他脑子活络，与各家装修公司签下合约，财源滚滚而来，所以，根本不用考虑怀孕与事业冲不冲突的问题，两人自然相爱，也就自然有孕了。

小小怀孕后，为了健康保胎，离开公司，回到家中待产。已经退休无事的公婆，听说儿媳有喜了，自然乐颠颠地跑来，照顾起儿媳的饮食起居。

都说婆媳难处，其实，只要公婆相亲相爱，哪会有找碴的兴趣？所以，一家人相安无事。

十月期满，孩子呱呱落地，家添新丁，自然是忙忙碌碌喜气洋洋。

不料有一天，夜半时分，孩子上吐下泻，一家人急忙送去医院，诊断结果是饮食不当，直接挂上了水。小护士水平低，扎了四五针才扎上，疼得孩子哇哇大哭，大人恨不得让针扎到自己身上。

医生诊断是饮食不当，大家就围绕这个诊断细想原因，原来是当天公婆外出吃饭，孩子是由小小照顾的——她把从冰箱取出的奶，简单用开水烫了烫，就给孩子吃了，可能是温度没掌握好。

看着小孙子受罪，婆婆脸色冰成了霜，公公更是直接发声："你怎么看孩子的?!天天啥活儿不干，连自己的孩子都看不好！废物一个！"

一向托大惯了的小小，哪受得了这个气，虽没当场怼回去，但是，脸立马阴了下来，扭身就走，被林凯拦回来。

媳妇这么不给面子，在单位当过人事科长的公公自然气上加气，对着儿子好一通指责，夹枪带棒，小小听在心里，恨意陡生。

孩子一天就好了，小小却从此与公婆生分了。以前，小小还有几分客情，如今，虽然不想失去这对"老保姆"，但态度上有了大转变。

老人做饭，小小玩手机；老人洗衣，小小玩手机；老人拖地，小小还是玩手机；老人端上饭来，说小小吃吧，小小"嗯"一声，眼睛不离开手机，边吃边玩手机。

时间一长，老人吃不消，和儿子说，儿子批评小小，结果，小小恼了，吵得天翻地覆。

恋爱时，林凯也知道小小娇蛮，但是，小姑娘耍耍脾气，上海人认为很正常，小姑娘就是要"作"的，"作一作"，很可爱。就算结了婚，男人也很大度，自己买菜做饭，纵容老婆"作"。然而，林凯是胶东人，胶东男人不惯这一套！

总是吵吵吵，老人实在吃不消，毕竟人老就有老年病，高血压、心脏病，不一而足，再待下去，老命要报销，不如趁早离开儿子家，去逃命。

❸

老人回自己家了，小小乐得轻松——从此之后，就当没有他们，反正不是亲生的。

林凯不行，他能容忍女友娇蛮，却容忍不了媳妇耍横，居然从此不去父母家，这怎么行？自己可是独生子。

为了说服小小看父母，林凯好话说尽，不管用。最后小小提了个条件——把公司所有账目上交。而且，只要进来的钱，必须全部进到她个人的卡里。林凯答应了。

与父母的"邦交"算是正常了，小小看在钱的面子上，对公婆也算有个好态度了，但林凯却吃不消了，因为他彻底丧失了钱的支配权。

生意人嘛，总要请个客，但是，小小不给钱——请什么客啊？请谁啊？为什么要请这个客啊？为什么要用这个标准啊？一通审问下来，基本是不批准，理由是没意义。

天下多少请客是有意义的？或者说这个意义要如何划分？交情是要维护的，现世现报不行的。你需要帮助了，马上请顿客？没人喜欢这么现实的朋友。

初冬，林凯所在的圈子组织了个捐款，帮助山区的留守儿童，每人捐2000元。对于商人来说，2000元算什么，又是积德行善，都没有二话，马上捐了，可林凯衣着确实光鲜，但口袋手机都空空如也。

回家要钱，小小一通审问之后，不同意——你确定是捐给留守儿童？他们的父母呢？他们为什么留守，不就是他们的父母财迷吗？最应该为孩子负责的不是父母吗？凭啥要我们负担这么大的责任？

2000块，真不多，何况，大家都交了，自己不交算怎么回事？还要不要脸了？

这段时间，林凯早就忍不住了。明明赚不少，就算车子加油也得请示，交个停车费也得问问为啥停这么久！

林凯决定收回放给小小的权利，账不交了，钱不交了，给小小办了张副卡，由她去刷，自己有个大概明细即可。

看似不缺钱，但性质变了，小小不干，好一通闹。

每个人都有毛病，改起来，却十分困难，往往是好言相劝没用，讲烂道理也没用，不痛是不会改的，林凯只好重新把权利收回来，任凭小小一通疯闹——权，再不会交。

❹

夏季的一天，闲来无事的小小，来到公司。恰好林凯去洗手间，手机扔在桌上，跳出一条信息：你喜欢它吗？穿上是否更想我？

不正常啊！小小马上拿起手机，输入他们俩的生日尾数，居然打开了！原来林凯一直用这个密码，傻瓜。

手机打开，一串串暧昧信息扑面而来——林凯出轨了，与品牌负责人的女儿。

事情吵开，林凯承认了出轨，但是，拒绝马上与品牌解约——我们的签约没到期，如果毁约，要赔一大笔钱。而且，这个牌子在烟台叫得响，很多人已经认可了这个品牌。

小小的理由很简单——不中止，奸情就会继续。

林凯不同意，小小提离婚，闹得鸡飞狗跳。林凯说离吧，小小闹得更疯了——她要的不是离婚，要的是忠诚。

咋办呢？小小开始向闺蜜们倾诉，向公司的员工们倾诉，看她们一致站到自己的阵营里，听她们痛骂林凯道德败坏人品下流，家里有这般貌美如花的妻子，还要去吃狗不理（据小小调查，品牌负责人的女儿，30 多岁不说，长相还极其普通）！不是人！

尽管小小闹遍了圈子，唯独没去找那个女人，她还是不想毁了自家事业，这可是钱呢！

一年过去了，小小还在闹，还在哭，见谁都要说，变成祥林嫂了。她心里就是过不去——我漂亮，我没外遇，我给你生了儿子，我把感情托付给了你，你凭啥言而无信！

林凯真的累了，说："你到底怎样才算完？"

小小说："不做这个牌子了！"

林凯说好，我已经找到了另一家。

小小说："还像以前一样，所有账目上交，钱必须全给我！"

林凯说没问题，我只有一个条件——在你彻底原谅我的前提下，在财物安全的前提下，你让我财务自由。

小小说："把你公司的法人换成我，把你店面的承租名字也换成我！"

林凯不同意——我的面子呢？让大家怎么说我呢？我还能算个男人吗？

林凯不愿意，那就是不把我当回事啊，既然不把我当回事，那我就自杀。说干就干，小小先"百度"了一下安眠药的成分和用量，然后，吃了 10 片，写下遗书。

10 片怎么死得成？如同睡个美容觉。但林凯害怕了，就算明知道她在吓他，万一成真呢？

PS：

女人要想活得好，还是不要早早当太太。

太太这个职业，看上去悠闲风光，其实很容易把世界活小了。

小小有什么呢？丈夫儿子是主要的。儿子太小，那就把很多关注放到了丈夫身上。

对公婆不满，小小需要丈夫的支持、认同及站队。

生活太孤独，小小需要丈夫的陪伴、安慰与欣赏。

丈夫出轨，小小崩溃了。林凯保证，不行，狗改不了吃屎；林凯下跪，不行，装模作样……她不知道怎样才会安全。

离婚更不行，小小虽然跑到了离婚区，其实是想在老公面前挣点面子。她舍不得孩子，更舍不得已是她生活全部内容的家。

婚姻出了事，除了正视现实并用沟通来找到对方走远的原因之外，还要扩大自己的天地。

假如让你专注地盯着一个人看，你一定会找出他身上的问题，就算一颗痣，也会让你越看越难受，所以，真正让自己的愤怒平息下来的办法，是走出小家这个圈子，去工作，去学习，哪怕是去旅游去娱乐……当你的天地广阔起来，就有了很多支撑。

比如你读了一本好书，就可以与朋友高谈阔论，说出个人观点的时候，会获得别人的赞赏。

哪怕你只是逛了逛门店，买到一件看不出什么毛病的等外品，居然只有两折，这种淘到宝的喜悦及穿上新衣的美丽感，也能让你的心情好很多，还打发了时光。

如果小小能够主动地寻找各种支撑，让自己的生活充实、有成就感，把自我活好，就能平心静气地审视自己的生活，也能更容易地把问题处理好。

希望小小重新走向社会，与丈夫一起经营公司也好，另开辟一方天地也行，总之，不能用自残或四处倾诉的方式，来博取别人的怜悯和同情。

那些貌似为你站台的人，可能正在心里嘲笑你，极不耐烦地听你倾诉，因为你打扰了他们的好时光。

第65篇

后悔嫁给妈宝男

——怨人害己，实不划算

“人有悲欢离合，月有阴晴圆缺，此事古难全。”小家来自大家，老人是根，敬老是儿女的本分之事。姜蜜试图改变先生可以理解，但心中不可抱有对婆婆的怨恨，须知抱怨只会削减你的福报。

姜蜜是个有些强势的女人，言语间干脆果断，离婚的心也很坚决。

她说：“在别人眼里，都觉得我有个好老公，听话懂事，‘秒杀’那些家暴男、出轨男。唉，梨子啥滋味，还真得亲口尝一尝。我敢说，她们要是嫁给我老公，肯定要后悔!”

❶

提起老公来，姜蜜一脸复杂。“他这个人本分规矩，性格温柔，衣着得体，文质彬彬，又长了个一米八的大个，真是走哪儿都拿得出手。我们当初恋爱的时候，别人可羡慕我了。他真是模范男友，下雨了送伞，刮风了送衣，隔三岔五还要送甜点，如果我有什么事，想听听他的意见，他总是温柔地看着我，说让我做主就行了，凡事都听我的。我觉得开心极了，但谈到结婚，我总觉得还差点什么，差什么呢？我说不太清楚。”

就在姜蜜犹豫期间，她病了，因为父母不在本地，一个人待在宿舍就有些难过，便打电话给他。恰逢他在下面县市出差，一听姜蜜病了，马上驱车从百里外赶回。姜蜜说：“他就为了给我送药，这么好的男人，我当然得抓紧，所以，我们很快就结婚了。”

婚后的五一长假，姜蜜早就计划好了，要去爬泰山。“之前也有机会去，但我老想和爱人一起去，两人一起在山顶看日出，多诗意啊，没想到他本来答应了，到了下午又变了，说他妈不同意去，理由是怕山上不安全。”

姜蜜笑喷了，这么大的人了，怎么还让老妈当小孩管着？她说：“泰山是挺高的，但我同事同学啊都去过，没见过谁出事啊？”但老公还是不同意，说他妈说了，爬泰山特别累，半月十天的歇不过来，会影响假期后上班。

最终，泰山没去成，姜蜜生了半天气，想起来要洗衣服，一看洗衣粉没了，让老公去买。

老公答应一声，马上拨通了手机：“妈，我买啥牌子的洗衣粉啊？”电话那头的妈，不仅告诉了儿子买啥牌子，还告诉了去哪家超市更方便。

姜蜜促狭地跟了一句，说老公还得买洗发水呢。结果老公再次拨通了老妈的电话：“妈，姜蜜用什么牌子的洗发水好啊？”

等老公放下电话，忙着穿鞋出门，姜蜜说你不用去了，我才不用你妈选的呢，我自己去！

❷

姜蜜被公司派出去学习了一个月，回家一打开门，惊呆了，客厅的茶几上摆满了一次性饭盒，层层叠叠，还有苍蝇在飞，散发出怪异的味道，木板地上污渍斑斑，床上也是乱七八糟，地上扔着一堆脏衣服。

老公推门进来，一看姜蜜，说：“你回来了，我可要好好吃顿饭了，外卖我都吃腻了，你再别出差了，你一出去，我都没法活了。”

姜蜜说：“你怎么连垃圾也不收拾，你看看你看看，这还像个家吗？”老公说：“我不会干啊，家务都是女的干，我们家就是我妈干。我妈和我说了，男人不用干活。”

“那你妈呢？你妈怎么舍得让你这么个宝贝自个生活？你咋不回你妈家？”姜蜜生气地摔摔打打。

老公说爸妈去东北看二舅了，二舅住院了，“要是他们在家，我哪能不去？”这样说的时候，老公显得挺无奈，像个被家长忽视的小娃娃。

姜蜜气得又是用吸尘器又是用拖把，一会儿把卧室收拾个干净，进去就锁了门。老公在外面直敲门，说：“小蜜，你可别生气啊，我问我妈了，她说明天就回来，到家就来帮你收拾，还说让你千万别生闷气，气大伤身啊!"

姜蜜躺在床上，哭了很久，婚前也没发现他这么"小孩"啊，这怎么还一口一个"我妈说"呢?

外面又传来了老公的喊声："老婆你快开门，我妈说她生气了，说你这样会破坏咱夫妻关系的，你快开开门吧!"

听了老公的话，姜蜜猛地从床上弹起，把门拉开，大声地说："你妈要是死了，你是不是得跟着去殉葬啊?"

没想到老公先是愣了一下，一脚就把茶几踹翻了："我告诉你姜蜜，你咋对我都行，不准骂我妈!"

姜蜜也愣了，她抬脚就把拖鞋踢出去，结果肚子疼起来，她"哎哟"着蹲在地上。老公也不发威了，扶着她送进了医院，诊断的结果是动了胎气了，原来姜蜜已经怀孕了。

医生嘱咐老公要好好对老婆，3 个月内最容易流产。老公安排姜蜜坐下，马上拨通手机，说："妈，快回来吧，姜蜜怀孕了!"婆婆喜出望外，说马上就去买机票飞回来，又让儿子把电话给姜蜜，先把儿子骂一通，然后说许多好话。姜蜜的火气也发不出来了，跟着老公乖乖回了家。

❸

按姜蜜的脾气，这个男人她不喜欢，但结婚容易离婚难。老公这个"妈宝男"，虽让姜蜜心烦不已，但看看周围，大凡是个男人，要么打牌爱玩，要么就外遇桃花，说起来，自己家的这个还不是那么不堪入目，现在自己又怀了孕，日子也只好这么向前走。

这天，老板提出要给姜蜜升职，姜蜜兴冲冲回家报喜，没想到老公却说："我妈说了，你得换个工作，这个工作成天出差，还要加班，你都是要当妈妈的人了，哪能吃得消?我妈让我去和你领导说说呢，我想还是你自己去说吧。"

姜蜜本来满心欢喜，升职意味着加薪，在生子之前把职位升起来，就算生孩子耽搁几个月，在单位的前途也差不到哪儿去，没想到婆婆这样说。她很不高兴，说："你妈还有不管的事吗?我是嫁给你，还是嫁给你妈?我从就业到现在，好不容易有了升职的机会，换什么工作?"

老公说："我妈说了，你都 30 岁了，大龄产妇容易难产的。你太劳累，营养会不够，孩子就长不好，将来还有可能滑胎啊，七活八不活呢。"

姜蜜说："你妈可真会咒人。反正我升职是板上钉钉的事，你们反对也没用。"

老公说："我妈可全是为了你啊！你怎么听不懂好赖话啊？你要是能升职，生完孩子更能升职，我妈说了，就算升了，你一生孩子，再回去，单位也早不稀罕你了。"

听着老公一口一个"我妈说"，姜蜜真是烦不胜烦："好啊，既然生孩子妨碍我前程，那我不生了，明天我就去流产！"

老公一听，吓得忙找老娘，说姜蜜要流产，那边也急了，立马说要过来，姜蜜气得摔门而去，把手机关了机。

这次的事件闹得挺大，姜蜜在外面和闺蜜聊到不生气后才回家。一推门，就看到婆婆大人一脸黑云坐在沙发上，看到姜蜜回来，一声不吭，走了。老公说你看你，手机还关机，看把我妈气的，我妈可说了，你要再这样，就不让我和你过了。

姜蜜突然觉得特别可乐，她笑眯眯地问："那你怎么想的啊？"

老公犹豫了一下，说："你可别逼我啊，我可不愿意和你分开，不过，你就听我妈的怎么了？她还会害你啊？你可是她儿媳妇。"

PS：

有不少姑娘喜欢妈宝男，因为他看上去文雅、洁净、乖巧、顾家、安全。这些姑娘没有想到的是，在每个妈宝男的身后，都有个全身心打造他的母亲。

妈宝男是怎么产生的呢？当母亲无法与丈夫产生良好的沟通交流时，就容易移情到孩子身上，以爱的名义，事事亲力亲为，独断专行，使孩子产生依赖性，失去自主思考与决断的能力。孩子呢？他在感受到母亲强烈的爱及伤心无助后，出于孝心，往往选择并保持温顺乖巧的姿态，以安慰母亲，讨得母亲欢心，逐步变成妈宝男。

爱上妈宝男，有一定的风险，为了避免婚后的痛苦，不妨把结婚的步子放缓，看他能不能在你还可以等待的时间内，觉醒并改变。

是不是真的不能嫁给妈宝男？

也未必，他既然是大人了，就和社会有着千丝万缕的联系，学校、职场会为他提供诸多典范，有大把的男人潜移默化地熏陶他。

如果爱情的力量足够强大，妈宝男有可能为了心爱的女人作出改变。不过，这条路有点漫长，可能要经历一段痛苦的情感剥离过程。

但有一点可以相信，只要他真正爱你，就会变成真正的男子汉，把母亲和爱人都照顾好。

第 66 篇

榴梿引发的离婚大战
——爱人如己，方能共赢

“长恨此身非我有，何时忘却营营。”婚姻就是柴米油盐，不可认真，也不可不认真，感恩你所拥有的，也感恩你所没有的，好好地把日子过下去。

吴西西和柳涛年貌相当，帅哥靓女，站到哪儿，都是一道风景，婚后又生了一对龙凤胎，锦上添花。

谁想到，1 年恋爱、5 年婚姻的小夫妻，双双写好了离婚协议……

❶

吴西西出身于农村，父母都是农民，而且，父亲有严重的哮喘病，干不了重活，家境比较贫寒。为了不让父母操心，懂事的吴西西初中毕业后，直接读了职业学校。毕业后，到一家工厂当了质检员，月薪 3000 多元。

由于单位食堂免费，工资够用，所以，吴西西每月向家里交 500 元钱，但父母坚决不接，他们的观点是闺女要富养，如果过得穷嗖嗖，容易眼皮子浅，被一些不良男人的小恩小惠勾走。既然父母是这个态度，吴西西又在爱美的年纪，买衣服买化妆品，从此当上了“月光族”。

柳涛生在城里，父母都是工人，薪水低微，但他们秉承“养得起儿就备得起房”的传统观念，长年省吃俭用，在柳涛 25 岁的时候，硬是为儿子折腾出一套全款房。因为无力装修，房子到手后，迟迟没有装修。柳涛对父母说：“你们该吃吃该喝喝，装修的钱不用你们管了，我自己攒钱。”

一次相亲会，吴西西和柳涛认识了。

在西西眼里，柳涛是城里孩子，父母有退休工资，等于婚后没负担，还有套全款房，意味着不用交房贷，而且，柳涛长得很帅，白肤朗目，两条大长腿，绝对是最想要的老公。

在柳涛眼里，吴西西虽生于乡村，但不仅懂得过日子，人也长得漂亮，还能说一口标准的普通话，一点不像乡下人，很配得上自己。

经过了心灵与世俗的双重衡量后，双方见了父母，两家都很尊重孩子的意见，开始操办婚事。

登记前，西西的表姐提到房产证签名的问题，并用亲身经历作了前车之鉴。她说："你一定要写上名，不要像我这么傻，明明是贷款房，还不写我名，结婚4年，我傻乎乎帮人家还贷，结果人家一劈腿，我就分了还款的一点钱。你知道房子涨多少？当初买时40万元，现在翻番了！却跟我没关系。"

贷款房和全款房肯定有区别，何况这房子来之不易，所以，西西的想法直接遭到拒绝，这让西西有些下不来台。又一想，不写就不写吧，确实理由不充分，那就不陪嫁，正好家里也没钱。

最后，柳涛家给了11000元作聘礼，意思是西西万里挑一，而西西的父母象征性地给了10000元作陪嫁，等于还赚去了1000元，这让柳涛很不高兴。他悄悄跟父母说："不管什么时代，就是小农意识。"

❷

尽管柳涛声明要自己装修房子，父母还是东凑西借，把房子作了简单的装修。本想再攒点钱，置办好屋里的家电家具，但西西怀孕了，拖不得，只好奉子成婚，搬进了空空如也的新房。

婚后，西西一心扑在了小家里，再也不舍得给自己买穿买用，而是这几个月攒个电视机，下几个月攒个洗衣机，到孩子出生的时候，小家已颇有模样，加上生了一对龙凤胎，西西的腰杆儿倍儿直！对公婆就颇有微词了。

西西的女伴们也结婚了，但人家都不像她这么累，吃穿比结婚前还好了，因为婚前是一人赚钱，婚后可是俩人了。可西西享受不到这待遇，就恼，天天有意无意地叨叨公婆，无非是别人家给媳妇买这买那了，我结婚就给个空壳子了，等等，让公婆难堪。

更让柳涛生气的，就是西西从不给公婆干活，每次去了，都是坐着等吃，临走还不客气地拿东拿西。

柳涛认为西西怀孕的时候不干活，能理解；生完了，还是一副小姐做派就不对了。而且，在公婆面前，常常大声训斥孩子，让老人不高兴。如果公婆说几句，轻了冷脸，重了转身就走。这一切，让柳涛很不开心。

为了改变媳妇的态度，柳涛决定先对丈人家里好，人心换人心嘛。

丈母娘膝盖疼，柳涛到处留神膏药，只要听说效果好，马上买来送去，还告诉丈母娘："妈，膏药好，直接贴在病灶，见效快，比吃中药好。"折腾了半年，还真把丈母娘的膝盖给治好了。之前，丈母娘下个台阶要两步一个台阶，完全是挪着蹭着，脸上一副痛苦样儿，现在一步一个台阶，利落得很。

丈人腰椎间盘突出，坐不下，柳涛马上请假把丈人接来，在家里一住就是一个月，天天陪着做盲人推拿和针灸。丈人从完全坐不下，走路要拖着腿，到像正常人一样行走。临走时，柳涛又给买来硫氨糖片，让老丈人和丈母娘补钙，说："你们只管吃，吃完就找我，这个东西中老年人吃了最好，能防病。"

一年过去了，尽管柳涛做得无可挑剔，但西西就像没看见。在她心目中，女婿就是要讨好丈人家，人家养了20多年的闺女，送你家生儿育女的，而且，一生就是俩，谁有这本事呢？你给我们家当牛做马也不亏！

❸

冬末，柳涛妈过生日，小两口先是为买蛋糕吵架——西西要买菜市场蛋糕房的，柳涛说那里用的材料不好，奶油都是工业奶油，吃了不健康，必须买大蛋糕房的，材料全是新鲜的。

西西说："市场这个50块钱，你那个没有200块下不来，蛋糕就是应个景，而且，牛奶有三聚氰胺吧？西红柿有激素吧？面粉有转基因吧？有本事，你扎起脖子过啊！"

柳涛说："我妈一年就过这么一次生日，多花个百儿八十的算什么？老人为我们付出那么多，还不配吃个好蛋糕了？"

西西说："付出啥了？新房空荡荡，哪一样不是我置办的？你3000多块，我也3000多块，一个月就这么点钱，还要养孩子，还要添家具，谁像我这么累？人家一结婚，要钻戒有钻戒，要车有车，生个孩子，要么保姆看，要么公婆看，我呢？一生孩子就辞职了，天天围着孩子转，你父母干啥了？天天就知道上班上班！我告诉你，蛋糕钱我已经付了，你爱要不要！"

本来还一肚子火的柳涛，被西西一顿找补，也觉得妻子确实不易，考虑到父母血糖都偏高，大不了不吃奶油呗，就同意了西西的做法。

路上，柳涛总觉得东西太轻，路过水果店，看到刚进的金枕榴梿，想起上次陪母亲路过这里，母亲看了榴梿好久，说这个好，一闻就是好味道，街头上卖的不行，上次我馋了买了个，便宜是便宜，没法吃，颜色都不对，不知咋弄的。当时，他想给母亲买个，但母亲坚决不同意，说一个榴梿300多块，太坑人了。今天过生日，那就给母亲买个，她肯定高兴。

这个想法一说，立刻遭到西西的反对，说："这么贵！你手真是越来越大啊，我爱不爱吃？可我吃吗？带着小宝的时候，馋成啥样了？我买了吗？"

柳涛要回嘴，母亲的电话打过来了，问走到哪儿了，说家里菜都炒好了，就等他们了。没办法，柳涛只好离开水果店，回了家。

家宴开席，先分蛋糕，柳涛把奶油全撇进了一个盘子，不让吃，说不健康。柳涛妈说太浪费了，我吃。柳涛说这个奶油不好。柳涛妈说又白又香的，怎么不好？然后，就大口大口地吃起来。

❹

生日后，柳涛变了，开始摔摔打打，回家后，玩游戏，不说话，还特别不爱哄孩子，只要孩子向他身上爬，就大声吼，让一边去。西西说他，他就摔门走人。

有一天，柳涛一手提了一瓶味极鲜，另一只手提了4个甜瓜，在门口用脚踢门。西西好久才来开门，头上包着毛巾，没好气，说："你傻啊，不会腾出手来开门？我正洗头呢。"

柳涛二话不说，冲进洗手间，先把味极鲜全部倒进马桶，甜瓜丢进垃圾桶，又把所有的洗发露、淋浴液全部挤进了马桶。西西拦他，被他狠劲一甩，加上卫生间地面湿滑，西西一下子倒在地上。柳涛也不去扶，一按，水流回旋，瞬间，倒进去的一切，都冲了个一干二净。

西西爬起来，喊："你疯了！那可都是钱，一瓶100多块呢！"

柳涛说："1000多也是我买的！我就是不让你用。"

西西说："好！孩子我不带了，我明天就去上班！"

第二天，西西真的要出去找工作，描眉画眼，把从前上班的行头又穿上，也不管俩孩子哭闹。就在她背上包，要去穿鞋的时候，柳涛抢先一步出了门，扬长而去。

这是不管孩子的节奏啊，西西傻眼了。难道自己真的把俩娃扔下不管吗？自己的爸妈也靠不上，父亲哮喘，母亲一时也离不开。思前想后，她只好扔下包，抱住俩娃，哭得撕肝裂肺。

从这天起，柳涛不交工资了，西西要钱，柳涛说："你有能耐，上班啊。"

西西要强，开始刷信用卡。在她成功地刷掉了2万多块钱之后，把账单给柳涛看，并告诉他："你不给钱？难得住谁啊？反正咱们是夫妻，啥都是共同的！"

柳涛恼了，起身就摘她的耳坠项链，说这是我买的，还我！

西西躲闪，哪能抵住柳涛的力量大，在撕扯的过程中，首饰划破了西西的脖子和脸，血珠一滴一滴地冒了出来。

这还不行，柳涛喊："还有套首饰呢？马上还我！"

西西彻底呆住了，自己不图钱不图房，心甘情愿地嫁给眼前这个疯狂的男人，变成个带着俩娃的黄脸婆，却换来这样的下场！这日子还能过吗？还值得过吗？西西用沙哑的声音说了句："首饰还你，这日子，不过了！"

PS：

西西一直认为自己是一个不爱钱的姑娘，但她认为公婆亏待了她，那么，婚房是谁买的呢？一对工薪阶层并无外快的夫妇，攒出套全款房容易吗？如果没有这套房子，西西嫁不嫁呢？如果没房也嫁，没首付要攒首付，交了首付，还得月月还房贷，日子是不是更加艰难？

如果就是过不了这样的日子，当初就不该选择柳涛。

在夫妻关系的处理上，西西和很多初入婚姻的姑娘一样，忙着怀孕，忙着攀比，忙着工作，往往出力不讨好，哪怕生了对龙凤胎，也没过上被宠爱的日子。

如何过上被宠爱的日子呢？想得到爱的人，首先要懂得爱。

公婆没什么大问题，他们有义务带大儿女，但没有义务替你们看孩子。即使不看孩子，房子是他们全款买的，现在还在努力赚钱，就为了帮你们。或许你要说房子是婚前财产，如果你们能经营好婚姻，婚前财产也会变成你们的共同财产。

如果西西能这样想，肯定会同意买个品质优良的蛋糕，也会同意买个好榴梿，是不是？

做儿女的，特别是西西这样的姑娘，不仅要感恩父母对自己的富养，更要感恩和理解公婆，明白父母们所有的付出都是情分，而不是本分，从而，把女儿和媳妇的角色做好，也给自己的孩子作出为人的榜样。

如果西西能够理解和尊重公婆，柳涛还会疯狂吗？还会感觉娶错了人，感觉对不起父母多年的辛苦勤俭吗？他肯定会因为娶了个聪明老婆而加倍对西西好！也会对丈人家好上加好。

最想说的是：可怜天下父母心，柳涛父母真是太辛苦。

做父母的，不要过于劳苦与苛待自己，要相信儿孙自有儿孙福，你用超出自身能力的付出，来完成所谓的“任务”，其实很容易把儿女培养成不懂感恩的人，把你们的付出看成理所当然。

第 67 篇

击退第三者的原配
——因为进取，所以会赢

“拚则而今已拚了，忘则怎生便忘得。”李虹永不放弃的战斗精神也许值得世人学习，关于爱情、关于婚姻、关于家庭，没有可以复制的经验，唯有进取前行才能走出自己的路。

李虹的老公仲夏和小三公开示爱 4 年，如今小三已率先离婚，装修购物，坐等仲夏回家离婚。

坐在离婚区的李虹，无比悲愤，她同意签字，但是，非要老公当着离婚区所有人的面儿认错，吓得孩子放声大哭。

❶

2014 年秋日的一天，秋风秋雨，遍地落花，李虹听到了比惊雷更吓人的消息——结婚 13 年的丈夫仲夏和她提出了离婚，声言甘愿净身出户，因为他爱上了同事花苗苗。

李虹全身如入冬海，浑身筛糠般颤抖，特别是当她听到对方只比自己小 3 岁，带了个 8 岁女孩的时候，她无法遏制地怒问：“她也是孩子的妈，你凭什么要娶她？我哪点不如她?”

是啊，俩女人算是同龄人，对方还带着别人的孩子，老公居然要放弃自己的原配和亲生儿子，这到底上哪儿说理去?

李虹和仲夏曾是国企员工，都喜欢乒乓球，两人是在市里举办的乒乓球赛上认识的，在男女混合双打冠军赛中，荣获冠军，并共同参加了市体协举办的庆功会。此后，他们相知相恋，登记结婚，并于次年生下一子，取名“童童”。

国企虽然稳定，但李虹发现自己赚的远没有经商的同学高，正好同学新开了一家分店，邀她入伙。她跟仲夏商量：“老公，咱家有一个收入稳定的就行，我下海扑腾扑腾，如果扑腾好了，咱也过一下有钱人的日子。”仲夏举双手赞成。

李虹下海后，收入虽然高于国企，但十分忙碌，根本顾不上家了。

仲夏也不爱干家务，索性把儿子向妈家一送，自己清清闲闲的，想干啥干啥，早已放弃多年的球拍，又拣起来了，没事就在单位约搭子，引起了花苗苗的注意。

花苗苗本来不会打球，有一次，表姐的儿子来过暑假，报了个乒乓球班，白天在体校学球，晚上回来没事，花苗苗要他教两手，一下子，给教上瘾了。等小家伙一走，花苗苗天天手痒。

老公林一也会打，而且水平也不低，花苗苗几次求他，他根本不爱伺候老婆这种臭手。

后来，实在架不住央求，直接把花苗苗带到球桌边，连挥7个球，苗苗愣是连球都没找到。于是，人家扬长而去，说：“不是我不教你，实在是你没那个天赋!”气得苗苗直翻白眼，但无计可施。

现在，仲夏到处求搭子，花苗苗就大着胆子问了一下，仲夏说行啊，你有空吗?苗苗的家务、孩子都是老公管，业余时间一大把，只是担心仲夏嫌弃自己水平低，仲夏说：“没问题，我教你。”

建造爱情基础的最根本一条，就是有共同语言和共同经历，所以，从纯洁的革命友谊，到床上的难分难舍，一切都是水到渠成。单位里纵有些风言风语，但是，国企人的素质是有的，从没传到李虹那儿去。

了解内情后，我单独跟李虹聊了聊，认为不必急着签字，她还有两个法宝没有用起来，那就是婆婆和儿子……

❷

去办离婚的时候，双方父母都不知道，因为李虹根本就没打算离，给仲夏留着脸。

从离婚区回来，李虹去了婆婆家，把事情一五一十告诉了婆婆。

她说：“我和仲夏的感情，您是知道的。现在，他有了新人了，不要我和童童了。我知道，他有外遇，错不在他，在我。我为了赚钱给童童买学区房，真是拼得没白天没黑夜。现在，学区房到手了，有 4 个房间，其中有您的房间，可是，咱还怎么住啊？”

从李虹的哭诉中，婆婆只听懂了一句话，那就是童童要有后妈了！

说到婆媳关系，其实非常一般，李虹不是个多么孝顺的人，只有逢年过节或接送孩子时，才会到婆婆这里来，所以，婆婆也很有意见。但是，媳妇再怎么不好，可她给自己生了个大孙子，那就是自家人。现在，外人攻城略地，想让大孙子缺父少母，想都别想！

看婆婆着急上火，李虹马上授意婆婆找小三面谈。她说：“如果我去找她，矛盾肯定得激化，什么也谈不了。还是您去，您是长辈，不管仲夏离与不离，她都得让您把话说完。”

婆婆文化水平不高，胆量也不大，但事情危急，被一股火架着，直接就冲去找小三了。

如李虹所言，花苗苗对婆婆各种谄媚，这可是未来的婆婆啊。但是，婆婆就没那么好相与了，她本来也想好好说，比如你别缠俺儿了，俺还有孙子呢，你这不是让俺孙子吃亏吗？但是，女人都讨厌第三者，话说着说着就说猛了，婆婆大声大气地说：“你一个当妈的，又不是小姑娘，当什么第三者，亏你有这个脸！”

花苗苗当然不认这壶醋钱了，男女私情，至少也是各打五十大板，凭什么说我勾引你儿呢？我还说你儿勾引我呢？我可是婚都离了，你儿子也必须离！

俩人越说越呛，老太太直接开始砸东西了，说：“我叫你离！我叫你离！”没一会儿，就把花苗苗布置的洞房搞得一塌糊涂。

花苗苗只好把仲夏叫来，老太太指着儿子大骂：“我告诉你，你要是敢离婚找她，我就和你断绝母子关系！”

❸

安抚好母亲，仲夏也是一肚子气。回家找李虹，说：“你别以为我不知道，咱妈纯属是让你哄的。事情走到这步了，我必须离。财产儿子我都不要，都归你，我净身出户，对得起你了吧？”

李虹说：“我同意离婚，一会儿，我把我同学（律师）叫过来，给咱俩拟个协议。财产什么的，平分，我不占你便宜。但是，我有个条件，儿子我不要，你带着儿子去和她过上半年。只要你们处得好，让我放心，半年后，我马上签字离婚。”

这一番话，刷新了仲夏对李虹的认知。一时间，他糊涂了，出去打电话给花苗苗。花苗苗说行啊，咱们能一起住，你还能分到钱，名声上也好，就这么办。那张纸，早办晚办都一样！

仲夏带着儿子离家前，李虹单独和儿子谈了一番话，说："童童，爸爸爱上了花阿姨，现在就要带你去她家。那里有个小妹妹，可以和你做伴，你不会孤单的。"

童童哭了，说："妈妈，你不要我了？我哪儿也不去，我不要后妈，后妈给白雪公主吃毒苹果，后妈都是大坏蛋！"

李虹抱住儿子，说："儿子，你想不想让咱这个家不散？"

童童重重点头。

李虹说："那你记着，有花阿姨和小妹妹，咱们的家就会散。"

交代一番后，不知内情的仲夏，带上有特殊使命的儿子，去了花苗苗家。

接下来，自然是好戏连连上演，儿子把花苗苗那儿闹得鸡飞狗跳，让花苗苗彻底失了分寸，动手打了童童。从此，一屋四口，数次交锋，并明显分为两派——花苗苗护女儿，仲夏护儿子。

通过这些事，仲夏发现花苗苗根本做不到她承诺的，根本容不下自己的儿子。恰好花苗苗提出童童与她只能二选一，仲夏就带着儿子回来了。

这一回合，历时俩月。

PS：

大家看到这里，或许会觉得赢得简单。

李虹与仲夏恋爱结婚13年，她十分了解仲夏的性情。仲夏简单随和，是绝对的性情中人，还有点大男子主义。审时度势，李虹深知，如果自己去和花苗苗撕扯：

1. 容易惊动太多人，形成丑闻，不利于自己一家人今后的生活；

2. 仇人相见，必分外眼红，只顾打骂个难分难舍了，还怎么谈事呢？

3. 俩女人开撕，等同于宣告仲夏的后路已断，容易坚定仲夏离婚的心。

派婆婆就不一样了，婆婆是长辈，也是女人，她就算不爱媳妇，但她决不容忍孙子有后妈，何况是一个挂着"拖油瓶"的后妈！所以，婆婆必然要向小三宣告主权不可侵犯。小三不从，为人正直兼脾气不好的婆婆，肯定要把战争搞大。而战争一旦搞大，仲夏就有了两条路：一是给母亲脸，回归家庭；二是给自己脸，加速离婚。

以仲夏的性格，可能选二，儿子就可以起作用了。

小朋友都读过白雪公主的故事，后妈的毒苹果记忆犹新，妈妈明确告诉童童后果，作为一个已经11岁的小男子汉，童童本来就想表现自己有保卫妈妈的能力，当然是迅速响应。

或许有朋友说，如果花苗苗特别温良恭俭让呢？既拢着大的，又哄好小的，那李虹的想法不就落空了？

不会的。李虹从花苗苗率先离婚的举动看出，对手是一个相当自我的女人。像这样的女人，攻强防弱，包容之心是很差的，让她短时间哄童童是可以的，若是时间拉长，童童又坚持蹬鼻子上脸，那她就绷不住了。

既然花苗苗是个心胸不太宽广的人，却又如何赢得了仲夏的心呢？

第一，李虹热衷于赚钱，完全忽视了家庭，让仲夏回到了单身状态，单身总是需要玩伴的。

第二，花苗苗热情似火，轻灵好动，是个被老公宠坏的已婚宝宝，这样的女人，也是需要玩伴来充实生活的。

这两个不是单身胜似单身的人，一起用球拍打发业余时间，发生性关系是水到渠成的事儿。再加上女人往往由爱生性再由性生爱，容易爱到无法自拔，当然要离婚了。

至于仲夏的离婚决定，一半出乎于情，一半出乎于男人的怜香惜玉。想想，一个可爱的女人，居然率先离婚等自己，怎能不动心？前面说过了，仲夏本就是个性情中人，这种人最容易为情付出。

经此一战，仲夏今后还可能出轨，但是，为外遇离婚的事，他基本不会做了。

看了结局，或许有的读者会觉得又爽又不爽：爽在原配完胜小三，花苗苗赔了夫人又折兵，白白为仲夏离掉了保姆一样的老公；不爽在李虹何必牺牲儿子，去挽回这一枚渣男！

请大家站到李虹的角度想一想。

为了这个家，她付出了女人最好的13年，不仅有了11岁的儿子，还有了价格昂贵的学区房，这一切，渗透着她的双商与血汗，怎舍得亲手打破？那个男人既是恋人，又是丈夫，更是儿子父亲，纵然对他有千般怨恨，真要撒手让人，如何舍得？就算留不住，也得为了尊严争一争！

再说了，换个男人就肯定能好吗？

如今社会，离婚率年年攀高，没有婚外情的男人，可能爱赌；不爱赌的男人，可能穷酸。就算遇到一个综合条件尚可的男人，会对童童真心实意吗？若真的离婚，她肯定不会让出童童，那可是她的命啊。

何况，城里男少女多，真有那么一枚优质男，早被未婚姑娘抢跑了，哪里还有她这半老徐娘的份儿！月亮尚有阴晴圆缺，又怎能奢求人性完美呢？

案例说完了，但大家不要随意效仿。李虹之所以这样做，有几个基本条件：

1. 李虹有个已经懂事而且听话的儿子，做得了“内奸”；

2. 婆婆立场坚定，愿意亲自操刀上阵，维护儿子家庭的圆满；

3. 仲夏毕竟供职于国企，有所顾忌，又是个性情中人，虽说要离婚，终究未绝情；

4. 花苗苗是个幼稚自我的“宝宝”，不堪一击。

即便你老公也有外遇了，即便你也具备了李虹的条件，我还是要劝你三思。因为这个案例中，受伤最大的是两个孩子——童童为妈妈战斗，花苗苗女儿实实在在受到了这个小哥哥的欺负，这一战，必将给两个小朋友留下阴影。虽说童童受伤害，是为了家庭的圆满，但终究不是上策啊。

上策是什么？是不管你从事什么职业，无论多忙，别忘了配偶。

如果花苗苗想打球，老公又擅长此技，愿意把陪妻子练球当成闺房乐趣，哪还有仲夏的份儿？怎么会害得女儿受苦？

如果李虹别一心只顾赚钱，也考虑一下闲坏的老公，想法把他的业余时间利用起来，比如和自己一起做点生意，是不是也少了这一番折腾？童童也不必小小年纪受此伤害。

第 68 篇

接二连三怀孕的女人
——当断不断，必受其乱

“情到不堪言处，分付东流。”杨慧算是胆大独闯人生路，不知回头。若频频回首，前途必然渺茫。睁开眼来，光明大道就在目前。

初中就恋爱的青梅竹马，一个选择不断地生孩子，一个选择不断地出轨。

直到坐在离婚区，这两个貌似相爱的人，还不明白，这些年来，他们其实从没想过夫妻要有共同的愿景，而是各自走着自己的路……

❶

杨慧和刘涛从初中就开始谈恋爱，最后大学也没考上，两人四处打散工，其间，刘涛还和别的女孩上了床。女孩找到了杨慧，要求杨慧退出，但刘涛很坚定地说女孩诱惑了他，并向杨慧提出结婚。他说亲爱的，我们恋爱的时间实在太长了，真的应该结婚了。

杨慧说：“确实，我们恋爱时间太长了，整整 7 年，就算是粒种子，也长成大树了。这 7 年当中，我早就把他看成亲人了，从没想过彼此失去。其实那个女孩的样子，很像是真的，可是我又能怎样？女人的青春期很短啊，7 年，我全部的青葱岁月，都给他了，最重要的是我怀孕了。还有别的选择吗？当然是结婚吧。”

第一个反对他们结婚的人，是杨慧开超市的父亲。有一定生活阅历的他，认为刘涛会再次出轨。

杨慧说：“我爸完全不信任他，说一个大男人，连个正经工作都没有，何况你们还没结婚，他就可以和别的女人好，如果结了婚，社会关系增加，压力变大，他出轨的次数会更多。就这么轻易就原谅了，他以后根本不当回事。爸爸这些话，我根本听不进去，都怀孕了，说啥能有用？反正回不去了。妈妈说就这样吧，不结还要去打胎，多受罪！反正女人嫁谁都一样。”

刘涛没钱，连个结婚戒指也买不起。

通情达理、爱女心切的杨慧父母，包揽了结婚的所有费用。

杨慧说：“我爸爸一直很不安，记得领证的头天晚上，他居然哭了，说你就听你妈的吧，将来有你后悔的。爸爸痛苦的样子，对我触动很大。他一直是个比较沉默的人，在这个事上反应这么大，或许我真是错的。是不是打胎不结了？这个念头真的在脑子里转了一下，但马上便打住了。我告诉自己，不要胡思乱想，因为你爱他。”

❷

结婚了，两人从恋人变成了夫妻，开始了柴米油盐酱醋茶的婚后生活。

至于刘涛出轨的事，从表面上看，好像过去了，实际上，这件事就像一根刺，深深地扎进了杨慧的心里。只要吵架，杨慧就会旧事重提。

杨慧说：“当时，那个女孩说啥我也不信，但她流泪的样子一直在我心中。不高兴就会提，会还原当时场景，不停地指责他。他开始的时候会辩驳，说那个女孩撒谎，后来就不吱声了。他越是这样，我越是愤怒，认为他不诚实、不道德，当我是白痴，欺骗我。”

日子流水一样过去，刘涛依然没有工作。杨慧怀孕，也没有工作。家里所有的开销，全由杨慧的父母支付，两人像戴着大人面具的孩子。

就在杨慧怀孕八个月的时候，她发现刘涛在朋友圈的回复有问题。

杨慧说：“我看不到对方说了啥，但他的回复明显让我感觉有问题。他的手机是指纹识别，趁他睡着，我用他的手指打开了手机，看到他和一个叫小鱼的女孩在调情，一声一声的老公老婆，都是你爱我我爱你，看得我全身冰凉。”

让杨慧想不到的是，刘涛坚决不承认，他言之凿凿：“现在男的跟男的都‘么么哒’，淘宝用户个个都喊‘亲’，不就是动动嘴？我和她是认识，但是，上天作证，我没跟她上床！”

这场争执，可谓旷日持久——挺着大肚子的杨慧，出奇地愤怒，她几乎不眠不休，天天缠着刘涛，逼他画押认供；刘涛打死也不承认，坚持说两人关系是朋友，绝没有越雷池一步。

❸

一个多月过去，夫妻一直僵持着，互相不说话。

一天夜里，杨慧被宫缩疼醒，哭喊着推搡刘涛，刘涛急忙把杨慧送到医院。

待到宫缩间歇时，杨慧发现刘涛光着脚，可见他心里是有自己的。

杨慧说："那一刻，我的心一下子就柔软了。就算他有外遇又怎样，还不是待在我身边？关键时刻能顶上，这就是爱啊。再说了，我马上就要生下我们的儿子了，这比什么都重要。"

生产不顺利，医生说宫颈硬，要剖宫产，杨慧不干，因为她想生二胎。没办法，医生只好抹药软化宫颈。两天内，涂了三次药，每涂一次，都要把手伸进去检查一次，每次手拿出来的时候，血就会呼地涌出来，看着就疼死了。

两天后，孩子没生下来，医生说必须剖腹了，否则孩子不保。杨慧也坚持不住了，说剖吧。

儿子出生后，刘涛特别疼爱他，很少外出找朋友玩了，基本守在家里，和儿子玩，睡觉也要放边上。他向杨慧保证：不管从前有没有过错误，今后都会一心一意爱杨慧、爱儿子、爱这个家，也会积极找工作，做个有担当的好男人。

有天晚上，刘涛的高中同学从外地赶来，俩人推杯换盏，不知不觉喝多了。

把同学送到宾馆后，刘涛醉醺醺地回到家，习惯性地躺到了儿子身边，半夜一翻身，压在了儿子身上。

到杨慧发现时，孩子已经死了。

杨慧疯了一样地打他，他从梦中醒来后，和杨慧一样，陷入了巨大的悲痛中。

杨慧说："我把糖罐子砸他头上，血流满面，他好像一点知觉也没有，只管哭，撕心裂肺。我看着他的样子，就跟他抱在一起哭，这是我们共同的儿子啊，他和我的痛是一样的。"

❹

按照医嘱，剖腹生产，必须在 2 年后再考虑怀孕，但杨慧思子心切，距第一次剖腹 6 个月的时候，再度怀孕。

她的冒险举动，让全家人都很担心，本来已经找到工作的刘涛，被杨慧父母强行留在了家中，让他好好照顾女儿。父亲还说了重话：如果女儿和孩子再有什么好歹，就要了刘涛的命。

刘涛有了上次的教训，人变得乖巧太多。

杨慧说："我这次还是剖宫产，他说我太勇敢，也太对不起我，并告诉我打算开公司，给别人打工终究没出息，赚不了大钱。在这儿陪我这段时间，不停地和我说他的想法，每一条都让我觉得特别可行，就去找父母借钱。父母看我真的太爱他，又生了孩子，马上拿出他们的养老积蓄57万元，全部交给了他，说希望我们能生活得好。他也很感动，对我父母越来越体贴，对我也细心照顾，我觉得很幸福。"

第二个孩子顺利出生，到了一岁的时候，杨慧又怀孕了，又打算生。

公司刚起步的刘涛，坚决不同意生，说你不要命了？连续剖腹，绝对不行。

杨慧觉得既然怀上了，如同天赐，而且二胎政策也放开了，为啥要打掉？

刘涛说我受不了了，天天睡不好，还是缓一缓吧。

尽管刘涛态度鲜明地反对，杨慧还是决定留下孩子。

此后不久，刘涛很少回家了，经常3天才回家一次，理由是公司事太多太累，反正办公室有休息室，离家又远，没必要天天回，还说上次压着孩子有阴影，不敢回家睡。

杨慧不乐意，多个人在家，就算不看孩子，自己心里也安定。于是就跟他吵架，把前尘往事一一数落，出轨的事，压死孩子的事，反复说，反复指责，结果，刘涛更不回家了。

❺

杨慧不乐意，跟闺蜜说起来，闺蜜说不会是有了吧？你这连着生产，人家的生理需求咋解决呢？

身子已经显怀的杨慧，大吃一惊，开始调查刘涛。入夏，她终于查到了刘涛和一个女的经常去酒吧玩，而且，他们是用一个QQ小号联系。

杨慧说："都能单独开小号了，肯定上床了。我问他，他说只是普通朋友。我不信，要那女的手机号，他犹豫了一下，还是给我了。我打电话过去，对方接了，又挂了。我连续打过去，对方回了个短信，说他们是有过一段，已经断了，让我不要再找她。也就是说，他们确实什么都发生了。我质问他，他说那女的是神经病，还说我事情都没搞清，就好像要杀那个女人全家一样。我把她回复的短信给他看，他说他也不知道那个女的为什么要这样说。推推搡搡的时候，突然从他身上掉出了避孕套。当时他也傻眼了，因为我们之间不用它。"

杨慧绝望了，提出离婚。

刘涛坚决不离，这让杨慧十分纠结。

杨慧说："11年了，我爱他爱了11年，到现在依然深爱，绝对不是亲情。可他呢？总是撒谎，证据拿到眼前也不承认，就差捉奸在床了。家里人都劝我，叫我原谅他，毕竟有孩子。我只好妥协。说如果你要在外面玩，那就离婚。他也没跟我认错，我也知道他不会认错的，就以离婚相逼。他答应我以后除了工作、应酬以外的事，都会回家。可是，我还应该相信他吗？"

就在杨慧纠结之时，又在刘涛手机上发现了一个信用卡付账的通知，查来查去，居然是刘涛在淘宝网买了条裙子，收货人是一个陌生女人的名字。

刘涛的解释是帮哥们付的款，那个女人是哥们的朋友。

杨慧绝望了，坚决要离婚。

PS：

刘涛没什么错，他其实还没做好结婚的准备，就生生被你们全家"绑架"了。

你看，他连个工作都没有，就想随便和女人睡睡觉，没打算承担什么责任，可是你怀上孕，你父母再铺上桥，对于没职没业的刘涛来说，实在是个大诱惑。他需要吃饭，需要钱花，需要老婆，需要有人养孩子，能不结这个婚吗？

杨慧也不懂及时止损，你发现自己被骗睡骗怀孕，发现他招蜂引蝶，为啥非得把自己弄成已婚妇女、孩子妈妈呢？

不仅如此，还扮起圣母了，他撒谎成性无所谓，他和别人上床无所谓，他爱不爱自己无所谓……你只对怀孕这件事本身"有所谓"。

孩子是联结父母的纽带，但真正联结彼此的，是你们共同的愿景，是双方愿意携手前行的意愿。

刘涛为什么有恃无恐？因为在他眼中，你就是个无论如何都要和他纠缠的女人，所以，他有什么必要向你认错？有什么必要改过自新？他结婚前就是这个样子，你们不介意啊，全家都上赶着和人家结婚啊。

唯一清醒的是父亲，他知道一个毫无控制力的男人有多可怕，但是，母亲强硬的态度阻止了他。

在杨慧结婚这件事上，母亲起到了关键的作用，女孩通常选择相信女性过来人的话。

杨慧妈妈，嫁谁真的都一样吗？

人上一百，形形色色。随便选一个单位，你会发现有人注重工作成就，有人看重金钱报酬，也有人重视地位权力，还有人不思进取、得过且过。

就算是花心，表现方式也不同，有的人把花心当成调剂生活的良药，有的人把花心当成改变命运的机遇。像刘涛这种人，是把花心当成了一种生活方式。

孔子曰："吾未见好德如好色者。"一个从出轨中得到快乐的人，除非生活中出现巨大变故，否则，变不成柳下惠。

这是一个双方都有过错的案例，伤害已在所难免，生活还在继续。

因为已经有了孩子，不能轻率作出离婚的决定。但是，杨慧一样的女生们，必须明白一个道理：你如果想看到开放的牡丹，就要在选苗的时候，选择牡丹，你不能选择了荆棘，却要它开出你想要的花。

最后我有几句话想送给杨慧一样的女生：千万不要轻易失身于人，更不能轻易怀孕，妄想用生孩子稳固家庭。

第 69 篇

一厢情愿的复婚

——放下烦恼，开创未来

“更能消、几番风雨，匆匆春又归去。”世上本无事，庸人自扰之。希望小藤能安静下来，好好地沉淀自己的烦恼，创造属于自己的美丽生活。

小藤结婚 10 年，第 8 年的时候离了，现在复婚两年，再次来到了离婚区……

小藤的老公是“三不”男人——不负责，不主动，不承担。这一点，让小藤深恶痛绝。争吵无果后，她选择离婚。

离婚后，发现自己成了离异妇女，孩子失去了爸爸，上门来介绍对象的，都是一些比不上老公的男人。于是，她又选择了复婚，认为老公被“离婚”教训过，肯定会有番新面貌。

❶

我们结婚时，他家有个建材店，一直是公公主外婆婆主内，他跟着公公干活。因为他没眼色，乱说话，经常让客户不满意，公公训他，婆婆袒护，公公生不了这个气，只好不带他。

没事干但有钱花的他，约了些闲人去网吧打联盟，还有些时间，又跟着“高人”练五花八门的健身功法。

他的表现太差，婆婆也失望了，总不能看着儿子这么胡搞，就跟他长谈一番，了解到儿子不喜欢建材这个活儿，就托了关系，又花钱又请客，把他安排去一家很有名的股份制企业上班。

要去的企业挺大的，工资福利都很棒，他挺乐意的，可我不乐意，因为公婆年岁大了，早晚会把店给我们，我还能一人顶着啊？肯定还是公婆这种搭配模式，就不让他去上班，让他在店里学本事。

我说你只要专心打理这个店，比上班强，将来还要做老板。可他的心思不在店里，说多了，他就打我。

为了阻止他上班，我找了公婆，把我的道理说了，公婆很赞成，毕竟就这么一个儿子嘛，他不接班谁接班？

我的强力干涉惹怒了他，他坚持去上班。我说一个没有责任心也不肯吃苦耐劳的人，到哪儿也干不好。他很生气，赌咒发誓要干个样儿给我看。

以前都在店里上班，婆婆知道自己儿子啥样，会直接把他的工资发给我，由我支配，日子好过。他上班后，每月工资都是打在工资卡，只要他不给，我根本见不着。因为他有班上了，婆婆把店里每月发他的工资停了，这是合情合理的事儿，我不挑，可婆婆不知他根本不向家里交钱，也不帮着做家务。生了女儿后，他还是死性不改，我天天一手抱孩子一手做家务，还要独自养着这个家。

为了这些事，我找过婆婆多次，她说你连个男人都管不住，成天干啥吃的？

我想让她帮我带孩子，她说没空。

好吧，你没空，那就啥也别管，可是，除了我求她的事，其他事都要管，老公也全听她的——比如说侄子考上大学了，我们打算给考上大学的侄子送份礼，他非要报告一下他妈。他妈说不用，这事送什么礼？打个电话就行了，大不了来了请顿饭。结果，礼真的没送成，搞得亲戚之间越来越生分。

婆婆的做法我接受不了，跟他唠叨，说你妈是“垂帘听政”。他马上把我的话传过去。第二天我上班，婆婆说你不愿在店里干就出去，我不指望你。

我哪能出去？在家里的店，我不用早晚打卡，有时间照顾孩子，婆婆一分也不会少我的。这一点，任何单位都比不了。

日子就这么瞎过，他妈把着财政大权，说话有至高无上的权力。我们家的好多事，本来说得明明白白，可只要他妈一参与，他立马迷失方向。念在背靠大树好乘凉的份儿上，好多事我忍了，要不然日子咋过？

谁知形势突变，烟台出现了房子难卖、有价无市的情况，建材生意自然跟着下滑。所谓祸不单行，公公又出了车祸，腰以下全部瘫痪，婆婆心力交瘁，顾不上打理生意，店面自然惨淡。

为了生活，我出去摆了个百货摊，将就着赚钱养家。但他还是不管家里死活，照常打游戏练功法，还四处会友，穿大褂，戴佛珠，装出仙风道骨的样子。我看着恶心，就和他老吵架，他吵不过我，就动手。打来打去，心都凉了，婆婆也自命难顾，对我没啥用，就离了。好在他还算有良心，房子孩子都归我，不争不抢，自己搬回妈家了。

❷

离婚后，不需要在他身上花钱的我，备感轻松，感觉单身日子爽到飞。

时间一久，单身女人的问题出来了，一是寂寞，二是病了没人管。朋友说还是得有个男人，就撮合我去相了几回亲，最后，固定下一个男朋友。

他条件不错，对我也好，但不太喜欢我女儿，话里话外地透出来，说女儿是爸爸的“小棉袄”，爸爸带女儿才最合适。这话让我很反感，所以，尽管他其他方面不错，在他向我求婚时，我却迟疑起来。

一天，我参加了一场婚礼，女方父母也是离婚的，她跟着母亲，父亲早已离婚重建家庭，所以，双方亲家上台时，父亲缺席，新娘哭得很厉害，妆都哭花了。如果不是司仪机灵，场面就失控了。

事后，我了解到新娘父母离异，新娘判给了母亲，但母亲总说父亲坏话，教导着女儿恨父亲，不让他们父女来往。因此，到了结婚这天，有个父亲牵手把女儿交给女婿的环节，需要父亲来，可父亲怨恨母亲，不肯到场，继父又认为自己不合适，根本就不肯出现在宴会上，这才出现了新娘崩溃的场面。

这个事，让我马上想到我女儿，在她结婚的时候，应该有亲生父亲在身边，我可不能让孩子在人生最美的时刻如此难过。

我主动提出复婚，坦率说出我的理由，并要求他看在女儿的面子上，痛改前非，他同意了。

重新走到一起后，发现他确实有所改变，已经能够认真上班工作。不过，我估计他不是因为我，而是因为家境败落，懂得了生活不易。

不过，自私的恶习却没有丝毫改变。工资卡还是自己掌握，根本不考虑家用。比如前几天说卡上有 3 万元，我去取生活费，发现少了 6000 元，他说买了资料，可那资料只有几页，哪用得了这么多？今天他又用了 8400 元，依然说是买资料，什么资料这么贵？等我明白过来，想把钱全提出来的时候，卡内只剩了 2000 多块了。他的表现，让我对他失去了基本的信任。

我是母亲，必须为孩子牺牲，所以，我放弃了重新生活的权利——不能呵护我，好，我认了，怎么能不交家用呢？或许你不相信，我们现在全部的存款只有几千元。孩子在长大，需要用好多钱，这日子怎么过下去？

我经常会莫名其妙地大哭一场，有时候头疼得厉害，就喝瓶酒，把自己醉倒。有一次，我醉倒在街上，被流浪汉强奸了，光着下半身的丑态，被好事者拍了，发到了网上，好事者多，流传又快又广……我只好报警。

后来，拍我的那个年轻人受到了法律的制裁，但照片却病毒式地传播，估计我们这个城市没看到的人不多吧？为了此事，女儿找我吵，他也提出了离婚。

PS：

强势的母亲，通常是比较优秀的人，她们不但包办孩子的衣食住行，也习惯用指责或打骂来控制孩子的言行举止。她们的动机是出于爱，但长此以往，处于强权之下的孩子，容易失去独立解决问题的能力。

小藤的丈夫不管做什么事，都要得到母亲的首肯，哪怕给侄子点贺礼，也要汇报给母亲。只要母亲不高兴，就会内心紧张。这让我想起古代统治者对奴隶的“驯化”过程，他们会用各种酷刑摧垮奴隶的意志，让他们变得像木偶一样机械，像鸟儿一样胆小，只需轻咳一声，就足以把他们的胆量吓飞。

本案例中的小藤丈夫，是典型的“三不”男人，不管遇上啥事，不主动、不负责、不拒绝——床是你要上的，婚是你要结的，孩子是你要生的，家是你要建的，总之，一切的一切，都与他无关。他只管做母亲的提线木偶，如果母亲懒得提他，他也乐意顺着自己的兴趣跑得很远很远。

嫁给这样的男人，还有个强悍婆婆，小藤有点倒霉。不过，之后生活有了变化，离婚复婚，婆婆也不管她的闲事了，丈夫能上班赚钱了，为什么小藤还是一个人养家？因为丈夫想：你和我复婚是好事，但你不是为了我而复婚。

丈夫不知道小藤复婚的理由并不完全是因为女儿，她希望生活会变成她想要的样子——一个称心称职的丈夫，懂得养家顾家，懂得疼她爱她。

小藤把自己的理想硬性赋予了丈夫，以为他经过了离婚的痛苦，现在能痛改前非，从此做个好丈夫。她忽略了人的好多品性是骨子里的，与遗传及后天的氛围、教育等等密不可分、难以更改，更忽视了沟通，没有把自己全部的想法说出来。

婚姻的本质是合作，结婚证书是一纸契约。小藤，你在与他重新登记时，就该郑重地告诉他：我不是单纯为了让孩子有个完整的家，还希望你达到我对你的要求。

如果小藤肯这样说，我想，就算他是典型的“三不”男人，就算他母亲无比强悍，孩子终究是他亲生的，老婆终究是他亲自娶的，他如果做不到，必然犹豫。但小藤不问，就那么一厢情愿地复婚，刚从沼泽里拔出来，又哭着喊着跳进去。

事已至此，小藤首先要考虑如何把女儿带好，不要让她天天面对向外跑的父亲、痛苦到醉生梦死的母亲。如果你只顾发泄情绪，女儿有可能长成这样———情感饥饿，盲目相信男人；只要某个男人给一点温暖，就随意献身，甚至为之生为之死，自暴自弃；极度怀疑男人，充满不安全感，处理不好未来的婚姻关系，分居、离婚或过着痛不欲生的生活。

如果可以不离婚，希望你用正面的力量影响婆婆和丈夫，用足够的诚意让他们明白你的心意。不必上赶着追究他的钱用到哪里去了，更不要因为婆婆手伸太长而远离。既然她十分强势，那我相信她十分精明，这样的女人，只要让她看清你的诚意，你就可以把道理讲通。因为她至少爱她的儿子，也明白一个完整的家庭对儿子、对孙女的重要性。

第70篇

老公在产褥期出轨了
——因为昏昏，屡遭重创

“伤情处，高城望断，灯火已黄昏。”还在梦中的李媚是不是应该醒醒了？若看不破，必然放不下，这样如何找到自己幸福的方向？

青梅竹马的伴侣，感情自然好，丈夫却在妻子产褥期出轨，妻子不能原谅，最终导致离婚。

今天，曾经怒不可遏的李媚后悔了。她在微信上找我，说现在天天相亲，但找不到当初和丈夫在一起的感觉，更找不到适合给女儿做父亲的男人，难道这个婚离错了？

❶

“他叫大伟，是个品质特别好的人，从小学就当班长，一直到大学，我们是大学同班同学，感情很好。本来我们打算考研，由于上学期间流产两次，临近毕业的时候，又怀孕了，医生说你老流产，有可能以后不怀孕。我俩商议了一下，决定找到单位就结婚。

“找工作很容易，几乎是拿到毕业证就进了单位。由于孩子有点出怀了，我们抓紧结了婚。没房子，舍友很义气，自己搬到别人宿舍，腾出地方给我们。那段日子很美好，俩人晚上挤一起，白天各自放飞，各方面比从前更加和谐，也没觉得不方便。直到临盆前，才感觉宿舍没法坐月子。和老人商议了一下，我回了老家。在家的那段日子，基本上他每天都会打好几个电话问候孩子和我，每月都回老家看望我一次。”

孩子断奶后，李媚回到烟台，意外地在房间发现了一盒开封的避孕套。她震惊了，简直不敢相信，立马打电话和老公对质。老公开始时坚决否认，说宿舍借给朋友住过，不知道是谁丢的。李媚不信，拉他去找朋友对质，他又坚决不去。

李媚说："他死不承认，我也没办法，再说，我内心也有点侥幸，因为他不像个下流的人呢。晚上，我偷偷看他的QQ聊天记录（他的密码和婚前一样，没变），发现他跟一个女的联系超多，聊天中彼此互称老公老婆，他还送了很多东西给那个女的。"

事实摆在眼前，李媚几近崩溃，甚至不相信自己的眼睛，说："他这么正派的人，怎么突然变下流了？我们可是青梅竹马的老夫妻啊。就我生孩子这么个空窗期，他就有外遇了？我尽量以平静地态度问他，他说是因为太寂寞了，心并没有变，也不会破坏家庭。当我问起对方的具体情况，他就坚决不说了。我想他是爱她的，因为他愿意保护她。"

离婚？让孩子这么小就失去父亲？不离婚？今后又如何信任他？李媚思前想后，还是舍不下这么多年的感情。

朋友劝她，说年轻的女孩找个老男人，图啥？肯定是为钱勾引他。你把钱收了，就没事了。李媚感觉朋友说的对，就收回了老公的工资卡，还月月去联通打印老公的通话记录，采取各种防范措施。

❷

出轨一事，好像更拉近了夫妻的距离——大伟凡事都要说给李媚听，各种请教与贴心；李媚则好像拥有了颐指气使的资格。这一软一硬，居然过出了相得益彰的感觉。

孩子在成长，当然需要有个学区房，夫妻俩工作之外，四处看房，地段、价格都要讨论。房子到手后，又各家公司比价，还要添置家具，人像被鞭子抽着的陀螺，根本停不下来。

其间，就算有陌生电话与信息发来，也跟房子有关，大伟身上，再无女性气息，李媚也逐步放下心来。

新房装好，大伟单位的外派公司出了事，需要他去处理，每周五晚上回来，周一起大早回去，这意味着大伟再次单飞。

有一天周五，都半夜了，老公说不回来了，李媚对此起了疑，因为他们约好这周带宝宝照相。

李媚说："他说公司聚会，喝多了，没法回来了。也不知怎的，我突然想起那枚避孕套。天一亮，我就抱着宝宝去了他单位，才知道昨晚根本没什么聚会。"

为子防止大伟串供，李媚把单位上上下下问了个遍，等于所有人都猜到了大伟可能有外遇的事，人人凑一起私语，李媚也不顾及，站在走廊给老公打电话，让他马上出现。

一小时后，老公出现了，李媚当众审他："你不用撒谎，我问过你所有的同事了，你在撒谎！你是不是和她没断？还是有了新的？"

大伟一听，当场恼了，说你疯了？我还有面子吗？你不想过就不过！

李媚说不过可以，你净身出户，孩子房子，啥也不给你。

这次闹得很大，两人单位和父母亲朋都知道了，纷纷出面，上至道德，下至亲情，夹攻大伟。

几天几夜后，大伟不堪负累，被迫写下了保证书，保证如下：如果我再有外遇，净身出户，一辈子都给李媚娘俩打工。

李媚不满意，说："还要再加上一条，每周五晚上必须回家，如果有事，必须有确凿的证明，否则，以出轨论。"

从此，老公按时按点地回家，态度温和，对孩子也非常亲热，但性生活方面十分冷淡，这又让李媚起了疑，问他是不是又有了外遇。

大伟说："你去百度上问问，男人到了中年，性能力就走下坡路了。"

李媚当真上网查了一下，确实也有这一说，再看看保证书，心暂且放下，欲看他表现。

❸

2011年春天，李媚突然接到了一个陌生电话，说你家的汽车堵住我车了，位置说得很详细。李媚马上找出备用钥匙赶过去，见车前围了许多"吃瓜群众"。打开车门，却发现老公和一个女孩，他们做了什么，可想而知。

风流艳事，最容易刺激人的神经，人越围越多，李媚失去理智，抓出女孩，边厮打，边向众人诉说大伟之前之种种，引来人声鼎沸，在场女人一起骂渣男。大伟当然支撑不住，铁青着脸，一把推倒李媚，带上女孩离开。

李媚倒地哀号中，接到了大伟的电话，说离婚吧，你都闹到这份上，我已无路可走。

大伟言语斩钉截铁，李媚怎能甘心？好好一盘棋，正下到中间，却被推了个一塌糊涂。要离，也绝对不是现在。

思来想去，李媚去找婆婆，这是她目前唯一能借助的力量了。

婆婆果然应声，于第二天清晨，和李媚一起押着老公，找到那个女人，上前就打。

老公上前挡住，说："妈，她怀孕了，是个儿子。"

李媚眼前一黑，婆婆住手。

场面纷乱，但是，自始至终，那个女人都没说过一句话，像一只寒风中的小鸟，依偎在大伟怀里。

李媚看着这个受法律保护的老公，看着女人已然显怀的肚子，那张青春靓丽的面孔，居然让多少有些发白面皱的她生出了自卑感。

老公把离婚的理由说了好多，李媚就是不肯离婚，成心要他们好看。

可令她没想到的是，得到老公和婆婆支持的小三，居然跑到家里来找她，当着她女儿的面，要她离婚。

李媚说："我的心像刀割一样，无法舍弃这段婚姻，问她要多少钱才可以走，求她不要破坏我的家庭。她十分不屑地看着我，说爱情与年龄有关吗？他不爱你，你又何苦与我争？他就算没那么爱我，可我们有儿子啊。"

李媚气疯了，她向单位举报了老公，要领导管管他。这种事，怎么管？无奈，单位只好把大伟劝退。失去工作的他，直接去了情人那里，并向李媚提出起诉离婚。

李媚拿出老公的保证书，律师却说无效，这样私人签出的材料，不受法律保护。最终，孩子归了李媚，财产平均分配，只稍向李媚倾斜，也不过几万元。而老公变成前夫，与小三很快结了婚，也如愿以偿地生了个儿子，到处炫。

PS：

这个案例的结局，听起来忧伤，好像我在故意丑化李媚。年龄大一点的朋友，会明白我说的是现实——一个离婚带着孩子的女人，选择范围是很窄的。

李媚的婚姻之所以走到破裂，是因为大伟在妻子产褥期出轨。

站在李媚的角度，自己在家生产，大伟应该对妻子的不容易感同身受，守身如玉。

自韩剧引入我国以来，爱看韩剧的，多是女性，因为剧情全是按着女性对爱的理解设计的，剧中的爱和性，是绝对统一的，而现实是——就算你不爱一个人，但只要对方出现在你的"空窗期"或"软弱期"，你一样会感到愉悦。如果对方是一个与你三观合拍的人，那就有可能由性及爱。

李媚生产，等于大伟有了大半年的“空窗期”或“软弱期”。

产褥期丈夫出轨，对于女人来说，是罪大恶极、不可饶恕的事。那么，既然无法承受离婚带来的损失，当初生产时，就应该让他陪伴分娩，参与照顾自己和孩子的事务，而不是让他与家庭隔离。甚至可以采取一些措施，比如找一下单位领导，考虑妻子在产褥期，换人去处理外派公司的事务。

而李媚向大伟单位举报，相当于在大伟的背上猛推一把，使大伟萌生了彻底放弃家庭的心。如果抓住时机和大伟好好谈谈，了解一下他内心的想法，说一下自己和孩子对他的依恋，这个婚应该不会离。

第71篇

无法与老公博弈的主妇
——频繁受挫，早该觉悟

“聚散苦匆匆，此恨无穷，今年花胜去年红。可惜明年花更好，知与谁同？”世间没有无缘无故的爱，也没有无缘无故的恨，善恶果报，如影随形！海珍若觉悟，定当欢喜接受离婚的决定。

婚前因醉酒打伤了人，她理解他；婚后又因醉酒打伤了人，她去赔钱；被岳母劝少喝酒，他破口大骂，她原谅他；当她剖腹生出女儿，他让她辞掉工作；当女儿一岁多的时候，他与她签下了离婚协议。

她泣不成声地说：“我真的不想离婚，只想让他给我点钱。孩子天天需要花钱，我没工作没收入，一直住在我妈家，靠我妈养着。可他就是这么狠心，说想要钱的话，必须同意离婚。”

❶

海珍在一家私人船舶公司做职员，收入不错，缺点是遇见的海员太多了，她不喜欢这个职业，择偶就成了老大难，只好寄希望于相亲网站。

注册没多久，海珍就接到了同城男士李向的私信，说对海珍很有眼缘，并介绍自己有3套房子，自己在一家房地产公司做销售总监。

3套100多平方米的大平层啊，仅此一项，就相当于资产近千万，再加上李向身高一米八几……这不是典型的高富帅吗？因此，相亲刚一周，海珍就和李向私订终身，感觉自己是灰姑娘遇上了白马王子。

房子是真的，职业也是真的，但是，一个月后，海珍知道了另一个真相——李向喜欢喝酒，经常酒后闹事，曾醉酒后打断了人家的鼻梁和两条肋骨，因赔偿到位兼道歉诚恳，对方才免于起诉，让他躲过牢狱之灾。

消息传到海珍家中，父母都很担忧，怕女儿跟着酒鬼受罪，执意让女儿分手，但女儿不这样看。

在海珍看来，李向是个难得的绅士。每次一起吃饭，都会为她开门拉椅子，还会细心地为她铺好餐巾，吃相很优雅，笑起来很温馨。在海珍说话的时候，他总会望着她的眼睛，让她感觉自己像个骄傲的小公主。

关于酒醉伤人这件事，李向说："我这人从不喝酒，而且还开着车。那次是朋友升职，我不喝显得不够朋友，只好咬着牙上，结果喝大了，又正好遇到朋友的女朋友挽着别的男人进来，我就和朋友一起上了。过后想一想，关我什么事？都是喝酒惹的祸。以后就算是天塌下来，我也不喝了。即便得罪了朋友，也不喝了，太划不来。"

尽管李向的解释说服了海珍，父母还是有些犹豫。

李向的父母听说此事后，特意带上李向的舅舅一家前来，表示让舅舅做担保，说儿子只是偶尔贪杯，得到的教训已经足够大，以后绝对不会再犯。同时向海珍家提了亲，说俩孩子都不小了，又住到一块了，结婚吧，结晚了出事。

既然如此，海珍一家也就不做他想，顺着李向家的意思，在女儿和李向认识满两个月的时候，为二人举办了婚礼。

需要着重提一下的是——提亲时，李向父母说是给十万零一，意思是海珍是十万人里挑一的好姑娘。海珍父母连连摆手，说不用不用，我们用不着，钱给小两口就行了。李向妈笑成一朵花，说好啊，那我就存在小两口名下了。

钱不要，李向家又给了一辆宝马，写着李向的名字。

海珍父母并未细究，怕人家觉得自家就是图人家财产去的，失去最后的尊严。

❷

李向家是拆迁户，得了3套大平层，全是父母的名字，所以，母亲手里也有新房的钥匙。

新婚燕尔，小夫妻少不得卿卿我我，经常在情浓意热之时，房门忽然洞开，母亲提着一串钥匙长驱直入，吓得海珍次次躲闪不及，以至于有了后遗症。每次亲热，都是全副武装，提心吊胆，就怕婆婆一步闯进来。

过了一个月，婆婆依然我行我素，一副老娘什么没看过的派头，意思是你小两口想干啥干啥。

李向可能是习惯了母亲的作风，没啥反应。海珍受不了，当姑娘的时候，母亲要进她的房间，还要敲一敲门呢。

海珍让李向找婆婆说一声，李向应一声，事后却并不行动，婆婆依然故我。

既然老公不说，海珍只好亲自找婆婆说话，让婆婆把婚房的全部钥匙给她，婆婆冷冰冰地嗯了一声。

之后，钥匙没给，行为收敛了好多，但闲话也来了，跟儿子说："你这个媳妇心眼真多，刚过门就想夺权了？你可得防着点。这种穷门小户的，最会耍心机了。对她这种人来说，结婚就是条致富路。"

李向没空管这些酸言醋语，他忙着跟哥们喝酒打架。

已然结婚怀孕的海珍，现在才明白丈夫是个酒鬼加痞子，可为时已晚，只好奉行怀柔政策，细声细语地对李向说："老公，别喝了，快回来睡觉吧。"可李向不领她的情，像这样的电话，一律挂掉。

有一次，孩子腹泻，李向开车载着娘俩去医院。路上，海珍提出让他戒酒的事，他居然拔下车钥匙，扬长而去，海珍只好打车前往医院。

常在海边走，哪能不湿鞋？李向酒后再次帮哥们打架，造成对方颅骨受伤，再次被刑拘。后来，因为认罪态度好，积极赔偿治疗，对方家庭同意了私了，这才算又逃过一劫，但是，单位把他开除了。

❸

没了工作的李向，像失控的野马，漫山遍野地瞎溜达，不要说海珍操心，他父母也成天怕他生事，催他赶紧找个工作。

工作哪有那么好找？工资要高，空闲时间要多，活儿还不能太累，有了这些条件，更是难上加难，索性经商了。父母出资100万元，开了个川菜馆。

请的厨师做菜地道，装修又好，生意还真不错，李向就有些膨胀，让在家休产假的海珍辞职做太太。他说："你在家坐月子，单位不发工资，就给交个保险，咱家还缺这点钱？你在家专心照顾孩子，过两年再生个儿子。"

公婆是很希望生孙子的，好传承家业，可儿媳不争气，生了个丫头，也寄希望于二胎，非常支持海珍辞职。

海珍的父母也同意。海珍生产时剖宫产，生下来奶水又不足，婆婆不给看孩子，母亲又要在家照顾生病的父亲，等于海珍自己围着孩子转，确实上不了班。

海珍却认为，自己的工作虽然赚钱少，但十分轻松，所以，她愿意上班，提出先请个保姆。

结果双方老人都不同意，举出若干保姆残害孩子的事例，说只有亲妈看着才保险，海珍只好妥协。

向单位提交了辞呈的海珍，在“朋友圈”公告了一下，获得小伙伴们的一片点赞，各种羡慕嫉妒恨。结了婚的，恨自己选了屌丝；没结婚的，求海珍赐择偶宝典。这一切，让海珍十分满足。

开饭店有个坏处，与吃吃喝喝离得太近，海珍有些担心，不免老话重提，李向嫌她啰唆，回家的时间越来越晚。

从前的酒友得知他做了老板，自然要来尝尝味道并恭贺开业大吉，这就免不了喝酒。本来确实打算戒酒的李向，磨不过朋友的面子，重新开戒。

❹

公婆喜欢孩子，三天两头来看。

有一天，刚下过雨，公公来了，也不脱鞋，在地上走来走去，踩得满地都是水印污渍。海珍找来双拖鞋，让公公穿上，公公嫌费事，说一会儿就走。

海珍一边找了拖布来擦地，一边催公公换上。公公不高兴了，摔门就走，回家跟老伴说：“媳妇事挺多，我去看孩子，他嫌我脏！”

婆婆马上把这事告诉李向，李向对海珍说：“你哪来那些破事？弄脏了咋了？你成天闲着不上班儿，不会擦擦？累着你了？”

过了几天，婆婆又来看孩子，海珍看婆婆要坐沙发，赶紧说：“妈，你坐凳子吧，孩子刚才在沙发上屙了，我还没擦净呢，脏。”

本来一件好事，婆婆又找儿子告状：“以后你可别再说你媳妇了，记仇了！今天我去看孩子，沙发都不让我坐！”

李向挺恼火，晚上醉醺醺回来，摔盆打碗，把海珍好一通收拾，还威胁说：“你给我老实点，再敢对老的不好，我弄死你！”

海珍敢怒不敢言，第二天回家求助。父亲病着，只敢和母亲说，母亲很生气，说：“得让他戒酒啊，酒壮怂人胆，啥事也敢干！我帮你说他！”

当天晚上，李向凌晨了还没回家，海珍打电话，他不接，她就打到娘家。母亲很生气，打给李向，接了。她刚说了一句“大晚上不回家，像什么话”，就被李向一通辱骂。

骂自己就算了，还敢骂母亲，海珍觉得这个家没法待了，带着孩子回了娘家。

❺

一周后，婆婆打电话过来了，说："觉得娘家好，就别回来了。"

本来，海珍是想要个说法，比如给她道个歉，保证戒酒，但她想多了，李向与父母意见一致。

从此，海珍在娘家住下了，一住就是一年，老公和公婆没一个来的。

海珍每天陪着孩子，父母每天陪着她，有快乐，但忧愁更多。他们知道——婆家根本就不在乎这个孙女。母亲叹息着说："你肚皮也不争气，如果生个儿子，你看他们来不来。"

夏天，孩子受凉了，高烧40度，打电话给李向。李向说你怎么看的孩子？专业看孩子还看不好！婆婆说光知道要钱，住娘家当然是娘家拿！

母亲上门去找，婆婆居然说："常年不回家，还想要钱？想得美。要不是俺儿当初出点事，能要你家的？你说说，你们哪点配得上俺儿？俺儿要钱有钱，要人有人！告诉你闺女，永远别回来了。想嫁俺儿的大姑娘，排队！"

海珍母亲气坏了，说那就离婚！

婆婆一家毫不含糊，立马找了离婚律师。

一个月后，两家人全部来到法庭。婆家提出：海珍想要孩子的话，李家掏抚养费。如果不想要，抚养费不要了，也不准看孩子。

孩子几乎是海珍一手带大，她坚决不肯放弃。同时，她提出当年的工作是李向逼她放弃的。李向反讽："我怎么逼你的？打你了？绑你了？是你自己嫌累不干的。"

在海珍看来，自己完全是被骗婚骗嫁，唯有一份说得过去的工作，也被迫辞掉了。不离婚，还好说，真要离婚，必须赔偿！

婆婆觉得好笑，说："你这不是耍赖吗？工作是你的，你如果不辞，能丢了？俺们只是怕你照看不好孩子，提个建议。辞不辞的，是你的事。"

海珍提出当年定亲的那10万块，说那是自己的。婆婆说哪有这回事，你用什么证明是你的？当初定亲的时候，你父母看上俺家能让你享福，根本就不要聘礼。

婆婆又说："娘家可是你自己回去的，我们没逼你吧？我们等了你一年，仁至义尽了。咋了，还得俺儿继续打光棍啊？你多狠的心呢！"

PS：

既然明白了对方一家是这副德行，为什么不离婚？因为海珍的资本已悉数沉没，走不了了。

海珍有什么资本呢？对于出身较差的海珍来说，积蓄和工作是她的物质成本。从恋爱到结婚生子，海珍首先是花掉自己的积蓄，继而失去自己的工作，把本来的依靠关系变成了依赖关系……

恋爱结婚，会给人带来愉悦感及安全感，但是，这也是人品、个性、物质、才华等条件博弈的过程。

海珍虽然家境差，但人品好，有工作有积蓄，是个独立的职业女性。按照我国女人找对象“向上找”的习俗，海珍完全配得上所谓家有三房的李向。但是，海珍自愿沉掉自己的成本，也就失去了和李向博弈的条件。

一个已经没有条件博弈的人，想指望用孩子来要挟婆家，太幼稚了。凡是品行不端又家有“皇位”要继承的，才不在乎一个孙女呢。

我曾经无数次重复一句话：如果你想留住对方，就得加大对方在你们情感世界里的沉没成本，当沉没成本超过了一个人的心理承受能力时，他就会失去分手力。

在这个案例中，耐人寻味的，是海珍的父母，他们不要彩礼，女儿工作没有了也行，一心想着女儿嫁进富裕户，可保万事无忧。

李向家算有钱吗？父母住的那套房，至少30年套不了现吧？闲着那一套收个房租，也是公婆来收，关海珍什么事呢？海珍住的这一套，不管多大多值钱，不婚变，也只能算有个房子住。一旦婚变，这是人家的全款婚前房，给不了她半毛钱。

如今，对方已提出离婚，和好的概率不大。至于不离婚还想要孩子抚养费的想法，对方已亮出了底线。

今天这个案例，可供大家借鉴的是：

1. 热爱并尊重自己的工作。工作是你赖以生存的饭碗，不管收入多少，至少可保障你不食嗟来之食，所以，任何时候不要轻易放弃。

2. 慎嫁自制力差的人。家暴、犯罪，多出在酗酒之人身上，而且，天生身弱的女性，基本没有力量左右对方的行为。

3. 始终保持独立行走的能力。女性多喜欢依靠，依靠使生活变得轻松。但是，依靠是相互的，如果你失去独立的能力，对方只要改变初心，你就只能摔个头破血流。

婚恋，是女性的江湖。待嫁的姑娘们，请仔细看清配偶及他的父母。同时，身上得有几把“刷子”啊，要拥有随时可以自救的本事。

第 72 篇

再婚夫妻都是贼？
——非分之想，难以依靠

“生怕闲愁暗恨，多少事、欲说还休。”想象中的生活总归不是现实，理想中的对象终究不是眼前之人，放掉幻想，扬帆起航！

在离婚区，她说得最多的一句话是：“我觉得，再婚也是一家人，真没想到，他能分得这么清，你的是你的，我的是我的。”

❶

文西经常想起前夫，倒也不是有多好，那只是个老实人，和文西过着百姓人家的日子，有个小女儿，日子过得风平浪静。

去年春天，他突然就患了重病，从发现到离去也就是几天的光景，把文西和女儿生生地搁到了浅滩。

文西整个人都颓了，天天蓬头垢面的，躺在家里歇了病假。女儿天天小眼巴巴地看着她，神色凄惶无助。

还是闺蜜骂醒了她：“你自个儿咋样都行，看看孩子，为她你也得重新活一回！”

文西说我一个月就 2000 块钱，以后活着都难！

闺蜜说这有啥？穷日子穷过。再说了，再找一个呗，我帮你找。

文西想：找个什么样的呢？对我和孩子好就行，工资高点，有房没房无所谓，没房住我的呗。

文西的条件不高，闺蜜不久就人托人地找来了李国路。

李国路是离婚的，月工资4000多块，没房。但文西第一眼就相中了，觉得这个人气质不错，而且很内向，文西恰恰喜欢内向些的男人。

李国路也相中了文西，觉得文西很有女人味。所以两人的事进展很快，不到两个月就去领了证，男人带着行李搬进了文西家。

两人结婚后的第一件事就是给女儿改了姓，这是李国路要求的。

他说："我就想把女儿当成亲生的，一家里面三个姓可不好，不像一家人。"文西听了很感动，她最大的愿望就是重新有个完整的家，觉得自己真是找对人了，马上给女儿改名叫李小雅。

但不久之后发生的一件事，打破了文西的美梦。

❷

小雅正上小学，同学中好多学钢琴的，小雅也想学，但学费贵。

自打结婚这几个月，一直是文西的钱做家用，没有余钱给女儿学琴。

文西就跟李国路要钱，但李国路不给，说学钢琴干什么，太贵，一个女孩子，长大嫁人就行了。

文西让李国路把工资卡拿出来，说老婆管钱，天经地义。

李国路的反应非常大，他一脸紧张地说："你怎么能要我的钱？我还有儿子要养呢，工资给了你，我儿子怎么办？"

李国路的话把文西惊着了，因为他们刚认识的时候，李国路是这样说的："我有儿子，所以我离婚时什么也没要，这样以后也不用付学费、生活费了，一把清了，以后咱们就是一个家。"

事到如今，文西觉得自己真的是很傻很天真。

她能够嫁给他，有很大一部分原因就是他已经"一把清了"，不至于在今后的生活中还要顾这顾那。如果说他4000元的工资中还要分出一部分给儿子，那这个经济状况真的不咋样了，而且也要生出很多事端。

早知如此，文西不会嫁给李国路，生活，本就绕不开钱。

李国路的谎言，让文西很不高兴，她索性把话说得直接了："不管咋说，咱们是要生活的，你工资比我高，现在又是家庭的主要成员，你不能光花我的吧，我工资这么少！"

李国路犹豫了一下，出了门，抛下文西坐在沙发上生闷气。

有半天的功夫，李国路从外面回来了，掏出600元钱，说："我中午是在单位吃饭，早晨和晚上在家里吃，有时候也会在外面吃，一天按20元算吧，600给你。”

文西怔住了，一个做了自己老公、口口声声说要把女儿当亲生女儿的男人，居然只交自己的生活费，还算到了每一顿的开销。她一把打掉了钱，趴到床上哭起来了。

❸

一个月薪4000元的男人，每月只肯拿600元做家用，确实不像话，但文西的母亲却让她别生气。

母亲说：“他有个儿子，儿子结婚要花多少钱？就算他现在把钱给你，儿子结婚还得和你要，不如让他自己存着，结婚时你就不用管了，不落埋怨。反正你也有工资，这个人没别的大毛病，吃喝嫖赌都不沾，也算可以了。”

母亲把话说到这个地步，文西就不好说什么了。

文西这一闹，李国路也让了步，把钱加到了800块，文西还是不要，李国路就放在桌子上，后来因为同事来，钱放着不像话，文西就随手塞进了床头柜。

之后好长一段时间，李国路每月就是拿出800元，然后就天天都是心安理得的样子。

夏季的一天，李国路做了阑尾炎手术，亲朋好友来了好多，文西方方面面招待着，又抽空去李国路单位报销药费。结果她发现，李国路的工资居然是1万多元！

李国路到底想干什么呢？

闺蜜一语中的：“人家就是和你不一条心呗，一月交800，吃喝拉撒全有了，还有你这特级保姆，上哪儿找这么划算的事？比单身省钱又舒服！”

文西真是愤怒了，她不管李国路尚在病中，大吵一架，非要李国路说清是怎么回事。

李国路豁上个不吱声，实在逼急了，才说：“你和我结婚就是为钱吗？”

这话把文西问着了，如果说不为钱，现在争的话题就是钱；如果说为了钱，那自己结婚的目的是不是显得太世俗？

几天后，李国路主动把钱涨到了1500元，语态谦和地对文西说：“我就是讨厌那些只爱钱的女人，才隐瞒了工资，不过，我也不是个乱花钱的人，早晚省下来还不是咱们共同的？”

这句话听着熨帖，但这个婚姻变得不是那么可信了。

文西开始考虑要不要离婚。

❹

平心而论，她喜欢这个男人，他脾气挺好的，谈吐风度也不错，但他的心不在这个家里。

既然舍不得，文西就想和他好好谈谈，但不管怎么谈，李国路也不肯把钱跟她的合在一起。

更让文西想不到的是——“他居然问我，他儿子结婚的时候我给多少钱？”

“5年了，这婚姻像鸡肋，食之无味，弃之可惜，他对我的戒备心很强，交上的这点钱根本不够过日子，就是用我的，这样的日子应该过下去吗？”已经懂事的女儿恳求她不要离，说班上的同学说离异家庭的孩子不好。

就在离与不离的纠结中，单位体检，文西查出子宫肌瘤，做了手术。

李国路的家人朋友居然一个也没来，就是李国路也只在休息日来待会儿，晚上也不守夜。住院期间，全仗着文西的母亲陪护。

文西问他为什么。他说我不让他们来，来了得花钱，我平时还得上班呢。

出院后，文西正式提出了离婚，李国路坚决不离，他说：“我拿2000元还不行吗？”

这话让文西瞠目结舌，她带着奚落的口吻说：“4000咋样？”

李国路坚决摇头，说就是2000块，你怎么花都随你。

文西的眼泪像雨一样落下来，说：“离婚吧。”

PS：

经历过离婚的人，由于内心受到极大伤害，容易从初婚时的无知者无畏，彻底转换成老奸巨猾。

初婚，会有不少女孩子说：你的是我的，我的是我的，总之，我要说了算。

那个年轻的老公，初入婚后生活，不懂日子到底怎么过，既然媳妇发了话，自己也无所谓，媳妇要说了算，没问题。

再婚，则好大不同。

不少男人会认为：你的是你的，我的是我的。因为他受过伤了，因为他还有儿女的婚姻大事要办，所以，他必须在钱上加倍小心。就算钱有多余，比起交给你，他更愿意交给他的孩子。

我有点建议，给再婚的女人：

1. 如果你选择了再婚，要认真了解眼前这个打算娶你的男人。包括：他从前的婚姻为何失败，他对前妻如何评价，他父母怎么看前媳妇，他对再婚后的经济如何规划，他爱你到底到了一种什么程度。如果你有幸和他的前妻聊一聊，是为上策。

2. 如果你是文西，经济困难，势必要用他的钱，那你就在婚前多制造点让他花钱的机会，看他舍不舍得。

文西们（再婚的女人们），爱情是爱情，生活是生活，所有形而上的东西，都建立在经济基础之上。为你花钱的男人不一定爱你，但不为你花钱的男人，肯定不爱你。

第 73 篇

一哄就好的女人
——有所贪恋，故难跳脱

“便纵有千种风情，更与何人说？”双方之间的难舍难分必有其中的道理，相互施舍，相互拖欠，还有未了之情。

今天来离婚的这对，明显是闹离婚（求开解、求下台），而不是真离婚，因为小菲对着我又哭又说，林朋说没拿户口本，又拒绝回家拿……

❶

小菲在北京学音乐，大一暑假，通过朋友认识了林朋。“他的长相算中上吧，我对他没有特殊感觉，彼此加了微信。聊天中，知道他以前是教师，后来辞职经商，我觉得了不起。教师是个铁饭碗，他敢于辞职，说明他有胆量有能力，比我的同学强多了。”

林朋很忙，很少与小菲聊天，但很注意小菲的动态。

小菲说：“我有时候放假回家，会在‘朋友圈’发个状态，他看到了，就约我和他的朋友一起吃饭，他的朋友们都认为我是他女朋友，其实我们之间还是友谊的状态，直到他来北京出差，我们的关系才有了质的飞跃。”

秋日的一天，林朋要来北京考察项目，问小菲北京有什么好玩的，小菲听说他要来，很高兴，马上请了假，准备尽尽地主之谊。

林朋到了之后，先带小菲去谈项目，业务进展顺利。吃饭的时候，小菲说：“你请我那么多次了，如果明天不走，我带你去别的地方玩玩，算回报你一下。”林朋答应了。

北京一行，林朋一改常态，有了一副对待女朋友的姿态。

小菲说："他不停地给我发微信，说他已经爱上我。这次北京之行，我也感觉他挺好的，就同意做他女朋友，他发了个笑脸，说要向我求婚。我随口说好啊，你来我就答应你。大约3个小时后，我就见到了他。他抱着鲜花站在校门口，不顾进进出出的同学向我跪下，我当时的感觉真是飞起来了，当天晚上我们就在一起了。"

林朋很爱小菲，每月定时寄1万块钱，让小菲以后来回坐飞机，还给小菲买了辆车，因为小菲的家在乡下，离林朋比较远。

经济上宽裕了，年轻人的爱情如火如荼，大学的环境也比较宽松，小菲经常从北京飞回来，住在林朋的家里。

在这段时间，小菲发现林朋的父母关系不好，家里的气氛比较压抑。

小菲说："他父亲有外遇，家外有家，和外边的女人有个孩子。母亲是个沉默能干的人，不像一般的正室那样找小三闹。尽管他们的婚姻是勉强维持的，但他父母对我都特别好，每次我去他家，父母一定在，会和我一起吃饭聊天，很为我前途着想，和我谈音乐的未来出路。我父母希望我考研，他父母也坚决支持，特别是他母亲，一再说越是女人越要自强自立。如果我在他家待几天，在我学习的时候，他们会让家里非常安静，我感觉很幸福。"

有一次，林朋带小菲到深圳玩，不停地有电话打进来，林朋一次次地拒接。

中午吃饭时，一个漂亮的女人走进来，打了小菲一耳光，这才知道林朋还有个女友。

小菲说："我当时是愣的，就呆在那儿看他们吵闹，看戏似的。林朋主动提出分手，女的又要打我，让林朋推开了。这事挺让我不高兴的。我说你这是道德问题，他说那个女孩脾气不好，早就想分了，只是不好意思先提而已。不管咋说，这个事让我有些不舒服，但眼前的幸福又让我觉得不应计较前尘往事，就不再追究。"

❷

幸福如洪水，澎湃激荡之后，渐趋平静，一直是个好学生的小菲，心思更多地用在了学习上。

为了能如愿考上研究生，进入大三的小菲，很少回家看林朋。放了年假后，小菲决定去他家住几天。

小菲说："这次来，他表现反常。以前，他可不愿意我回自己家了，恨不能天天把我拴住，现在却不停地要我回家看看，说我父母会想我之类，我也没多想。”

重新回到学校的小菲，遇到件奇怪的事。

“老师和同学都找我，说你家里给你介绍的男朋友，在‘人人网’上向我们了解你的情况，什么都问，还问你在学校有没有男朋友。我奇怪了，家里给我介绍男朋友，我咋不知道？问家里，家里也说没有。

“后来这个人加我为好友，用的是男人头像，但她是个女的。我说你有事吗？对方说只是想认识认识。过了一阵，就把我从其好友名单中删了。因为好奇，我看了一下她的‘人人网’，是女的，其中有张照片是在林朋家照的，还抱着我的小猫。我感觉她应该是林朋的新女朋友，就打电话问林朋，他不承认。我问她去没去过咱家，林朋说没有。我发照片给他看，他说是普通朋友来玩，看猫好玩，就拍了张照片。”

五一放假，小菲回到林朋家里，用电脑的时候，发现“回收站”里有他俩的照片，样子亲密。

小菲说：“原来我不在的时候，他们经常约会，甚至还上过床。我提出分手，他不肯，说是一时糊涂。我不能相信他。他看我来真的，很激动，不让我走，冲我喊，说我现在20来岁，你不在身边，我只是玩玩，成家立业后就不会这样了，社会上的人不都是这样的吗？我是真的想娶你的。他使劲拽我，把我胳膊都掐紫了，又把门反锁上。”

两人没有分手，但是，林朋的女友，层出不穷。

不久，林朋又经常拒接小菲的电话，虽然过后会有一百种解释，但小菲知道他又有女友了。

小菲说：“因为担心，我不停地在他家和学校之间飞来飞去，每次都是指责与痛哭。母亲很担心我的状态，逼我分手，终于我提出分手，他居然马上同意了，说累了、分吧。”

小菲回到学校，把林朋“拉黑”了。林朋联系不上她，就用他妈妈的手机打电话，小菲只好把他父母的电话号码也“拉黑”。林朋又通过别人找，小菲就是不接受。

后来，小菲在家休假，林朋来了，发现小菲状态很不好，眼神发散，苍白消瘦。林朋害怕了，马上带着她去看心灵疗愈师。

为小菲治疗时，林朋告诉疗愈师，他是非常爱小菲的，只是工作压力大，想通过交女友的方式放松一下。

老师说这是错误的。

后来，林朋把有特殊关系的女友们的电话号码都删了，又向小菲道歉发誓，小菲接受了，并接受了林朋的求婚，择日两人正式结为夫妻。

❸

婚后，林朋真的消停了一段时间。

然而，秋日的一天，小菲又发现了一位，“她长得好，比他小2岁。我刚回来时也没看出来，有一次早上吵架，我回家了，过了两天，他没有像以前那样打过电话来，我感觉不对劲，给他打电话，他不接。恰好路过酒店，我发现他的车在酒店停车场，我就在车不远处等候。大约一小时后，他和一个女的出来了，我没下车，他看到我的车了，也没有下车，只是打开车窗，一直看着我，我就开车走了。”

心情很差的小菲，半路出了车祸，只好给林朋打电话。他来了，帮着处理完事故。

小菲说：“正好有朋友请我们吃饭，我出于礼貌同意了，然后一起吃饭，一起回了他家。他给我的解释是谈生意，但我感觉再也好不起来了。可是我和他都好了3年了，又结了婚，怎么办啊？那一夜，我哭得稀里哗啦。”

舍不得离开的小菲，打开林朋的手机，把女的微信给删了。“但是，有一次半夜我睡了，他没睡，上了‘美丽约’，想把这个女孩的账号加回来。我看到了，问他，他恼羞成怒，质问我为何看他手机。他说你为什么非把这层纸捅破，为什么不给我私人空间？你要是不看，表面上不是挺好的？我只是找个放松的方式，玩玩而已，你干吗这么较真？你累不累？”

小菲通过调查，了解到林朋的新女友玩“美丽约”，跟谁都约，感觉好的就一起吃饭，不好的就不联系，典型的渣女。

小菲说：“昨天是情人节，她打来电话，我对象在听音乐，手机联在车上，我一看号码，是这个女的，他不接。我问你为啥不接，他说对她没兴趣，是她在追他。后来这个女的发来好多微信，到了下午还是不停地打电话，我很生气。他说我没去，也没回信，你还想怎么样？我无语了。”

第二天早上，那个女的打来电话，小菲接了。

女的说：“林朋很优秀，你们挺幸福的，他也跟我提起你，说你很大度。”

小菲问：“你找林朋有事吗？”

她说：“没事。”

小菲说：“你不要再给他打电话了。”

女的说："你不知道吧？我们经常通电话。现在软件也挺多的，知道我俩怎么认识的吗？"

小菲说："我没兴趣知道，现在我把我的电话号码告诉你，有事你找我。你在事业单位上班，别不识趣，回头班也上不成。"

小菲越来越纠结了，她不知该怎么办。"他外表很正直，也不抽烟，偶尔喝点葡萄酒，没想到有这一面。分开肯定舍不得，我付出了这么多，跟着他的时候，我只是个大一的学生，而且，我知道他是真的爱我。你看他对别的女人说放手就放手，只有我，他始终不肯放手。他说如果我离开了，也绝对不会和那些女人结婚，他想好一辈子的人只是我。"

PS：

林朋舍不得小菲，道理很简单，因为小菲是最包容他的。

身为富家子弟，林朋自小家庭条件优越，抛开情史不谈的话，本人也比较优秀。像他这种情况的人，恋爱时，不太容易受世俗干扰，基本是喜欢谁选谁，感情相对单纯。他之所以这么花心，问题在于家庭。

林朋的母亲很能干又很沉默，是一个把痛苦消化于内心的女人。

父亲脾气暴躁，有外遇，是一个生活十分放肆的人。

在这样一个家庭长大的孩子，势必走向两个极端——要么胆小怕事，对女人有无限的宽容与同情，容易爱上有痛苦经历的女人；要么成为父亲的复制品，发生家暴和外遇，会本能地寻找一个能够包容和追随自己的人，比如小菲。

通常小孩在成长的过程中，会寻找榜样，男孩更多会效仿父亲，父亲往往代表着男人的标准。由于父亲并没有因为不良行为受到过什么惩罚，林朋就认定自己的行为不会付出惨烈的代价，会继续花心下去。他之所以坚持留住小菲，是因为小菲漂亮、聪明、单纯、干净，一直追随和包容他。

小菲身上有好多优点，完全配得上一个经济条件不错的男朋友，为什么明知道林朋是个花心大萝卜，也总是嚷嚷着分手，但一哄就好呢？有两个原因：

1. 物质方面获得极大的满足。自跟了林朋，她就有了每月2万元的生活费，坐飞机，开豪车，还有鲜花、钻戒、豪宅。这一切，是普通男生一辈子可能也给予不了的。由俭入奢易，由奢入俭难，如果一个人一直生活得比较艰难，一旦过上了这种生活，而且自己需付出的只是包容，就很难断然从这种生活中抽离。

2. 相信自己是对方的唯一。从目前的情况来看，只要别出大事，林朋基本是会继续花心下去，小菲并不是不明白这一点。但林朋强调和别人只是玩玩，让小菲相信林朋只是因为她不在身边，旺盛的情欲无处发泄而已；相信林朋虽从万花丛中过，却依然最爱小菲，不放弃小菲。

民国著名女作家白薇，爱上风流无度的杨骚。杨骚在情海中屡败屡战，风流不止，多次把性病传染给白薇，并对白薇说：要在外面找满100个女人再回到白薇身边。就这样一个男人，大才女白薇居然痴心不改，哪怕死到临头，还在呼唤杨骚——我的爱人，你快回来！

我遇到过很多因为丈夫外遇而要死要活的人，但很少鼓动她们离婚，因为她们只要说够了、闹够了，就会转身去原谅他，去做鲁迅先生所说的“可怜之人”。

第 74 篇

咄咄逼人的妻子

——横冲直撞，不可久长

“流光容易把人抛，红了樱桃，绿了芭蕉。”这是一个强势女人的强势故事，希望她能早日找到自己的女人道，做一个好妻子，做一个好儿媳。

本文中的李娜，出身农村，上过大学，却在婚姻中杀伐决断、来势凶猛，终于击垮了婆婆的底线，坚决让儿子离婚！

❶

李娜和吕刚是大学同学，他们的恋情没有得到吕母的认可。吕母认为，李娜是农村人，根本配不上自己儿子，而且自己家里还有 3 套大户房，这样的条件，根本不愁找不到好姑娘，所以，她极力反对。

母亲的态度，并没有影响这对年轻的恋人。

大学毕业后，他们一起来到吕刚老家，共同创办了一家环保公司。

在公司创办及发展过程中，李娜的精明强干，让吕刚十分佩服，他向母亲提出结婚的请求。

母亲感觉事情发展到这个地步，拒绝也不是办法，就打算顺从儿子，同意李娜上门。

为了迎接李娜，母亲彻底摆正了态度。

母亲说：“我们知道她要来家里吃饭，上午 8 点就去了菜市场，忙活了一大桌子饭菜，等到中午，人没来，电话也没有。我坚持不问，就想看看他们什么时候说话。

直到晚上9点，他们才进门。进了门，也不说个理由，也不道个歉，只说饿死了饿死了，坐下就吃，也没问问我们老两口吃没吃。这可是第一次上婆家啊，真是太没教养了！”

李娜的行为，把母亲气得够呛，但在吕刚看来十分正常，因为他们已经有了长达7年的相处。他跟母亲解释说：“她这人就这样，很真实，不虚伪，一贯地不拘小节。我就是喜欢她这种个性，客户们也很喜欢，谁不愿和实在人打交道啊。”

既然儿子喜欢，母亲也不舍得让儿子为难，勉强同意结婚。

此时，李娜再次提出要求，定亲礼、改口费，全按照社会上的高标准“开价”，还要最大的那套带车库的房子。

母亲生气了，说：“张口就是数百万，她哪是看好我儿子，分明是为了我家的钱。”

吕刚说咱家付得起，她嫁进来，就是咱家人，肉再香，也是烂在锅里了。

❷

一年后，吕刚和李娜的女儿出生了，婆婆很不满意，已经三代单传了，国家也不准生二胎，就不肯伺候。

李娜说：“我婆婆重男轻女，一看我生的是女儿，转身就走，把我一个人丢在医院里。一个月后，说一定要再生个孙子，罚款她拿。她是拿我当媳妇吗？分明把我当成生孙子的机器，她愿意拿钱，我还不愿意受罪呢。”

母亲确实很想要个孙子，但是，她还是很亲孙女，孩子一直是她来带，潜意识中，希望儿媳回心转意，能满足她的愿望。没想到儿媳擅自流产，这事彻底激怒了她。

母亲说：“她怀孕了，不跟我儿子说声，就跑到医院打掉了，而且是找个男同学陪的。她肯定是做了对不起我儿子的事，说不定这个打掉的孩子就是个野种！”

长久积累的矛盾，终于白热化。吕刚嘴上不说，但喝酒之后，会摔杯子，借此发泄自己的不满。

面对这种日子，李娜毫不迁就，迅速提出了离婚——她认为婆婆太强势，一直瞧不起她和她们家，这个婚姻没必要再继续了，并提出要一套房子和女儿的抚养权。

面对媳妇的提议，婆婆怒气冲天，她坚决要求儿子离婚，并拒绝了李娜的所有要求，说你要离就走，房子全是我买的，孙女也得留下，她是我一手带大的。

吕刚不同意离婚，他对母亲说："您想多了，她同学我认识，人不错的。我摔杯子，不是觉得他们有私情，只是心里有些不舒服，同学再好，能好得过我这个老公吗？我心里有些不高兴，也是可以理解的吧？但我们毕竟相处这么多年，她是个什么人，我还是了解的，不至于做出格的事。另外，她非常努力，这些年，为了公司，她真是豁上了，本来一点酒也不沾，为了生意，一杯白酒一口就喝下去。没有她，公司根本走不到今天。"

李娜说不离婚可以，但你母亲必须离开我们的生活。没有她，我们的日子会过得非常好，现在住的那套大房子也得写上我的名。

吕刚说写名可以，母亲离开也可以，孩子谁来看？找保姆？你不放心。要不我回家看孩子吧，这样你总该放心了吧？

李娜不同意，公司本来就不大，身为公司主力的老公，绝对不能回家当家庭妇男。要想不离婚，只有一个办法：两人分工接送上幼儿园的女儿，如果没有时间，可由奶奶代为接送；但只要家里有一个大人在，奶奶送到后，就必须马上离开。

婆婆听后，哭得声嘶力竭，这是要把自己清出家门啊！这是个什么女人啊，霸占自己的房子和钱财，又要霸占自己的儿子和孙女，真是岂有此理！所以，她也放出狠话："你们必须离婚，不离，我就去死！"

PS：

从开始到最后，李娜一直以强悍的姿态，向婆家索取钱财，不懂礼仪，不识进退，她用实力告诉了我们一句话：夫妻博弈中，实力很重要。

我见过的案例中，也有类似李娜这样的情况——生不出儿子，言行举止超越婆婆所能接受的范围，因此受到了各种虐待，甚至被动离婚，因为她们既不具备李娜的实力，也不像李娜这样努力。

从吕刚口中，我们了解到：李娜为了公司，从滴酒不沾到白酒一口干；为了公司，忙活到夜里9点还没吃上一口饭；因过于疲累，顾不得第一次到婆婆家需注意形象，进门就直喊"饿死了"。

吕刚家有3套房子，确实条件优越，但是，李娜自信自己能创造出比这些房子更多的价值，吕刚也看到了，所以，尽管李娜一直在提条件，他却心甘情愿地一让再让，甚至主动提出回家带孩子。这固然是出于深爱，也不乏弱者对强者的臣服。

婆婆如果能因此看清媳妇才是公司的核心人物，就不会说出伤害李娜自尊的话了。

尽管如此，没有婆婆，哪有儿子呢？

本案中的李娜，住着婆婆买的房子，婆婆却连在儿子家长时间停留的资格都没有。这样的态度，就算做婆婆的忍气吞声，做儿子的如何承受？就算不离婚，这可是个到处有诱惑的世界，或许某天会出现个通情达理的好姑娘，吕刚的外遇会因此产生。

尽管大家已来到离婚区，因为有孩子，因为吕刚深爱着李娜，婆婆还是别催着离婚，大家一起搞好婆媳关系吧。

第 75 篇

她动了别人的“蛋糕”

——鲁莽无序，自作自受

“此情无计可消除，才下眉头，却上心头。”鲁豆先生及周边人物的故事，不得不令我们感叹：问世间情为何物，直教人生死相许！期盼故事中的每个人都能深刻忏悔过错，早日跳出欲海情天。

妻子外遇，他离婚再婚；为了孩子，又离婚复婚。

鲁豆付出了很多，却两头不讨好，酗酒浇愁，最终，患肝癌离世。

❶

鲁豆在某邮政局做支局长，义气，爱酒，外号“醉金刚”，三天两头迷离着一双猩红的眼，经常醉倒在家里的地上。

老婆烟洁在粮所工作，性格孤傲，有洁癖，如果有人在她家里抽烟，烟洁能拿着扫帚、抹布跟着，像她这样的人，看着醉气熏天的鲁豆，当然不会管。

这样的夫妻，自然是凉心的凉心，薄情的薄情，干仗吵架是常事。在这样的家庭环境中，两人的女儿慢慢长大，她叫小雪。

小雪上五年级的时候，烟洁有外遇了，和副食品公司的李响。说起来，大家都是熟人，李响的父亲是杀猪的，跟几位更是熟得不得了。

有一次，鲁豆又是一晚宿醉，早晨醒来，烟洁摔摔打打，鲁豆懒得听，抹把脸，直接出门喝豆腐脑去了。

早饭摊上，鲁豆遇到了变电所的老刘，说有笔储蓄业务介绍给他，鲁豆就跟着去了，一直谈到中午才回办公室。他发现没带钥匙，想想应该在家里，就折头回家找钥匙，结果，撞上了老婆和李响在床上。

所有的正义，都站在鲁豆这一边，房子、票子、孩子都归了鲁豆，烟洁净身出户了。

不知鲁豆有多少缺点，但摆在面上的他，条件不错——正科级，有房，有钱，正直善良人品好。虽说带一女儿，这在我们国家不算缺点——不管男女，如果带着女儿，对方基本都能接受；假如带着儿子，对方基本都会犹豫。因为闺女长大就嫁出去了，儿子可是留着继承家业的。

没多久，通过热心人的介绍，鲁豆遇到了比自己小11岁的肖怡。

肖怡因前夫家暴离了婚，带一女儿叫小林，正处于浮萍无根的状态。鲁豆正义离婚，有根有底，完全接得住小怡。

小怡说：“孩子不易，你可得对她好。”

鲁豆一百个答应，两人领了证，幸福地摆了婚宴。

❷

婚后，鲁豆和肖怡住一屋，小雪和小林住一屋。

小林三天两头悄悄和妈妈告状，比如姐姐故意踩我手了；比如姐姐故意把枕头压我脸上，我喘不过气，费好大劲才跑出来。

肖怡不相信，因为她没听到动静。

小林趴在妈妈耳朵上说，妈妈我不敢出声，我知道这不是咱家。

肖怡愤怒了，找鲁豆告状，鲁豆不相信，说：“你可别让她骗了，这个小姑娘，鬼精鬼精的。不像小雪，从小就善良，一个小虫就能把她吓哭了。”

不管肖怡怎么发作，鲁豆就是不相信。肖怡把小雪拉出来，让小雪交代，小雪只会哭。

鲁豆也发作了，不仅嫌肖怡说多了，还指责小林撒谎害姐姐。

后来，鲁豆感觉自己断不清这家务事，转身就走，晚上喝到醉死才回来。

为了避免女儿被“谋害”，肖怡马上去买来张小床，放在书房，总算让女儿避开了小雪。

这个周末，小雪去了妈妈家，小林在家睡觉，鲁豆和肖怡一起去买菜。买菜回来，发现两人都没带钥匙，想到小林在家，敲门，可怎么也敲不开。

鲁豆说肯定是报复我呢，嫌我不向着她。肖怡说不可能，我女儿特别懂事、特别善良，肯定是不在家。两人就争执起来，鲁豆到地下室找把斧子上来，直接劈门。巨大的响声终于吵醒了小林，她来把门打开了。

被鲁豆说昏了头的肖怡，进门操起扫帚就打小林。小姑娘又疼又吓，满屋跑，还是鲁豆看不下去，夺去了扫帚。

小林眼泪巴巴地看着肖怡，说妈妈我睡着了，没听见。

肖怡抱住小林大哭，感觉自己的婚姻又错了。眼前的男人，虽然在单位拥有很好的口碑，但是，并没有爱别人孩子的心胸。

这件事发生后，两人真正有了隔阂，以前还相拥而眠，现在一床被子各睡各的，中间留出了好大的通风口，不暖和。肖怡干脆到衣柜又拽出一床被子来，两人同床不同被了。

❸

一个月后，小雪突然跑回来哭，让爸爸去救妈妈。

原来，烟洁鼓动李响离婚，李响的父亲提着一把砍刀，冲去粮所，非要劈了烟洁不可。

众目睽睽之下行凶，肯定是行不通的，同事们夺下了老人的刀，但怎么也撵不走老人。

老人坐在当院，把烟洁骂了个狗血喷头。

为什么当公公的这么为儿媳说话呢？

因为儿媳太孝顺了。

李响母亲自打生了儿子就瘫了，媳妇进门前，一直是爷俩忙活。进门后，一把全接了去，硬是把屋里屋外收拾得毫无异味，长年躺在床上的婆婆，从不生褥疮。像这样的媳妇，就算是丑八怪，谁家老人不喜欢？

当年，李响根本看不上妻子，但是，以李响当时的综合条件，能找到这样的就不错了。在择偶问题上，男人比女人实际。当母亲的重担离了肩，再遇到心仪的烟洁，当然是心旌摇动了，何况烟洁是因为他而离的婚。所以，他坚持要离婚，那父亲自然就不能放过烟洁了。

鲁豆又有什么办法？就算有办法，他又凭什么救她？

小雪看爸爸没有动作，开始一夜一夜地哭，非要爸爸和妈妈和好。鲁豆试图和她讲道理，小雪不听，就是一夜一夜地哭，一夜哭到天亮。

肖怡烦躁死了，趁鲁豆不在家，跟小雪说：你妈妈是自找的，好好的，当什么第三者啊。她为了当第三者，不要你了，你还为她哭，是不是傻?

结果，小雪哭得更凶了。

❹

孩子若这样哭下去，会影响学业和身心的，鲁豆决定和烟洁谈谈。

第一次见面，约在了烟洁父母家。

烟洁有两个弟弟，和鲁豆关系都挺好，因为他们的学业，都是鲁豆供出来的。这样的氛围下谈话，很容易把人谈软。

有了第一次见面，后面的见面，就顺理成章了，比如弟弟们约着喝个酒了，父母做了野菜包子了，等等。

多次见面以后，烟洁的外遇形象也淡化了，两人相见，也没有仇恨的意思了，反而时时谈起当年刚结婚时有多少不容易，供弟弟们上学，钱特别紧张，还有小雪刚出生时的种种可爱情景。越聊，越感觉这才是一家人，就睡一块了。

烟洁一家开始鼓动鲁豆离婚，但鲁豆犹豫了。

平心而论，肖怡没多大过错，有点袒护自己孩子也正常。与烟洁相比，肖怡年轻漂亮有文化，若不是小雪从中生事，鲁豆也算是艳福不浅。而且，烟洁确实是过错方，是她污辱了他们的婚姻。

那么，自己应该为孩子去伤害肖怡吗，还是为肖怡伤害孩子?这个问题，让鲁豆纠结不已。

就在此时，肖怡发现鲁豆穿了件崭新的白T恤，这绝不是她买的。

鲁豆不会撒谎，实话实说。

肖怡哭得死去活来，她倒不完全是因为鲁豆的背叛，而是难过自己的命运太苦了。

看着难过的肖怡，鲁豆良心发现，他写了份离婚协议，把房子留给肖怡，让肖怡写张10万元的欠条给他，算是给烟洁一个交代。他说：“只要你不结婚，这房子就全是你的，我不会来要钱。如果你结婚，你给我10万元，行吗?”

一套100平方米的房子，还带个地下室，当然说得过去，肖怡看大势已去，默然签字。

❺

鲁豆和肖怡离了婚，又和烟洁、小雪组成了一家。但是，一切想当然的幸福，也只能是想当然了。

再婚后，烟洁开始不平衡了。那房子有自己和小雪的一份，你凭啥做主给她了？就那么点钱，还让她欠着，赶紧去要！这话她不想说，让孩子说，她知道鲁豆最惯女儿了。

前面说了，鲁豆是个口碑好的人，他感觉已经对不起肖怡了，怎么好意思言而无信呢？

而且，当初离婚时，房子已经没你烟洁的份了，至于孩子这份，也是为了和你复婚才放弃的，有啥可争的呢？

这些话，和小雪没法儿说。

小雪又开始一夜一夜地哭，因为她觉得妈妈说得对，她觉得自己原来有房子，现在却住在租来的房子，那个可恨的小林，住着她一家人的房子！

一年后，小雪抑郁了，天天想死，住进了市心理康复医院。

酗酒成性的鲁豆，得了肝癌，熬了三个月，死去。

这场纷乱的大戏，终于拉下了帷幕。

PS：

在这个案例中，谁是过错方？

1. 是烟洁。身为有夫之妇，不爱鲁豆，却不选择离婚，而是爱上同样有家庭的李响，企图于泥泞中偷欢，最后被净身出户，财产、名声都损失不少。

当婚外恋失败，不管是以母亲的名义，还是出于自私的考虑，她再次充当了前夫家庭的第三者，伤害了肖怡，更伤害了小林。

2. 是鲁豆。他贪杯酗酒，遇事不能积极正面回应，擅长逃避，烟洁嫌弃他酗酒，他不肯改，一再回避；肖怡让他评个理，他先是选择袒护女儿，然后又是回避问题。结果，小事变成大事，前妻后妻一一失去，还失去了自己。

看到这里，读者朋友们一定会说：最无辜的，就是肖怡和女儿了。可是，我要说她们有罪。她们和鲁豆组建家庭，伤害了小雪的利益——爸爸不再是她一个人的，自己也不能和爸爸妈妈在一起生活，小雪怎么能不恨呢？于是，自结婚起，小雪变着法儿地伤害比她更小的小林，甚至想杀了她（前面我提到了小雪用枕头捂小林的头），后来，又极力与妈妈一家联手，毁掉了肖怡的婚姻，拉回了爸爸，却也毁了爸爸。

读者朋友们，或许你们会说小雪不懂事。你要一个小姑娘怎么“懂事”？她怎么会看懂大人的戏码？

这个活生生的例子告诉我们：

1. 不管你的出现道德与否，只要你动了别人的“蛋糕”，就可能招来祸事，所以，不要去爱有妇之夫，因为他不仅是他自己，他还有孩子、父母、朋友等等。这些复杂的关系，足以毁掉所谓的爱情。

2. 慎嫁带孩子的男人，除非他有德有品够成熟，而且，非常爱你。

第 76 篇

左右为难的复婚

——算计思量，难以明朗

“无可奈何花落去，似曾相识燕归来，小园香径独徘徊。”此方世间实是娑婆，应当堪忍，得饶人处且饶人，选择了的道路就坚定地走下去。

一年前，李桐觉得老公是个自私鬼，愤而离婚，还加了我的微信。

离婚后，面对两个失去父亲的孩子，李桐又产生了复婚的想法。

就在此时，她看到老公带着年轻女人招摇过市，赶紧问我：“这婚，复不复啊?”

❶

他们是青梅竹马，从小住在一个胡同，小学、中学都在一个班，放学了也一起写作业。

李桐说：“小伙伴们都管我们叫‘小两口’，两家大人也互称‘亲家’，所以，在我们还没成人之前，婚事就像是铁板钉钉了。”

刘志得成绩好，高中读完了又读大学，毕业后去了西安。

李桐没考上大学，参加了工作。

虽说一直是两地分居的状态，但俩人书信往来，并没有感到距离的问题。

刘志得一工作，俩人就结了婚。

婚后不久，刘志得回了西安，李桐则从自己家搬进了他家，像模像样地做起了儿媳妇。

1988 年，李桐生了一对双胞胎，两个孩子的同时到来，是喜事也是麻烦事。

李桐说："婆婆身体不好，我还没出月子，她就进了医院，只好把孩子托给了我父母。好不容易等孩子长到 2 周岁，赶紧送进了托儿所。说起那段日子，真是不堪回首，天天睡眠不足，坐个公交车，立着都能睡着，好几次坐过了站。我好多次写信埋怨他，嫌他什么忙也帮不上，他开始的时候还安慰我，后来就有点不耐烦，说你怎么天天叨叨这些事，也不嫌烦得慌。"

此时的李桐可谓身兼数职，既要工作，又要照顾老人和孩子，但这些辛苦劳累还算罢了，别家夫妻那些灯前月下的恩爱，商场菜市相依相伴的厮守，让李桐内心非常难受。她有点后悔了，感觉夫妻分居两地还不如不结婚。

10 年后，刘志得终于回到烟台，进了开发区一家外企工作。

收入高，俩儿子成绩又好，不再累人，两人感觉天天像过年，但激情过后，才发现恋爱、友谊之类的感情，和婚姻真不是一码事。

❷

刘志得少年丧父，母亲又是个懦弱的人，所以，在很小的时候，他就学会了当家主事，特别倔强专断，说一不二。

李桐说："没结婚的时候，感觉他有男人气，特别值得依靠，但在婚姻中我就受不了，不管什么事，他都要做主。我和我父母都无权发表意见，只有去执行的份儿。现在，不光我受不了，我父母也渐渐地和我们家疏远了，说是压力太大，不舒服。"

李桐学历低，工作也没刘志得的好，内心本就觉得低他一等，他一专权，就感觉自己是纯粹的老妈子，天天做饭洗衣、照顾孩子、伺候老人，被他招之即来挥之即去，一点尊严也没有了。不光如此，刘志得连钱也是自个儿把着，仅仅拿点生活费出来，理由是李桐脑子笨，不会管钱。

在孩子教育方面，刘志得也大权在握，表情严肃，话语严厉，俩孩子都特别怕他，无论有什么事都不敢跟他讲。

按说有唱黑脸的，总得有人唱红脸吧？但刘志得就是独自决断，李桐只配在一边看着。

去年，李桐的父亲患癌症去世，但在老人从患病到去世的整个过程中，刘志得却并没有像李桐想象的那样"顶起来"，这一点让李桐很意外。

她说："我能容忍他的专制，是觉得关键时刻他能靠得住，但我爸得病期间，找大夫啊确定治疗方案或者陪夜什么的，样样不管，所有事都由我和我母亲承担，我开始反思自己对他的认知，他究竟是个大男人还是大暴君？"

李桐的父母互相之间感情很好，父亲一走，母亲的身体一下子垮下来。李桐不放心，就想把母亲接到家里来住，但刘志得死活不同意，理由就是他妈在养老院，岳母自然也应该去养老院。李桐认为刘志得就是不想家里多个麻烦，就很生气。

在李桐看来，你妈去养老院是你的事，我是我妈的女儿，老人愿意跟着我，我就不能强行送养老院。

刘志得当然不高兴了，两天后，随便找了个理由骂李桐，整整让她两夜没睡觉。至今回想起来，李桐依然特别气愤："我怕我妈听见，一直沉默，就他自己在吼，我一打瞌睡，他就把我吼醒。天一亮，我妈就回了自己的家，再也没到我家来。"

母亲的事，让李桐多年的委屈一下子涌出来，她提出了离婚。

刘志得坐在客厅的沙发上，手搭在靠背上，跷着二郎腿，用一种居高临下的态度说："你可得想好了，就你这个岁数，出门容易，再想进这个门就难了，女人可不像男人，我要找很好找，就是想找个年轻的也很容易。"

李桐的心彻底凉了：宁可没人要，也不跟这种混蛋！

❸

婚离了，李桐觉得特别轻松，就像是放下了千斤重担。

李桐说："我从没想过，跟他在一起，原来是那么沉重的事。现在太好了，我再不用做那些没完没了的家务，更不用看他的脸色，也能拿到他的钱了，朋友还开始给我介绍对象，我也跟着去见了几次，享受单身女人被男人尊重和照顾的感觉。"

然而，毕竟是两个孩子的母亲，自己的生活是快乐轻松了，但每次看到孩子，又有很深的愧疚，觉得孩子成了缺父少母的可怜娃。

此时，亲朋好友又时时相劝，说"千好万好不如原配之类"的话，加上刘志得有复婚之意，李桐又回家了，但不同意马上复婚。

刘志得改变还是挺大的。李桐说："以前他从不买菜做饭，现在也开始去市场、下厨房了，我病了也能问问去不去医院，到了过生日的时候，还送我束鲜花。在收入方面，他不仅不过问我的收入，孩子的费用和家里的花销都由他来支付，有了外快，也交给我。离婚前，他很少在家，现在下了班就回家，必须去的应酬，会在适当的场合带上我，成了一个很好的老公。"

日子就这样愉快地过着，李桐觉得自己成了一个幸福的女人，甚至觉得自己太傻，怎么没早点离婚呢？

有一天午后，李桐和同事正在南洪街逛店，突然发现老公和一个女人很亲昵地从一家店里走出来。

她赶紧躲在同事身后，同事一愣，说这不是你老公吗？她赶紧捂住同事的嘴，拖着同事拐进了小胡同。

李桐说："同事严厉地谴责了我，说你不和人家复婚，人家当然可以和别人约会了，遇上好的，直接让你滚蛋。我一下子就乱了。之所以不提复婚，是怕在他手里落下话柄，使他遇事再压我一头，我真的太讨厌以前的生活了；可不复婚，他就可以跟别人正大光明地约会，这婚我复还是不复呢？"

PS：

婚姻中，刘志得一直做着大男人，凡事一言堂，把握着家庭的绝对控制权，保持着高高在上的强硬形象，还不干家务，把丈母娘拒之门外。当李桐提出离婚时，刘志得也对她发出了强者的嘲笑，认为她没有自己的市场好，肯定找不到合适的人。

刘志得对娘俩是有感情的，当李桐顾念孩子的时候，他马上拿出实际行动，表现出复婚的愿望，但是，当李桐沉浸于虽不结婚胜似结婚的幸福中而不思再婚时，他发现付出了却得不到回报，就一刻也不停地找了新的女人。这是一个非常现实的男人。

我给李桐的建议是：复婚。

刘志得是上过大学的人，综合条件不错，如果想娶个平起平坐的姑娘，一点也不难。以刘志得这么现实的人，愿意娶没学历的青梅竹马，肯定是爱李桐的，婚姻基础比较牢固。固然他有些事没达到李桐的标准，但他算是个一般意义上的好男人。

其实李桐对他的要求有点高，人家自己亲妈都住养老院了，要求丈母娘也去，不能说过分。如今孩子生得少，进养老院或搭伙养老，是我们所有人的未来，不应看成是虐待或轻视自己和娘家。

至于医院里的表现，也不能和顶不顶得起来有关系。刘志得没学医，和医生商量不了治疗方案。你和母亲都在医院里，他如果也搭上，谁去赚钱管孩子呢？

其实刘志得的话是对的，如果真的不复婚，他再婚的选择面确实是比较大的，可以找未婚的，也可以找离异的，不管是哪种，综合条件通常会胜过李桐。李桐没学历，工作一般，再带上俩孩子，能娶她的人，条件很难胜过刘志得。

综观李桐与刘志得离婚的整个过程，无非就是李桐感觉不被尊重，面子受伤了。其实在李桐的内心，可能也觉得有点配不上刘志得。越是自卑的人，越加倍地想获得尊重。文化水平高于李桐的刘志得，应该体恤这一点。

同时，我希望李桐静下心来，好好看看我们身边的人。有水平的，有势有权有文化，人见人敬；没水平的，搬砖擦鞋扫大街，找个对象都费劲，弱肉必然强食啊。你自己没文化、没能力，要对方既无所不能、又臣服于你，能行吗？爱情这东西，没那么大魅力。

目前，刘志得肯定也衡量过离婚的得与失了，他的表现，说明他认为与李桐复婚才是最合适的，正好李桐也放不下，本来也没什么大问题，还是早早复婚，把俩孩子带好吧。

第 77 篇

甩不掉的妻子
——自心难认，无力做主

“一川烟草，满城风絮，梅子黄时雨。”见她好是你，见她不好也是你，所以哪个是你，你刘阳要知道啊！

自己跑到离婚区要求离婚的人，不少。或许你要问了，自己来咋能离婚呢？不如去起诉。要知道这部分朋友真的是太难了，他们与其说是来离婚的，不如说是想寻条活下去的路。

刘阳来了，拿着户口本和自己的身份证、结婚证，坚决要求我们帮他离婚。他后悔娶了大字不识的米兰，把好好的人生演成了悲剧。

❶

我叫刘阳，本科学历，毕业后，进入一家电子商务公司做人力资源工作。

我老婆叫米兰，当时在我们单位楼下开了家馄饨铺。她是老板，长得漂亮，干净利索，吸引了好多年轻人。我们公司的几十号人，基本拿她那儿当食堂，我们都叫她“馄饨西施”。

认识久了，我发现她居然不识字，这太出人意料了。问她，总是摇头。

冬季的一天，下完了雪，居然又飘了一些雨，地面冻得冰亮，来吃饭的人少，店里只有我一个顾客，我就问起不识字的事。

她说父母都在烟台做生意，把她扔在姥姥家。到了 7 岁，父母把她接到了烟台。她以为过来上学呢，没想到父母是喊她过来帮忙的。到她长到 15 岁的时候，家里已经开起了连锁，她也就开始了当老板的生涯。

不瞒您说，我真的很同情她，像我们这个年龄的人，哪有不识字的？

我主动提出来，要教她识字。

她又自卑又开心，说太好了，你以后吃饭不用交钱了。

我说那可不行，教你识字就算做公益了。

她说我知道做公益是救济穷人，我不穷，一年能赚十几万呢。

从这天开始，我们成了师徒，每天来吃饭的时候，我都会教她学拼音。可惜店里闲暇时间很少，她天天忙得像陀螺，根本没有学习的可能。

我说你这样可不行，不能光想着赚钱，人还有生活呢。

她把我的话听进去了，选了个可靠的员工帮助管理，她开始跟我学识字，也陪我一起看电影、逛街。我们在一起的时候，都是我说，她用崇拜的眼神看我，路人也会因为她的美丽而多看几眼……这一切，让我很膨胀。

我们交往了3年，她父母不太同意我们在一起，认为我没房没车，说话又和他们不是一路，但我母亲特别乐意。

母亲没上过学，一辈子喜欢勤苦能干的人，所以，她特别喜欢米兰，一直催我，说这样的好媳妇打着灯笼也难找，人家又不嫌咱穷。

第4年春天，我们结婚了，并很快有了儿子。在她休产假的时候，我辞去了工作，接手做餐饮。到她正式上班，我做了她副手。

当我们真正工作在一起时，我是餐饮“小白”，而她成了我的师傅，态度自然也不像从前，还原了她的本来面目。

此时，我才发现彼此的眼界、格局和精神境界有极大不同，她的脑子里全是怎么赚钱怎么过日子，可我还有精神上的需求。

我们开始争吵，她露出了从前没见过的一面——摔盘子砸碗，动不动就“你他妈的”，各种污言秽语。从前在我眼里的调皮，现在看来，完全是草莽。一说话，就胳膊乱挥，太低级。

我觉得自己太幼稚了，怎么会娶一个没文化的娘们？我提出了离婚。

她一拍桌子，说你再他妈的说一遍！

我说必须离！一天也不能过！

她顺手拿起一瓶啤酒，直接在脑袋上开了花，鲜血哗地流了满脸！可把我吓坏了，送到医院后，缝了14针。

她的疯狂表现，暂时制止了我离婚的想法，但是，我宁可还是从前的工薪族，也不想和一个徒有其表的草包在一起。真的，我说了上句，她只要一接下句，我就会彻底闭上嘴巴。

为了达到离婚的目的，我决定和她分开开店，感觉距离会把我们的关系拉开一些。等她接受了身边没有我，再提离婚，她应该不会那么极端吧？

3 个月后，我的新店开张，不卖馄饨卖米线。这个主意是我提的。

当时，她考察了一下，觉得不可行，说现在做米线的太多了，味道上都差不多，用的香精是工业原料，也做不大。

我很坚持，理由是店址靠近大学，学生最爱吃米线，只要装修提上去，肯定能抢了同行的风头。

❷

理想很美好，现实却啪啪打脸。

新店的营业额在开业后的 3 个月里还说得过去，3 个月后，人渐稀少。她开始说我，我一回嘴，她就骂上了，说我属于干啥啥不行吃啥啥没够！

由于店里客少，我闲空多，经常跟来吃饭的学生聊天，与外语系的小歌很聊得来。知道她家状况不好后，我经常会给她零花钱，或买些衣服化妆品。没多久，我们就突破了底线。

小歌想嫁给我，我也真心爱上了她。我们俩非常聊得来，不管是谈足球还是谈文学，随便找个话题，就能天荒地老地聊下去。即使不说话，我们看着彼此也是满心欢喜。

我再次向米兰提到了离婚，并告诉她我爱上了别人。我说："你漂亮能干，以后找对象的时候，不要找学历相差大的，容易聊不来，对彼此都是伤害。"

结果，米兰跑去文身了，前胸一大片刺绣，居然是一对偎在一起的鸳鸯，还有大片的莲花和水……

她说是表示对我的爱，我无法理解这种疯狂的举动。

米兰说："我跟着你的时候，你啥也没有，我跟着你了！我对婆婆也好，我也不和别人乱搞，我能赚钱，我也让你当老板了，你凭啥不要我啊。"

我跟她说境界说三观，她骂我放屁。

她越是这样，我就越坚定了离婚的念头，何况，小歌也怀孕了，我不能让我心爱的女人难过。

我起草了离婚协议，声明自己净身出户，所有的财产，全归米兰所有。

她看不懂，我念给她听。她听完后，一脸平静，转身就出店了。我感觉不好，赶紧尾随她，一直跟到海边，只见她大踏步地下了水，拼命划着胳膊向里走——她是要自杀啊！

我真没想到她会这样，似乎我是她活在世上的唯一理由。我要她，她就活着；我不要她，她就去死！

这件事轰动很大。有一个开烧烤店的，叫林强，也没文化，小时候当小混混，长大了摆地摊，后来干烧烤发了，脖上戴条指头粗的纯金链子。他听说我们的事后，指着我鼻子，骂我是犊子，要我赶紧滚，他会给米兰幸福的生活。米兰端着一锅馄饨汤就出来了，全泼他身上，让他滚！

现在，我妈天天骂我，说如果离婚，她要跟着媳妇过。我说人家还要结婚呢，我妈说米兰是从一而终的人。

早知今日，何必当初，我现在才明白当初真是干了件傻事，你说我一个本科生，怎么能娶个文盲呢？

我现在是真想离婚，一天也不想过了。

PS：

从米兰的经历可以看出，她是个没有安全感的人。7岁前，过着似乎没有父母的日子，7岁后，又被父母生生割断了与姥姥家的情感维系，带在身边做买卖。可以说，她的一切，都是父母无情强加于她的。对于社会底层的人来说，读书不如赚钱实惠。

没读书，是米兰内心的缺憾，所以，她喜欢有文化的人，想做文化人的老婆，她看不上与自己一样没文化的林强。

关于刘阳提离婚的事，刘阳妈这样教训儿子："她没文化，不是她的错啊。你看她多能干，会赚钱，对我也好。人家有钱人追她，她也不干，她咋不投进别人的怀抱啊，因为她爱你啊。你还想要什么？你净身出户，以后怎么生活啊？那个小歌也没钱，你跟她去打工啊？傻不傻！"

如果站在道德的角度，刘阳不应该提离婚，外遇也得断了，好好和米兰过下去，但是，道德能阻止刘阳出轨吗？

从这个案例中，我希望大家看到门当户对的重要性。

的确，有的人只觉得钱好，不在乎老婆与自己是不是高山流水琴瑟和谐。

刘阳不是这种人，他是不爱钱的。当他明白了选择失误后，愿意净身出户，而米兰宁死不离婚，刘阳便束手无措。如果眼睁睁看着孩子母亲死在眼前，背上永久的愧疚，余生还能平静吗？

或许只剩下一条路，那就是彩旗飘飘了。可是，以米兰的心性，一旦思维逆向，从自虐自杀变成虐人杀人……谁死就不一定了。一个没有文化又对婚姻彻底失望的人，基本不用向好的方向指望。

希望大家能以刘阳的婚事为鉴，在择偶的时候，要看清对方是不是适合与自己同行。不要把悲悯当爱情，不要把理想当爱情。爱情，需要心与心的呼应与契合。

至于眼界、格局及精神追求这些事，没什么高级低级，贵在合适。如果有文化的刘阳不拿文化当回事，觉得赚钱特别好，那米兰就挺适合他的；如果米兰觉得和刘阳聊不到一起，不如和林强在一起相配自然，也是皆大欢喜。

第 78 篇

等他续弦的女人

——祸本自招，怨人何用

“山映斜阳天接水，芳草无情，更在斜阳外。”本是无情人，奈何又怨人无情。因果报应，丝毫不爽。修心改行，好自珍重。

2015 年春天，于茳的老婆患上了癌症，心情狂差的于茳，和离异单身的李茗好上了；2017 年冬天，于茳老婆死了。然而，爱他爱到发狂的李茗，却被于茳踹了，要与肖怡领证结婚。

李茗闻讯而来，在婚姻登记处与于茳大吵大嚷。我赶紧把她带到了离婚区的办公室……

❶

李茗在一家快餐连锁店打工，3 年前离异，有一间 27 平方米的房子，与儿子相依为命。

这 3 年中，她身边一直有个十分爱她的老陈。好到什么程度呢？绝对的“忠犬八公”。但李茗对他毫无感觉，就算躺在一起，身体也没有任何反应，这让李茗很烦。就在此时，于茳出现了。

于茳比李茗小 5 岁，是一家整形美容医院的后勤，长得很帅，从结婚就开始外遇不断，真正是家中红旗不倒，外面彩旗飘飘。老婆管也管不了，只能生气，气大伤身。终于，在 2015 年的春天，查出癌症。

老婆做不了饭，于茳只好频繁光顾快餐店，也就是李茗所在的这家店，它正好开在于茫小区外。

在没遇到于茫之前，李茗不知道自己究竟喜欢啥样的男人，遇到于茫后，一切就变得真实立体了——个高、肤白、健康、双商均高。而且，这么美好的男人，也很喜欢李茗。

于茫对李茗真的好，经常去李茗家做饭。李茗要帮忙，于茫总是不肯，说："你尽管去床上躺着，我做好了叫你。"李茗当然不舍得离开，就看着于茫忙活，日子分外甜蜜。

自从有了于茫，李茗再也容不下老陈。

从前没人比着，李茗的内心是自卑的。人到中年，带个儿子，又是打工族，找到理想爱人的可能性，渺若星辰。老陈的出现，算是聊胜于无，有个人伺前伺后，总胜过孤灯清影吧？

于茫一出现，李茗才明白，老陈不过是预防万一的备胎，就直接和他提出分手。

老陈接受不了，如同夜路挨了闷棍。但是，他对李茗已经爱到了骨子里，只要她幸福，自己下地狱也是可以的。

有一次，朋友给了几盒海阳小樱桃，他想着李茗爱吃，立马给李茗送去，恰好遇到于茫也在。老陈强装镇定地说了声："我们是老乡，她妈让捎来的。"就急匆匆地跑了。

倒是李茗大方，向于茫诚实相告。于茫说："宝贝儿，现在有我了，我会照顾你。"

陷入幸福的李茗，天天盼着于茫老婆死。

还真让她盼着了，2017年冬天，于茫老婆真的死了，这一消息，真让李茗欣喜若狂。

❷

已是过来人的李茗深知：要想征服男人，首先要征服婆婆。为了赢得婆婆的欢心，李茗带于茫母亲参加了公司的年会。

看节目、吃饭的时候，一切尚好。到了年会尾声，婆婆从手提包里，拽出了一堆塑料袋，开始手法熟练地向袋子里倒剩菜。

同事们都惊着了，目光集体扫向李茗，她的脸红到了脖子。

李茗悄声说："阿姨，这是公司年会，不是咱家办酒席，会让同事们笑话的。"

于茫母亲撇了下嘴，说："笑啥？他们不吃人饭啊？这么好的菜，都花了钱的，等你们走了，全让饭店的人分了。咱们花的钱，凭啥让他们分？”

李茗说：“阿姨，饭店有规定，剩菜不准私拿，有专门来收的，喂猪。”

于茳母亲一听，声音的分贝激增：“这么好的菜，喂猪！伤天理啊伤天理！”

恰好音乐停了，于茳母亲的话，震惊了会场。眼看讶异和鄙视的目光越来越多，李茗只好离开老人，装成不认识的样子。

于茳母亲收了一大堆剩菜后，又开始划拉那些没喝完或整瓶的矿泉水。

李茗忍不住了，赶紧跑到洗手间，给于茳打电话，想让于茳阻止老人的行为。

于茳说：“怎么了？矿泉水是收给我儿子的，他不爱喝别的水。剩菜也是好菜，谁家里能天天吃饭店？我妈收这么一回，能省半月伙食费了。”

这件事，让李茗的名声响起来，全公司都知道丽水小区店里的李茗，有个爱占小便宜的婆婆，这让李茗十分不满。

李茗虽然是个打工的，但是，为人高洁，从不占别人便宜，无论什么场合，不卑不亢，让人敬重，突然因此坏了声誉，于茳居然还无所谓，让她内心极为不爽。

不久，李茗又发现于茳经常从单位带饭回家，还告诉她：“单位的饭是免费的，不拿白不拿，咱妈也省事。”

老人的行为，晚辈说不得，但对于茳，李茗认为有必要说出自己的观点：“几个馒头能值几个钱？这样太掉价了。”

于茳说：“我妈说了，日子是省出来的。这省点，那省点，最后是一笔大钱。你算算，一个馒头1块钱，一天拿10个，就省了10元，一月可能是300，一年就是小4000元！一台电视出来了。”

看着在自己眼里男神一样的于茳，居然有这么下作的行为，李茗真是忍不了了，一股怨气在心里撞来撞去，又说不得。

有一天，公司有事，李茗想起于茳休班，就叫于茳来送她。于茳想着没啥大事，就在朋友家多打了几圈麻将，迟了俩小时才去找李茗，李茗等他不着，早已打车走了。

晚上，李茗终于火了，于茳说你又没说有急事。李茗说：“你聋了吗？我说了是去公司，你居然晚了俩小时！”

从前，于茳再怎么四处猎艳，老婆只是冷脸子，从不说脏话，所以，他不能接受李茗的暴脾气，开始和李茗疏远了，也不明说，只说工作忙。

❸

2018年的第一天，于茳的表姐找到了李茗，说：“你别再找于茳了，他要结婚了，日子都定了，别引起误会。”

李茗说我怎么不知道？姐姐说为什么要你知道？你又不是他什么人。李茗说我是他对象啊。姐姐说我们怎么不知道？李茗想了想，还真是。上次年会，是以于茳朋友的身份带他妈去玩的，自己从未以女友的身份去过家里。

李茗说：“现在说也不晚吧？我们都好了那么久了。”

表姐用很不屑的态度，说：“你比他大那么多，还带个儿子，不合适的。”

爱了这么久，李茗从没想过自己有儿子还是个缺陷。怎么能是缺陷呢？又不用他们家养。眼看和姐姐说不清，李茗打电话给于茳，于茳说是真的。

李茗傻了，这么相爱，老婆这个障碍也消失了，怎么就突然移情别恋了呢？这是什么时候开始的呢？

于茳不肯细说，只说家里不同意他俩的事，看上了现在这个。

为了清楚自己是怎么败的，李茗不上班了，专门去了解于茳现在的女友。这个女友叫肖怡，离异无子，有房有车，在外贸公司上班。若论起长相身高，真是比不上李茗，这叫她如何甘心？

李茗找到于茳，说：“我知道她了，她不就比我小吗？长那个样儿，身长腿短，小眼眯着，恶心！”

于茳说：“你别骂人好不好？我和我妈的感情你又不是不知道，主要是我妈看好了，非要她做儿媳妇。如果是你，她就要去死。”

李茗说：“这样的话你也信！让她死去，我才不信她会死！”

于茳不爱听她咒老人，重声重气地说：“就这样吧，你别再找我了。”

李茗看他要走，上前撕扯，于茳甩来甩去甩不开，说你到底要怎样？李茗说我就要你！于茳说不行！大力挣开，走脱了。

从此，李茗不仅见不着于茳的面了，电话、微信也都被拉进了“黑名单”。她气疯了，寝食难安。一个月下来，发如枯草，面若黄蜡，一说话，嘴里甚至散发出难闻的气味。

她说：“我这段时间脸不洗，饭也吃不下，天天觉得心里像猫在抓，死不了，活不成。我真想去他家大闹一场，肯定就痛快了。”

PS：

在我看来，于茳，不过是一枚“渣男”。

在李茗看来，双商在线、个高肤白的于茳，之所以和自己分手，不是渣，是因为自己说话过分了。

在恋爱自由、婚姻自由的今天，于茳不爱老婆，可以离婚再娶，不应在老婆将死之际，热衷猎艳吧？

于茳为何不肯娶如此爱他的李茗，要娶肖怡呢？

首先，李茗明知道于茳老婆得了癌症，并且已是晚期，却愿意和于茳在一起，于茳家人会觉得她欠缺了一份善良，所以，反对娶这样的媳妇。

李茗说："我是真的爱他，他也很爱我，凭啥招呼都不打一个，就甩了我？"

为什么不能甩呢？打什么招呼呢？你本来就不重要啊。

于茳虽双商在线，长得又帅，但自私自利，缺乏真情。老婆病危，家里一团糟，有人肯陪他消遣烦闷，自然再好不过。老婆一死，有了选择空间，当然要"良禽择木而栖"了。

在于茳看来，肖怡条件比李茗好太多——年轻，有钱，工作好，还没有孩子这样的大负担。

在本就爱占小便宜的于家妈妈看来，肖怡当然是最完美的媳妇。

希望女性朋友们务必明白：在感情的世界里，如果双方没建立起深厚的情意，那只能是实力为王。

第 79 篇

离不开前公婆的媳妇

——游离不定，则无宁日

“雨横风狂三月暮，门掩黄昏，无计留春住。”缘分若尽，自当安好，岁月静好。

谢娜、张小北和我是票友，我一直以为他们会和好，所以，当他们拿出离婚协议及相关证件时，我把谢娜拉到了一边，问你们咋还是要离啊？

谢娜说：“我们看到的都是假的，他已经有结婚对象了，我只能离了。不过，我公婆说了，要把我当亲生女儿看，我还会像以前那样孝顺他们的。”

❶

谢娜和张小北分居 3 年了，还在问我到底离不离。

我说你离吧离吧快离吧，她又怪我不设身处地替她考虑。

其实她压根儿不想离，而真想离婚的人，宁死也要离。

俩人都属于偶像派，刚结婚的时候，俩人都在企业当干部，谢娜是团支部书记，张小北是办公室主任。俩人有社会地位和稳定的收入，在私家车并不普遍的 20 年前就有了私家车。他们下了班，不是去酒吧，就是去 K 歌，三天两头还要和朋友聚餐。

有孩子之后，谢娜脱离了从前的生活圈子，回归家庭，做起了贤妻良母。

张小北却越来越活跃，聚会、野营、自驾游，到孩子 4 岁的时候，他突然迷上了刚在烟台兴起的真人 CS（游戏《反恐精英》）。

谢娜当时一月工资才 1000 多块，张小北一条枪就得 1500 块，先后买了 10 来把冲锋枪和一大箱子弹，服装、队旗齐全，与组成的“部队”三天两头混在一起，家里四处挂着画上红心的白纸，瞄准射击，声音非常大，呼啸式的，有强烈的爆破音。

谢娜和孩子经常让他吓得心跳加速，争吵就在所难免。

张小北太迷恋那些没完没了的娱乐，领导要把他调离办公室，但没有单位接收他。

在分公司工作的谢娜只好出面去找领导通融，由于谢娜工作一直很认真努力，领导认为必须给点面子，就让他继续干办公室主任。

谢娜说："他可能也想着干好，认为应该有点和从前不一样的地方，管理严了很多，如果谁迟到了或哪件任务完成得不太好，他就当众批评，铁面无私，大家就怨声载道，找他问题，向领导汇报。"

不久，市里让各单位组织文艺汇演，谢娜自己组织了一批演员。

张小北不同意，说耽误工作，不同意拿出专门的时间排练。

谢娜说演出也是工作。

张小北说表演属于娱乐，上班时间不允许娱乐。夫妻俩争执不已，被同事看了笑话。

回家后，夫妻俩就吵起来了。这场仗打得昏天黑地，各执一词，互不相让。

张小北觉得自己有理。

谢娜认为他故意挑事。

说得多了，陈谷子烂芝麻全翻出来了。

其实两人之间的争执，并不在于事情本身，而是彼此在发泄各自对配偶、对生活的不满，仅此而已。

谢娜失控了，说没你会过得更好。

反正还有一套闲房，生了气的张小北，搬了出去。

❷

过了一年，新的问题出来了，谢娜在一楼的家里，突然冒出了不少蟑螂。

谢娜说："我特别害怕这些东西，只好找了单位的师傅来家里，帮着把床垫高，又买了各种灭蟑螂的药，撒在各个角落。从此，我突然觉得床好大，躺在上面的自己特别渺小，心里特别孤独特别恐惧，就考虑是不是让他回来。可就在这个时候，他通过电子邮箱发来了离婚申请书。"

也就是从这天起，谢娜开始骚扰我，翻来覆去就是一句话：离还是不离？

我说反正他也不回来，你权当这婚已经离了，从此刻开始，你就是一个单身女人了。孩子和房子都给你了，他就是你前夫，你女儿的父亲。然后，你按照你想要的方式去生活。

大概是为了避免和谢娜总见面，小北调到了一个离谢娜单位很远的地方，而且和某女同居了。

朋友们打抱不平，给谢娜打来电话：小北出轨了，你要不要来抓个现行？

谢娜慌乱了，问我："要不要让单位介入？"

我说如果你打算让他恨你一辈子，就去举报去抓现行，因为可以出出气啊，因为可以让别人同情你啊。算了吧，还是放过他，放过你，也给孩子留点面子吧。

谢娜沉静下来，开始学插花、学瑜伽，重新建立起朋友圈子，注重打扮，变得年轻漂亮，也开始有男士约会她。

有一点没变——经常带孩子去公婆家吃饭。

她说："他们一直对我特别好，像亲闺女，这几年，小北的事让他们担心，怕失去我和孩子。为了安慰他们，我就经常带孩子回去吃饭，就跟回娘家一样。我想好了，就算和小北离了婚，也不会和老人分开。该照顾还得照顾，该亲近还得亲近，他们永远是我的爸妈。"

❸

有一天，谢娜高兴地找到我，说小北给女儿买了架钢琴。

她说："小北说了，女孩子得学点与音乐相关的技能，有气质，不高兴了，还可以借弹琴排解一下郁闷。你说，他是不是不想离婚？"

我说你们是自由恋爱，无论是颜值还是职业，无论是家庭还是内涵，有着非常契合的地方。他现在和你一样，也是像单身一样生活，女人不缺，自由不缺，要离早就说话了。而你，不是也没说出离婚的话吗？因为你们很难找到更相配的人，也因为他知道你比任何人都更适合自己的家庭。

你也一样。你为什么会把婆家当娘家？不是他们有多好，也不是你有多善良，最重要的是——你舍不得你们的女儿。

现在围着你的男人也不少，肯定也会传到他的耳朵里，他可能也想过抓你的现行让你出丑，但没有。为什么？因为你们彼此都有让对方下不去手的地方，至少你们有共同深爱的孩子，你们都不愿意让她受伤。

谢娜说："他会不会以为我真的出轨了？"

我说："如果他真的这么以为，你也不必去解释，真正舍不得你的人，不用你解释；真正舍得你的人，解释也没用。”

谢娜说：“我哪能不管他的事啊，昨天刚给他买了份保险，他也不年轻了，用得着。”

我笑着说：“你以后真的不用问我离不离，你的心会告诉你一切，钱不能买来一切，但至少可以说明——当你还愿意为某个人的健康着想并花钱，婚姻就没有走到尽头。”

孩子的问题还需要两个人商议，比如女儿开始厌学了，他们就商议着如何让女儿爱上学习；女儿有开心的事，就约到一起吃大餐，以示庆祝；亲朋好友的红白喜事，俩人也毫不避讳地一起出席，依然那么般配，毫无违和之感，他们自己也意识到了。

上面这些，用了一年光景，之后，小北的身边清静了，虽然还有女的向他身上扑，但再也没有传出他和某人同居的消息。

后来，小北偶尔会回家来住，来了就来了，走了就走了。谢娜始终温婉，始终洒脱，始终待公婆如父母，始终没有向女儿诉苦或让女儿替她出气。女儿学习不算好，但从来不认为自己失去了谁，像普通小女孩一样生活着、学习着，并渐渐长大成人。而小北回家的频率也越来越高，因为女儿有太多的事情要和爸爸商议，因为三口人一起吃饭的感觉越来越好。

PS：

谢娜和小北的离婚，是出轨导致的。

从人性上来说，出轨是正常的。不出轨，只能说明自我约束能力强，或者没有机遇，或者承受不了出轨的代价，所以，通常女人对男人采取严防死守的做法，有一定道理。

他们二人之所以离婚，一方面是因为双方对性的理解不一样：谢娜认为爱和性必须统一，小北则把爱和性分得很清楚，或者说把婚姻和性分得很清楚。另一方面，彼此走得远了，情感会自然疏离。

很多道理，说起来明白，做起来难，大多数女人永远也无法从情感上接受男人出轨，离婚在所难免。但是，婚姻会产生很多交错纠结的关系，比如谢娜与小北父母的关系，夫妻二人和孩子的关系，无法断开。在这种情况下，男人或许会理性对待，但女人容易在这种关系中迷离，以至于耽搁了自己的人生。

有几句话送给与谢娜经历类似的朋友：

1. 你需要重新建立自己的圈子。如果你满脑子都在想他，就没有了容下其他的空间。在你是个妻子之前，首先是个体的自己，你需要保证自己不孤立，也要给自己遇到更好的人的机会，至少，遇到一个更好的自己。

2. 孩子是受伤最重的那一个，不要轻易利用孩子。父母离婚，对孩子会形成永久的伤害，如果处理不当，甚至影响他们的性格塑成、事业发展及婚姻幸福。别向他们诉苦求助，别让他们向对方索取利益，别让他们做诱惑对方的工具。

3. 热爱自己和你的工作，这是你立身的根本，也是你与社会讲和、与自我讲和、与亲人讲和的基础和平台。无论生活给予你的创伤有多重，都要努力学习与上进。

第 80 篇

站在自己角度的夫妻

——强化仇视，终酿灾祸

“雾失楼台，月迷津渡。”仇恨只会加重仇恨，放下仇恨既是宽恕别人，又是与自己和解。

夫妻离婚时，总是各说各的理，听起来也都很有道理，但是，如果把他们分开来谈，会发现在同一件事情上，视角却极其不同，从而造成了矛盾的不可调和。

选择这样一篇文章放在本书的结尾，是希望想离婚的朋友们，先冷静下来，彼此畅所欲言，相互理解，做到真正的相互沟通，或许可以不必走到离婚那一步。

妻子：

❶

婚前有男性的同事、同学，很正常吧？但婚前的一个电话，让他从此怀疑上了我，以至于结婚都 15 年了，他对我的怀疑却越来越重，指责也越来越多，现在已经开始打我了，我都快让他逼疯了。

那是举办婚礼的前一周，我们一起去商场买衣服，有个学车认识的男性朋友打来电话，说“大姐，我想你了”。我老公就在旁边，我立马说我和老公在一起呢，就挂了电话。

那个朋友和我说话一直很随便，我从来没当回事，而且，我还不知道老公那么小心眼，只是本能地觉得应回避一些。老公听见了他的话，没有表示出不高兴，只简单问了一下，就和我继续逛商场。

婚后，我很快怀孕了，反应重，一吃就吐。母亲家在另一个区，坐公交得有一个半小时，她舍不得我受罪，就和我父亲一起搬过来，方便照顾我。

我父亲脾气古板，不苟言笑；而母亲是个直率人，心里有事藏不住，有些地方看不惯他，就会直说。老公显然不爱听，但不会明说，都记在心里，和我一起的时候，会犯小脾气拉个脸给我看。他的表现都被我父母看在心里，待我反应轻了，老两口就搬走了。母亲悄悄对我说："这个小春呢，心眼小，气性大，你一言一行的可是要注意，不能大咧咧的。"

怀孕后，我还照常上班，住在同小区的一位男同事有车，看我挺不容易，便每天顺路捎着我。我没当回事，也没跟老公说。有一天，我从车上下来，正好被我老公看到了，他走过来直接问我们啥关系。我说同事关系啊，你喜不喜欢他穿的那件衣服？太帅了，你也去买件吧。他脸一冷，转身走了，弄得同事很不好意思，说明天我不捎你了，别回头大家都不方便。

因为这个事，老公翻脸了，在家里摔盆打碗，说我大着肚子还不正经。我说我哪儿不正经了？他说你婚前就不正经，学个车都能勾搭上别人，还说想你了，恶心！天啊，我这才知道他这么小肚鸡肠。

❷

到了生孩子的时候，我犯愁了，因为我们的房子是老公婚前贷款买的，他的工资要拿出3/4还贷，而我的工资很少，所以，生活很拮据，生完孩子找月嫂的话，太贵，一月一两万元呢。我妈说生完后直接去娘家坐月子。他不同意，说哪有闺女回家坐月子的。最后，选择去他老家的县城医院生孩子，他家伺候。我妈不放心，也跟了过去。

孩子生了，双胞胎，都是女孩，同屋的都羡慕我，说不用受两次罪了。婆婆也来了。可能是嫌婆婆来得晚，也没带东西，来了也不干活，我妈不高兴，一会儿说医院条件不好，一会儿说俩孩子开销大，对婆婆没有好脸色。婆婆挑理，说我妈势利眼，嫌他们家穷，说连个儿子也生不出来，嘚瑟啥？你一言我一语，在病房就吵起来了，根本不考虑我是剖宫产。

出院后，老公回单位上班，妈妈回家，我到婆婆家坐月子，大姑姐来了，和婆婆坐东屋嘀嘀咕咕聊天。

我在西炕上躺着，孩子们在我身边，老大突然哭起来，小的也跟着哭，我肚子上缝着线，顾了这个顾不了那个，哄也哄不好。

大姑姐气冲冲地跑过来，说你怎么弄的孩子？哭个没完？我当时就和她翻脸了，两个孩子啊，一个哭另一个也哭，我能照顾得过来吗？她说就你事多。婆婆跟过来说她，她说回家去了，推门就走了。

孩子闹，我觉也睡不好，既然指望不上婆家，只好把我妈再叫来。婆家人嫌我没商量，说什么多一人多一乱，不给我妈好脸色。我妈的嘴也不饶人，她俩把家里变成了战场。婆婆说你跟你妈去吧，我们这儿正赶上农忙，实在管不了你。我妈脸一拉，说看看，我早就不让你跟他，穷山恶水出刁民！现在，你给人家一下子生对双，立这么大功，人家也不说你好，到头来，还得亲妈！把婆婆气得摔盆摔碗，撵着我们快走。我就跟着妈回到市里，住到我妈家，老公也搬过来了。

一天晚上，老公回来晚了，我妈问了句怎么这么晚回来，成天在外面耍，也不知道帮忙照顾孩子。后来我知道老公是加班了，但他不解释，拉着个脸不吱声。我妈不依不饶，终于逼得他翻脸了，和我妈吵起来。我妈说你们回自己家吧，快走！再也别来了！

回到自己家，老公把婆婆叫来了，可能是长了记性，我们处得还不错，但婆婆对我家有意见，我妈也不搭理她。

到孩子两岁的时候，我要带孩子回家看我爸，婆婆不让，说孩子有病嘚瑟个啥？孩子是有点感冒，如果不是婆婆说话，我也可以不回去，但她说话了，我就执意要带她俩回去。老公翻脸骂我，说你爸快死了？非等不及看孩子？我气得也骂他，说他咒我爸会被雷劈。婆婆火大了，对我破口大骂！我说小的不懂事，老的也不懂事，一家不是人！也是我话说得太重了，老公跑到厨房拿菜刀来砍我，婆婆一看不好，挡着他，我赶紧跑去了娘家。

❸

在娘家住了几天，想孩子，又回来了。也是巧了，以前学车的那个人又打电话给我，说他离婚了，现在又找了一个，要结婚，因为再婚，不想大办了，就找几个要好的聚聚。我老公在旁边听着怒气冲冲的，抢过电话把人家大骂一通，说我认识的朋友没一个好东西，成天结婚离婚的。为这个事我们又吵了一大架，我说他不尊重我，他说苍蝇的朋友是大便。

那天晚上吵得很厉害，第二天，等他上班后，婆婆去买菜，我带上俩孩子回了娘家。他知道后，打来电话，我们又争起来。他说好，你就死在娘家吧。从此，再也没来。

分居一段时间后，他父母到我家说情，让我们好歹看孩子的面，于是我们就和好了。因为对他有了一定的了解，我开始有意识地回避男人，不主动给异性打电话，但他对我的恶劣态度反而升级了。2012年，我父亲去世了，他对我变本加厉，如果异性打电话给我，他就会骂我，如果我不服，他还打我，事情变得越来越糟。

去年，我妈和我姐叫我和孩子一起去吃饭，遇上明星推销热水器，我当场定了一台，还和明星合了影。回家和他一说，他劈头盖脸把我骂一顿，说赶紧退掉，你敢安就弄死你。还说我去会情人了，把合影的照片也撕了。我当时也被气蒙了，就说对，我去会小情人了！他怒了，对我拳打脚踢，还用孩子的铲车玩具打我后脑勺，说要把我打成傻子才过瘾。孩子直喊别打妈妈，再打妈妈就打你！他随手打了孩子一巴掌。

不久，我去超市，遇上了一个高中同学，简单聊了两句，了解到他去国外打了几年工，刚回来。聊天中，发现我们两家孩子上同一所小学，就互相留了电话。

过了一星期，晚上九点的时候，那个男同学打电话给我，问我他孩子的数学题。我因为老公在，怕他多想，不想多说。同学说加微信吧，交流方便。我说我不加微信，就挂了电话。老公问我是谁，我知道他的毛病，就回避他，说没谁。他不依不饶，非要问个究竟，我说我同学，你不认识。他说你怎么不说实话？我说人家就是问个数学题。他说你是不是觉得我傻？你又不是老师，问你什么题？我把同学的电话给他，让他自己去问，我们是不是普通同学。

第二天，他居然真给同学老婆打电话，说我勾引她男人，害得人家也打起来了。后来，他们都证实我俩确实没啥关系，最多算我同学有点想法，他才算完，但人家夫妻的关系不和了。

经过这次事，我发现他打我越来越狠了。当初第一次打我时，好像还犹豫打还是不打，后来，打习惯了，一句话也要打，且下手越来越狠。这次的事，他也打我，我跑到孩子屋里，锁上门。他非要进来，我不开门，他发疯了，把玻璃门弄碎，把卧室门踹开，为此我们还报了“110”。

他对我要求严格，但自己却十分随意，有一次，他和单位同事的微信聊天被我看到了，有些暧昧，我要他说清楚，他说这不是微信表情吗？什么拥抱亲吻的，就是个图标。我不依不饶，凭啥只许州官放火，我加个微信都不行？他这才同意我也用微信。

今年夏天，高中同学要聚会。其实类似的聚会，婚前是每年必聚，结婚后，因为他事儿太多，就断了。这次约的同学，大部分都是本小区和相邻小区的，非要我去，我说晚上怕黑，不去了。他们说这么多伴，怕什么？我就同意了。

聚会的事，不可能不经过他，他听了很不高兴。正好这天我姐夫要外出工作，说好到我家吃饭，大清早我和他们两口子去市场买菜，老公在家收拾家。

到我们回来后，他就找事，指桑骂槐。我说你不乐意就该早说，人请回来了你又来这套，他又要动手，被姐夫拦下了，他甩手就走。走到门口，我妈来了，和老公说今天家真干净，是你收拾的？他不回话，扬长而去，也不管家里有客。他一宿没回，晚上打了很多电话也不接，第二天回来就冷战。

聚会我去了，他马上给他姨家的姐打电话，说了我很多坏话，什么对他父母不好，孩子胆小是我造成的，我在外面和男人怎样怎样后回来再骗他，把我全家都骂了，还说我就喜欢和那些男的吃喝玩乐……反正净是些没影的事。孩子说爸爸这样说你，我实在听不下去了。我说他是神经病，如果我们离婚你跟谁？孩子们说跟我。

第二天，我开始和他谈离婚的事。离婚都同意，但我们都不想把孩子分开，可是，如果都给谁，对方都不愿意！他居然又提起婚前那个电话，说我一直不要脸，骗了他，毁了他的人生。

这个妻子找我倾诉的时候，马上就要过年了，对于是否到婆家过年，她有些纠结。我说老人最重视的是春节团聚，你们没离婚，又有俩孩子，不应该在没有作出决定的时候，就去伤害老人。在我的劝说下，她同意回家过年。

年后，她的丈夫来找我，说：“上次你说她后，她同意回去过年了，我还问她过年给她妈买点啥，结果下午她妹就找借口把大房的钥匙给要走了。这是干什么？我觉得她全家都在找离婚的谱儿，她非说没有，这不是要人命吗？”

丈夫：

❶

我跟她认识之前，有个谈了 6 年的对象，是我的高中同学，家里很穷，人很要强。考大学之前，她家说女孩子不要上大学，让她出去打工。我跑到她家里下保证，只要她考上，我来供。您也知道我家穷，供我自己都费劲，但我就是想对她好。

上了大学后，我省吃俭用，没买过一件新衣服，想尽所有办法去赚钱。我们那个楼是 6 层，没有电梯，我承包了所有同学的开水，每天风雨不误地奔跑。时间多一点的时候，就到肯德基打工，或者在街上发快递。

到了大四找工作的时候，我才知道她早就让人家包养了，什么都有，根本不差我那点钱。我问她："既然你不缺钱，为什么还要我的钱？为什么不和我说？"她说了一万句"对不起"，但中心意思就一个：她怕被人家甩了，书读不到底。有我这个傻瓜垫底，她可以高枕无忧。而且，人家不会娶她，我能做"接盘侠"。

大学毕业后，我认识了现在的妻子，那时候，她妈就嫌我家穷，还嫌我比不上她以前的男朋友长得好，而且都是当面说，一点面子不给我。因为她妈的看法，我们这个恋爱谈得很坎坷，结了婚也不清静，全家拿我不当人，婚后也没有好转，似乎更变本加厉了。

有一年，外面下雪了，我不想出去干活，她妈和她都不愿意，闲言碎语的，好像我在家多碍眼似的。我只好出去了，结果，出了车祸。看我躺在医院里，她们不是心疼我、关心我，反而更嫌我，说我不长脑子不长心，人家不出事，就我出事，好像我喜欢拿生命开玩笑似的。你说，我心凉不凉？这不是赤裸裸的嫌弃吗？她前男友好，你们倒是结婚啊，为什么和我结了又嫌弃我？是我拆散你们了吗？我可不是第三者！

受她妈的影响，她自结婚以后，最关心的事，是我啥时候发工资。没生孩子的时候，她也上班，但从来是她的是她的，我的还是她的。一买什么就是她的钱、我的钱，天天就是钱钱钱，跟她妈一个样。

这几年，她不上班了，居然开始捡垃圾去废品站卖，说比卖给收废品的多卖几毛。我觉得我们的生活虽然比不上有钱人家，但温饱没问题，只是家里那些放坏的饭菜，也不止这些钱。而且，两个孩子大了，我不想让她们同学说她们妈妈是个拾破烂的。可她就是不听，还让我开车去，她想没想过那些垃圾值不值个油钱啊？我不去，她就自己去，怎么说她都不听，骂也没用。岳父去世后，她把这个也算成是我欺负她的理由。

妻子还爱抢红包，只要群里发红包，她就抱着手机等，不管抢一分还是抢一块，都高兴得像捡了宝。真的这么缺钱吗？和她结婚这么久，我赚得不少，大房子让她住上了，车也有了，也算个努力上进的男人吧？但我不知道家里到底有多少钱，因为赚来的钱，她都收着了，随她攒，随她花。想问个实底，她绝对不会告诉我。有时候我说她太自私，她就说没花我几个钱。

❷

为了提高在她家人心中的形象，我努力工作，也努力为她家付出，不仅生活中尽量为她父母着想，年节礼物也从来不会短着，关键时刻，也会主动拿钱。她爸去世前，病重入院，我主动拿了3万元出来。你猜怎么着？她妈有钱不出，她妹说手头没钱，信用卡还欠着呢。她爸一听，转手就把我给的钱给了她妹，让她去还信用卡。

后来，她父亲不在了，医保报了7万多元，全给她妹拿去了。我说爸住院我掏了3万元，既然钱报了，就该还给我。她妈脸色不好看，我不管，坚持要，最后要回来了。

打这个事起，她妈对我总是没有好脸色。岳父家有2套房子，活着的时候，说小房子归妹妹，大房子归我们，因为我们对老人更尽心。但岳父死后，她妈把大房给了妹妹，小房子给了我们一半产权，另一半归她自己。我说这事不对，也太不公平了，但她妈就坚持这样做了。

这还不算，我们结婚的房子是农村的爸妈帮我买的，有了孩子后，嫌小，就卖了，她妈和妹妹居然请律师来，跟我分卖房收入。这事真把我气坏了，就和她打了起来，把她打得不轻。我跟您说，打人真挺快乐的。只要打了她，我就感觉舒坦、轻松。

打也不长记性，她就是虚荣，特别喜欢出去吃饭，而且每次都喝酒，来例假期间，也能喝得大醉。回家后，又呕又吐，丑态百出。我不让她喝，并不是限制她，而是她喝酒没数。

最让我恼火的是她瞒着我出去跟同学吃饭，而这个同学是打伤我妈的那个人的亲戚，她这是什么立场？头天吃饭，第二天中午又去，也不告诉我。那天中午，我打电话说有人来安热水器，才知道她没在家。到家后，我问她上哪儿了，她也没说去干什么，后来我知道了她才说。我问她当时怎么不说，她说她有自由，还说我小心眼儿，所以才不跟我说，还说她同学没打我妈，我不该株连九族。

❸

好吧，我小心眼儿，为什么你能和同学去吃饭，我跟战友聚会却不想让我去？更值得怀疑的是，她的手机频繁改密码，理由是我查看她手机。我为什么看？因为在我眼里，她做得太反常了，太不像一个家庭主妇了。

作为一个家庭主妇，想过俩孩子吗？你不是少女吧？你出去吃饭，喝酒，家里的俩孩子呢？就自己在家。吃啥喝啥？会不会有危险？想过吗？我不是大男子主义，非得要求女人管家，问题是你也不工作，我赚钱养家，你不该把孩子照看好吗？你应该别人一叫就去？去了就喝个烂醉？

我是穷人家的孩子，从小受到的教育，是通过自己努力吃饭。她呢？总觉得人家请客不花钱，不吃白不吃，最可气的是，人家吃饭吃一半的时候叫她，她也去。我认为不去好，就算有钱也要尊重别人吧！吃一半了才叫，算怎么回事？肯定是不尊重她呗，觉得她馋呗。但她不这样想，她认为是别人看得起她，是占便宜了。

她为人处事的方式，受她妈影响很大。在我们市场有个光棍，妹妹干不正当的职业，大家都瞧不起，但在她妈嘴里是有本事的人，常挂嘴边。她爸活着的时候，她妈当我面说男人和女人睡觉没什么，我恶心得不行。其实，她婚前跟别人发生了性关系，我从没因此说过她什么，但听了她妈的话后，不管她做什么，我都会把她向不好的方面想。

目前，我们已经闹得不可开交，天天为离婚后孩子的分配考虑。都到这地步了，她居然还是老样子，大晚上不睡觉，一个劲地聊微信、抢红包。她有个男同学半夜打来电话，以帮助孩子学习为理由，要她微信号，她竟然就加了，两人精神头十足地聊啊聊，气得我不行。你说说，一个小学题，他自己解不了吗？就算解不了，为个数学题急成这个样子，大半夜给女同学打电话要微信？干吗不找老师问？分明没安好心！

现在，把我气成这样，她提离婚了，我不同意。孩子是双胞胎啊，跟着谁好？什么样的铁石心肠，舍得把一对孩子分开？如果都跟一个人，养着又确实困难。

可是，到底怎么办呢？她是屡教不改，我又不能眼睁睁地看她撒谎而不生气，也不能再打，说又不管用。我这一无奈，她更变本加厉，有事没事就和男的加微信聊天。我一反对，她就拿孩子当借口，什么聊作业了，什么聊教育了，我看全是胡扯！

为了俩孩子，我愿意继续迁就，我愿意永远养着她，只要她肯认真带好孩子管好家。不过，我也真不知这样的牺牲是对还是错。

PS：

读完了，是不是感觉公说公有理，婆说婆有理？两人各持己见，谁也不肯让一步，甚至用撒谎来增加自己的砝码。

生活中经常看到这样的情形——如果说提出一个论点，要 10 个人评论。由于立场不同，世界观、人生观、思维方法不同，知识构成不同等，说不定会出来 10 个说法。

不过，过日子不是做学问、搞辩论赛，目的不是要赢对方，不是要让对方看自已多有才，而是怎么样把日子过好。

其实这对夫妻之间没什么大事，而且有共同的愿景，都想把一双女儿好好带大。那就不能像现在这样生活，要好好读一下对方的心声，从中找出自己的误会和偏见。

在今后的相处上，我提几点建议：

1. 闲极必生非。孩子都上小学了，不需要小兰天天待在家里照顾了，小兰应赶紧找工作上班。一个年富力强的人，又不是长在豪门，一定要工作，工作会为你带来快乐，带来财富，带来朋友。女人，千万不能因为没钱而受制于人。

2. 大译要停止家暴。打人是会上瘾的，因为它会成为你所有不良情绪的出口。一直打下去的话，你自己会成为一个让人憎恨的人，小兰和孩子都不会爱你。从你的倾诉中，看得出你很爱孩子，那就做一个好榜样，免得女儿们将来的婚姻选择出问题。通常来说，有个习惯家暴的父亲，女儿长大后，要么会变成泼妇，要么会变成弱者，都不会幸福的。

3. 大译和小兰已经是两个孩子的父母，不要凡事扯进双方的父母。他们一掺和，各家向各家，又争面子又争气，肯定越掺和越乱。

做晚辈的要懂事，还父母一份清净，也给夫妻间留出充分沟通的空间。

4. 大译要放下过去。初恋伤害过你，但与你妻子无关，她们不是同一个人，你不能把当初未实施的报复放在妻子头上。

谁一生没遇过人渣？放下过去，你才能轻装走向未来，难道你要让曾经的伤害一直来伤害你和你的家人吗？当你自己放下了，便不会再对妻子的正常社交起疑了，向她道歉吧。

后 记

我在这条路上走了十年

为了了解婚姻问题，我在婚姻登记处的离婚区待了整整两年，写出了《离婚区手记》。

写后记的时候，我才意识到，天啊，我居然在婚恋这些事中，忙活了十年。

为什么要忙活这些事呢？这是好多朋友想问我的问题。

我来回答。

2013年，《烟台晚报》出了“倾诉”版，缺稿子，恰好我一直在写的“人物”版撤了，我依据生活中所闻所见，为“倾诉”版写了几篇稿子。为了接案例方便，我在报纸上公布了联系方式。

一天晚上，正在追剧的我，接到一个陌生女人的电话。

她一直在哭，无论我说什么，她回答我的只是哭声。

啊呀，她一直哭，我只好举着手机，听她哭，不敢挂掉电话。我当时是这么想的：她这么难过，如果我挂断她的电话，她想不开怎么办？得不到她的允许，我也不能报警吧？

两个小时后，她突然挂断了电话。

她把电话挂断，我却走不出来了。

我想了一晚上，她为什么哭呢？她为什么这么难过呢？那哀怨压抑的哭声，让我有了一种使命感。

我开始关注身边的婚恋问题。

我开始阅读婚恋心理类的书。

我对听到、见到的婚恋案例进行了延伸写作。

我希望已婚及未婚的人们能以他人之覆为己之鉴。

因为《烟台晚报》和《烟台广播电视报》一周只能发一版“倾诉”，也就是说我一周最多发两篇稿子，这远不能满足我的需要，所以，2016年，我注册了个人公众号“峻瑛倾听”，我需要有一个我说了算的平台，把我想的、写的全放在这个平台上。

2020年春天，女儿给我在抖音上注册了一个名字——烟台大姨，我第一次以短视频的方式说婚恋谈观点，如今已得到八十万粉丝的关注。粉丝朋友们的支持，让我知道我的初心没有错。

为什么要提到“错”这个字？因为写情感文章这些年，我听到好多这样的声音：

“你整天净弄些没用的。”

“老说这些，破坏别人的心情，影响别人的生活。”

“看了你的视频，我都不敢结婚了。”

文友也说我：“闲不住，就写点小说、散文。这个世界很美好，哪有这么多破事！净瞎编。”

说这种话的女性朋友，无疑是幸运的。只是这类声音，更多的来自男性朋友。

十年来，向我倾诉的，只有两位男性。这说明了什么？说明社会要求他们更自我更强大。这种要求，会磨砺人性，也带来了实惠——面对婚恋，他们不像女人那样容易陷入恐惧。这一点，真值得女性朋友们学习。

人生不易，婚恋不易，且行且珍惜的同时，我们那些依赖心过重、过于软弱的女性朋友，不要一厢情愿地去追求安全感，不要在错误的问题中纠结迷茫，要依靠各方面的力量，自我疗愈，努力成长，学会爱自己，学会用苦难磨砺出自己的锋芒，从而获得更多的选择权和真正属于自己的安全感。

2017年，我的公众号的读者sabring曾在评论区留言：“保持你内心的光，不知谁会借此走出黑暗。”我与这位读者从未谋过面，但这句话，我永远铭记于心。

感谢我的读者朋友们，感谢我的粉丝朋友们，感谢《烟台晚报》《烟台广播电视报》的领导和老师，感谢烟台市芝罘区婚姻登记处所有的领导、职工和调解员朋友，感谢山东大学出版社的领导和老师，感谢一直鼓励支持我的闺蜜赵姐，感谢我的家人。如今，我虽然年近花甲，但是，因为你们的关爱与支持，我将继续前行。

爱你们，永远。

为保护隐私需要，文中所有人名皆为化名，若有雷同，纯属巧合。

峻　瑛

2021年6月于烟台

（抖音号：jyyc2014 烟台大姨）